戦後洋楽ポピュラー史
1945-1975
資料が語る受容熱

Tôru Mitsui 三井徹

The Reception of Western Popular Music in Postwar Japan: 1945-1975

NTT出版

この本を麻耶、沙耶、晴、雅一、結の五人に

戦後洋楽ポピュラー史 1945–1975　資料が語る受容熱

凡例

- 『讀賣新聞』、『朝日新聞』、『毎日新聞』からの引用は東京版に依る。
- 引用記事中の旧字体は常用漢字に変換する一方、記事名、誌名、氏名の旧字体はそのままに留める。
- 記号類

『 』＝書名、雑誌名、新聞名、映画題名

〈 〉＝曲名

［ ］＝引用文中での語句補足

［…］＝引用文中の省略部分

／＝引用文中の改行

- なお本書の引用記事中には、今日の観点からして一部不適切と思える表現が含まれるものの、当時の世相を反映する第一次資料として、とくに改変・修正しなかったことをお断りしておく。

まえがき

一九四五年（昭和二十年）の夏に太平洋戦争が終わったあと、人々は洋楽ポピュラーを改めて受け容れ出した。その勢いがどんな具合であったかを、世代交代がさらに進まないうちに辿っておきたい。

それを試みる自分は、敗戦の時点で満五歳だった。「レノンより数ヵ月、ディランより一年ほど早い一九四〇年三月生まれ」である。おこがましいその一言を四十一年前に出した本（『黒人ブルースの現代』）の裏表紙に記したのは、洋の東西を隔てながらも、世界の音楽の新展開に揺すられた同一世代であることが念頭にあったからだった。ジョン・レノンが英国で、ボブ・ディランが米国で自ら歌唱演奏するのに没頭した十代後半に、非英語圏にいる自分も同じ類の音楽の実践に夢中になっていた。そして、こちらは、まもなく研究志向に転じながらも、研究対象として、未開拓であったポピュラー音楽も扱い始めた。

とはいえ、これは回想本ではなく、当時の新聞雑誌記事に基づく。その大半は今回目にするのが初めてながら、書かれている事柄は、自分には同時代のことだった。なるほどそうだったのかと頷きつつ取捨選択して引用することにより、各時期の受容熱を蘇らせたい。そして、記述の過程で、自分の日記を付随的に引用する。回想は極力避け、人々がかなり後年に振り返った回顧談もなるべく敬遠する。そこには意図的か無自覚かの脚色と美化が伴い、忘却と記憶違いによる歪みもある。

対象が敗戦後からであるのは、熱心な洋楽ポピュラー受容が、その時から新たに始まったことによる。戦時の大日本帝国政府は米英の音楽を断固排除したのだった。区切りは敗戦の翌月である一九四五年九月から数えて三十年目に入る一九七五年とする。一九七〇年代半ばには、洋楽ポピュラーの主流になっていたロックは頂点に達していた。一方、まもなく最前線に立つことになる日本の若手音楽実践者たちが、米英のポピュラー音楽イディオムを自家薬籠中のものにしてきており、そのうち、日本の若年層は、海外の演奏家ではなく、その新世代実践者を手本にし始めた。

なお、研究分野以外ではまず口にされることのない「受容」を言い出せば、そのように洋楽ポピュラーを日本人が実践し、そこから新たな日本の音楽を創り出していったことに話は広がる。しかし、その展開に関しては多くが語られており、本書では、それには紙数は費やさず、日本のジャズ、日本のシャンソン、日本のミュージカル、日本のフォーク、日本のロック、また、ムード歌謡といった流行歌の変容、それに、男声カルテット、グループ・サウンズなどが語られる際に言及はされながらも朧気であった、もとにある洋楽ポピュラー受容を具体的に跡付けておきたい。

「洋楽ポピュラー」は簡略を旨とした便宜上の呼称であり、米国を主とした西洋圏、および中南米圏のポピュラー音楽全般を包括的に指している。その「ポピュラー」音楽という言葉、それに、「軽音楽」、「ポップス」といった言葉が使われてきた経緯も辿っておく。

戦後洋楽ポピュラー史 1945-1975 資料が語る受容熱

目次

第四章　一九六〇年代前半

第五章　一九六〇年代後半　243

第六章　一九七〇年代前半

第一章　一九四〇年代後半

【第一章関連略年表】

1943年1月27日　内閣情報局から「米英音楽の追放」の通達。

1945年9月23日　米軍極東放送ＷＶＴＲが放送開始。「米軍第233隊吹奏隊」による〈スモーク・ゲッツ・イン・ユア・アイズ〉が流れる。

1945年10月　戦後生産を開始した日本蓄音器商会が最初のレコードとして、アンドレ・コステラネッツのオーケストラ演奏による〈スモーク・ゲッツ・イン・ユア・アイズ〉を発売。片面は〈ビギン・ザ・ビギン〉。

1945年10月以降　日本人出演者による「軽音楽大会」が、このときから1950年頃まで盛んに催される。

1946年1月　『音樂知識』を改題した『音樂之友』発刊。5月（？）に『ミュジック・ライフ』創刊、9月に『輕音楽』創刊。

1947年4月　『スヰング・ジャーナル』創刊。5月に『音樂之友』4・5月合併号が「アメリカ音樂」を特集、9月号が「輕音樂研究」を特集。

1947年7月　「連合軍の希望」により、連合軍の「クラブ、バー等」に出演する日本人「バンドの格付審査」の機関が「外務省の中央終戦連絡事務局」に設けられる。

1948年3月　映画『センチメンタル・ジャーニー』が公開され、同名の主題曲が戦後「まずはやった」ポピュラー・ソングとなる。

1949年4月　ドリス・デイが歌い、レス・ブラウンのオーケストラが演奏する〈センチメンタル・ジャーニー〉の日本盤をコロムビアが発売。

1949年8月　ダイナ・ショアが歌う〈ボタンとリボン〉の日本盤をコロムビアが発売。

1949年10月30日　『讀賣新聞』に「すごいジャズの人氣」の記事。

「有閑マダムや不良青年達とのみ存在しうる亡国の音楽」

「日華事変、太平洋戦争と進むにつれて「ジャズ」は有閑マダムや不良青年達とのみ存在しうる亡国の音楽とまで見なされるに至った」。

敗戦の二年後である１９４７年（昭和22年）４月21日に、作曲家の尾高尚忠が「アメリカ音樂と大衆」と題した、『讀賣新聞』朝刊掲載の一文でそう振り返っている。そんな世情を背景として、戦時中に「米英音楽の追放」が叫ばれた。

軽佻浮薄、物質至上の米英音楽を国内から一掃

まず42年（昭和17年）２月15日の『朝日新聞』の朝刊に、ごく小さな「輕音樂の粛正懇談会」という見出しの記事が出た。「演奏家協会では十三日軽音楽粛正懇談会を開催、アメリカニズム横溢のジャズ曲全廃、煽情的歌詞排除、演出態度並に服装の堅実保持等を申し合せた」というのが全文（五行）だった。

一年後の43年１月14日の同紙朝刊には、「米英音樂に追放令」という見出しの記事が出た。同じ小さな見出しながら、今度は二十四行であり、「一掃」対象の「レコードは約一千種におよび、情報局と内務省の審議で、一覧表を作製し、十三日各府県警察本部、各警察署、飲食店組合、音楽関係団体などに配布した」とある。

二日後の１月16日には、比較的大きな活字による「〝恥づべき禁止令〟」という見出しの長文記事が同紙に出た。

執筆者名として、音楽学者である田邊尚雄の名も見出しにある。「恥づべき」とは何だろうと思ったら、いまさら「禁止の命が出るなどは聊か恥かしい次第である」とのこと。「国民に確りした決戦の覚悟があれば、敵愾心の上からでも、国民自身から率先してその廃棄がなさるべきであった」と言う。そして、「現時の米英の音楽に何一つ滋養素があるのか。かのジャズの如き、全部悉く毒素であったことは、その影響を受けた全世界の現状を見ても判る。そのため何一つ人間の徳が向上したか。それ程人間がそのために神に近づいたか」と容赦ない。

その十日ほど後である43年1月27日に、「米英音樂の追放」という通達を内閣情報局が出した（『週報』328号、16頁以降）。「大東亜戦争もいよいよ第二年を迎え、今や国を挙げてその総力を米英撃滅の一点に集中し、是が非でもこの一戦を勝ち抜かねばならぬ決戦の年となりました。大東亜戦争は、単に武力戦であるばかりでなく、文化、思想その他の全面に亘るものであって、特に米英思想の撃滅が一切の根本であることを思ひますと、文化の主要な一部門である音楽部門でも米英色を断乎として一掃する必要のあることは申すまでもありません」とあり、続く一節によると、レコードの発売と「敵国作品」の演奏に「厳重な指示」を以前に与えたにも拘らず、「今だ軽佻浮薄、物質至上、末梢感覚万能の国民性を露出した米英音楽レコードを演奏するものが跡を絶たない有様でありますので、今回さらにこの趣旨の徹底を期すため、演奏を不適当と認める米英音楽作品蓄音機レコード一覧表を作って、全国の関係者に配布し、米英音楽を国内から一掃し、国民の士気の昂揚と、健全娯楽の発展を促進することになりました」と勇んでいる。

ただし、「一掃といっても、純音楽の部門では、これまで［…］米英系の作品が紹介、演奏されることは、殆んど皆無といってよいくらゐ」であり、その「部門では米英の音楽を追放しても、殆んど何の影響もな」く、対象は「米国系音楽の代表とみられるジャズや、これに類する軽音楽の大部分」であると言う。そして、「主な曲」として〈カミン・スルー・ザ・ライ〉、〈ヤンキー・ドゥードル〉、〈アンニーローリー〉、〈懐かしのケンタッキー〉、〈スワニー河〉、〈峠の我が家〉、〈アレキサンダー・ラグ・タイム・バンド〉、〈セントルイス・ブルース〉、〈南京豆賣〉、〈アロハ・オエ〉など約百曲を具体的に挙げ、続いて、壮観とも言えるほどに、漢字表記によるレコード番号を延々と並べている。

その通達の半年後の『朝日新聞』6月16日朝刊には、「破棄せよ、米英の樂譜」という、読者の目に留まる大きさの見出しのもとに、「廃棄の標準は（一）単行の米英曲譜はジャズたると何たるを問はず、一切破棄する」とある。さらに、日本音楽文化協会が開いた「米英音楽審査会」で「どれが敵国音楽か」を決定しており、審査会の顔ぶれは「山根、野村両常務理事、堀内敬三、小松耕輔、増澤健美各理事および専門家として井上武士、服部逸郎、服部良一、紙恭輔氏ら」であったことがわかる。

NHKの海外放送だけは大っぴらにジャズを演奏できた

その一方、極めて限られていたが、「大っぴらにジャズを演奏できる」人たちがいた。『音楽の友』62年8月号中の、「敵性音楽その名はジャズ」という副題の付いた一文「大戦勃発」は、小島正雄が「NHK国際局の海外放送の音楽部」に勤務していた時を二十年ほど後に回想したものながら、貴重な情報として引用しておこう。

「ある土曜の夜、堤氏の家で、ジャズを満喫してビンゴゲームに興じていると、早朝の早出にいつもより一時間早くきてくれと伝言」があったという。その「堤徳三という人は砂糖問屋の坊ちゃんで、学生時代から音楽に凝り［…］若い人を集めてジャズバンドをつくっていた」。「七時の早出が六時とは少々辛いが、不審に思いながらも出かけて見ると、NHKの中は異様な空気につつまれていた。アメリカと英国を相手に戦争が始まったのである」。ということは、41年の12月8日のことだった。

「われわれは」、「必死でプログラムの編成替え」に取り組み、「一番始めにやったことは、レコード室へ行って、軍艦マーチと抜刀隊の歌をとってくることだった。大本営発表の前後に使用するためである」。しかし、「海外放送だけは、アメリカ向け放送に大っぴらにジャズを演奏できたから、毎日の仕事が楽しくなってきた」。「出演者に歌手に、ティーブ・カマヤツ、森山久、ベティ稲田、ヘレン本田、浜口庫之助など、バンドは、コロムビアジャズオーケストラ、指揮渡辺良、佐野鋤と彼のオーケストラ、レイモンド服部と東京交響吹奏楽団、バッキー白片と彼のオーケストラなどがあり、毎週二回の放送の時に、いつ、どこできいてきたのか、回を追って、モグリの見物が増え、副調整室が満員になってしまい、その整理に当るわれわれプロテューサーは何度か辛い思いをしたものである」。そう言いながらも、「何といってもこの仕事は楽しかった。前述の堤氏の会社の支店が上海に在り、そこから送られてくる最近着のアメリカのジャズの楽譜を借り出して、一流バンドに演奏させるのだからこたえられない」(166頁)と回顧している。居並ぶ日系二世米人中のカマヤツはかまやつひろし(39年1月生)の、森山は森山良子(48年1月生)の父親だった。

小島正雄は、さらに「海外放送の英語劇」の制作がいかに楽しかったかを語ったあと、「こうして放送の仕事をしながらも、一週に一度は堤氏の集りに加わったり、フラタニティ・オーケストラの練習に出かけたりで、ジャズ道楽はやまなかった」そうで、「ジャズ評論家牧芳雄は陸軍軍医中尉の制服で、コロムビア専属作曲家馬渡誠一は海軍中尉の軍服で、堤徳三は東部防衛司令部付の陸軍少尉の肩章で、太鼓を打ちサクスを吹きピアノを弾いて楽しんでいた」。ただし、「敵性音楽をやるのだから、近所にきこえては具合が悪い」。というわけで、「十七年の夏、暑さにうだりながらも雨戸を閉め、ガラス戸をとざし、その上、厚い冬物のカーテンをひいてのブカブカドンドンで、休憩の時だけすべて開け放って軍艦マーチや愛国行進曲を盛大に吹きならし、この通り日本精神の音楽をやっておりますぞと大いにデモるのであった」(167頁)。

「第二放送は進駐軍慰安に提供」

明るく甘美なメロディー――〈スモーク・ゲッツ・イン・ユア・アイズ〉

戦時中の米英音楽追放を経験したあと、日本人がまず魅せられた洋楽ポピュラー曲は、〈スモーク・ゲッツ・イン・ユア・アイズ〉であったという。

敗戦の翌月である45年の9月23日に、日本占領の米軍兵士のために開始された米軍極東放送について『戦後史大事典』（三省堂、91年）にごく短い項目「ＦＥＮ」があり（792頁）、そこに、当初はＷＶＴＲの呼称であったＦＥＮで「最初にオンエアされたポピュラー・ソングは『スモーク・ゲット〔ママ〕・イン・ユア・アイズ（煙が目にしみる）』。敗戦後の日本人に対し、この明るく甘美なメロディーは新鮮なショックを与え、アメリカ文化へのあこがれを育て、戦後の音楽文化の創生に役立った」とある。執筆している志賀信夫は、数えてみると、その放送開始の一ヶ月後に十六歳になっており、その後、放送評論で活躍した人だった。ただし、〈煙が目にしみる〉という訳題はまだなかったし、「ポピュラー・ソング」とあるものの、放送で流れたのは歌唱を伴うソングではなかった。花輪如一著『ラジオの教科書』に、典拠は見当たらないが、9月23日の「最初の放送はアメリカ軍第2 3 3隊吹奏隊による『煙が目にしみる』の演奏でした」とある（データハウス、２００８年刊、221－222頁）。

日本を占領した米軍がＮＨＫの東京放送会館の一部を接収したのが9月12日で、23日にＷＶＴＲのコール・サインで放送を開始し、同じ日に大阪、名古屋、札幌でも別のコール・サインで放送を開始した。同日の『讀賣報知』朝刊に「第三放送を開始、第二放送は進駐軍慰安に提供」という記事がある（45年8月5日から46年4月末日まで『讀賣新聞』は『讀賣報知』に改称）。放送が総合番組編成の第一と教育・教養番組編成の第二の二つに分けられていたところへ、進駐軍放送が割り振られ、従来の第二放送が第三放送となったことが記されており、人々は、チャンネルをひねれば、毎日流されるアメリカの音楽が日常的に耳に入ったことがわかる。その駐留軍放送の開局初日に流れたのが、志賀信夫と花輪如一によれば〈スモーク・ゲッツ・イン・ユア・アイズ〉であった。

33年にジェローム・カーンが作曲した、典型的ティン・パン・アリー楽曲形式（AABA）の〈スモーク・ゲッツ・イン・ユア・アイズ〉を演奏した米軍吹奏隊の演奏がどの編曲に基づいていたかは不明だが、米国では、アーティ・ショーが、器楽曲として自分のオーケストラを伴奏にクラリネット演奏するビクター盤が41年3月から二十四週にわたって『ビルボード』誌の「ベスト・セリング・レコーズ」チャートに入っていた。

注目すべきことに、放送の翌月である10月には、40年に同曲を録音したアンドレ・コステラネッツのオーケストラ演奏が、日本盤で発売されている。45年3月頃にレコードの生産を中止していた日本蓄音器商会が戦後に生産を開始したのは10月のことで（『コロムビア50年抄史1910–1960』、刊行年無記載、頁数無記載）、最初に出したのがその盤だった。通称日蓄は、そのあと1月に大人気となった〈リンゴの唄〉を出し、4月に商号を日本コロムビアに変更した。そのコステラネッツ盤のセンター・レーベルには、米国原盤の番号（CO28825）の下に日本盤の番号が記され（M-1）、括弧入りで〈眼に這入った煙〉という訳題も記載されている。そのコステラネッツ盤のA面の方は同じコステラネッツのオーケストラ演奏の、コール・ポーター作〈ビギン・ザ・ビギン〉で（原盤番号CO28824、日本盤番号M-1）、これも好まれた。ただし、そこに記された〈ビギンを始めませう〉という訳題も、〈眼に這入った煙〉と同様、普及しなかった。名訳と言える題名〈煙が目にしみる〉が誕生したのは、八年後である53年の6月にビクターが発売したときかと思える。歌唱は柴田睦陸で、訳詞は井田誠一だった。器楽曲ではないソングとしては、日本ではそれに先立って、戦前の35年8月に小林千代子歌唱、原町みつを訳詞の〈想い出のけむり〉がビクターから出ていた。

一方、45年8月15日終戦の後、娯楽放送が再開されたのは、早くも8月22日のことで、『朝日新聞』朝刊に、「放送局では十五日以来一般放送は自粛していたが今二十二日夜から慰安娯楽放送を復活することになった、しかし当分の間は国民感情の線に沿ったもので番組を編成、二十二日夜は和歌、漢文の朗唱、二十三日は琴の演奏を徐々に復活していく」とある。（もちろん放送局とはNHKのことであり、民間放送局は六年後に開局する。）そして、それと並んで、「戦争終結の大詔渙発以来自発的に自粛休演していた演劇、映画等の興行に対し内務省では情報局と打合せの上、今二十二日より全国一斉に興行を復興させることになり廿一日全国の地方長官に通達した」とある。

第一放送でその娯楽放送が復活した一ヶ月後に、人々は第二放送で「進駐軍慰安」の音楽を耳にし始めたことになる。因みに、そのWVTR放送が開始されたのと同じ9月23日にNHKで放送された音楽は、『朝日新聞』朝刊によると、第一放送でマンドリン合奏「日本名曲集」民謡、ピアノ独奏「日本名曲集」、ヴァイオリン独奏「ガヴォット舞曲」、第三放送で「管弦楽・交響曲」「スコットランド」などだった。

これを書いている筆者はそのとき六歳であった。これは数え年であり、満年齢が使われ始めたのは「年齢のとなえ方に関する法律」が施行された50年元旦以降である。45年8月の「玉音放送」の際には、福井県小浜市内の母の実家で大人が耳を傾けている場におり、「進駐軍」関連では、その家の向かい側にジープを停めた複数の米兵に接している。その小浜には、父の出征により、44年3月に疎開していた。

46年1月に戻ってきた佐賀市では、国民学校一年生の夏休み「繪日記」の8月2日に、「ケフヒルカラオカアサント［…］カツドウヘイキマシタ。カンツウドウロデジープガタクサントホリマシタ」とあるように、進駐軍は身近にあった。現に、二年ほど後に学校の廊下に展示された自分の絵の題材は、貫通道路を走る進駐軍のトラックであり、その道路をMPが交通整理していた。（「ケフ」は「きょう」、「カツドウ」は映画、つまり「活動写真」を指す。平仮名を学んだのは「國民學校」が「小學校」になった翌年からだった。）それに、進駐軍関連ではもう一つ、祖母から孫の筆者に届く手紙は戦後数年間、すべてGHQ（占領軍総司令部）によって検閲されており、開封した底の部分が現在のセロテープに類似したもので封をされていて、検閲済みであることを示していた。

物憂い気分をたたえた〈センチメンタル・ジャーニー〉

戦後、〈スモーク・ゲッツ・イン・ユア・アイズ〉、〈ビギン・ザ・ビギン〉以上に人々を魅了したのは〈センチメンタル・ジャーニー〉で、レス・ブラウン&ヒズ・オーケストラがドリス・デイに歌わせたこのコロムビアのレコードも、WVTRで頻繁に流れたという。

レス・ブラウン自身とベン・ホーマーの合作曲で、作詞はバド・グリーンのこのレコードは、米国で45年3月から二十八週にわたってチャート入りし、B面は〈トワイライト・タイム〉だった。翌46年には、このレコードを挿入した映画『センチメンタル・ジャーニー』が製作され、日本でも48年3月に公開された。十二年後である『音楽の友』57年11月号の「ポピュラー音楽と世相」での伊奈一男の回想によると、「ジャズということばを広い意味に使ってアメリカのポピュラー・ソングもふくめてその移り変りをみよう。まずはやったのが「センチメンタル・ジャーニー」である。物憂い気分をたたえたこの曲から日本でのヒット・パレードが始まった」（115頁）。

曲はAABA形式で、そのA楽句の旋律が完全四度音程内で快く揺らぐ。それをレス・ブラウンのオーケストラが一度通して演奏したあと歌い出すドリス・デイは、この録音で初めて有名になった。戦後に日本人を魅了した「ソング」はこれが最初であり、〈スモーク・ゲッツ・イン・ユア・アイズ〉は33年のミュージカル『ロバータ』用の歌ではあったが、先に述べたように、コステラネッツの演奏はそれに先立つアーティ・ショーの演奏と同様、また〈ビギン・ザ・ビギン〉と同様、器楽演奏であった。なお、ドリス・デイをフィーチャーしたそのレス・ブラウン盤が日本コロムビアから出たのは、しばらく後である49年4月ことだった。

伊奈一男の、さらに数年後である65年の回想に、「映画「センチメンタル・ジャーニー」の主題歌を覚えることに夢中になっていた。二十四年四月、待望のそのレコードが出た。むろん、映画と同じくドリス・デイが歌っていた。「これが」実は「L盤」の導火線になったのだ」とある。この回想は『ポップス』誌65年5月号の「ポツンと明るい窓があいた!」中の記述(49頁)によるもので、そのL盤については次章の冒頭で説明する。

日本人ジャズメンの演奏に思わず涙ぐんでしまった

一方、WVTRから〈スモーク・ゲッツ・イン・ユア・アイズ〉が流れた九月の末頃、早くも日本人のジャズ楽団が生まれており、「戦時中NHKで日向正三(米国コーネル大卒)と親しかった森山久が、彼と相談の上で結成したのがニュー・パシフィック楽団」であった。

▲“Sentimental Journey” 日本発売盤のセンター・レーベル:日本コロムビア M-165
▼40頁で説明の“Buttons and Bows” 日本発売盤のセンター・レーベル:日本コロムビア L-2(記載の Male Quartet は、歌唱演奏の後半部分で参加する男声グループで、米国発売盤 Columbia 38284 には Happy Valley Boys と名前が明記されている)(二枚とも提供:永井英夫氏)

そう書いているのはトロンボーン奏者として参加していた大森盛太郎であり、11年（明治44年）生まれの大森は、27年に海軍軍楽隊に入隊する一方、休日にダンス・ホールでジャズを演奏していた人であり、戦後初のその日本人ジャズ楽団のことを82年刊の著書『日本の洋楽（2）』（新門出版社）の第18章「敗戦の中の第一声」に記していて（15－16頁）、回顧ながら、記述は、部分的に引用に値する。「NHK第三スタジオを常時使用して練習が続けられ」、「十月であったか十一月に入ってか、NHKから戦後初めての日本ジャズ音楽の放送が、「ニュー・パシフィック・アワー」として放送された。そして、混沌とした世相の中で、戦時中禁止されていたジャズ音楽が解放され」たとある。練習では、GHQからもらってきた四十曲ほどの戦前の「ストック・アレンジの楽譜」を使っており、「オープニングのテーマ・ミュージックに非常に美しい旋律の「ドリーム」（ジョニー・マーサー作）を使用していた」という。「ストック・アレンジ」を使っていたということは、その番組の聴取者は、米国で市販されていた楽譜を使って演奏される音楽を耳にしていたことがわかる。

76年に『日本のジャズ史＝戦前・戦後』（スイング・ジャーナル社）を著わした内田晃一によると、ニュー・パシフィック楽団は「十一月二日夜、東管とともに『新太平洋楽団』の名で初放送、十二月二日夜八時半から（毎週日曜日同時刻、のちに昼）「ニュー・パシフィック・アワー」にレギュラー出演することになった」とある。そして、初放送についてこう回想している——「戦後間もない頃、焼け跡のバラックで茫然としていた国民は、それまで軍歌ばかり放送していたNHKから流れる日本人ジャズメンのジャズ演奏に狂喜した。／「狂喜」とは大げさと思われるだろうが、実際にこの初放送をきいた筆者は思わず涙ぐんでしまったのを覚えている」（160頁）。

出演ジャズ・バンドの格付審査

このニュー・パシフィック楽団に続いて、日本人のジャズ楽団は続々と誕生する。占領軍の娯楽施設である将校クラブ、下士官クラブ、兵員クラブ、民間人クラブに芸能を提供することを日本政府がGHQに求められ、数多くの楽団関係者が芸能人一般とともに派遣されるようになった。

「当初はジャズ演奏楽団並びに芸能人の出演は十数組であったが、全国の各所轄地の占領軍部隊からの派遣要請によって、二、三年後には四百組にのぼる派遣が行なわれる状態となった」ということで、『日本の洋楽（2）』の第19章「連合軍占領下の日本洋楽」が、進駐軍専用のキャバレー、ダンス・ホール、接収されたホテルで雇用される楽団も含めて、各地の数多くの楽団のことを関係者たちの回想を交えて細かく記録している。その楽団の演奏内容については、「進駐した各部隊のクラブ関係者などから彼らに寄贈されたジャズ楽譜の中には、数多くのポピュラー・ソング、並びにグレン・ミラー楽団、カウント・ベーシー楽団、デューク・エリントン楽団、レス・ブラウン楽団、その他の多くの楽譜があり、その楽譜の演奏によって、米国ジャズ音楽の新しい息吹きを感じとることができた」と記している。アメリカでは「〝ビーバップ〟の演奏の発祥により、革新的なジャズ音楽が演奏される時代を迎えていた」が、日本の多くのジャズ演奏家は「ジャズの進展を終戦後ようやく知らされた」（27頁）という。

その「二、三年後」である『音樂之友』48年2月号には、「現在日本にあるジャズ・バンドの数は百五十以上はある。それにタンゴ・バンドは五十余、ハワイアンも五十位はある。と云ふと、目を丸くしてびっくりする人が多いであろう」という記述がある。「戦前にはジャズ・バンドは恐らく五十位のものであった。それが今日はその三倍になってゐるのであるから驚くのが当然である」と続いたあとに、「最も主要なのは連合軍の希望によって、そのクラブ・バー等へ出演してゐる」とある。執筆者であるジャズ評論の草分け、野川香文は、「外務省の中央終戦連絡事務局」が47年7月に設けた出演ジャズ・バンドの格付審査の機関の審査員の一人であり、この記述は「輕音樂團ベストテンと輕音樂界の動き」（45－47頁）の出だしの一節にある。「こゝでオーディションをうけ等級を格付されたもの以外は大体において出演出来ない仕組」となっており、その審査員は「紙恭輔、服部良一、牧定忠、川崎善彌、菊池滋彌、谷口又士、渡邊良、鈴木淑夫、バッキー白方〔ママ〕、ディック・ミネ及び筆者、その他合計二十名」だった。

その一文は、東京、横浜、名古屋、京都、大阪、兵庫、福岡、仙台、札幌で行なわれたオーディションで等級づけられた「特級」のバンド名、「A級」のバンド名を挙げたあとで、「日本のスヰング・ミュージックと云うのはまだ極めて幼稚なものである」と評しているが、野川自身が承知しているように、バンドを構成するバンドマンの「約半数は陸海軍の軍楽隊に居た人が転向して来たものであると見られる」。同様の発言は、一年前である47年6月9日『讀賣新聞』朝刊にも見られた。「ジャズ」と題した一文で紙恭輔が、「いわゆるシーリアス音楽の連中や批評家達がいかにひんしゅくしようと、スイング・ジャズはいま、わが世の春をうたっている。ジャズさえかければ小屋は超満員だし、ジャズ楽器の音さえ出ればジャズマンとして通る。音楽の大衆化という意味で一層結構なことである」と言っており、それに続いて、「ジャズメンの質がまだ低い、といっても無理からぬことで、戦時中軍楽隊のラッパを吹いていた者にいきなりスイングのインフレクションを要求したり、フェークがなっていないと評してみても評する方が無理だ」との理解を示している。野川香文は、その等級説明文の末尾では、「すべてストック・アレンジメントを用ひなければならないのはいゝ編曲者がいないからである」と指摘してもいる。なお、先に引用した内田晃一によると、「格付審査委員会」の委員長は野川香文自身であり、オーディションでの課題曲は〈マイ・ブルー・ヘヴン〉、〈ホィスパリング〉などであったという（174頁）。

「砂糖に蝟集する蟻の如く」人が集まる「軽音楽大会」

そのように進駐軍専用の娯楽施設で日本人が米兵相手に洋楽実践を行なっている一方で、40年代後半には、「軽音楽大会」が賑わった。日本人が日本人奏者を通して洋楽を間接的に受容することが盛んだったのだ。45年の暮れに編集された『音樂之友』46年1月号に、梅津敏の「輕音樂大會を歩く」という記事がある。

軽音楽大会を歩く

堀内敬三が発行兼印刷兼編輯人であるその『音樂之友』（日本音樂雑誌株式会社）は、『音樂知識』を改題した最初の号であった。（ただし、それ以前に、堀内敬三は短命の『音樂知識』に先立つものとして、これまた短命の『音樂之友』と題した雑誌を出していた。）

クラシック音楽に傾倒のその雑誌が、45年12月25日の印刷に間に合わせて、三頁にわたって詳しく紹介した軽音楽大会は、終戦から三ヶ月少々後の11月24日、28日、29日（二ヶ所）、12月4日に開催されたものであり、そのうち三つの会場は日比谷公会堂だった。

45年11月24日は「東寶音樂大會」で、ピアノ独奏による〈ホームスヰートホーム変奏曲〉など、アコーディオン独奏による〈ダークアイ〉、〈ベートーヴェンのミヌエット〉など、それにジャズ・ピアノ、シャンソン集などが並んでいるほかに、近江俊郎が〈マドロスの唄〉と〈自由を我らに〉を歌ってもいる。28日は松竹主催の軽音楽大会で、同じく入場料の高いこの会では豊島珠江の〈お江戸日本橋〉などと並んで、曲目は記載されていないが、東京六重奏団、櫻井楽団などが演奏している。29日は日劇での灰田勝彦とニューモアナのハワイアンの演奏のほかに、日比谷公会堂での「ビクター軽音樂大會」が開催されていて、ビクターオーケストラが〈椿姫〉、〈ラ・パロマ〉、〈会議は踊る〉などを演奏し、ビクター・スヰング・ジョーカーズと新太平洋楽団が「殆んど吹奏楽器のみのアメリカンジャズバンド編成」で出演し、前者は「吾々に親しい旋律をアメリカ現代楽のリズムとハーモニーの中に再生して聴衆を喜ばせ」、そのあと、ビクター・サロン・アンサンブルが〈フォスター幻想曲〉と〈セレナーデの花束〉を弦楽四重奏にピアノ、管を加えて、「優雅に上品に演奏して好評であった」。同じ日比谷公会堂での12月4日の軽音楽大会は「警視庁京橋保険出張所及管内健康保険組合」主催であり、保険加入者の入場は無料だった。最初に東京六重奏団がタンゴなどを演奏し、吉野章楽団が〈ハンガリア舞曲〉を演奏し、最後にディック・ミネが〈上海ブルース〉、〈ダイナ〉などを「少し気張ぎみに唄った」(28–30頁)。

『音樂之友』は、半年後である46年6月号でも「軽音樂會を歩く」の記事を載せ(無署名)、4月の29日と30日、5月の1日と3日に開催された四つのコンサートを取り上げており、「現在ジャズバンド中の最高峰」を行くニュー・パシフィック・バンド(先の新年号では新太平洋楽団)をはじめ七つのバンドに触れている。そして、記事の後半では、笠置シヅ子、淡谷のり子、並木路子、灰田勝彦、日向好子(後の石井好子)、渡邊はま子といった歌手を、それぞれの現住所も記載して紹介している。

敗戦の年の暮れからそれほど盛んに軽音楽大会は催されており、賑わいぶりは、右の『音樂之友』46年6月号の前月である5月に出た『ミュジック・ライフ』(新興音楽出版社、発行人草野貞二)第2号の記事、「軽音樂時代」がよく示している。「軽音楽さえかければ、その演奏会は、興業的に莫大な収益を挙げることが出来るらしいのである。大衆は、戦時中の極度にドライな気分を、解り易い音楽、親しみ易いメロディーによって慰めやうとして、砂糖に蝟集する蟻の如く集まって来る」と、当誌の編集者の一人であり、ハーモニカで著名な宮田東峰が現況を述べる。しかし、「此の軽音楽なるものも、ピンからキリ迄あって、十中八九は非良心的な楽隊屋が多いのには困ったものである」と嘆き、「軽音楽を向上させる道は、その批評を盛んにして、批判の対象たらしめることである」(2－3頁)と厳しい。

盛況ぶりは、軽音楽演奏会の広告が、45年10月の日比谷公会堂での「舞踊と輕音樂・第九回東寶音樂會」から50年の8月に四度催された「納涼輕音樂大會」まで、『讀賣報知』と『讀賣新聞』にずらりと並ぶことでも窺い知れる。

純粋音楽にたいして、娯楽用の大衆性のある音楽

軽音楽という言葉の使用例を辿ると、コロムビア・レコードが37年に「輕音樂選」と題した選集を出しており、12月下旬の『讀賣新聞』の夕刊に二度広告が出ている。22日の広告には、第一輯の収録曲名として、具体的に「管弦樂」の〈ダニューブの漣波濤を越えて〉、〈星條旗永遠なれ〉など、第二輯として「器樂」の〈トロイメライ〉、〈ユーモレスク〉などが記載されている。翌38年の5月9日付広告の「輕音樂選アコーディオン篇」には、後に言う「ポピュラー・ソング」の〈私の青空〉を含む。その後も同様の、クリスタル、ポリドール、コロムビア、テイチクの「輕音樂選」の新聞広告が40年代にも続く。

40年代に入ってからの『讀賣新聞』では、軽音楽は既に「ジャズ」を主体にした洋楽を指しており、41年5月22日朝刊の「讀者眼」のコラムに、「この頃軽音楽と称してジャズ調の音楽が朝からでもやたらに放送される。濁った音、退廃的な煽情的な表現、狂躁的なリズム、あんな音楽のどこがよいのか[…]」とある。匿名の富山市民のその投書に対して、二日後には匿名の東京市民が、「疲労した精神を癒すのには快い音楽が一番だ。われわれ都会の青年にとつて軽音楽は最大の娯楽である。疲れた頭を回復するには義太夫や漫才では駄目だ」と反論している。

右に挙げた宮田東峰の「輕音樂時代」を掲載した『ミュジック・ライフ』第2号（46年6月発行）のほかの記事は、編輯人の加藤省吾自身の言葉によると――「寺島氏の「終戦後のレコード界はどう動くか」を巻頭に、今巻に話題を賑わしてゐる「ノド自慢素人音楽会テスト場探訪記」玉川氏の「夫婦の詩」宮尾氏の「街の音楽点描」など仲々魅力のある読物と自負している。「海外芸能文化情報」は最近の海外の情報を知るのに好個の資料と思ふ。楽譜も全部ピアノ伴奏附にして見た」（32頁）。そして、発行が9月と遅れた第4号からは表紙に新字体をないまぜて、「流行音楽雑誌」と謳っている。なお、「想像以上の印刷物の輻奏で仲々思ふ様にはかどらない」（32頁）とのことで、知る限りでは、第6号の発行は12月であった。

一方、その46年9月には『輕音樂』が出た。「始めて生まれた軽音楽の専門雑誌」と銘打った広告が8月23日『讀賣新聞』朝刊の第一面下段に出ており、発行は「武蔵野町吉祥寺二六五七」の軽音楽社とある。全二十五頁の同誌の第1号は、表紙に笠置シヅ子と高峰秀子の写真を配し、「日本の輕音樂を語る」座談会（佐藤邦夫（司会）、野口久光、双葉十三郎）を冒頭に据えている。勇ましい「發刊のことば」は、「始めて日本の軽音楽が世界のポピュラー・ミュージックとして進出し得る時であり、ひいては、世界中から愛される新生日本の門出ともなるのである」（1頁）と結んでいる。46年10月発行の通巻2号、12月発行の3号は、奥付に「輕音樂」とあるものの、表紙の上段に「POPULAR MUSIC」という大きな英語誌名があるのが目を引く。さらに、あれっと思わせるのは、47年の通巻5号の表紙の左下に、ぽつんと「日本パップ」と横書きされていることだ。米国で20年代後期から使われ出した“pop song”の“pop”をそのまま米国発音に沿って片仮名表記している。

当初「月刊誌」と名乗っていたこの雑誌は、やっと48年1月の通巻6号から実際に月刊になる一方で、『輕音樂と映畫』と改題した。原節子のカラー表紙写真をめくると、内容は国内の映画と俳優たち、および作曲の服部良一、古賀政男、歌手の藤山一郎、霧島昇などを話題にしている。軽音楽社は新宿に移転しており、住所と電話番号は、発行人である島田貞二が創業した全音楽譜出版社と同一であった。なお、その『ミュジック・ライフ』

と『輕音樂』の後である47年4月に発刊された全二十頁のジャズ誌『スヰング・ジャーナル』（スヰング・ジャーナル社）は、短命に終わることはなかった。

48年10月に創刊された『現代用語の基礎知識』（自由国民社）では、戦前に「ハットリ・メロディー」が軽音楽に含められていた服部良一が、「二十世紀の音楽は、純粋音楽と軽音楽とに大別される」とし、「純粋音楽は、古典とかクラシックとかなづけられる演奏会用の音楽であり、軽音楽は、主として社交ダンスのための音楽で、純粋音楽にたいして、娯楽用の大衆性のある音楽である」（164頁）と解説していた。

「電力石炭不足等による印刷不進行」での執筆活動──「アメリカ音楽」

ジャズ音楽を排斥したナチスドイツ、軍閥日本は敢えなく消え去ったではないか

服部良一は、右の引用のすぐ後に続けて、「軽音楽のうちでもっとも重要なのは、ジャズである」と強調する。そして、「ジャズは最初はラグ・タイム、ラグ・ミュージックと呼ばれていたが、一九三五年ごろから「スヰング」という言葉がさかんに使われ出した。〔…〕ところが戦争の終り頃から戦後にかけてのアメリカジャズ音楽の傾向はスイングよりクラシックに近いスヰートスタイルが受けている」と指摘する。続いて、「これは戦争のあとで人々がほっと一息、甘美で和やかなものを求めはじめたことから来ている。ジャズという言葉一ツの変遷の中にも民衆の息吹きや時代の動きがまざまざと感じられる」と述べた上で、こう喝破する──「その意味でジャズは現代民衆音楽の中心であり、ジャズを軽べつすることは民衆自体を軽べつすることゝも云えるのである。現に見よ、ヂャズ音楽を排斥したナチスドイツ、軍閥日本は敢えなく消え去ったではないか」。五年前の43年6月に開かれた「どれが敵国音楽か」を審査する会に「専門家」として出席した服部良一は、どんな意見を述べたのだろうか。

『現代用語の基礎知識』での、その勢い込んだ肯定発言の一年前である47年の4月には、別の文脈ながら、この第一章の冒頭で引用した作曲家の尾高尚忠が同じ文中でこう言っていた――「我々はアメリカの兵隊さん達は活発で、愉快で、単純で、親切で、しかも規律正しいということを見た。これはアメリカ人の国民性であるといえる。彼等にはいやに深刻ぶった様な暗い影がない。「ジャズ音楽」もその通りである」。

『音樂之友』のアメリカ音楽特集と軽音楽研究

その尾高の一文と同じ頃である『音樂之友』47年4・5月合併号は、「アメリカ音樂」を特集し、そこに並ぶ十一編の中にジャズを扱ったものが四編あるほかに、堀内敬三による巻頭の「世界音樂とアメリカ」が、文末でジャズを語ってもいる。

『音樂知識』を改題してかつての題に戻った、クラシック音楽主体の『音樂之友』が、最初の号である46年1月号を出して以来、初めてのアメリカ特集の号が、その4・5月合併号であるのは、当時の出版事業の困難による。同号の「出版部だより」によると、『ミュジック・ライフ』、『輕音樂』、『スヰング・ジャーナル』と事情は同様で、「配給用紙杜絶」し、「電力石炭不足等による印刷不進行のため思はぬ御迷惑をおかけし申し訳ありません」とある――「やっと目安もつき五月下旬頃より未出版の書籍も順を追ひ出版される事となりました」(26頁)。

社長、会長を務めた堀内敬三が51年11月号に書いた「音楽［ママ］之友小史」で、「日本に音楽雑誌が始まって以来、今の「音樂之友」ほど多数の読者を持っている音楽雑誌は一つも無いし、また一つもなかった」と明言している。41年には音楽雑誌が「二十何種か有った」が、政府の情報局が「四つか五つにまとめ」るとのことで関係者が呼び出され、合併によって六種になり、43年の夏には、情報局に「音楽雑誌は一社にするから業者間で相談しろ」と指示され、「それまでの「音樂之友」の内容を分割した」ことによる『音樂文化』と『音樂知識』が、それまでの五種を合併した。戦争が終わった後、46年1月に『音樂知識』を改題した『音樂之友』は、「用紙難、印刷難、資金難、インフレの、ひどい困難の中」で「行進をつゞけ」、47年には「合併号を三回も出している」。その『音樂之友』は「日本の音楽雑誌としては最高の発行部数を持っているが、それとても僅か三万五千で、一般の文芸雑誌や総合雑誌にくらべたらずっとすくない」（14－17頁）と部数も明らかにしている。

　右に挙げた「アメリカ音樂」を特集した4・5月号で、堀内敬三は、「第一次世界大戦期に、いきなり飛び出して世界をおどろかせたアメリカ音楽」であるジャズについて、「自由であり、躍動的」であるリズムについて述べたあと、「今日のジャズは和声においてこれまでの通俗音楽とはずっと変っている」（4頁）ことに注目する。その「世界音樂とアメリカ」に、「アメリカ樂壇展望」、「アメリカの宗教音樂を語る」、「アメリカの音樂生活」が続き、さらに野川香文が「アメリカ輕音樂」の楽団と人気歌手を展望したあと、「此等の歌手は只今連合国軍のラジオ放送即ちWVTRのプログラムに数多く出演してゐる故皆様も良く知って居られると存じます」（24頁）と結ぶ。現にその47年1月に「WVTRのきき方」という小さい情報記事を『讀賣新聞』朝刊が二回連載しており、17日の一回目には、日曜の夜は「ホリウッドから一流のスウィング・ジャズ」との記載があり、18日の二回目には、「スイート・ソングの好きな人は木曜と金曜の夜、シナトラやビン〔ママ〕・クロスビー等の人気歌手がずらり」とある。その一年後である48年の『音樂之友』4月号は「スタジオ紹介」と題し、「われわれは居ながらにして米国最高の（それは世界最高であるかもしれない）放送を聴取しうる恩恵に浴しているわけだ」（28頁）というわけで、「大体毎日」放送されるものを簡単に述べたあと、「純音楽」を含めて「各曜日によって組まれている特殊なプロ」の紹介をし、続けてポール・ホワイトマン、デューク・エリントン等からペリー・コモ、ビリー・ホリディ等まで「進駐軍放送で聴かれる」主な人物を個々に説明している。

『音樂之友』は、47年9月号では「輕音樂研究」を特集し、野川香文が「ジャズ音樂の發達」を七頁に亘って語り、続いて人物百科ふうに「ジャズ作曲の大家たち」を紹介する一頁を挿入のあと、「日劇のステージ・ショウに十ヶ年の苦労をした」(10頁)秦豊吉が欧米の「ショウについて」言及しつつ、日本のショウを手探りする。続く「黒人靈歌」(翻訳)のあと、登川直樹が「アメリカ映畫の輕音樂」について語る、さらに、「最近ロングラン興行した映畫」(19頁)などに触れて石塚寛が「ジャズばなし」をし、宮沢縦一がアービング・バーリンの「横顔」を描き、富樫康の「ジャズの藝術化」が「ジャズ畠の芸術家」(27頁)などを説明し、最後に紙恭輔が「僕は、渉外芸能格付審査会の軽音楽の審査員の一人だが、審査会では、音が合ふか合はないか、ということゝ、スヰングが有るか無いかという事は、現実に、格付決定のポイントを左右する重大な観点になってゐる。これから審査を受ける人々のために特に内緒で教へておいてあげる」(28頁)と「ジャズ放談」する。

次号である47年10月号には「アメリカ音樂通信」として「民謠一萬曲を集めたロマックス」(ドナルド・デイ)が掲載されており、かつて英米民謡研究に熱中した筆者には驚きだった。アメリカ民謡の収集で著名なジョン・A・ローマクスの功績を称賛するその一文は、「彼の四十年にわたる努力がなかったら永遠に失われてしまったであろうところの万余の歌のレコードが、いま首都ワシントンの国会図書館に保存されている[…]。彼の熱意にひかされて国会図書館は『アメリカ民謡保存所』を設け」(45頁)たとの経緯を生き生きと伝えてくれる。ただし、これは、45年9月22日に文芸誌に発表された直後の45年10月に *Reader's Digest* に転載されたものの翻訳なのだろうが、出典は明記されておらず、訳者名も見当たらない。おそらく堀内敬三が着目し、自ら訳したのだろう。

その一年前の46年9月号掲載の「映畫音樂を語る」と題した十一頁に及ぶ座談会も目を引く。六名が出席し、作曲家であり『音樂之友』の編集にも携わっている清水脩が司会で展開するのは、後に言う映画主題歌(曲)を指す「映画音楽」ではなく、映画で用いられる音楽全般であり、例えば、最初に「アメリカのものでは戦後に入って来たものでは「カサブランカ」の音楽が比較的よかった。あの音楽は全然ドラマの進行を妨げない〔。〕その点でうまいと思ふ」（2頁）と「映画評論家」の津村秀夫が評し、録音技術が「優秀」であることを強調し、「日本の場合には録音された音楽がレコード以上に缶詰の感じがひどい」（3頁）と嘆く。続いて、清水が「最近出て来たアメリカ映画」に「扱われているジャズなんかについて非常に変ったという感じを受けませんか」と振ると、「東京新聞社」の江口博が「進歩してゐるのですね。ジャズでもいはゆるジャズらしくなく、もっと落付いた綺麗な音楽に変ってきてゐるのぢゃないですか」と応じ、津村が「いわゆるジャズぢゃなく、ポピュラー・ミュージックですね」（3頁）と付け加える。そのあと津村が、「いま劇映画のほうは曲をつける場合、仕事の段取としてはやはり昔の通りですか。最後になって切羽詰って三日とか五日間でやってしまふというわけですか」と問うと、「作曲家」の深井史郎が「全然昔通りです。場合によっては昔よりもっとひどくなってゐるかも知れません」（4頁）と答え、『愛の先駆者』、『未完成交響曲』、『巴里の屋根の下』等も挙げながら、日本での実践に話の重点は移っていく。最後は、津村が「いま映画音楽は〔…〕条件が非常に悪い時です。映画音楽家のみならず、映画監督自体が非常に条件の悪さに辟易してゐるのですよ。日本映画を作る人が昔と違ふのは、現在作ってゐるものをいいという人がない、これはいかんと認めてゐる。少くともこれはいいことですよ」（12頁）と締めている。

『ジャズからスヰングへ』

何度か名前を挙げてきた野川香文は、その47年に『ジャズからスヰングへ』（三葉社）を出している。全九十頁という薄手のこの本が、ジャズに関する戦後初の単行本だった。野川香文は意欲的に、翌年の48年3月には、約三百五十頁の『ジャズ音樂の鑑賞』（新興音楽出版社）を著し、続いて49年4月には百三十六頁の『現代人の音樂ジャズ』を出した。さらに二年後の51年9月には四百七十頁の『ジャズ樂曲の解説―ジャズの歴史』（千代田書房）を出し、そして、55年に四十二頁の冊子「ジャズ年鑑１９５６年」（スイング・ジャーナル社、十二月）を監修し、57

年に五十二歳で亡くなった。
48年12月には、『輕音樂の技法 上巻』が出た。これは「婦人畫報音樂講座」第五巻として出ており、ジャズ編曲（紙恭輔）、コード（服部逸郎）、サキソホン、トランペット、トロンボーン、ストリング・ベース、打楽器、ピアノそれぞれの奏法（南里文男ほか）、ウエィリックの編曲法（二木他喜雄）と技法のあれこれのほかに、野川香文の「ジャズ名演奏家覺え書」、そして藤山一郎と笠置シヅ子の「修業の回想」が添えられている。翌年の49年の3月に出た下巻は、灰田勝彦、バッキー白片、角田孝、ベティ稲田、淡谷のり子、野川香文などが執筆している。同じ3月には『歌謠曲と輕音楽の編曲法』（飯田三郎著、新興音楽出版社）も出ている。そして、11月には並河亮著『ジャズ物語』（長谷川書店）が出て、並河亮はその後、56年にかけてさらに三冊のジャズ書を出した。

「すごいジャズの人氣―流行歌をしのぐレコードの売行き」

49年もあと二ヶ月となった10月30日付『讀賣新聞』朝刊に、「すごいジャズの人氣」と題して、その各文字に強調印「〃」を付けた記事があり、三つの事柄を話題にしている。

大衆が支持するジャズコンサート

「ひところわが世の春を誇ったバンドマンたちも最近では進駐軍出演の政府支払が三ケ月も遅れる世の金詰りに押しまくられ相当苦しくなってきた」で始まる最初の部分は、「楽団の苦境をよそに」学生バンドが浮上していることをとりあげる。

続いて、「ジャズコンサート」を「大衆が支持」していることに触れて、「毎月一回公演のビクタージャズコンサートやスターダスターズとジャスト・ジャズ・オールスター・バンド二楽団の日劇進出」、「次いで十月下旬には一流プレイヤーが組織するジャズメン・クラブも帝劇出演をするまでになった。また渋谷某ホールが連日続くジャズを演奏している」と記している。その「ジャズコンサート」については、現に、九日前である10月21日の同紙に、翌日「午後五時卅分開演」の「ビクター・ジャズ・コンサート」の広告が出ていた。同紙の後援でビクター主催の「第7回」のコンサートで、実演として渡辺弘とスターダスターズが演奏するのだが、それは第二部であって、第一部は「レコード演奏」であり、「グレン・ミラー傑作集」と「ブギイ・ウギイ特集」を河野隆次、桝本茂郎が解説する。有楽町の読売会館ホールで催された「会員券五〇円均一」のそのコンサートの構成と同様の催しは、その年の春から盛んだった。

その「ブギイ・ウギイ特集」は、二年前の47年から、笠置シヅ子が歌う「ブギウギ」ものがラジオで鳴り響いていたことを反映している。服部良一作曲の〈東京ブギウギ〉を代表とする戦後日本のその「ブギウギ」流行に応じて、48年には、堀内敬三が『音樂之友』6月号に「ブギウギのはなし」を書いている。「ブギウギという字が近頃目につきますね。笠置シヅ子さんなどがよく「何々ブギウギ」と名づけた賑やかな歌謡曲を歌っていますし軽音楽の曲目にも時々この字が見られます。一体ブギウギというのは何でしょう。戦争が終るまで此んな名は日本では知られていませんでしたね」というわけで、楽理も含めて解説をした上で、最後に、「しかしブギウギの歌というものはあまり出ていません。これは大体日本だけの新流行です」（24頁）と締めている。ただし、その「何々ブギウギ」が、「十二小節を基本とするブルースを変奏」したものではないことには触れていない。小学生であった筆者の耳には、46年1月発売の〈リンゴの唄〉（並木路子）を追って、48年1月発売の〈東京ブギウギ〉（笠置シヅ子）は、下校途中に近所のラジオから流れてくるものであり、さらに49年4月発売の〈銀座カンカン娘〉（高峰秀子）等々が追いかけてきた。

抜け目ないレコード会社

49年10月末の「すごいジャズの人氣」記事は続いて、「抜け目のないレコード会社はダイナショア吹込みの〝ボタンとリボン〟ほか数曲を発売して最近の流行歌をはるかにしのぎ十万枚の売行きを示し、これに気を好くして輸入原盤による専門的な〝ジャズの歴史〟のアルバムの発売を計画している」と記し、「すごいジャズの人氣」を強調する。そこでは〈ボタンとリボン〉をジャズと見ているが、時代が下れば「ポピュラー・ソング」になる。

日本盤が日本コロムビアから8月に発売され、10月末にこの「すごいジャズの人氣」記事が出て、その二ヶ月後の12月27日に〈ボタンとリボン〉を主題歌とした総天然色映画『腰抜け二挺拳銃』が日本公開された。ボブ・ホープとジェーン・ラッセルが主演するその映画は、本国では前年に公開されており、ダイナ・ショアの、47年11月30日録音のレコード〝Buttons and Bows〟は、48年の9月18日に全米チャート入りし、十五週滞在していた。

映画の中では、ボブ・ホープが幌馬車のうしろ端に座って、コンサティーナを手にして全曲を歌っており、その映画の日本公開の二週間前である12月10日『讀賣新聞』朝刊に、進駐軍慰問で来日するボブ・ホープに、「日比谷映画劇場を歓迎会場にしてこの映画の主題歌「ボタンとリボン」をうたってもらい」、「エノケン司会のもとに笠置シヅ子もブギをうたい、たのしい歓迎会にしたいと準備は着々とすゝめられている」とあるものの、結局実現はせずで、ボブ・ホープ一行の進駐軍慰問は翌50年だった。その記事には、ダイナ・ショアの名の記載はないものの、「目下日本でもこのレコードは五万枚を突破する売行をしめしている」とある。一方、その人気ぶりを例証するものとして、映画上映が間近い日に、「恋のXマス」という日劇ショウの中で、暁テル子が「ボッブ・ホープのヒットソング「リボンとボタン」を歌いこなし進境をしめす」という「レヴュー評」が49年12月25日の『讀賣新聞』夕刊に出ている。

「すごいジャズの人氣」記事が、〈ボタンとリボン〉などの大変な売行きに「気を好くして〔…〕〝ジャズの歴史〟のアルバムの発売を計画」と末尾で触れているアルバムは、「ホット・クラブ・オブ・ジャパン」の編集によるもので、「幹事の一人」石原康行が二十数年後に回顧している（「日本ホットクラブ発足・雑記」、『ジャズ批評』12号〔72年夏〕、86–88頁）。

第二章　一九五〇年代前半

【第二章関連略年表】

1950年6月　池眞理子が歌う〈ボタンとリボン〉、8月に黒木曜子が歌う〈ベサメ・ムーチョ〉をコロムビアが発売、10月に越路吹雪が歌う〈サウス・オブ・ザ・ボーダー〉をポリドールが発売。
1951年9月　『ミュージック・ライフ』創刊（新興楽譜出版社）。
1951年12月　「ジャズ・ファン向きの天然色音楽映画」、『ヒット・パレード』の日本公開。
1952年1月　江利チエミが歌う〈テネシー・ワルツ〉をキングが発売。
1952年4月　日本文化放送が日本ビクターのSシリーズに基づく「S盤アワー」を開始。
1952年4月　ジャズのジーン・クルーパ・トリオが「朝鮮国連軍慰問」ついでに来演、5月にボレロのエスパニタ・コルテスが来演。
1953年3月　ルンバのザヴィア・クガート楽団が来演、5月にシャンソンのダミアが来演。
1953年9月25日　『朝日新聞』が長文分析記事「ジャズはなぜ流行る？」を掲載。10月に『音楽之友』10月号が6編から成る「ジャズ入門特集」を組む。
1953年11月　「全米のジャズ・ベスト・プレヤー」、J. A. T. P. が来演、12月に「トランペットの王」のルイ・アームストロングが来演。
1954年10月　東京放送が日本コロムビアのLシリーズに基づく「L盤アワー」を開始。
1954年11月　「本場のアルゼンチン・タンゴ」のオルケスタ・ティピカ・カナーロが来演。

米国原盤をもとに編集され、50年夏にコロムビアが発売した「ジャズの歴史」は、『音樂之友』9月号の付録「レコード案内」中の「輕音樂（ジャズ）」の部の冒頭で、同クラブの幹事の一人、河野隆次が紹介している。

SP盤十二枚組（S10001～10012）の中身は、オリジナル・ディキシーランド・ジャズ・バンドの〈ダーク・タウン〉に始まってデューク・エリントン楽団の〈ハイア・スウ〉で終わる二十四トラック構成であり、ベシー・スミス、ルイ・アームストロング、トミー・ドーシー、ベニー・グッドマン、カウント・ベイシー、ジーン・クルーパ等の名が並ぶ。「わが国ではこの種の企画は画期的であり、冒険をおかして敢然と発売を断行した同社に敬意を表さなければならない」（32頁）のだが、値段は二千七百円で、「分割売り」はされなかった。

〈ボタンとリボン〉で始まった日本語盤

L盤とS盤

右の「レコード案内」中の「輕音樂（ジャズ）」案内は、「新輸入のL盤からはとりたてゝおすゝめ出来るものはわたしは見付けられない」と素っ気ない。「流行歌を時宜を得て発売したのは賢明だが、演奏は概して粗雑である」（34頁）と言い、「流行歌」を、まだ一般化していない「ポピュラー・ソング」の意で用いているこのジャズ評論家は、楽しめる盤として、フランク・シナトラが唄う〈ホワイト・クリスマス〉(L-7)、ドリス・デイが唄う〈アゲイン〉(L-17)を含む四枚を挙げている。

その「L盤」シリーズは日本コロムビアが49年8月に出し始めたもので、数年後の54年の10月から東京放送が、「L盤」を宣伝紹介する「L盤アワー」を開始した。発売は「L盤」より後であった日本ビクターの「S盤」シリーズを宣伝紹介する「S盤アワー」を、52年4月に日本文化放送が開始したのを追ったものだった。「S盤アワー」については、「ペンとカメラで音楽番組希望訪問」という記事が『ミュージック・ライフ』55年8月号に掲載されており、ビクター吹込所の奥津課長が、「空輸されたオリジナル・テープを其の侭電波に流すのでノイズも全く無く実演と変らない演奏乃至、歌が聴けるのです」と説明している——「長いテープの中から一曲々々を取り出して毎週何曲も録音するのは大変面倒です。[…]スクラッチ・ノイズが全くないオリジナルを流した方が聴取者の皆さんに気分が良いと思って面倒なのを犠牲にして(笑声)やってるようなわけです」(16頁)。

その後も一貫してその「面倒」を厭わなかったかどうかは不明であり、「S盤アワー」も同様であったかどうかは分からないが、とにかく、「S盤アワー」と「L盤アワー」の二つのラジオ番組が洋楽ポピュラー受容に果たした役割は非常に大きい。レコード(78回転盤)を買う余裕がないどころか、そもそも蓄音器を持っている家庭は限られていた。

これを書いている筆者の日記に「レコード」が出てくるのは50年8月30日で、「となりのうちで夏休みの友の一ばんおわりの音楽のかんそうをレコードをかけてしようと思っていたが電気がつかなかった[…]。夕がたグライダーをつくった」とある。その年の秋に佐賀市から福岡市に引越し、翌年には、「昼からクラブ活動があって朝二十分休み昼休みなどにかけるレコードのよしあしをさがしたり校内ほうそうの練習をした」(51年6月1日)など、校内放送に関連してレコードへの言及が三つある。三年後である54年には、「英語の補習の時間は、レコードプレイヤーで、「オールドケンタッキー」や「ホームスウィートホーム」を聞かされた」とあって(12月

8日)、これも学校でのことだった。

「バッテンボー」こと〈ボタンとリボン〉

右の「レコード案内」中の「輕音樂(ジャズ)」では相手にされていないものの、〈ボタンとリボン〉(L-2)は、先に見たように、十か月前である49年12月10日『讀賣新聞』朝刊に、「五万枚を突破する売行き」との記載があった。

〈ボタンとリボン〉の構造は、〈スモーク・ゲッツ・イン・ユア・アイズ〉、〈ビギン・ザ・ビギン〉、〈センチメンタル・ジャーニー〉と同じAABA形式で、そのA楽句を構成する音階は、最終部分に属和音を構成する七度の音が入るものの、全体としては、日本人にはヨナ抜き音階として馴染みのある五音音階である。五音音階であることは28年に発売されて大評判になった〈アラビアの唄〉、〈青空〉のA楽句と同じであるが、その二つの場合は、隣接する音の飛躍がヨナ抜き旋律的でなかった。〈ボタンとリボン〉では音の移動は隣接する音域内に限られている。しかも、Bの部分でさえ、四度、および半音上った四度(経過音)が現われるものの、音の飛躍はない。そして、伴奏は、リズム・ギターを従えたコンサティーナのみであることが特徴的だった。

約一年後である50年11月8日の同紙によると、売り上げは計三十万枚になっていたことがわかる。コロムビア専属の古賀政男がポリドールに引き抜かれたことを報じる「古賀氏果然ポリドールへ態度表明」と題した記事の出だしに、「レコード界にとっては今年は戦後最悪の年で昨年十二月だけで六社計百五十万枚製造したものが本年に入ってからは月産八十万枚台を割り、ヒット・ソングも〝ボタンとリボン〟(英語盤廿万枚、日本語盤十万枚)〝買物ブギ〟(十三万枚)二つというさびしさ、加えて税金攻勢でどの会社も浮沈の瀬戸際に起たされた」とある。つまり、そんな不況の中でも、笠置シヅ子の、大阪弁でまくしたてる〈買物ブギー〉と並んで、〈ボタンとリボン〉は突出した人気であったことがわかる。言及されている「日本語盤」は池眞理子の歌唱盤で、50年

6月に発売されたのだった。

ただし、翌日である11月9日の朝刊には、「西部もの流行歌―近頃のレコード界」には、「日本語盤」は十万枚ではなく、七万枚と記載されている――「ビクターが最近売出しの吉田正に作曲させた〝腰抜け二挺拳銃〟はコロムビアとの間にちょっとしたいざこざを起したが結局四万近くを売ってビクター最近でのヒット盤になったのでコロムビアではこれに対抗して〝ボタンとリボン〟を池真理子に歌わせて七万枚を発売するにおよび他社も西部ものの真価?をみなおしポリドールはいちはやく映画〝紅二挺拳銃の主題歌〟〝テキサスのやんちゃ嬢〟[…]をつくってざっと五万枚を出した」。

宝塚歌劇団出身の池眞理子が歌うその〈ボタンとリボン〉は、コロムビア・オーケストラを伴奏に、鈴木勝の「作詞」を歌うもので、各連の末尾で反復される〝buttons and bows〟のみが英語で歌われ、それが、適切に発音されているだけに、ダイナ・ショア盤の場合と同様、聞く人の耳には「バッテンボー」と聞こえ、それが人口に膾炙することになった。鈴木勝は鈴木大拙の息子で、後に池眞理子と結婚し、そして離婚した。

「バッテンボー」が繰り返されるそのレコードが頻繁にかかっていたのは、筆者自身、50年の夏休みに滞在していた小浜市西津のパチンコ屋の外で経験している。当時パチンコ屋でそのレコードを耳にした人は多く、営業を届け出ている全国のパチンコ屋の数は、50年に、前年の約二倍である「8450」軒になっていたという（溝上憲文『パチンコの歴史』、晩聲社、99年、305頁）。その評判の〈ボタンとリボン〉のB面が〈センチメンタル・ジャーニー〉であり、これも同じく池眞理子がコロムビア・オーケストラの伴奏で、そこでも英語詞を交えることなく、藤浦洸の「作詞」を通して歌っていた。全国各地のパチンコ屋では、A面ほどの頻度ではなくとも、その裏面もかかっていたと見て不思議はない。なお、その池眞理子が歌う〈ボタンとリボン〉と〈センチメンタル・ジャーニー〉は、センター・レーベルに「ジャズ・ソング」と記載されており、28年の〈アラビアの唄〉、〈青空〉に始まる「ジャズ・ソング」の呼称が持続していたことがわかる。なお、池眞理子の〈ボタンとリボン〉が発売された6月に先んじて、前年から売れ続けていたダイナ・ショアの〈ボタンとリボン〉もパチンコ屋でかかっていて不思議はない。

そして、『音楽の友』58年11月号の「戦後のポピュラー音楽史」(小倉友昭)によると、「歌ではまず〝ボタンとリボン〟〝センチメンタル・ジャーニー〟が、アメリカン・ポピュラーとして日本でもヒットした。戦後の歌手は、ほとんどこの歌を自分の持ち歌として出てきた」(166頁)。つまり、後年の言い方では、日本人によるカバー版、ないしはカバー盤であったわけだが、その意味での「カバー」の用法は日本語圏では早くても70年代前半以降であったはずだ。72年8月刊のカール・ベルツ著『ロックへの視点』(音楽之友社)の「訳注9」(304頁)で、訳者である中村とうようと三井徹が「カヴァー・レコード」を説明している。

〈ベサメ・ムーチョ〉、〈国境の南〉、〈テネシー・ワルツ〉、ドル箱歌手江利チエミ

評判になっている外国のレコード曲を日本人が歌うという流れは、戦後では、その池眞理子の〈ボタンとリボン〉と〈センチメンタル・ジャーニー〉が最初だった。

特定の外国の人気曲が日本の人々に一層知られるようになる、つまり、間接受容によって一層馴染みあるものになり、しかも、多くの人々が、原曲を知らないままに関心を寄せるのは、戦後には、それを嚆矢として次々に現われた。筆者は福岡市在住当時の日記に、中学校で、「昼から四組と六組は、各々の教室で茶話会がある。[…]かくし芸のうちのクイズにも出された。ハーモニカで、ボタンとリボンを吹奏した。みんな黙ってきいてくれた。賞にグリコをくれた」と記している(55年3月12日)。

コロムビアが池眞理子の後を追って出し、大いに売れたのは、50年8月発売の〈ベサメ・ムーチョ(接吻の曲)〉だった。原盤は「L盤」シリーズの早い番号、12番で出ていたもので、ザヴィア・クガート楽団を伴奏にデル・コンポが歌っていた。それをカバー盤では、オルケスタ・ティピカ・トウキョウがまず長々と器楽演奏し、レコ

ードの半分を過ぎたところで、ラテンやタンゴを得意とする黒木曜子が、鈴木勝の訳詞を歌い、センター・レーベルには「ルムバ」と分類されていた。次いで10月には、ポリドールから「ジャズ・ソング」として出た、宝塚歌劇団出身の越路吹雪が歌う〈サウス・オブ・ザ・ボーダー（国境の南）〉が評判となり、ポリドール・オーケストラを伴奏に、これまた鈴木勝の訳詞を使っている。これは39年の同名の映画に主演した、今言うところのカントリー歌手、ジーン・オートリが歌う主題歌であった。

それから一年少々の空白をおいて、十五歳の誕生日を迎えたばかりの江利チエミが52年の1月に躍り出て、米国で大人気の失恋の歌〈テネシー・ワルツ〉を、賑やかな〈カモナマイハウス（家へおいでよ）〉と組み合わせた、キング・オーケストラ伴奏のレコード（「ジャズ・ソング」）が大評判となった。52年1月19日『讀賣新聞』夕刊に出ているこの盤の広告には、「歌謡界の異彩！／驚異的十四才のジャズシンガー！」とあり、確かに吹込んだ時点ということでは、江利は十四歳だった。翌2月の18日の朝刊は「「テネシー・ワルツ」が現在まで五万枚売れ、その中には外人のファンが相当多いといわれる」と報じている。見出しは、「レコード界は小児病―豆歌手製造に熱を上げる」というもので、ビクターで「練習中」だという十二歳の草場ひかるをついでに挙げていた。その〈テネシー・ワルツ〉は、50年に大ヒットしたパティ・ペイジ盤が手本ではなく、51年にヒットしたジョウ・スタッフォード盤であることが歌詞の出だしと歌唱の傾向とでわかる。〈カモナマイハウス〉は、出だしの語りでなおさら判断しやすく、51年4月にチャート入りしたケイ・スター盤のカバーであり、7月にチャート入りのローズマリー・クルーニー盤ではなかった。

右に挙げた50年発売のいくつかのカバー盤と違う特徴は、江利チエミの場合、日本語の訳詞を原詞と交互に組み合わせていることだった。進駐軍キャンプの娯楽施設に雇用されたバンドの歌い手として英語発音の習得に励んでいた江利チエミが、原詞を歌いたかったことは間違いない。それは四ヶ月後の52年の5月に発売された、〈ツゥー・ヤング〉と〈ビビディ・バビディ・ブー〉から成る、キング・オーケストラ伴奏の盤でも同様だった。前者はナット・キング・コールの盤が特に有名で、後者はジョウ・スタッフォード、ペリー・コモ、ダイナ・ショアなどの盤がチャート入りしたのだった。

背景にはヒット盤を狙うレコード業界の操作があることを52年8月9日『讀賣新聞』夕刊の記事が示している。「歌も唄えなかった時代の反動かリンゴの唄から、ヤットン節と、街には歌、歌のはんらんである。その歌の源泉ともいうべきレコード界の昨今の話題を拾ってみる」というリードで始まり、「最近のレコード界の動き」を語るその記事は、当時の状況の観察としても興味あり、「売行がよくて回転の速い流行歌、歌謡曲」が「ヒットしたとなると、廿万は軽く、二、三ヶ月で五十万突破するというもの凄い売行を示すものさえあり、一年に一、二回ヒット盤が出ればレコード会社は左うちわというので、会社としても勢いヒット盤を狙う事になり、つゞいてはドル箱歌手の発見、製造に狂奔しなければならなくなるのも当然である。歌手はもとより、歌の内容、曲がよいことは勿論だが、チャンスと資本力による宣伝がある程度までヒット盤を作り上げることは見逃せない事実である」とある。続いて、「宣伝費に予想収入の一割というのが通り相場だが、ヒット盤にと狙った時には五十万、百万という宣伝費はザラ、強引に押しまくってジャーナリズムの波にのせ、忽ち人気歌手を作り、ヒット盤をデッチ上げてしまう。コロムビアの美空ひばり、キングの江利チエミなどはチャンスと宣伝の妙をつかんだ好見本である」と記している。

一方、その夏の記事より前である5月16日の夕刊には、「転換期のレコード界」を小見出しとした「ジャズ的流行歌へ」という記事があり、「高まりつつあるジャズ熱に乗った各レコード会社で歌手に今までの流行歌謡を破る新しいアメリカ風の傾向を植えつけようとする意欲的な試みは制作、営業両面が賛否ではげしくたたかっていたが、ともかく七月から八月にかけて市場に出し世の批判に待つこととなった」と書き出している。具体例を引用する余裕はないが、カバーものと同時進行の「意欲的試み」がわかると同時に、見出しの「ジャズ的」の「ジャズ」の曖昧さもわかる。

「ドル箱歌手」となった江利チエミのカバーものはさらに勢いづいて、10月にレッド・フォーリーの〈チャタヌギ・シュー・シャイン・ボーイ〉を、35年と49年にヒットした〈ブルー・ムーン〉と組み合わせた盤、12月に、ドリス・デイの〈アゲイン〉と、ジョウ・スタッフォードとフランキー・レインの〈プリティ・アイド・ベイビー〉を組み合わせた盤を出している。その後、翌53年から59年まで、カバー曲から成る盤を三十枚余り出し、米国から渡来するヒット曲を日本の聴衆に橋渡しするのに大きな役割を果たしている。日本語歌詞を交えて聞き易くしつつも、英語歌詞を維持しているのが効果的であり、数々の有名曲には、クリスマス期の定番曲である〈サイレント・ナイト〉、〈ジングル・ベル〉、〈ホワイト・クリスマス〉も含まれていた。

江利チエミがレコード界に登場した52年には、二年前に〈サウス・オヴ・ザ・ボーダー〉をカバーしていた越路吹雪が、戦後すぐに器楽曲として親しまれていた「ルムバ」曲、〈ビギン・ザ・ビギン〉をコロムビア・オーケストラの伴奏で歌っており、それも、間奏なしのままで、藤浦洸「作詞」の歌詞を一貫させている。ただし、これはカバーというよりも、越路吹雪の努力による舞台での原詞歌唱の延長であるようだ。51年7月29日『讀賣新聞』朝刊に安藤鶴夫が、二十七歳の越路吹雪について書いた一文で、本人の言葉を引用している——「『ビギンは六年ぐらいまえに、レコードを聞いたんだけど歌が入ってないの。だから、二世さんだの、進駐軍さんを大勢摑まえて』歌詞も、発音も、解釈も、それでモノにしたという」。さらに同52年11月に越路吹雪は、50年に米国のダニー・ケイ、ジョニー・デズモンドがそれぞれヒットさせた〈セ・シ・ボン〉を岩谷時子の訳詞で歌っており、センター・レーベルには「ジャズ・ソング」と分類されていた。翌12月には、ディック・ミネ（三根）が、リベラーチェがヒットさせていた〈セプテンバー・ソング〉をカバーし、戦後カバー盤としては初めて男性歌手が登場している。ただし、戦前の30年代半ばに〈ダイナ〉のカバーで気を吐いたディック・ミネのカバーものは、翌53年の〈ブルー・ハワイ〉、〈ハイ・ヌーン〉と続いたものの、一連の女性歌手たちほどの精彩はなかった。

カバー盤はその後も次々に現われ、当第二章が対象とする、あとの53年、54年では、拾っていくと、53年に藤沢嵐子によるキューバの曲〈シボネー〉、高英男のシャンソン〈枯葉〉、雪村いずみが歌う〈想い出のワルツ〉と、映画『シェーン』の主題曲〈はるかなる山の呼び声〉、楠トシエが歌う〈マイアミ・ビーチ・ルンバ〉、54年に柳沢真一の〈プリテンド〉、雪村いずみの〈青いカナリア〉、藤沢嵐子の〈エル・チョクロ〉と〈ウナ・カンシオン〉、雪村いずみの〈オウ・マイ・パパ〉等々が並び、中でも際立ったのは、江利チエミと同じ37年生まれの雪村いづみだった。

そのカバーものには、見ての通り、中南米とフランスの曲がいくつか混じっており、基本的に米国のレコードに触発されたものながら、広く「ジャズ」と称されつつ、米国の音楽以外の音楽の受容が50年代前半に目立ちはじめたことがわかる。それは、50年代前半に日本公演を始めるようになった著名ミュージシャンの顔ぶれにも反映していた。(米欧の人気曲を日本人が日本語で、あるいは日本語を交えて歌う勢いは50年代後半、60年代にも持続する。そのうちの60年代前半を主体にしたレコードが、はるか先の時代である現在、「カバー・ポップス」の呼称でCD化されている。当時は存在しないその呼称の「ポップス」が一般に用いられるようになったのは、第五章末で説明の通り、60年代半ばを過ぎてからであり、「カバー」は、先ほど指摘した通り、一般化は定かでないながら、日本語に入ってくるのは70年代前半のことだった。)

「来朝する世界的ジャズ楽人」、そしてラテン、フラメンコ、シャンソン

実際、カバー盤と並んで50年代前半の新しい動きとして目立つのは、海外の音楽家が日本で公演するようにな

ったことだった。

米国の演奏家が来日はしても、聴衆は日本人ではなく、駐留軍の慰問のみであったのとは違って、「日本の劇場に現われるのは戦後はじめてのこと」であったのは、「ジャズ・ピアニストでありオーケストラの指揮者であるラリー・ダームス氏とジャズ・シンガーのビリー・ドイル嬢」だった。それを報じる50年2月12日『讀賣新聞』夕刊の「戰後初の外國樂人お目見得」と題した記事によると、「一九四六年来日以来アーニー・パイル劇場の将兵慰問ショウの音楽担当者、総司令部極東軍の音楽担当者などを歴任ののち現在はユニオン・クラブの音楽監督であり、同時にオーケストラの指揮、ピアノ演奏と両面に活躍中である、彼の楽団スタイルはシャンパン・ミュージックと称する上品なダンス音楽でこんどの演奏には廿八名の楽団員を率いて登場する」とある。

朝鮮戦線や駐留軍の慰問――レス・ブラウンのオーケストラ

「朝鮮戦線や駐留軍の慰問関係でこれまでに来日した多くのジャズメン」の名前は、『音楽之友』53年10月号の「ジャズ入門特集号」中の「來朝する吾界的ジャズ樂人」(篠崎正)が、前置き部分で触れており、「立ち寄り組の有名人としては、ベースのO・ベティフォード、トラムペットのH・マギー、トロンボーンのJ・J・ジョンスン、歌手ではベティ・ハットン、E・フィッシャー、アニタ・オデイ、ジューン・クリスティ(テナー・サックスのG・オールドを含む一行)、その他シャンソンのダミアは別としても、歌う映画俳優ボップ・ホープ、ダニイ・ケイなどが挙げられる」(134頁)と詳しい。(なお、『音樂之友』の誌名は52年2月号から、当用漢字を使って『音楽之友』になった。その後、57年1月号から『音楽の友』。)

その進駐軍慰問のショウを「こっそり」見に行った人がどれだけいたかは不明ながら、ボブ・ホープに関しては、二人の見聞記録がある。一人は『音楽の友』58年12月号の「来日演奏家スポット」としてワンダ・ジャクスンについて書いている飯塚経世で、「八年前〔…〕駐留軍将兵慰問の目的でボブ・ホープ一行が来日して、そのショーの中に当時のウエスターン人気歌手ジミー・ウィークリーも入っていて、筆者は多くの将兵の間に入ってこっそり観、且つ聴いた記憶があるが、その時は同行していたレス・ブラウン楽団の感銘があまりに大きかったために、それ以外の印象は希薄になってしまった」(77頁)という。司会のボブ・ホープとレス・ブラウンのビッグ・バンドが組んだラジオ、舞台、TVでのショウは長年続いており、この組み合わせが主体の駐留米軍将兵慰問は世界各地で行なわれた。

三年後の『音楽の友』61年8月号の「レス・ブラウンとの出会」では、小島正雄が、自分が所属していた日本のビッグ・バンド「ブルーコーツが生れた翌年だから昭和二十五年、一枚看板の外套を大切に着ていたおぼえがあるから、十一月も末か、あるいは十二月に足のかかった頃のことだったろうか」と十一年前のことを回想している。「レス・ブラウンのオーケストラが在日、在韓米軍慰問に来るというニュースをきき出してきたのは、ピアニストの秋吉敏子さん」で、それを聞いてブルーコーツのメンバー「一同は踊り上がらんばかりに喜び、何とかしてこれを聞こうということになった」。「レス・ブラウンのオーケストラは、白人スイングの一方の雄であり、当時のブルーコーツは皆がレス・ブラウンに心酔して、現にレス・ブラウンのレパートリーを他のどの楽団よりも数多く持っており、何とかして一歩でもその白人らしい知性を捉えようとしていた矢先だった」からである。「司会ボブ・ホープ、映画女優マリリン・マクスウエル、黒人のタップダンス、トップ・ハッターズ、それにあこがれのレス・ブラウンのオーケストラという豪華な大プログラムであった」(140頁)とのことで、「小島正雄の念頭にはジミー・ウィークリー」はなかったらしい。

「折よく、公演の日はクラブの休日で、一同午後の練習を終ると、会場のゲーリックスタジアム(横浜球場)に出かけた。出かけたというと切符を持っているみたいにきこえるが、当時われわれはまだ被占領国民であったから、切符を手に入れる術」はなく、「球場のまわりをウロウロし」、結局、警備の「白人のM・Pをけなすことに重点」をおいて、「黒人のM・P」に「陳情」し、「間もなくレス・ブラウンのテーマ「リープ・フロッグ」の力強いメカニックな響きのイントロダクションが始まり、シンバルの音が球場に谺した」ところで、「ヘイ、ジョー!! カモン!!」と叫ぶ「黒人M・Pの声に、われわれはわれ先に塀にとびついた。クレーンのようなたくましい腕がわれわれを外野のスタンドに引き上げてくれた」。そして、「二時間あまりのショウは、ただただ感激であった。レス・ブラウンの生の音に酔いしれた」(140－141頁)。

「翌日の午後、練習のために集ったブルーコーツは昨夜の興奮をそのままに、練習も手につかない有様だった。／騒ぎが一段落ついた頃秋吉さんがいった。「私、昨夜ショウが終わってから、バスのところに行ってみたんです。レス・ブラウンに会いました。思いきって、私もミュージシャンだと自己紹介したら、私をバスの中に押しこんで、皆に紹介してくれて〔…〕東京迄走っていくうちに、ピアニストのジェフ・クラークソンとも、すっかり仲良しになっちゃったんです」と美しい大きな丸い眼玉をくるくるとまわした」。そのあと、「私の家にピアノがあるけど、遊びに来ませんか」という誘いにジェフが応じて、「朝迄ピアノ弾いたり、教えてもらったり、とても楽しかったわ!!」とのこと。「三日ばかりして」、小島正雄は「秋吉さんと一緒に、第一ホテルを訪れた。〔…〕ジェフ・クラークソンは、今少し前に韓国から帰って来たばかりだといって、疲れたような青い顔をしていたが、快く私たちの誘いに応じてくれた」そうで、「木炭自動車」で、「大森の秋吉さんの下宿に着いた」。「質素な六畳の部屋にピアノとベッドが一台、ジェフ、秋吉、私のほかにアルトサックス、テナーサックス、ギター、こんなメンバーが集った」。そして、「フル・バンドの在り方。ミュージシャンの生活、歌手の話と編曲の方法。関連よく思いつくままにとび出す私の質問にジェフは丁寧に答えてくれた。レス・ブラウンの編曲の特徴についても、ピアノで実際に音をたたきながら細かく説明してくれた」という。「教わったことのたのしさに、寒さも空腹も気にならず、折柄昇った朝日を浴びて、霜柱をふみくだきながら私は家路についた」(141頁)。

一方、生身の来日ではないものの、映像を通して歌唱演奏する著名ミュージシャンの姿がくっきりと目に焼きつくものとして、翌51年の暮れに映画『ヒット・パレード』が公開された。クラシック音楽の研究者を演じ、自分では歌わないダニー・ケイを主人公とした「ドタバタ喜劇」ながら、主人公が「一夜ニューヨークの夜の街をジャズ見学に出かけてゆく」場面はいま見ても目を見張るもので、「メル・パウェルのピアノを初めとして、トロムボーンのトミイ・ドオシイ、サキソフォンのチャーリー・バーネット、ヴィブラフォンのライオネル・ハンプトンとトランペットのルイ・アームストロング、黒人男声クワルテットのゴールデン・ゲイト四重唱団、ペイジ・キャヴァノウ三重奏団という当代アメリカきっての名手とその楽団が、つぎつぎと出演。それぞれ得意の曲を少しずつきかせ、その特徴をみせ、これにベニイ・グッドマンも出演する豪華版」、「ジャズ・ファン向きの天然色音楽映画」であると『讀賣新聞』12月6日夕刊が報じている。どの程度の数の人たちがこの映画を見たのかは不明ながら、静止写真ではない、動く色彩画像で著名ミュージシャンが演奏するのを目にするのは、極めて新鮮であったに違いない。

ジーン・クルーパ・トリオ、スペイン舞踊、ザヴィア・クガート楽団

そしていよいよ翌52年の4月19日に、「朝鮮国連軍慰問」のついでながら、「有名なジン・クルーパ・ジャズトリオ」が羽田に着く。「滞在期間は廿日間、慰問のほか東京、大阪、福岡、札幌などでも公演する」と4月13日『讀賣新聞』朝刊が報じている。一方、『朝日新聞』4月20日朝刊の「ジャズ界のドラム王来る」という見出しの記事はごく短い。『スイング・ジャーナル』は当然ながら、52年5月号で「ジーン・クルーパのトリオ来日」を報じ、6月号では表紙にジーン・クルーパの写真を配して、「疾風の如く来て去ったジーン・クルーパ・ジャズ・トリオ」(野川香文)をはじめ、「クルーパ、ベンチューラ、ナポレオンのバック・グランド」(無署名)、「来朝したジーン・クルーパ・ジャズ・トリオのこと」(牧芳雄)を並べている。

それから一月後の52年5月末日にスペイン舞踊のエスパニタ・コルテスが帝国劇場で公演し、「スペイン舞踊の河上鈴子、日本舞踊の花柳寿美、宝塚から映画入りした淡島千景の三人」が6月1日付『讀賣新聞』夕刊の「舞

台評」を語っており、「情熱的に踊る「古典ボレロ」は色の変化〔、〕身体の線を活かしてとてもキレイだと思いました。それとカスタネットの魅力がこんな素晴しいものと始めて知りました」（淡島）といった発言が続く。『讀賣新聞』は、6月6日夕刊の社告によると、フランス大使館の協賛で五日間の「エスパニタ・コルテス舞踊送別公演」を主催しており、「パリ国立劇場オペラ座及びオペラコミック専属花形」と謳っていた。

その翌年、53年の3月にはザヴィア・クガート楽団が来日した。いくつかの著名曲で知られていたクガートは、スペインで生まれ、幼児にキューバへ、少年のときにニュー・ヨークに移住し、タンゴ、ルンバ、マンボなどを米国に浸透させるのに貢献していた。そのクガート楽団の新宿劇場公演は、「単なるダンス音楽にあきたらず、ラテン・アメリカの民族音楽を郷土色豊かな美しさに飾るため種々の芸人を加入させているので、なにより見事なのは演出の妙であ」り、そして、「楽団はテーマ・ミュージックの「マイ・ショール」ほか数曲だが「ビギン・ザ・ビギン」がキャンディオトのフリュートで一きわ美しい」と53年3月10日の『讀賣新聞』夕刊が評している。『ミュージック・ライフ』は5月号で、「私の観たクガーの演奏」と題して見砂直照などの演奏者、牧芳雄などの書き手による十一編の感想を並べ、6月号で、高山正彦が「ザビエル・クガーとの一週間」を書いている。

ダミア——パリのシャンソンの魂

その一ヶ月半後の53年5月には、六十三歳になるシャンソン歌手、ダミアがやってきて、六都市で公演し、主催者である読売新聞社は、4月10日朝刊に「シャンソンの女王ダミアを招く」という社告を載せ、詳しくダミアを紹介したあとに、「入場料金は本社の低料金主義にそい真の大衆料金といたしました」と一言入れている。「A席600円」、「C席200円」だった。それから連日、同紙は関連記事を帰国に至るまで載せ続けた。公演に先立つ「レセプション」が5月2日に「東京銀座の文春クラブ」で開かれたことを報じる記事によると、「パリでダミアを聞いたことのある画家、作家、歌手など四十人あまり」が客として招かれており、深尾須磨子、河盛好蔵、大岡昇平、佐藤美子、川端康成、三島由紀夫などの名前が挙がっている。5月3日朝刊によると、「黒のブラウスに黒のスラックス。口のタバコをぽいと捨てて拍手のうちにこぢんまりした会場に降りてきたダミアの足はなんと日本の白タビにサンダル」だった。

3日の日比谷公会堂での公演評が4日朝刊に「心揺さぶるパリの哀愁」の見出しで出ているが、一方で、戦前からシャンソンも歌っていた声楽家、佐藤美子が『朝日新聞』5月5日の夕刊に書いている一文には「たましいの歌」という見出しが付いている。「真黒なステージに照明があたり、黒のビロードの簡素なイブニングに緑の布を無造作に首から腕に巻き、ソデのように下までたらしたダミアの姿が舞台の真中に浮ぶ」で始まり、最後に、「ひとむかし前このレコードをきいて幾人かの自殺者を出したほど世界をふうびした」〈暗い日曜日〉の歌唱に触れている――「黄色い花束の中にくずおれるごとく、どうこくして歌いおわったときは、場内すすりなきの声が方々に聞えた。ダミアはいつも庶民によびかけて歌っている。ダミアの歌は貧しい人、苦しい人、弱い人へのなぐさめであり、友なのである」。佐藤美子はその三年前の『音樂之友』50年10月号に「シャンソン物語」の題でシャンソン紹介文を書いており、熱い語りの終わり近くではダミアの名を繰り返す。

一方、来日の前月の4月10日に『讀賣新聞』は社告を載せたあと、24日夕刊で、「パリのシャンソンの魂といわれるダミアが来日する日も近づいてきた」とのことで、

ダミア日本公演写真：『アサヒグラフ』1953年5月27日号

大きく紙面を割いており、「春たけなわのパリの夜、シャンソン界はにぎやかである」と「パリにて海藤特派員」が、「今もなお元気に歌う」ダミアなどの活躍を報じたあと、かつてダミアを見た人たちによる「ダミア印象記」が続き、「この葉桜の季節に、若い頃パリで聴いたダミアが来ると聞き、非常にたのしく、気持も若返るここちがする」という西条八十のつぶやきに始まり、画家の猪熊弦一郎、佐藤美子、画廊経営の福島慶子の回想が連綿と続く。

『ミュージック・ライフ』には7月号に渡部和夫、高山正彦による二編があるのに続いて、8月号にインタビュー記事「ダミアと語る」が出ている。

J・A・T・P来演、ルイ・アームストロング公演

右の7月号には「デルタ・リズム・ボーイズを聴いて」（藤井肇）、8月号には「一問一答」のインタビュー記事も出ており、ダミア来日の翌月である53年6月にその「黒人ジャズ歌手グループ」が来日して東京と大阪で公演した。「美しいハミング」という見出しの『讀賣新聞』6月1日夕刊の「ステージ」評（「孝」）は、国際劇場での公演を取り上げ、「テナー二、バリトン、ベース各一、ピアノ一と黒人の珍しい合唱団だが、ハーモニーの醍醐味を遺憾なく発揮する。各人のソロもそれぞれ見事でとくにベースのリー・ゲーンズ、バリトンのホーランドの声質など稀有のものだが、ソロのうしろにやわらかく流れるハミングが実に美しい。「サイド・バイ・サイド」など九曲うたう中で「ハイ・ヌーン」「ドライ・ボーンズ」が傑出」と褒めている。その公演では一緒に帰国した江利チエミが共演した。

そのあと同年11月に「全米のジャズ・ベスト・プレヤー十七名来日」の「J・A・T・P日本初公演」を読売新聞社が主催した。『讀賣新聞』10月4日夕刊の広告によると、「わがジャズ・ファンにはあまねくJ・A・T・Pで知られる JAZZ AT THE PHILHARMONIC は毎年定例のジャズ・ミュジシアン人気投票で上位にある者をグランツ氏が選定のうえ組織、各地のフィルハーモニーの演奏会で行う公演であり、まさに全米のジャズ・ベスト・プレヤーのみによるアメリカン・ジャズの結晶といえます。このたび来演のメンバーは昨年来日、ファンを熱狂させた白人ドラムの第一人者ジーン・クルーパらベスト・メンバーのみ十七名におよぶ大編成で、わがジャズ界空前の壮挙であります」。そして、ジーン・クルーパ、オスカー・ピータスン、レイ・ブラウン、フリップ・フィリップス、J・C・ハード、ロイ・エルドリッジ、ビル・ハリス、チャーリー・シェーパーズ、エラ・フィッツジェラルド、ベン・ウェブスター、ベニー・カーターの顔写真が並ぶ。

「JATP のスターご紹介」記事：『讀賣新聞』1953 年 10 月 22 日

自社の主催だけに、『讀賣新聞』には関連記事が連日並ぶ一方、翌日の夕刊は、その「J・A・T・P」公演と同時に「ザビア」・クガート楽団が再度来日することを「来日する本場ジャズ」の見出しで報じており、「わが国の十代、二十代の青少年子女をあげてジャズ狂時代にまきこんでいる時アメリカの本場のジャズが相次いで来日するが、期せずして来月三日から丸の内の日劇と浅草の国際劇場にわかれて公演合戦ときまり、いやが上にもジャズ熱をあおっている」とある。

10月22日夕刊は、「JATPのスターご紹介」と題して「世界一流の多彩な顔ぶれ」を並べたあと、11月1日朝刊は、「百万ドル、ジャズ・プレイヤー」があす「入京」し、「オープンカーで街頭行進」すると報じ、羽田から日活国際ホテルまでの順路を記している。11月5日夕刊の「ステージ」欄は、もう済んだとあってか、意外に簡単であり、「クガート・ショウ」の評はさらに短い。『スヰング・ジャーナル』はさすが熱心で、53年12月号の野川香文による「J・A・T・P滞日の10日間」をはじめ、個々の奏者についての七人による文が次号、次々号にも及ぶ。『ミュージック・ライフ』では53年12月号で野川香文が「JATPを聴く」、54年1月号で牧芳雄が「JATPを斬る」と題した「日本公演評」を書き、2月号が「JATPスターと一問一答」というインタビューを載せている。

53年12月にはルイ・アームストロングが来日し、12月10日『朝日新聞』夕刊の「ステージ」は、「映画史上のチャップリンにも比すべきジャズ音楽の先駆者であり、最大の功績者である「トランペットの王」の公演を報じている。その来日予定を報じる四ヶ月前に、『毎日新聞』夕刊（53年8月13日）は「賑やかな〝秋の軽音楽界〟」という見出しで、ザヴィア・クガートの再来日、JATP来日と並べた「米国の三大バンドが来日」の話題の中で、「来日は以前からうわさにのぼっていたが出演料が高いためなかなか実現しなかったものである」と記していた。『音楽之友』は、翌54年の3月号に「ルイ・アームストロングとオール・スターズの印象」を掲載し、飯塚経世が、「二、三年前ならば夢のように思われた企画でしかなかった」と始めて、「正に夢の実現」である公演の内容を詳述し、「ラストはルイのヴォーカル「セ・シ・ボン」でこの一時間にわたる楽しいショーが終った」（96－97頁）と書いている。『スヰング・ジャーナル』は54年1月号で野川香文が「ファンを狂気させたルイ・アームストロング」を書き、次号にも記事は続く。『ミュージック・ライフ』は、53年11月号の「南里文雄の語るルイ・アームストロング」等のあと、54年2月号に「ルイ・アームストロングを衝く」（朝比奈次郎）、「サッチモの愛妻ルシア・アームストロングと語る」、「特別座談会 サッチモを囲んで」を掲載している。

年が明けて54年1月末に、デルタ・リズム・ボーイズの後を追ってインク・スポッツが来日し、『ミュージック・ライフ』3月号が「メムバーご紹介」を載せたのに続いて、4月号がグラビア写真を載せ、「見聞記 インク・スポッツを観て」（渡辺忠郎）を載せている。『スヰング・ジャーナル』は2月号に写真を載せているものの、報道は弱い。

オルケスタ・ティピカ・カナーロ――純粋な本場のアルゼンチン・タンゴ

54年11月1日には、「本場のアルゼンチン・タンゴ」であるオルケスタ・ティピカ・カナーロの来日を『朝日新聞』の夕刊が報じていた――「一行十五名の中心で指揮者のホアン・カナーロはバンドネオンの名手として世界的に有名。タンゴの大御所フランシス・カナーロの次弟で、マリオ、ウンベルト、ラファエルの兄弟とともに音楽一家として知られている。ほかに女性歌手のシルバーノ・ゴンザレスなど」。『ミュージック・ライフ』には55年1月号に高山正彦の「ホアン・カナーロ楽団をきく」がある。

そして、「二十一日から三日間、日本劇場で本格的なポルテニア音楽と、フォルクロリカと呼ばれる地方民謡を紹介」、「純粋な本場のアルゼンチン・タンゴが公開されるのは今度が初めて」と、23日『讀賣新聞』夕刊が短評を載せた――「ペジョ夫妻の舞踊、フエンテ、イシュアの歌、ゴンザレスのギターを適当にはさんで、カナーロ指揮のオーケストラ［…］が二時間以上も演奏する。ゴンザレスのギターは愛嬌もあり、テクニックも正確。

フエンテの「狂人」の歌は見事。独特のゼスチュアもこの曲にはピタリと合っている。ベジョ夫妻の踊では「荒い草」をとる。民俗舞踊のおもしろさがよく出ている」。長い評は、翌55年の『音楽之友』2月号に、「最近のジャズ界」として「ファン・ルイス・カナーロ楽団の来日」（小倉友昭）があり、「本来のオルケスタはもっと大人数で少人数しか連れてこれなくて残念だ。どうしてもティピカ編成で来て本当のタンゴを日本の人達に聞かせたい」と「アナウンス」したカナーロの「バンドネオンの巧みな扱いが際立っていた」（100頁）とある。

タンゴ人気を反映するものとして、50年代前半のタンゴ記事を拾っておくと、そのカナーロ公演の半年少々前に出た『音楽之友』54年4月号には「タンゴ王国に遊ぶ」と題した全十頁の座談会記事が出ており、「オルケスタ・ティピカ・トウキョウ」のリーダーの早川真平、ピアニストの刀根研二、歌手の藤沢嵐子が出席し、前年である53年の「八月十五日に御出発になって十二月の八日にお帰りになるまでのコースをお伺いしましょう」と司会の評論家、高山正彦が切り出している。「ブェノスアイレス」については、その二年前である52年10月22日『讀賣新聞』朝刊に、「本場のタンゴを聴く」という題で、洋画家の石川滋彦が、右の座談会とは違った生気ある見聞記を書いている。その52年の『音楽之友』8月号には、オルケスタ・ティピカ・ポルテニアのリーダーであるバンドネオン奏者の坂本政一による「タンゴとバンドネオン」と題した、バンドネオンの楽理的紹介も出ている。

その三年後の『音楽之友』の55年8月号は、「ポピュラー・シリーズ特集」の一つとしてタンゴを特集しており、長短十編が並び、三十一頁に及ぶ。

タンゴ関係書としては、49年4月に鈴木三郎著『タンゴに乗って―アルゼンチン夜話』（日本交通公社出版局）、54年12月に高山正彦著『タンゴ』（新興楽譜出版社）が出て、そして、50年代後半におよぶが、56年4月に藤沢嵐子著『タンゴの異邦人［エトランジェ］』（中央公論社）、57年5月に高山正彦著『タンゴ―名曲とレコード』（創元社）が出た。

「軽音楽支持のヂェネレーション」が読む『ミュージック・ライフ』

雑誌としては、『ミュージック・ライフ』が51年9月に出た。これは、第一章で触れた「軽音楽」、「流行音楽」の雑誌『ミュージック・ライフ』（新興音楽出版社）の復刊というよりも、新たな巻と号で開始した新雑誌であり、発行人は、草野貞二の息子の草野昌一で、二十歳の大学生であった。

その51年9月創刊号から52年12月号までは未見ながら、扱う内容が、当初から、本書で言う「洋楽ポピュラー」であることは後の号から察しがつく。53年1月号を見ると、パティ・ペイジの大きな写真を中心にした多色刷り表紙に使われている文字は、雑誌名を含めてアルファベットであり、そこには「軽音楽誌」と謳う代わりに「The Magazine for Light Music」とある。55年1月号の表紙は、雑誌名は同じく英語ながら、その上には、英語に代わって「ジャズの月刊雑誌・ミュージック・ライフ」とある。そして、人物写真は外国人ではなく、ビッグ・フォアを結成して間もないベース奏者の小野満だった。

レコード、バンド、ラジオ、TV

確かに内容は、当時の「軽音楽」受容の現状を反映し、ジャズに関する記事が主体ではあり、執筆者も『スヰング・ジャーナル』執筆者と重なるけれども、中南米音楽、シャンソン、ハワイアン、「ウエスタン」の記事が混じる。扱っていないのは日本の流行歌であり、「軽音楽」は洋楽であることを前提にしている。ただし、『スヰング・ジャーナル』が、ジャズを自ら演奏する日本のミュージシャンの動向に常に目配りしているのと同様、米国を中心にした欧米、および中南米の音楽を自分で演奏する日本人ミュージシャンも徐々にとりあげることが増えていく。一方、ジャンル特定のない「映画音楽」の記事が持続する。

53年1月号の表紙には、「*RECORDS*」、「*BANDS*」、「*RADIO*」の三つの単語が重ねられており、題名に「レコード」を含む記事として「私の好きなレコード」、「三百円で買っても損をしないレコード」、「今アメリカでどんなレコードが発売されているか」、「今月発売のレコード」があり、「バンド」が入った題名の記事が、「一九五三年に活躍を期待される・バンドとシンガー」、「バンド・ニュース」と並び、ラジオ関係では「ラジオ・ジョッティグスF・E・Nの番組」、「Mトピックス（アメリカ短波通信）」が目に留まる。

53年2月号の表紙からはその三つの単語に「*T. V.*」が加わっており、そのTVについては「ジャズ テレヴィに進出」という記事があって、ひとつ飛んだ4月号には「テレビに於ける軽音楽番組」の説明がある。ずいぶん気の早いことで、NHKがTV放送を開始したのはその53年の2月であり、日本テレビによる民放初のTV放送開始が8月であっただけでなく、受信機は一般の人にはとても手の出ない価格であった。筆者自身の当時の日記によると、53年8月20日に、「昼から甲子園の高校野球決勝戦、松山商対土佐の試合を見に行った。実際に見に行くのでなくテレヴィジョンで見るのだ。もう始まってたが一回の裏だった。大勢の人だったのでテレヴィのある所をいろいろ回り一番見やすい長崎と言う食堂で見た」と記している。松山商業の空谷投手の名前が頭に焼き付いているその初TV視聴経験は、中学二年の夏季休暇をしばらく京都で過ごしたときのことで、「いろいろ回」った最初が丸物百貨店の屋上だった。

その年の調査ではないものの、二年後である55年の「地方別にテレビを見た人の率」によると、「関東の八七%、近畿八七%、東海八一%、四国六三%、北陸信越四八%、中国四一%、北海道三四%、東北三二%、九州一七%の順」とある。『讀賣新聞』が「全国から二百六カ所の調査地を選び、全国有権者総数の約一万六千分の一に当る確率で選挙人名簿から被調査者三千人を選び出した」「本社全国世論調査」であり、その「解説」が55年8月24日朝刊に出ている。

ジャズ、タンゴ、シャンソン、ハワイアン、そしてウエスターン

『ミュージック・ライフ』が対象とする音楽分野を目次に沿って見ていくと、53年1月号では、「名曲解説」をジャズ、タンゴ、シャンソンの三部門に分けているほかに、「今月の話題 ジャズ時事解説」(野川香文)、「オール・アバウト・ジャズ」、「シンガー御紹介 パティー・ペイジ」(寺田和郎)、「サムボディ・ラブス・ミーの音楽から」(藤井肇)のほかに、「楽団紹介 リリオ・ハワイアンズ」(いソノてルヲ)、「西部音楽人気者物語 レッド・フォーレー」(小林義弘)、「映画音楽 映画音楽担当者御紹介(5)」(清水光雄)、「ラテン・アメリカ音楽」(高橋忠雄)、長期連載の「ヴェノス・アイレスの声(13)」(高山正彦)を並べている。2月号では、「三百円で買っても損をしないレコード」を四人が担当し、「ウエスターン」、「タンゴ」、「ジャズ・ポピュラー」、「シャンソン」と部門別になる。それに「私の好きなレコード」として「ミュージカル」ものが挙げられている。

55年の春には発行元の新興楽譜出版社から『軽音楽人名辞典』が出ており、「ジャズ・ポピュラー・シンガー、タンゴ、ウエスタン、シャンソン、ハワイアンのベスト・スター150人の完璧な人名録」と謳っている。一方、54年12月には、先に触れた高山正彦著『タンゴ』を出し、別の出版社、婦人画報社が55年1月に『ジャズ・タンゴ・シャンソン』(河野隆次、服部龍太郎、高柳忠彦、松本太郎共著)を出した。それに、52年5月に月刊誌『中南米音楽』(中南米音楽研究会編)が創刊されており、その後83年3月号まで持続した。ハワイアン音楽も、中南米音楽、欧州音楽と同様に、戦前から日本に紹介され、直接かつ間接に受容されてきており、中でもハワイからの移住者であるバッキー白片と灰田勝彦が貢献していた。そして、第一章で引用したように、48年初頭には、進駐軍の娯楽施設を主な活動の場とする日本人の「タンゴ・バンドは五十余、ハワイアンも五十位はある」と野川香文が記して

いた。

その時点ではまだ存在しなかった「ウエスタン」のバンドは48年に誕生し、進駐軍の需要に応じて日本人バンドが組まれ始めた。その辺りのことは、本人自身、初期の「ウエスタン・バンド」のメンバーであり、54年に日本テレビに入社した井原高忠が、58年の3月に出たミュージック・ライフ別冊『ウエスタンの友』に執筆した横書きの「本邦ウェスタン誕生記」に詳しい。「故郷を遠く離れた」在日進駐軍の兵士が「郷土の香り豊かなC&Wを欲し」、「ジューク・ボックスはアーネスト・タブやジミー・ディケンズで満たされ、米軍のクラブで仕事をするダンス・バンドは「サンアントニ」のリクエストに悩まされる」という「情勢を見て、いち早くハワイアンから転身して日本初のウエスタン・バンド「ウエスタン・メロディアンズ」を創立した日本音楽界の泰斗、外山国彦氏の御曹司、外山健彦、そしてベースが彼の弟で〔…〕」と、48年に最初のバンドが誕生したことを語り、「当時は専門歌手も居らず専ら演奏で西部音楽のメロディーを流し、それでもGI達は狂喜して喜んだと云う」。その「彼等が始めて日本のステージに現れたのは」49年11月21日で、「読売ホールで行われた第4回スイング・コンサート」(34頁)だった。

一方、その一文の出だしは、日本でのその種の音楽の受容の様子を手短かに捉えていると見ていいだろう――「当時、娯楽に飢えていた我々を楽しませてくれたWVTR(後のFEN)が多くのジャズと共に素朴な西部音楽を放送したのが我がC&W史の第1頁である。その頃のもう一つの大きな娯楽、アメリカ映画、特に西部劇の人気は見のがす事は出来ない。戦前封切られた「大平原」や「駅馬車」も再び銀幕に姿を見せ、それ等の主題曲が、我々の耳に快い響きを残した。かくて哀愁と活気を合せ持った西部音楽が、多くのファンを獲得して行ったのである」(34頁)。(その分野の米国のレコードは、すでに戦前に日本盤が出ていたものの、一分野として認識されるほどではなかった。網羅は困難としながらも、永井英夫編纂の『カントリー・ミュージック・レコード日本盤リスト 1927〜2000』(私家版、2000年)がその日本盤に詳しい。)

「ウエスターン」あるいは「ウエスタン」、それを日本語にした「西部」音楽は、日本での呼称であり、日本人バンドはおしなべて、疑似カウボーイ舞台衣装を身に着けていた。米国では20年代半ばから「ヒルビリー」と呼ばれ、ほぼ50年半ばを境として新たな呼称「カントリー&ウェスタン」が一般化し始め、C&Wと略されることが多いその音楽の歌唱演奏者は、日本人バンドが手本とした衣裳をまとっていた。『ミュージック・ライフ』は、53年に入ってから小林義弘による「西部音楽人気者物語」の連載を始め、ジーン・オートリ、アーサー・スミス、テックス・ウィリアムズ、レフティ・フリゼルなどを次々に挙げていき、54年6月号まで続けている。一方、54年4月号からは藤井肇による「ウェスターン・ジャンボリー」と題した関連情報記事の連載を始め、55年4月号まで続いた。

『ミュージック・ライフ』の世論調査総決算

その「ウエスタン」、そして「ハワイアン」に関心を持つ『ミュージック・ライフ』の読者は限られており、大半の読者の関心は、「ラテン・アメリカ音楽」、「シャンソン」も遥かに凌いで「ジャズ音楽」であったことを「ミュジック〔ママ〕・ライフ第1回世論調査 総決算なる!」が示している。これは右に挙げた53年2月号に掲載されたもので（12–17頁）、「締切日迄に本社に寄せられた解答は総数一、七二五通」で、「最低年令は十三才〔…〕学生さん」、「最高年令は四十才の方で二人いられます」。そして、「十八才から二十才までが圧倒的に多く軽音楽支持のヂェネレーションを端的に物語っています」。

いつから読み出したかという質問への回答では、「興味深い事はジーン・クルーパが来日した五、六月号辺りから新興読者がグンと増えている事で彼等の来日が如何にジャズに対する関心を深くさせたかを伺い知る事が出来ます」とある。さらに質問を拾うと、「最近買ったレコードの曲名」というのがあって、その順位が十五位まで示され、こう解説されている——「こゝでは、ジョージア・ギブス、トニー・マーティン、ビリイ・エクスタイン、ルイ・アームストロング更にペギー・葉山といずれ劣らぬ名歌手、新進歌手の競演する「火の接吻」が楽譜の場合同様断然トップを切っています。「セプテンバー・イン・ザ・レイン」も三枚出ていますが矢張りシェアリング五重奏団のものが最も良く買われている様です。「ハイ・ヌーン」「第三の男のテーマ」「九月の歌」「二人でお茶を」が買われているのは勿論映画の影響です。［…］又、クルーパの「ドラム・ブギー」も未だに相当買われている様ですし、ペレツ・プラドの「マンボ第五番」が唯一の中南米音楽として気を吐いています」。

その「最近買ったレコードの曲名」が筆者にはいずれも馴染みがあるのは、その後も人気が持続していたからだった。先に挙げた日本人によるカバー盤の場合と同様である。日記での言及としては、「夜、光［劇場］へ映画を見に行った。「シェーン」「第三の男」だ。"Third man" と書くそうだ。音楽が良かった」という記述がある（54年11月15日）。自宅から徒歩の範囲内に映画館が三軒あった。映画『シェーン』の主題曲が〈はるかなる山の呼び声〉であり、『第三の男』はアントン・カラスのツィター演奏があってこそのものだった。その二年前である、中学一年生の52年には、「夕食を食べてから［…］映画を見に行った。光劇場にはじめ行った［…］。題は「黄色いリボン」で福岡に二、三度来た物だった。帰りは［…］十時をこしていた」（7月28日）とある。前年に日本初公開だった「總天然色」の『黄色いリボン』は主題歌が何度もラジオから流れていた。55年の2月26日には、「岩田屋へ行き、楽器売場に半時間程居た。四百円のウクレレや、二千円のギター、ギターの練習の本やジャズの本や、ハーモニカ歌謡曲等いろいろあった。ジャズの本を三十円で買った。第三の男がのってるからだ」と記載している。この「本」は曲集（ソングブック）だった。

ジャズ・ポピュラー、そしてポピュラー音楽

『ミュージック・ライフ』は、「今月の推薦盤」、それを継ぐ「私のスイセンするレコード」のコラムに、「ジャズ・ポピュラー」という区分を設けており、「タンゴ」、「シャンソン」、「ウェスターン」の推薦盤とは違って、「ジ

ャズ」と「ポピュラー」の二つを一つに括ったその区分には推薦盤が毎号掲載されていた。

その二つの使い分けを端的に示すものとして、『音楽之友』54年9月号に掲載の座談会「ジャズの音楽性と娯楽性」があり、スターダスターズのリーダー、渡辺弘が、まだ固定してない用語「ポピュラー・ソング」の意味で「流行歌」を使い、具体的に述べていた――「今日においては、流行歌これがジャズですね。流行歌をインストルメントだけでジャズにアレンジされたものが、ジャズということになる。流行歌をドリス・デイが歌うとハッキリした流行歌、キング・コールが歌うと少しジャズになる。更にアームストロングが歌うと、もっとジャズになる。ギレスピーが演奏すると、ビーバップになる。クガーがやるとラテンミュージックの様になってしまう。これがジャズのありかただと思う」(125頁)。それに対して、トランペットの南里文男が「結局、変化したジャズなんですよ。ポピュラー・ミュージックですね」と言っている。

類似の発言として、同じ54年の『讀賣新聞』1月25日朝刊の、「気流」と題した「読者の欄」で、投書した東京の学生が、「世の中ではジャズ狂などとわれわれファンに対しとかくの酷評をくだすが、それはあのコンサートで歌われるいわゆるポピュラージャズソングをジャズだと思いこんでいるからである」と言っている。「偏見かもしれないが私たち本来のジャズファンは、それら日本の歌謡曲に匹敵するジャズソングをジャズとは思っていない」と言い、「ジャズファンかならずしもミーハーならずである」と締めている。

一方、「ポピュラー・ミュージック」も「ポピュラー・ソング」と同様、日本では一般化はしていなかったが、「ポピュラー音楽」という言葉が同じ53年に使われており、『朝日新聞』8月20日夕刊に「洋楽のポピュラー音楽と邦楽 LPレコードに初登場」という記事がある。「これまで日本コロムビアから発売されているLPレコードは、洋楽のクラシックだけだったが、九月新譜から初めて洋楽のポピュラー音楽と邦楽が発売される」とあり、それに続いて挙げられた具体例を見ると、ジャズと称されていた音楽も「ポピュラー音楽」に包括されている。

通俗名曲のポピュラー・コンサート

一方、50年代前半には「ポピュラー」が別の使い方をされていた。52年、53年に「都民ポピュラー・コンサート」、それに「讀賣ポピュラー・コンサート」、「恒例讀賣ポピュラー・シリーズ」が開催されており、内容は、第一回「都民ポピュラー・コンサート」が示すように、クラシックの名曲を並べたクラシック音楽演奏であった。『讀賣新聞』52年5月27日夕刊のその社告によると、全体は二部構成で、一部が「指揮 岡英男 行進曲「平和の光」岡英男作曲 序曲「ピック婦人」ズッペー作曲 パトロール「アメリカ巡邏兵」メーチャム作曲」で、二部が「内藤清五 歌劇「タンホイザー」序曲 ワグナー作曲 行進曲「親しき友」タイケー作曲」で、「解説」は「NHK七尾伶子」、そして主催は、東京消防庁、東京都、読売新聞社であり、日比谷旧音楽堂で「5月30日（金）正午開演（雨天順延）」だった。その後、同様の「ポピュラー・コンサート」があれこれ開催されており、57年の「N響ポピュラー・コンサート」に至る。

雑誌で、クラシック音楽の「通俗曲」を「ポピュラー」と称していたのは『音楽之友』であり、53年8月号の特集が「夏の大衆音楽祭 ポピュラー・ミュージカル・フェスティバル」と題されていて、十六名の執筆者が「古典浪漫ポピュラー名曲大コンサート」の曲目を解説しており、翌54年2月号には「LP、SPポピュラー・レコード決定盤」（伊藤道雄）が四頁にわたって同様の「ポピュラー名曲」を挙げている。

54年8月14日に開催された「恒例讀賣ポピュラー・シリーズ」第三回の「野外コンサートの夕」は演奏が東京フィルハーモニー交響楽団で、それまでと同様であるものの、一つ前の第二回は「納涼ジャズ・コンサートの夕」であり、「ポピュラー」の指す範囲が拡大していることがわかる。そして、「ジャズ・コンサート」とあるものの、出演する十組には、渡辺晋とシックスジョーズ、フランキー堺とシティスリッカーズなどと並んで、バッキー白片とアロハハワイアンズ、伊藤素道とリリオハワイアンズ、それに「ウェスタン」のワゴンマスターズの名が並ぶ。

「通俗名曲」の意であった「ポピュラー」の戦前の使用例をついでに挙げておくと、「ポリドール洋楽盤」として、「ポピュラー音樂集」の広告が『讀賣新聞』36年11月付から38年8月にかけての夕刊に何度か出ており、その「ポピュラー」は、コロムビアが同時期に出していた「輕音樂撰」の「輕音樂」と同義語であった。

「小娘や十七、八のアンチャンの熱狂的に愛するジャズ」は「なぜ流行る?」

「ちかごろレコードも流行歌が一向売れなく、代りにジャズ・レコードが売れていることは決してウソではない」。50年代に入って一年経った51年1月21日『朝日新聞』朝刊の短文「ジャズ」で野川香文がそう書いており、これはそのまま、第一章の最後で説明した49年10月末の新聞記事「すごいジャズの人氣」の副題「流行歌をしのぐレコードの売行き」を思い出させる。

半年後の『朝日新聞』の51年6月17日朝刊には、紙恭輔の「ジャズ全盛時代」が出て、日本人の演奏が賑わう「今日」を語っており、まず昔を回想する――「もう大方三十年前のことになった。サクソフォンを提げてトコトコと鶴見の花月園の坂を登って行ったころが懐しく思い出される。日本の常設ダンスホールの草分けの花月園で、これもジャズの草分け波多野オーケストラに入って、サックスを吹いていた。ジャズという言葉は都会的なワイ雑さや、無秩序なけんそうの代用語のように思われていた時代だから、当時、東大の学生だったぼくは、何か悪いことをしているみたいで、肩身の狭い思いをした。演奏も、今日から見れば幼稚だった」。そして、「昭和五、六年ころは」、「バンドの数はせいぜい十楽団、楽員も百名ぐらいなものだった」のが、「今日では、東京だけで名前のあるバンドが六十、集合離散するバンドまで入れたら百を越え、楽員の数も千五百名にのぼっている」と言う。そして、「ジャズの歴史も伝統もない日本人が、終戦後、ラジオやレコードから、急速にジャズのふんい気をつかんだことは、二十年前には、想像もつかなかったことだ」と感慨に浸る。半年前である1月21日朝刊の、右に挙げた野川の記事によると、全国には「大小取りまぜて五、六百に上るジャズの楽団がある」が、「そのうち満足なのは数えるほどの少数で、なんとしても音楽的教養は浅薄、レパートリーは依然として個性の出ない印刷された編曲、昔変らぬサルまね上手なメイド・イン・ジャパンの粗悪品があまり多すぎる」と手厳しい。

二年後の53年6月16日付『毎日新聞』夕刊の「娯楽」欄には、「ジャズでなければ夜も日も明けないという時代になった。タンゴ、ルンバなどラテン・アメリカ音楽もこれに伴って大盛況、近ごろでは歌謡曲も、とてもこの勢いには太刀打出来ない有様である」とある。これは「わが軽音楽界に新風／一流メンバーそろって外遊」と題した記事のリード部分であり、「スターダスターズ」の渡辺弘、「コンチネンタル・タンゴ、シャンソンなど広く手がけて地味なファンをもつ東京六重奏団」の原孝太郎、「オルケスタ・ティピカ・東京」の早川真平、藤沢嵐子などが「本場」へ学びに行くことを報じたものだった。

その一ヶ月半後である53年8月2日の同紙夕刊は、「世はまさにジャズ熱狂時代」と題して紙面の四分の一を割いた世情観察記事を載せ、日本人による実演を話題にしている――「ほとんど日曜日ごとに」催される「近ごろのジャズ・コンサートは、熱狂を通りこして半分気違いざたである。高校生、大学生を中心としたファンは、ジャズ音楽をきいているのではなく、文字通り音に対して熱狂している。だからバンドの方も、以前はリズムにのった整然とした演奏をしていたが、この要求にこたえるためにブロー（引っぱる、引きずる）の演奏をやるようになってきた。コンサートのためのジャズが、どうやら原始の形に返ってきたというところだ」。そんな出だしのあと、話題は「実力だけが強い世界／人気はまるで『ネコの目』」という見出しが示すように、「分裂のもとは『金』の分配から」であることを指摘し、続いて、「ファンの評価はきびしい」、「収入はピンからキリ」という見出しを並べ、「自家用車持てば一同目をみはる程度」と「波にのるバンド・マンや歌手」の内情を報道して、渡辺弘、多忠修、ジョージ川口、与田輝雄、フランキー堺、白木秀雄、笈田敏夫、「ティーヴ」釜范、柳沢真一、ペギー葉山、江利チエミ、ナンシー梅木の写真を添える。

その後、『音楽之友』が53年10月号で六編から成る計二十八頁の「ジャズ入門特集」を組んだ頃、9月25日に『朝日新聞』朝刊が、「近ごろのジャズ熱はすさまじい」という書き出しで、「ジャズはなぜ流行る?」と題した分析記事を掲載した。

ティーンエイジャーと二十代が圧倒的

その長文記事は、「ジャズ・コンサートに行くと、正気のサタとは思えないジャズ・ファンがいる。それも大部分は新制高校生か、同年輩のティーン・エイジャーと二十代が圧倒的」で始まり、年齢は『ミュージック・ライフ』の50年代初頭の読者層と重なる。その読者層が「本場」ジャズと同様に日本人のジャズに熱中した程度は不明だが、リード部分は、「ドラムやサックス、ベースの独奏になるや〝まだまだ〟〝もっともっと〟の声援、口笛、足拍子と場内は興奮のルツボ。セーラー服の女学生までが、二枚目のスター・プレーヤーに〝こっちを向いて!〟と金切り声を上げるといったあんばい」と続く。

新制高校は、連合国軍占領下での教育課程の大規模改編により、五年前の48年に発足したもので、名称は高校ながら、それまでの高等学校とは異なっていた。就学年齢が二年上であった旧制高校は全国に三十数校であり、帝国大学進学のための教養課程から成るエリート校であったのと違って、新制高校は旧制の中学校、商業学校、工業学校などの、上級学年が移行したものだった。(新制大学の発足は49年。)

一方、当時使われ始めた「ティーン・エイジ」、「ティーンエイジャー」の概念はジャズ人気と結びつけられることが多かった。「ジャズはなぜ流行る?」記事が出る前日である53年9月24日『讀賣新聞』朝刊の文化欄に出た、「ティンエージャーの問題」を副題とした「ジャズと性映画」(仁戸田六三郎)が、「このごろのジャズ大会は物すごいよ」という友人の言葉を引き合いに出している——「客席はほとんど全部ティンエイジャーで、あちらこちらで口笛が鳴る。拍手ならまだいい方で、足をバタバタ音を立てる。その間に混線したように聞えるのが絹をさくような叫び声だ。ステージの上ではそれに答えるかのように、がむしゃらにドラムをたたく、トランペットをマラリヤ患者が吹きまくるみたいだ」。そして、「そういう熱狂を求めない青年はある意味で不健康であるといえよう」というのがその随想の前半の趣旨らしい——「若いうちから沈み勝ちであったり、めい想的であったり、分別臭いようでは、大人には喜ばれるかも知れないが、青年としてはだめであると私は思う。そんなジジ臭い青年はお腹にカイチュウでもわいているのだろう。またそんなババ臭い娘は恋せずして失恋しているのだろう」。

数日後である同紙10月5日の「ティーン・エイジ」と題した「黙示録」欄は、「十代の性典を本でも読み、映画でも追いかける。パートナーをもったり、パートナーにもたれたりする。ハシのあげおろしにもジャズを口ずさんだり、踊ったりする。それでも満足しないでジャズ楽団をつくって演奏旅行まで企てる〔…〕」といった具合に呆れつつ、最後は、「敗戦で大地にたゝきつけられた日本が、一切の古い型は、カラやワクや、倫理を破ってふたゝび大地に上に立ちあがろうとする。生活力にあふれたティーン・エイジャーの若い魂が、新しい日本の夜明けをつげる。恐怖の前で古い魂が戦りつする時にのみ、感動する若い魂が新しい時代を啓きはじめる。描きはじめる」と意気込んでいる。その一ヶ月後の『讀賣新聞』11月6日夕刊の「世をジャズる」は、「近ごろの日本で「アプレ」族よりも威勢よく世に押し出てきたティーンエイジャーといわれる若憎達が、ジャズを熱愛し〔…〕」と言い、その「若憎達」という言葉が示すティーンエイジャー観はその記事のあとにも出てきて、「小娘や十七、八のアンチャンの熱狂的に愛するジャズ」とある。

話を『朝日新聞』53年9月25日の「ジャズはなぜ流行る?」記事に戻すと、最初に「どこから流行った?」という設問をする。そして、まず「放送から、映画から」ということで、「きっかけの第一は、WVTRから現在のFENにいたる駐留軍放送のジャズ・アワーだ。本場の一流バンドの演奏や人気歌手の歌がフンダンに流れ、独特の弾むリズムにメロディがからむ変化の面白さが、理屈抜きに若い世代をとらえた。[…]これに加えて、民間放送の続出が油を注ぎ、NHKと張り合って軽音楽放送に力こぶ、ジャズの愛好者はここでまたふえた」。

駐留軍放送から流れるジャズについては、作曲家の諸井誠が三十歳のときに十五歳当時を振り返っているのが『音楽の友』61年3月号の「クラシックからモダン・ジャズを解剖する」に見つかった――「終戦後、進駐軍放送が朝から晩までジャズをガナリ立てるようになり、いわゆるナガラ族のはしりだった兄貴が、試験勉強をやりながらそいつをよくきいていた。ところが、当時まだゴチゴチのクラシック党だった僕には、これが堪えられなかったので、ラジオのスイッチのひねりっくらをやって、兄貴と争ったのを今でもよく覚えている。しかし、この兄貴のえらく強引な感化で、流石の僕も、次第にジャズが鳴っていてもがまんできるようになり、さらにそうなるといろいろなスタイルの区別がつくようになって来て、たちまちファンになってしまった」(66頁)。

右の『朝日新聞』の記事は、続いて、NCBの「ジャズのど自慢」に加えて、ラジオ東京の「素人うた合戦」が「ジャズ版を去る一三日にやったところ、雨をおかして、思春期を通り越したばかりの年ごろの男女応募者が約二百人も押しかけた」と報じる。「〝小学校からレコードでおぼえた〟という十七、八歳の素人歌手が「プリテンド」「テネシー・ワルツ」「想い出のワルツ」などヒット・ソングを伴奏者に〝半音高くしてね〟など注文つけながら歌いまくり、〝歌謡曲よりよっぽど進んでいるわい〟と審査員諸氏をタマゲさせた」。

「どこから流行った?」の次の答は「レコードから」で、「新譜を売り出す日には、早朝からマニアが行列する。最近LPの輸入が窮屈になったので、買う方もケンカ腰だ。これに乗じて銀座、新橋の盛り場から高円寺の中央線沿線で繁盛して来たのがLPジャズを専門に聴かせる喫茶店だ。コーヒー一杯で二、三時間もネバるサムライもいるが、結構繁盛しているそうだ」。戦前からあったレコード音楽を聴かせる喫茶店の中に米国のジャズ・レコードを聴かせる店もあり、それが全国の都市にも広がりながら増加を続け、54年末に『讀賣新聞』紙上に現われたのを初めとして、「ジャズ喫茶」という呼称が一般化している。

三つ目の答は「ステージから」で、「バンド・マンの職場は東京地区で駐留軍関係やステージ、キャバレーでざっと三百五十もある。ミュージシャン・ユニオン会長の紙恭輔氏にいわせると〝こんなに良いマーケットは世界にない〟そうで、ジャズ・メンは四千、楽団の数はしょっちゅう浮動しているが百五十ぐらい。放送とともにステージでも盛んに演奏され、聴く機会が多くなったといえる」とある。

〝ふんいき〟に魅力

右の『朝日新聞』記事は、「どこから流行った?」かの次に「〝ふんいき〟に魅力」を話題にし、「十代にピッタリ　そのスピードと焦燥感」という大きな文字を囲んで、「強烈なジャズの四拍子、ブギの八拍子は、特有の物狂わしいスピードで人間の本能を赤裸々に著わし、これが何も社会的に訓練されていないティーネイジャーに激しいショックを与えたといえる」と始まる。「そしてこの、ゆっくり立ち停って考えさせないスピードと焦燥感が六三教育による現実的な教育を受けた十代にピッタリ来ているのではないか。ペギー葉山をはじめ、江利チエミ、雪村いづみに、ジャズと歌謡曲と二マタかけた美空ひばりといったシンガーは大体、ジャズ・ファンと同じ年ごろだ。そこにおのずから親近感がわき、アチラ語とコチラ語とチャンポンで失恋の歌を歌う。〝われらがチャンピオン〟に熱烈な拍手が送られというわけだ。(大宅壮一氏)」。

続いて「コンサートのファン」の調査結果があり、「この階級は相撲でいうなら幕下だが、最近浅草のある大劇場でジャズの観客調査(男女一万二千八百人)をやったら、次のような結果が出た。①入場者の八割までがジャズ・ファンで、二十歳前後の青年層が圧倒的に多かった②SKD（松竹歌劇）の踊りを希望する者が二割五分なのにジャズの要望組は六割以上もあった③ジャズの魅力は「全体のふんい気にあり」と答えたのが最高数だったなど」と報告されている。そして、「コンサートの常連は大半が学生で少い小遣いの中から二百円ぐらいの入場券を求める人たちだが、歌謡曲にあきたらず、転向したファンも多い。これがさらに進むと、ジャズ・レコード集めにとりかかる。最近は歌謡曲よりも原語、邦語チャンポンの歌詞で吹き込んだレコードがヒットするが、さらに病がコウずると、アメリカ盤を買込む段取りだそうだ」とある。

長文記事の内容はそのあと尻すぼまりになっていくが、もう少し拾っておくと、「バンド・マンの生態」の見出しで、具体的名前、収入の多寡が簡単に説明されたあと、紙恭輔の話として、「夜中の一時、二時まで次から次へ休む間もなく演奏に追いまくられるので、いきおい不規則になる。酒と疲労で倒れるものも少なくない」と「生態」が語られる。そして、「最近はファンも耳が肥えてきたので、一生懸命演らないと直ぐヤジが飛ぶので演奏者も神経を使っている」という——「だがストリップを静粛に鑑賞する大人たちよりも、聴衆の反応がジカに伝わるのだけハリがある」。

それに続く、「流行歌を食ったか」の見出しが付いた締めの一節には、「この六月の六社生産高では邦楽（歌謡曲を含む）百八万八千枚、洋楽五十四万五千という数字で（レコード協会の調べ）ジャズをふくめた洋楽畑は流行歌をふくめた邦楽の半分、数字の上ではのびていない」とあり、もう少し説明のあと、「流行歌はジャズにノックアウトされる段階には来ていないということになる」と記している。そのあと、「過渡期の〝熱病〟」という、これまた大きな文字が躍る。「日本のジャズはいま過渡期にある。演る方も聴く方も一種の熱病にかかっているようなもので放っておけば自然に治る」と「NTV音楽プロデューサー藤井氏」が言ったそうだ。

『朝日新聞』のその長文分析記事の四ヶ月後である54年1月29日に『毎日新聞』が、「家庭婦人」欄で、「現在の若い人たちのジャズ熱が果してそんなになげかわしいものであるのかどうか、またジャズとはどんなものなのか、ということを音楽評論家野川香文さんと心理学者望月衛さんにきいて」おり、野川香文がまず、「昨年あたりまで日比谷公会堂や共立講堂などで催されていたジャズ・コンサートは次第にさびれて、最近はもっぱら劇場で行われるジャズ大会に人気が集中しています」と語り出す。そして、しばらくして、「ジャズ大会を否定はしませんが、そこでジャズとして立派な演奏が行われているかどうかについては大きな疑問を持っています。このような大会で演奏されるものをもってジャズの総てだと考えるのは非常に危険で、少くともデーブ・ブルーベックやゲリー・マリガン、ウディ・ハーマン、スタン・ケントン、デューク・エリントンらの楽団の演奏しているジャズに目標をおいてジャズを判断し、批判すべきだと思います」とのことで、「いま行われているジャズについて少しお話して」いる。望月衛によると「ジャズは元来が未開人の音楽であり、言葉と表情、動き、刺激というような要素からできています」が、「日本の音楽教育はせいぜい言葉ぐらいで、古典的なもので」、「楽に対する抑圧が小さいときからできてしまっている」ということで、「ティーン・エイジャーとよばれる年ごろになるとどこかはけ口を求めるようになります」。「ですからドラムの強烈な演奏でもきくと、足を打ち口ぶえをふいているうちにこうした抑圧をはねのけたような気持になり〔、〕まるで背のびたような感じになるのです」と話を進め、「大体はしばらくすればもっと成長した心理状態にマッチした趣味にうつってゆくのです。ですから若い気持の発散のためにも、抑えるべきものではないでしょう」と結んでいる。

その54年の8月号で『ミュージック・ライフ』は「リアルジャズと云うジャズ」と題した特集を組んでおり、野川香文の「リアルジャズの流れと意義」に始まり、「リアル・ジャズの信奉者たち」についての三編（相倉久人の「モダーン・ジャズに生きる人々」等）、「現代音樂としてみたリアル・ジャズ」（牧野剛）、「あらゆる音楽とリアル・ジャズ」（なかはら・ひろと）、「ディスコレクティングの秘訣─リアル・ジャズレコードのえらび方と集め方」（朝比奈次郎）が並ぶ。なお、その「リアル・ジャズ」は、早くは『スヰング・ジャーナル』の51年1月号の巻頭に野川香文が「リアル・ジャズの時代」を書いて、世間がゆるく使う「ジャズ」に抵抗しており、「モダン・ジャズ」は、四年前である50年の『スヰング・ジャーナル』11月号と12月号にまたがる「モダン・ジャズをつくった四人のプレイヤー」で池上悌三が使っていた。

50年代前半のジャズ関係書としては、53年の1月に野川香文著『ジャズ用語辞典』(新興楽譜出版社)、9月に松井八郎編『近代ジャズ・ピアノ奏法』(全音楽譜出版社)、12月に篠崎正著『ジャズ—百万人の音楽』(酣灯社)、54年の1月に、先に触れた『ジャズ・タンゴ・シャンソン』(婦人画報社)、3月に三木治朗著『百万人のジャズ』(生活文化社)、5月に並河亮著『現代ジャズ』(要書房)、『音楽之友』別冊付録の『ジャズ音楽事典』、および『軽音楽人名辞典第1巻』(新興楽譜出版社)、8月に飯田龍夫著『近代ジャズ・ベース奏法』(全音楽譜出版社)、9月に園部三郎著『演歌からジャズへの日本史』(和光社)、10月に三木治朗著『ジャズに関する一六章』(生活文化社)が出ている。

第三章　一九五〇年代後半

【第三章関連略年表】

1955年1月　カンテ・フラメンコ舞踊団が来演、2月にシャンソンのイヴェット・ジローが来演。
1955年4月以降　『音楽之友』4月号が「ミュージカル・プレイへの招待」を特集し、同誌はその後、1958年まで折々ミュージカルを話題にする。
1955年5月以降　マンボの流行を『ミュージック・ライフ』、『朝日新聞』、『讀賣新聞』、『音楽之友』等が報道。
1955年6月以降　『音楽之友』6月号が8編から成る「シャンソンの愉しみ」特集を組み、同誌はその後、1956年6月以降、1950年代後半を通して盛んにシャンソンを取り上げる。
1955年6月以降　「リズム・アンド・ブルース」の流行を『スイング・ジャーナル』、『朝日新聞』、『ミュージック・ライフ』等が報道。
1955年8月　ビル・ヘイリーの〈ロック・アラウンド・ザ・クロック〉が主題曲の映画『暴力教室』の日本公開。12月には、ロック・アンド・ロールを「“リズム・アンド・ブルース” の音楽に合わせて踊る社交ダンスの一種」として『讀賣新聞』、『朝日新聞』が報道。
1956年5月以降　エルヴィス・プレスリーの人気を『讀賣新聞』、『朝日新聞』、『音楽之友』、『ミュージック・ライフ』等が報道。
1956年9月　「マンボ王」のペレス・プラードが来演。
1956年11月　ビル・ヘイリー主演の映画『ロック・アンド・ロール―狂熱のジャズ』の日本公開。
1956年12月以降　ムード音楽を『音楽之友』が1950年代後半を通して取り上げる。
1957年1月　「スウィングの王様」のベニー・グッドマンが来演。
1957年1月以降　カリプソが『讀賣新聞』、『毎日新聞』、『ミュージック・ライフ』、『音楽の友』等で話題。
1957年6月　ロック・アンド・ロール演奏満載の映画『女はそれを我慢できない』の日本公開。
1958年8月　自作曲〈ダイアナ〉を歌う17歳のポール・アンカが来演。
1959年3月　フラメンコのカルロス・モントヤ、およびコーラス・グループのゴールデン・ゲイト・カルテットが来演。
1959年12月　「ムード・ミュージック専門の楽団」のスリー・サンズ、およびメキシコのトリオ・ロス・パンチョスが来演。

50年代後半が始まった55年の来日公演の幕開けは、「本場のフラメンコ舞踊」だった。読売新聞社と国際芸術親善協会が主催し、スペイン大使館と日西協会が後援することを『讀賣新聞』1月20日朝刊が報じ、「スペイン民族舞踊の花とうたわれる「カンテ・フラメンコ舞踊団」一行八名」が翌日来日とある。続いて同紙は1月23日に「スペイン国派遣親善使節」の「フラメンコ舞踊団公演」の詳しい社告を、1月28日には「その内容を紹介」する記事を載せ、2月4日に「いよいよ今夕初日」ということで、再度社告を掲載している。2月6日夕刊の『朝日新聞』評は絶賛し、「第一回公演（日劇＝4日）は超満員の観衆でうずめられた」と報じた。

フラメンコに関しては、50年代後半では、59年3月25日から二十日間滞在するとのことで、「昭和八年に有名なフラメンコ舞踊家テレジイナとともに来日したことがあるジプシー出身のフラメンコ・ギター奏者が三月に再び来日」との記事が『讀賣新聞』59年1月28日夕刊に出ており、そのカルロス・モントヤの日本公演の感想は、『音楽の友』59年5月号の「情熱のかたまり フラメンコ・ギター」（三木理）の一部に、「ジャズが現在のモダンな形にまで発展したように、フラメンコも好むと好まざるとによらず、現代風に変って来るでしょう。現に今度のモントヤの演奏を聴いても、本来の土臭い感じが薄くなり、洗練された舞台音楽になりつつあるようです」（123頁）とある。

フラメンコ舞踊団の55年の2月4日と8日の公演の合間である2月6日には、読売新聞社と日本楽器との共催で、「フランスの第一線シャンソン歌手の一人イヴェット・ジロー夫人の〝一日だけのリサイタル〟」が開かれたと同紙2月7日朝刊が報じている。

そんな年明けであったが、55年は何はともあれマンボの年だった。

「ネコもシャクシも」マンボ──「チンチクリンの五頭身でも」

ここ当分はマンボの天下、二十世紀の音楽──マンボ

「マンボ・ブーム」と題した記事が『朝日新聞』朝刊に出たのは55年の半ば、5月30日のことで、「ジャズ熱に変って台頭してきたマンボ・ブーム。マンガーノが踊る映画「マンボ」や、最近では映画「海底の黄金」でマンボ王といわれるペレス・プラードの楽団が出演してマンボ熱をあおっている」で始まる。

続いて、「マンボは、このキューバ生れのペレス・プラードが一九四三年ごろ作りだした新しいリズムの音楽、アメリカでは一九五〇年ごろから盛んになりだしたという。これが意外に浸透力が強くて、ヨーロッパにもひろがって世界の流行になった」と言い、「日本のはしりは、昭和二十七年の春出たペレス・プラードのレコード「エル・マンボ」に続いて「マンボNO5」で─ルンバの変形した刺激の強いリズムや、変化のある手のこんだ楽器の編成や、景気のいいかけ声など、若い人たちには新しい興味にちがいない」とある。

実際、前章で触れたように、『ミュージック・ライフ』53年3月号に掲載の読者調査結果では、「最近買ったレコードの曲名」では「ペレッツ・プラドの「マンボ第五番」が唯一の中南米音楽として気を吐いています」ということだった。そのレコードの評判に一役買ったのは「S盤アワー」であり、同じく前章で取りあげた同誌55年8月号の「S盤アワー」制作現場訪問記事の中で、取材する編集記者が「〝当節は世をあげてのマンボ・ブーム〟

…六月十九日のサンデー毎日によると〔…〕ラジオ放送では、昭和二十七年の四月、文化放送開局を期してスタートしたS盤アワーだと書いてありました」（15頁）と言っている。

右の『朝日新聞』記事はそのあと、「これまでマンボ楽団の人気を独りじめしていた東京キューバンボーイズに、浜口庫之助のアフロ・クバーノや東京マンボ・オーケストラなどが加わってにぎやかになったし、都内のダンスホールではマンボが曲目の六割をしめているというさかんさ。音楽だけでなく、マンボ・スタイルというニュールックさえ登場しようという気配だ」と新たな国内人気に触れ、そして、「タンゴのクンパルシータやシャンソンのセシ・ボン、フォックストロットのリットル・ブラウン・ジャグなどのヒット・メロディやヒット・ソングがぞろぞろマンボに衣装変えして再登場しているところをみると、ここ当分はマンボの天下らしい」と結んでいる。

『ミュージック・ライフ』は、その新聞記事に先だって同じ55年の5月号で、大きな活字の「マンボ」のそばに「二十世紀の音楽」と一言小さく添えた記事（なかはら・ひろと）に三頁を割いており、まず、右に紹介した記事の「ぞろぞろマンボに衣装変え」について詳しく記している――「シャンソンからルムバにディキシイからマンボにと各々粧いを替えて脚光を浴びるポピュラー・ナンバーの中でもマンボとして取扱われるものが一番多く見受けられる。「モナ・リザ」、「チャタヌギ・シューシャイン・ボーイ」、「ムーチョ・ムーチョ」、「スコキアン」等の流行歌からのマンボ化を始め「ジャズ・ミー・ブルース」等のディキシイ・ナンバーから、「アディオス・ムチャチョス」、「クンパルシータ」等のアルゼンチン・タンゴから、「ベサメ・ムーチョ」等のラテン・リズムから、「セ・シ・ボン」等のシャンソンが続々とマンボ化されてヒットしているという現状である」（8頁）。

そして、「まるでヒロポンのように世界に君臨するマンボという新しいリズムを考え出した」ペレス・プラードについて説明をし、「ストラヴィンスキーの音楽を愛し、サルトルの文学を愛するというキューバの前衛派プラードが在来のキューバ音楽に満足する筈がない。キューバ音楽よりメロディアスで和声的な、よりメカニックな、そしてアメリカのジャズよりも一段と野趣に満ちたマンボの誕生はプラード個人の創作というよりも其れは新しい時代が求めていた大きな課題だったのである」と勇ましい。なぜ「二十世紀の音楽」と謳っているのかは、「キューバ人が、アメリカで育てあげたジャズのモダニズムを其の侭さらって之を野趣味の横溢するキューバン・リズムの中に染色してマンボを作ったというわけである。20世紀の音楽として世界を覆うマンボをアメリカ人が作り得ずキューバ人に名を成さしめたという事は果して何を意味するだろうか?」（9－10頁）ということだった。

なお、なかはら・ひろとに依るこの記事には、「マンボの流行はやがてパップ・ソングの領域にまで及び」とある。筆者の知る限り、47年発行の『輕音樂』第5号の表紙にある「日本パップ」を別にすれば、「パップ・ソング」という表記は、戦後三十年でそれが唯一だった。「パップ・ソングの領域にまで及び」の後には、「単にヒット・ソングやラテン・リズムのマンボ化だけに飽き足らず「パパ・ラヴズ・マンボ」、「マンボ・イタリアーノ」、「マンボ・ベビイ」等のように始めからマンボの流行歌が生まれるようになった」（10頁）と続く。

私はマンボ大賛成だ

『朝日新聞』の「マンボ・ブーム」記事からわずか十日後である55年6月10日の『讀賣新聞』夕刊は、気の早い「〝マンボ〟もタネ切れ」という見出しの記事を出しているが、世間がその評に同調した気配はなく、約一ヶ月後の7月5日『讀賣新聞』朝刊には、岡本太郎が「マンボと今日の芸術」と題したマンボ礼賛を書いている。「マンボ大流行である。／音楽はドライで、激しい。踊は近代と原始をミックスした魅力がある。例によっていろいろと、しゅうと・小じゅうと的な悪口もあるようだが、私はマンボ大賛成だ」。その筆の勢いは、父親の岡本一平による、三十三年前の米国からのジャズ演奏活写記事を思い出させる。

「マンボ専門のホールというのがある。行ってみると十代、二十代の若もの達ばかり。熱狂的に踊っている。ぎっしりと、千人近く。甲高いリズムに乗って、一体となり、息づいて、すさまじい生気である。／よく見ると、めいめい勝手気ままに、足ぶみし、手を振り、腰を躍らせ、喚声をあげている。型も規則もない。〔…〕みんなただ踊りたいから踊っているという、人間本来の衝動そのまゝの姿である。〔…〕どんな身なりでも、チンチクリンの五頭身でも、ふしぎにマンボならば見られる。他のダンスにはない、とにかく異様に現代的なふんい気である」という調子で文章は続く。そして、「自由奔放に、アクチュアリティーと人間根源的なものを同時に正しくつかみとるということこそ、今日の芸術の一つの大きなプログラムである」と締めている。「五頭身」は、均整の取れた身体を指す「八頭身」を前提にしており、二年前に世界「ミス・ユニヴァース」で三位入賞した伊東絹子を称える言葉として「八頭身」が流行語になっていた。

このマンボ礼賛が注目しているのは、踊りとしての側面であるし、演奏しているのは日本人のバンドであった。二週間ほど前の6月24日『讀賣新聞』朝刊は、「マンボ熱」について「世間では相当手きびしい批判を加えているが、その内容はどれもマンボに対して一種の偏見をもっているようだ」という東京の高校生の声を取り上げている――「なるほどクラブなどで気違いじみた身ぶりで踊っているのは感心しないが、その半面家庭で静かにレコードを聞いているマンボファンもいる。〔…〕マンボも一つの音楽として理解したいものだ」。日本人バンドの質については、「マンボと今日の芸術」の一ヶ月ほど後である8月1日『讀賣新聞』夕刊の「8月の流行歌レコード」評が示唆的で、「大流行の「セレソ・ローサ」日本語盤を各社が競作しているが、原曲の野性的な、ギラギラ輝くような生命感がない」と言っている――「全くいじけた気のぬけたようなマンボになってしまっている。こんなレコードを聞いては、マンボを踊ろうとする意欲もなくなろうというもの」。

『音楽之友』がマンボ四編

『音楽之友』も、マンボを題名に入れた四編の原稿を9月号で並べているが、特集名は「世相の音楽流行を探る」であり、「マンボ」の文字はない。

「ディヴェルティスマン」という副題で気取っている最初の一編は、全四頁ながら、まるで引用に値しない世相取材記事だった。小倉友昭の「日本のマンボの現状」の出だしは、「マンボのレコードだけを揃えて演奏する喫茶店が次々に出来てきた」と教えてくれる――「神田、上野あたりにあったのが新宿にもできて、何れも若い人たちが、マンボ特有の「ウウ」という縣声に瞳を光らせて聞き入っている」。そして、「マンボ王ペレス・プラード楽団近く来日！」と『ミュージック・ライフ』9月号が報じていたものの（44頁）、それが実現しなかった事情も教えてくれる――「プラドが五一年の夏、始めて北米に足を伸ばした時すでにマンボは現世紀の音楽として若い人たちの間に国際的な人気を持っていた。ニューヨークではプラドのバスが転覆して死傷者が出る程の騒ぎもあった。UP記者は『さながら凱旋将軍を迎えるさわぎ』と云った。現在のプラドはアメリカ一のアストリア・ホテルのナイト・クラブで演奏しているが、その出演料はアメリカ楽団随一といわれる。［…］日本に呼ぶ企てもあったが、一日二万ドルという出演料に驚いて沙汰やみになったという話もあった」。一方、「日本にマンボが紹介されたのは、マンボができてから七年目の一九五〇年、舞踊家の中山義夫氏が、当時のアーニイ・パイル劇場で始めてマンボ・ダンスを踊ってみせた」（42頁）と、これも教えてくれる。その後にも詳しい説明がさらに続いたあと、本題の「日本のマンボの現状」をもう少し語っている。

次の、「マンボは流行《はやり》ものではない」と題した、「マンボ批判に答える」という文章は、東京マンボ・オーケストラの岡田源によるもので、「私たちの《東京マンボ・オーケストラ》は創立一周年記念をむかえた」のであり、「マンボの流行によって生れたオーケストラでない」（45頁）ことを説明するが、興味ある発言は、「ペレス・プラドのマンボ第五番は傑作である。おそらくベートーヴェンの交響曲第五番と較べても決して劣らないくらい優れた音楽であり、亦残されてよい作品である」（46頁）という主張だった。もう一編の、「マンボ狂燥曲」は、踊りの側面に関するもので、「四十年前フォックストロットは忍び足で日本に渡ってきた。二十五年前ルンバはやや賑やかなお囃しつきで輸入された。然し、今日のマンボのように世間の問題になったことは嘗てない」（48頁）と解説する。続いてこの踊りを歴史的に俯瞰したあと、ステップの踏み方を手短に紹介する社交ダンスの草分け玉置真吉は、数えてみると六十九歳だった。なお、マンボに関する単行本は一冊だけあり、全七十八頁の『マンボへの誘い』(座右宝刊行会篇、高橋忠雄、中山義夫解説、河出書房)が55年6月に出た。

55年に十五歳であった筆者の日記を見ると、まず、福岡市在住の高校一年生の夏に、「岩田屋へ行き〔…〕楽器売場で「タンゴ・シャンソン・ジャズ・映画主題歌集」を買った。百五十円だった」とある(7月29日)。全百五十曲弱を収録しているその曲集のうしろの方の頁はちぎれている。マンボ曲が目当てではなかったものの、〈マンボ・イタリアーノ〉と〈パパ・ラヴズ・マンボ〉が掲載されている。続く8月の28日にマンボの文字が現われ、「[M]君の家へ行った。〔…〕この頃電蓄を買ったと言って机上用のを聞かして呉れた。「セレソ・ローサ」等。マンボのおどりを習った。彼は姉さんから教わったそうだ」とある。翌月には、「六時間目、この組に「マンボスタイル」で登校する奴がいると[Y]先生が大声で怒鳴った。[Y]のことにちがいない」(9月16日)。制服のズボンの裾を細くしたそのY君については、追っての記載があり、「[Y]が警察に捕ったそうだ。金曜日、いや土曜日の午前二時頃町で遊んで、家に帰ったら閉ってたのでぶらりと歩いていたそうだ。すると「こらっ」と誰かゞ怒鳴ったそうだ。誰だと思い、見てみたら犬なのだ。それで署に連れて行かれ、マンボを踊ったことは知らぬが、煙草は白状させられたそうだ。そして彼は前から警察手帳に八月二十六日にはキャバレー「小麦」に入った等が記されてるそうだ」(9月26日)。Y君はその苗字が名前の料亭の息子で、まもなく東京の高校へ追いやられた。

街角から「ウー」の叫びも消えて行った昨今、ペレス・プラードが来日

その一年後である56年の『ミュージック・ライフ』9月号が、前年9月号で来日予告しつつも「沙汰やみ」になった「マンボ王ペレス・プラード」の来日を報道した。

同誌10月号には「来日するペレス・プラードに期待する！」と「ペレス・プラードとその一行の陣容」と二つの記事が出ており、『讀賣新聞』9月19日夕刊の「ステージ」評は、国際劇場での「ペレス・プラド・ショー」を絶賛した――「実に精力的に演奏する十五人の楽団をプラドは、足を上げ、手をふりまわし、踊りながら指揮をする。その中でプラド自身が目のさめるようなピアノ・ソロを聞かせる「ピアノーロ」と、コンガのソロがいかにも南国的に粗野で、しかも甘い香りをはこぶ「ラティーノ」二曲が実にすばらしい」。続いて、さらに具体的に描写のあと、「現代の不安と焦燥感に陶酔しきった果てに生れたようなプラドのマンボは、じかに聞くとそれ自体実に健康で野性的だから不思議、正しく〝強烈な太陽〟の産物だ」とある。

『音楽之友』11月号の評（阿倍亮一）も手離しに褒め、カミュの『異邦人』から「すべては太陽のせいであった」を引用して、その一文の題にしている。「九月十七日から二十四日まで、彼のひきいる力強く、狂的なオルケスタは、東京の国際劇場のステージで、少しの遠慮もなく独創的なマンボを演奏した。東洋一広い国際劇場全体が異様な雰囲気に包まれていた。そこでは、ただ刺激的で狂的で乾ききった音だけがすべてを支配していた」（184頁）と勇ましい。そして、具体的に曲目を挙げ演奏を描写したあと、「プラドは彼のつくったマンボに不当な高度の栄誉も不当な悪罵をも共に拒絶する」（185頁）と頑張る。

一方、12月号の「ペレス・プラド雑感」（滝川隆雄）の前半は否定的だった。「マンボ・ブームも衝動的なリズム感では上をゆくリズム・アンド・ブルースに取って替られ、街角から「ウー」の叫びも消えて行った昨今、またまた第二のプラド来日説が伝わって来た。この時期外れに「まさか」と思ったら、これが何と本当。［…］各地とも押すな押すなの中に終止して終った」とある。ところが、「生の音を聴くに及んで、［…］期待は著しく裏切られて終った」と斬り捨てている。しかし、そのうち筆の運びは変化し、「誠に憤懣やる方なかったのであるが、東京、名古屋と何日かその演奏に接している中に不満とは別に、それ等の中にも良い知れぬ魅力の秘められている事を知ったのである」と言う。「お粗末な演奏を讃えるのではないが、プレーヤー自身が楽しんで、伸び伸びとプレーしている場合ステージと客席の距りが取り去られて行く事をつくづく感じさせられた訳である」（196-197頁）。

それで「マンボ・ブーム」はどうなったかと言うと、『音楽之友』の同じ56年12月号の「1956年の大衆音楽—一年回顧」で、小倉友昭が、「爆発的なエネルギーは、昨年のマンボで出しつくしてしまったようでもある。[…]マンボの興行は、大いに当ったが、レコードは、すでに出し尽されたといった感じだった」と述べている。そして、「今年の新年号の、この欄で、僕は、ムード・ミュージックの全盛時代が到来するだろうという予測を書いた。事実、[…]日を追って盛んになった」（193頁）と言う。

しかし、50年代後半と云えば、もちろんロックンロールであった。

「リズム・アンド・ブルース」、転じて「ロック・アンド・ロール」

『音楽之友』55年9月号が四本の原稿でマンボを取り上げたしばらく後、9月25日『朝日新聞』夕刊の「十月のポピュラー・レコード」欄が「「チャチャチャ」登場」という見出しを付けていた。「マンボの次にはやるものが「チャチャチャ」か「リズム・アンド・ブルース」か話題になっているが、こんどビクターから〝わが世の到来〟とばかりエンリケ・ホリン楽団演奏の『チャチャチャはすばらしい』と『トランペットとチャチャチャ』の二曲が登場した」と紹介し、「マンボのように二人組んでおどるのでなく、フォーク・ダンスのように輪になって簡単におどるのだそうだが、果してチャチャチャの時代が来るのかどうか」とある。しかし、チャチャチャの時代は来なかった。

それでは「次にはやるもの」は「リズム・アンド・ブルース」であったかというと、実際には、それを白人が演奏するものがはやることになり、まもなくして、それを指す「ロック・アンド・ロール」、「ロックンロール」という呼称が一般的になった。

『スイング・ジャーナル』連載の「リズム・アンド・ブルースをめぐって」

まずは、55年の『スイング・ジャーナル』6月号に「リズム・アンド・ブルースをめぐって」という解説が出ているのが目を引く。

『朝日新聞』に「マンボ・ブーム」記事が出た5月半ばには、その号は店頭に出ていたと思われる。その解説はその後7、8、9月号と続く四回の連載だった。連載の執筆者は福田一郎で、数えてみると年齢は三十歳であり、同誌に関わるのは、目次を見る限り、半年前の54年12月号で「海外LP紹介」を担当し始めてからと思われる。

「出来るだけ多くの材料を集めて、R&Bに対する私なりの名論卓説をデッチ上げて、朧気なりともR&Bというものは大体こんなもので、どんな顔をして夢中になって演奏しているか判っていただければ念願成就メデタシメデタシというわけであります」という具合に、リズム・アンド・ブルーズをR&Bと略称しつつ、第1回は始まる（同誌は横書き）。

「R&Bという音楽は黒人だけを対称とした黒人によって演奏された音楽であり、[…]大会社からは殆んど発売されて」いないと先ず説明し、「ジャズは黒人に依って創められ、白人に伝わり、欧州音楽との結合により現在の様相にまで発展して来ましたが、どうも黒人の一般大衆に受ける音楽ではないように考えます。[…]ですから、黒人だけを対称にしたTan, Ebony, Jet等という雑誌があるように、黒人に愛好される音楽があって何の不合理もないでしょう」と言う。レコード会社はそれをレイス・レコードと分類していたが、レイスという「言葉の持つ響きは大変に強く、甚だ穏当を欠いております。そこで之に代わる適当な表現が求められるのは当然で、Rhythm & Blues という曖昧な言葉が誕生したと思われます」と続く。そして、終わりの一節が来て、「最近、FEN放送で Shake, Rattle and Roll, Birth of Blues という曲がよく放送されます。そして、このビル・ヘイリーとコメッツ(Bill Haley's Comets) と云うバンドの演奏による模範的R&Bのレコードですが、このビル・ヘイリーのバンドは完全なる白人バンドなのです。最近のR&Bの流行の波にのって、白人バンドがR&Bを演奏し、然かも本家本元よりも有名になって仕舞ったというものですから一寸面白いではありませんか。R&Bの世界では大変人気のあるジョー・ターナー (Big Joe Turner) と彼のブルース・キングスの演奏がオリジナル版であり、ビル・ヘイリーの方は云わばカーボン紙でとった写しというわけですが一寸皮肉です。最近日本でもデッカから発売されました」(11-12頁) と案内してくれる。

その説明に合わせて、第1回の見出し写真は「ジョー・ターナー」で、7月号の連載第2回の見出し写真には「ビル・ヘイリーとコメッツ」が使われている。その第二回はおもにスタイルと特徴が中心で、「曲の構成が12小節の〔ママ〕基本としていること」、「2拍、4拍目の拍子に強烈なアクセントが置かれている」こと、「楽器編成が単純。小編成であること」、「特にヴォーカル・グループが多く使用されていること」、「歌い方が技巧的なものより直接的な叫び型が多いこと」(17頁) を説明し、第3回は、「おなじみのシュ・ブームで大当たりを取ったクルー・カッツ」を見出し写真に使い、「リズム&ブルースが白人を対称として売り出されて来たことは注目に値します」と指摘したあと、「アメリカではヴォーカル・グループが非常に人気があり、商売としても立派に成り立って行くということは、私達の想像に絶するものがあります」(28-29頁) と感心し、「いずれも4人又は5人編成」である人気グループのあれこれを列挙する。

その第3回はさらに、終わり近くで、「只今はマンボ大流行です。処がマンボ・バンドに関係している人の中にもマンボは峠を越したと見る人がありますーという観測のあと、「去る3月、ティーブ釜范が日比谷公会堂でShake Rattle and Rollを唄って満場を沸きたたせ、最近ではKo Ko Moを歌って受けているのを見て、リズム&ブルース・ブームは来るんじゃないかと考えるようになりました」（30頁）と予測している。戦前に日本に移住した日系二世の歌手で、そのとき四十四歳であったティーブ釜范が手本にしたのは、前者がビル・ヘイリー版、後者がペリー・コモ版、つまりどちらも白人版であったことが連載の第1回と第2回から察せられる。

9月号の第4回は、題名の「R&Bをめぐって」の下に、「リズム&ブルースの範疇に属する総てのアーティストを余すところなく紹介」というこの最終回の内容を示す小見出しがあり（18頁）、黒人ヴォーカル・グループ「ザ・クロバーズ」の写真を掲げている。福田一郎は最後に、「勝手な事をのべて参りました。日本初めてのR&Bに関する迷論文でありまして読者諸兄の御愛顧を感謝する次第です」と言い、「幸か不幸か若しR&Bが流行しますと又迷論文を書く事になるかも知れません」（21頁）と結んでいる。

リズム・アンド・ブルースというドギつい野性的なリズムをもったジャズ

その連載が終わりかける55年8月15日の『朝日新聞』朝刊に、「リズム・アンド・ブルース」という記事が出た。内容区分を示す大見出しは「ジャズ」だった。

「ジャズはマンボにすっかり押され気味であるが、それでも新しい形のジャズが、ぼつぼつと話題になってきた」で始まるその予測記事は、まず、「それは〝リズム・アンド・ブルース〟というドギつい野性的なリズムをもったジャズ。これは黒人の間に昔からあったもので、ジャズの逆行といおうか」と言い、福田一郎の連載の第二回に類似した内容の音楽特徴を説明する。その上で、具体的にレコードを挙げ、「今アメリカでヒットのナンバー・ワンはビル・ヘイリーという黒人［ママ］歌手が歌った「ロック・アラウンド・ザ・クロック」［…］だが、歌詞がえげつないのでやめろというさわぎまで巻きおこっているという。日本ではビクターから出たペリー・コモが歌う「コ・コ・モ」やキャピトルから出ているビッキー・ヤングの歌う「ハーツ・オブ・ストーン」などがこの類」と言う。一節の後にも具体例があり、「九月新譜レコードで〔…〕白人の合唱団メトロトーンの「シェーク・ラットゥル・アンド・ロール」「シンシアリー」「トゥイードル・ディー」などが出るし、日本では江利チエミの「ダンス・ウィズ・ミー・ヘンリー」など、バンドではブライト・リズム・ボーイズその他二、三がこの形専門のジャズをやり始めたという」とある。

『ミュージック・ライフ』がリズム&ブルーズを取り上げたのは、そのしばらく後である11月号だった。「アメリカのティーン・エイジャーの恐るべき一断面を採り上げたMGM映画『暴力教室』の上映は果然各界に話題を呼び起こしましたが、この映画のテーマとして用いられた「ロック・アラウンド・ザ・クロック」は、『海底の黄金』の「セレソ・ローサ」の跡をうけてぐんぐんとヒットし、今や日本の軽音楽界にマンボ旋風に続いてリズム・アンド・ブルースの流行をもたらし始めています」と志賀彰が書き出している。そして、「あの映画がつくられる時に、既にリズム・アンド・ブルースが彼等の間で流行し始めていたからに他なりません」と言い、「事実、リズム・アンド・ブルースのアメリカの一般の流行歌界への進出は既に昨年の秋頃から始まっていました」（5頁）と解説する。55年の3月に米国で公開の『暴力教室』は、日本では8月に公開されていた。

そのあと、リズム&ブルーズを歴史的に解説した上で、「ジャズ・ヴォーカル以前の黒人の感覚の生々しさは、一般の白人には、まして日本人の我々には到底近づき難い事は、〔…〕この世界きっての人気アーティストの名が一向に親しみのない事からも理解できます」と言い、「黒人の歌手、例えばナット・コールやサミー・デイヴィス・ジュニア、サラ・ヴォーンの歌ったレコードがポピュラー部門のベスト・セラーになる事がありますが、然しそれは黒人が歌っていても最初からポピュラー部門向けに発売されたレコード」であると説く。そして、「流行の先駆けである「ロック・アラウンド・ザ・クロック」のビル・ヘイリーと彼のコメッツは、リズム・アンド・ブルース・スタイルの演奏をするポピュラー部門に属するアーティストであって、決してリズム・アンド・ブルースの部門には属さない訳です」ときちんと押さえ、「今回の［…］流行はあくまでポピュラー部門のアーティストの行うリズム・アンド・ブルース・スタイルの演奏だけが受けている点によく注意しなければなりません」と念を押す。続いて、「しかし、これが同じ純粋のリズム・アンド・ブルースの演奏でも、器楽のものになると、所謂ジャズの演奏に大変近くなり、そこに多少の融通性が出てきます」（6－7頁）とこの解説は進む。

リズム・アンド・ブルースの音楽に合わせて踊る社交ダンス、ロック・アンド・ロール

その55年11月号の『ミュージック・ライフ』にもまだ出てこない「ロック・アンド・ロール」という言葉が『讀賣新聞』と『朝日新聞』に現われたのは、12月初旬だった。

12月1日付『讀賣新聞』夕刊の記事は、「中川三郎、新ダンスの普及へ」という見出しで、「中川一家の「中川ツルウ・バース」は長女の弘子、次女の姿子をつぎつぎに映画にとられたため解散、父親の中川三郎はユウウツな日を送っていたが、こんど新しいダンス「ロック・アンド・ロール」の普及に全力をあげる」で始まり、「七、八、九の三日間、新橋のフロリダでその講習会をひらき、十七日には両国の国際スタジアム、十八日には神宮外苑の日本青年会館で大会、二十日には再びフロリダでコンクールをひらく」とある。そして、「この「ロック・アンド・ロール」は今流行している〝リズム・アンド・ブルース〟の音楽に合わせて踊る社交ダンスの一種だが従来のものと違って自由奔放に踊るのが特色。／最近ラジオでやっている「ロック・アランド・ザ・クロック」［…］はその代表的なリズムである」と説明する。

一方、『朝日新聞』は、12月5日朝刊で、「ダンス」という大見出しのもとに「ロック・アンド・ロール」という記事を載せ、「マンボやチャチャチャはもう古く「リズム・アンド・ブルース」の時代だといわれている。このジャズ音楽はアクセント（強弱）が鮮やかで、明快刺激的なリズムをもつ点が特色。アメリカの若い人達の間で大流行、日本でも「暴力教室」で紹介されたり、ラジオなどの影響で流行しはじめている」と前置きして、「ダ

ンスのリズム感を満すのにもってこいのものなので、タップ・ダンスの第一人者中川三郎氏は、この曲にあわせて踊るモダン・ダンス「ロック・アンド・ロール」の普及にのりだす計画をたてている」と言い、この「いわば新しいチャールストンともいえる」ダンスの「指導講習」などの日程を『讀賣新聞』と同様に報じている。

　高校一年生であった当時の筆者の日記を開いて、多出する音楽関連の記述から関連するものを拾っていくと、先ずは、右の二つの新聞記事の前月である55年11月4日にこう記していた——福岡の「岩田屋へ行った。楽器売場目がけて。楽譜を探すのだ。しかし頭に描いてる楽譜はなかった。「ロック・アラウンド・ザ・クロック」「アロハ・オエ」「ザ・ハリイ・ライム・スィーム（第三の男）」が一緒に載っていればいいのに、みなパラパラと色々な本に載ってる」。12月4日には、「ラジオで二度も（ＲＫＢと第二で）リズム・アンド・ブルーズの「ロック・アラウンド・ザ・クロック」を聞いた。すっかり、その曲を聞いてると巻き込まれてしまう」と書いている。

　翌月12月5日の記述は、筆者の刺激的音楽体験の記録としては重要と思えるので引用すると——「文法の補習があるので、残った。掃除をしてるので、教室を出て外で［Ｔ］君等から女学生の話をきいてたら、すばらしいメロディがきこえてくる。どうやら寮かららしい。ラジオ、レコードにして［は］あまりにも音が立体的だ。窓の下からみてみたら、大学のクラブの人達が練習をしてた。ギター、ウクレレだ。近所の［Ｇ］さんも居た。みんなとてもうまい。5人居た。補習に行って終ってから又行った。［Ｏ君］と。真ん中に、電気をつけてスティールギターを弾いている人が居て、［Ｇ］さんのも電気でよりひゞくようにしてあった。どの人のギターも全部（スティール以外のは）穴のないピック・ギターだった。スティールの人は右手に全部爪をつけて左手に音をふるわせる金属製のものをもってた。他の演奏者は右手に爪みたいなものをもってた。一つだ。それで弾いて、指で音を出してはいなかった。「第三の男」「セレソ・ローサ」「グリスビイのブルース」その他ハワイアン・メロディを弾いていた。帰ったら停電なので、その間一寸弾いてみた。あゝ、早く試験よ来てすぐ終れ！」

具体的曲名の一つ〈グリスビーのブルーズ〉は、ジャン・ギャバンが主演する54年の仏伊合作映画『現金《げんなま》に手を出すな』の主題曲であり、55年に日本公開されたこの映画を観て、哀愁を帯びた、転調による半音階使用の演奏にすっかり魅せられた。日記には五回ほど現われる。十一歳の日記以降頻出する全音階のハーモニカではその曲はなんともならず、55年の8月2日に、「三時半に電車で岩田屋へ行った」、「半時間楽器売場に居て、とうとう決心して貯金箱以外の金をはたいて持って来た金を出して千百円のクロマチックハーモニカを買った。ハーモニカを拭くものを一緒に呉れた」。その主題曲は、アコーディオン主体のスリー・サンズの演奏のものがラジオでよくかかり、スリー・サンズは59年12月に来日している。それを予告する『音楽の友』59年12月号の「来日するスリー・サンズ」の一文中に、「〝グリスビーのブルース〟でのあのブルーなメロディを、はっきり印象づけたその演奏のよさは、恐らく誰の耳にも残っているだろう」(161頁)とある。スリー・サンズの来日の際の演奏については、「昼からずっとテレビをみた。映画を二つと来日のスリー・サンズの演奏の実況」と59年12月13日に記している。

ロック・アンド・ロールについては、先の引用の翌月、年が明けた56年1月18日の日記に、「回覧本の「婦人画報」にロック・アンド・ロール(リズム・アンド・ブルースのダンス)の足の運びが書いてあったので覚えた」とあり、数日後の1月24日には「「A君」から「ロック・アラウンド・ザ・クロック」の楽譜をもらったので、ウクレレで伴奏をしてみたが難しかった。ジャズ等は特にコードの種類が多く出てくるので難しい」と書いている。

三ヶ月後である高校の二年生になった4月29日の記述も直接に関連している——「朝一時間勉強した後、光映劇へ行った。「光」なんて三流以下の映画館には行きたくないけど、映画が、見たいと今まで思った「暴力教室」だから行った。「高校三年」も一緒にあったが、これは二度目だ。どちらも面白かった。「暴力教室」は今まで人の話で聞いてたので、余り刺激的ではなかったけど、ジャックナイフで先生と対決する所はやはり落ち着いて観られなかった」。それより八ヶ月前である55年9月6日にも『暴力教室』に言及した記述があり、「青少年の観覧についての問題の映画「暴力教室」をもう見た奴がいる」と少し羨ましそうである――未成年の「観覧」禁止を「新聞には六日に教育委員会で、はっきり決めて、各学校に通知すると書いてあるのに」。3月に米国公開、日本で8月公開のその映画を特徴づけていたのがビル・ヘイリーの〈ロック・アラウンド・ザ・クロック〉だった。

『暴力教室』を観た二ヶ月少々後の6月9日にも〈ロック・アラウンド・ザ・クロック〉は出てきた――「[Y]君とP・P・Cの例会に行った。[…]外人の友達が二人とアメリカン・スクールの校長先生が来ておられた。校長氏は一時間程で帰られた。この会の始めから終りまで、ずっとアメリカン・フレンヅとの自由会話だった。[…]マイクは年下なのに、身体は大きく、十九才のあのGIぐらいだった。ジョンは[…]席の傍だったので、二人で何でも話した。彼はジャズが好きで「ロック・アラウンド・ザ・クロック」はとても好き。野球はヤンキース。そして最後に、今度の火曜、大濠の彼の家に行く約束をした」。

「P・P・C」はペン・パルズ・クラブのことで、米国国務省管轄の福岡アメリカ文化センターが日本人高校生有志のために開いていた米国人との文通を名目とした週一回の英語会話教室を指し、アメリカン・スクールは米軍基地の軍人子弟のための学校。その日記の頁上の空欄に、「John / Blackboard Jungle は見たそうだ」と『暴力教室』の原題を記している。大濠は、米軍将校たちが借り上げた屋敷が並ぶ大濠公園周辺の住宅地で、「今度の火曜」に現に訪ねており、6月12日の日記に、「帰宅後、くつをはきかえ自転車で、大濠町のジャン君の家に行った。…と言っても一時間程あちこちで尋ねながら探しあてたのだ。門にキーナム少佐とあった。メイドが先ず出て来て取次いでくれた」とある。一方、大濠に住むサム君がうちへ遊びに来て一緒に泳いだという長い記述もある(7月25日)。

なお、それから十五年半が経過した71年12月9日の日記にこんな記述があった――金沢の「山蓄でレコード見物。ビル・ヘイリーの「ロック・アラウンド・ザ・クロック」と「シェイク・ラトル・アンド・ロウル」のEPがあり買う。これは実になつかしい。昔買ったSP盤[注:55年発売の日本盤]が福岡においてある筈だ。前者は楽譜まで買って歌詞を覚えた。『暴力教室』は観にいったし、ヘイリー主演の映画もみた。キャバレーだかクラブだかで歌いもしたものだ。帰宅してきいてみたら、十年振りであるだけに、記憶はその曲を美化していて、ヘイリーのあまりに素直で impact のない、いかにも白人らしい歌い方にあれ、と思ってしまう。これからみればプレスリーはさすがだし、ビートルズ以降の歌手に対する黒人のえいけうも大したものだ」。

プレスリーは太陽族の歌い手、日本で言うなら三橋美智也、男ストリッパーか

プレスリーの名が新聞に出るのは56年5月21日の『讀賣新聞』夕刊で、「今月の洋物レコード」の小見出しが付いた短い記事の末尾に、「このほかではエルヴィス・プリスリーの「忘れじの人」（ビクター）が、その強烈な個性で日本の太陽族の心を奪ってしまうだろう」と伝えている。

話題になったのは二ヶ月後の56年7月13日のことで、ほぼ一年前の「リズム・アンド・ブルース」記事が「ジャズ」という大見出しの区分であったのと同じく、『朝日新聞』夕刊がこれも「ジャズ」と分類しており、見出しは「太陽族歌手が登場」だった。「太陽族」は、石原慎太郎の出世作『太陽の季節』が56年1月に芥川賞を受け、3月に単行本化され5月に映画化されて話題になり、流行語となった。

記事は、「いま全米のティーンエイジャーの血をわかせ、日本でも最近売り出してきたのがエルヴェス・プレスリーという二十一歳の若い歌い手だ」で始まる――「『ハートブレイク・ホテル』のレコードはアメリカでたちまち二百万枚を突破したし、十インチのＬＰは四十万枚以上も売れるという新記録をうちたてた。歌い方はジョニー・レイやフランキー・レインに似かよった絶叫型だが、それをもっとどぎつく野性的にしたものである。ふだんははにかみ屋で内気な方だが、ギターを手にして歌いはじめると、一転して動きや表情は歌詞に従って大胆不敵で露骨をきわめるという」。その後に、「いかにも太陽族の歌い手といった感じである」と、突然、これも日本の「太陽族」と結びつけている。

最終節では、「プレスリーの歌っているのはリズム・アンド・ブルースの部類に入るものだが、この種の歌はずっと以前から黒人の間だけでうたわれていたもので、四年前にウェスターンの歌い手であるあまりパッとしなかったビル・ヘイリーが歌いはじめてから白人の間でも急にうけるようになった。プレスリーもウェスターンから始まって、ビル・ヘイリーの流れに入ったもの。リズム・アンド・ブルースのウェスターン版が盛んになって、伝統のウェスターン・ミュージックも邪道をも加えて間口をひろげざるを得なくなった」と解説している。

それよりもう少し前に書かれたはずで、『音楽之友』56年8月号に掲載の、「アメリカでも民謡調が大流行」と題した「ポピュラー・ミュージック」評（小倉友昭）の前半が、プレスリーと〈ハートブレイク・ホテル〉を扱っており、プレスリーは三橋美智也に類似しているという——「〝ハートブレイク・ホテル〟という歌がアメリカではやっている。［…］この歌によって彗星のように登場してきた歌手がいる。エルヴィス・プレースリーという今年二十歳の若者だが、この人の歌をきくと何より強烈な個性があることに驚く。どだい流行歌は、まず個性が必要だが、最近は殊に、強い個性、アクの強さとでもいえるものが喜ばれてきている。このエルヴィス・プレースリーなどは、その典型的なもの。日本でいうなら三橋美智也といったところである」（193頁）。そのあと、RCAビクターがサンから高額で引き抜いたこと、出身地と経歴などがあれこれ語られたあと、「恐らく日本でも、プレースリーの人気が夏になると、盛り上がってくるだろう。と共に、案外ピンクのシャツなどが、太陽族に、流行するかも知れない」（194頁）と、また太陽族が出てくる。

『ミュージック・ライフ』がプレスリーを大きく取り上げたのは、翌月の9月号であり、「マンボ王ペレス・プラード来日」の記事を掲載した号だった。「ジャズ版ニュース・ストーリイ」という小見出し付きで、全三頁のその記事は「エルヴィス・プレスリイは男ストリッパーか」と題されており、志賀彰が物好き丸出しの記事を書いている。添えられた当人の写真は上半身裸のもので、題名の傍には、「ステージで腰をふりふり唄うセキシー・シンガー・エルヴィス！　熱狂したティーン・エイジャーは彼にパンティーをなげつける！そして彼の体臭だけで妊娠しそうだと云うクレイジー！」とある。

記事を大きく端折ると、先ず、「CBSテレビ放送の紐育スタジオの守衛」が、「要するにセンセイがステージに出てくりゃいいんだね。とたんに群った娘ッ子たちは山道を登るロバみたいに息が荒くなりだすよ」と言ったとか、「毎週平均三千通」のファン・レターの中には、「娘はあなたの子供を産めないなら、死んでしまうと言っています。何とか一夜でもお情けをかけて戴けますまいか」という「母性愛もの」(57頁)もあると引用したあと、ラルフ・グリースンの記事を長々と引用し、「彼のストリップ的怪演のクライマックスは半身に構えてカーテンを把みながら楽屋に入るフィナーレで正に頂点に達した観があった。これこそストリップ・ショオのお決りの手［…］」と記す。そして、志賀彰は「バンプとグラインド」について、それがストリップの常套的仕草であると丁寧に訳註を付ける。ところが、「スタートから組んでいる三人のミュージシアン［…］が、口をそろえて彼がストリップの仕草さの研究をした事もなし、まして練習した事もないと右手を挙げて証言している」と話を転じさせ、プレスリー自身も、「見知らぬ老婦人から〝あんな下品な仕草をしてあんたは恥かしいと思はないのかね！〟と問いつめられて〝奥サン、下品だなんでとんでもない。僕は自分の身体の中から湧いてくるリズム感のままに動いているだけなんデス〟と答えたというあたりが、案外、事の真相かもしれない」(58-59頁)と結んでいる。

二ヶ月少々あとの56年10月25日付『讀賣新聞』夕刊が、「娯楽」欄に「アメリカにプレスリー時代」という題の記事を載せ、当時の流行語「ドライ」を使って、「世はあげてドライ時代。海の彼方のアメリカで当年二十二歳の超ドライ歌手エルヴィス・プレスリーがスイ星のように現われ、そのレコードの売れ行きがアメリカ最大の記録をつくった」と言い、「日本でも洋盤レコードとしては珍しく五万枚をこすヒットとなり、外国歌手の人気投票でもトップにたち、大きな話題を生んでいる」と続く。そして、「マーロン・ブランドと故ジェームス・ディーンを合せた感じ」といった「アメリカのティーン・エイジャー」たちの発言に触れたあと、「二年前まではしがないトラックの運転手だった彼をアッという間にこんな偶像にのしあげたのは、何といっても彼が今春ビクターに入社して世に送ったデビュー盤のロック・アンド・ロール風の「ハートブレイク・ホテル」（傷心のホテル）の成功だ」とあり、「ロック・アンド・ロール」という言葉が出てくる。続いて、「この恋人にふられて切なくて死にそうだという内容の歌を彼は高くケタはずれのクェーヴァー（ふるえ声）で、強烈にたたきつけるように歌ってのけ〝反抗の世代〟の心をすっかりうばってしまった」とあり、ここで、見出しがなぜ「哀愁と絶望を歌う圧倒された〝反抗の世代〟」であるのかがわかる。その「反抗の世代」を描く、ジェームズ・ディーン主演の映画『理由なき反抗』が日本で公開されたのは56年の4月であった。

そして「このレコードはアメリカでなんと三百万枚を売り、つづくレコード「アイ・ウォント・ユー、アイ・ニード・ユー、アイ・ラブ・ユー」（オレは君を欲し、必要とし愛する）「ハウンド・ドッグ」（猟犬）がいずれも連続ヒット。［…］彼の入社でビクター工場は戦後はじめて残業に入ったといわれる」と続き、「彼のステージもまた今やアメリカの社会問題化している」こと、「教会は〝悪魔の使徒〟として」「攻撃をはじめ」たこと、「抜け目のない映画会社がなんでこれを見逃すはずがあろうか」といったことが説明される。

『ロック・アラウンド・ザ・クロック』の邦題は『ロック・アンド・ロール―狂熱のジャズ』

「ロック・アンド・ロール」という言葉は、同じ『讀賣新聞』が、三日前の56年10月22日付夕刊で大きな活字にしており、「荒れ狂うロック・アンド・ロール旋風」と題した記事が、ビル・ヘイリー主演の映画『ロック・アンド・ロール―狂熱のジャズ』の上映によってその「旋風」に「拍車」がかけられ、ロック・アンド・ロールが「英仏の〝十代〟」を「一なめ」していると報じる。その記事のどこにも記載がない原題は *Rock Around the Clock* で、映画は56年の1月に製作され、米国で3月に公開の後、「英仏」で上映された。

「来月日本でも公開される予定」とあるその11月公開の映画が、日本では『ロック・アンド・ロール』と題されているのは、日本での受容事情を輸入元が配慮したものに違いなく、米国上映のポスターの上段にある「ロック・アンド・ロール物語の全て！」という文句が参考になっているようだ。その邦題での上映が、音楽ジャンルを指す「ロック・アンド・ロール」を日本に浸透させたようで、現に『ミュージック・ライフ』がその年末の56年12月号に、同誌の記事としては初めて「ロック・アンド・ロール」（野川香文）を題名にした記事を載せている。一方、『音楽之友』12月号の「映画紹介」では、邦題は、誤植なのか「情熱のジャズ」であり、しかも「ロック・アンド・ロール」の文字はなく、傍に、原題の「Rock around the clock」が添えられている（185頁）。

ただし、右の「荒れ狂うロック・アンド・ロール旋風」記事の左端には、「これがロックン・ロール」という見出し付きで、一組の白人男女が踊っている写真が三葉並べられており、ダンス名であることを示している。そして、二ヶ月ほど後である12月14日の同じ『朝日新聞』夕刊の「ダンス」欄の「ロック・アンド・ロール」記事に、「ロック・アンド・ロールをいま向うで評判になっているプレスリーのようなセックス・シンガーのものとごっちゃにされては迷惑だ」という中川三郎の言葉が引用されている。その数日後の『讀賣新聞』12月21日夕刊が掲載した都内七つの映画館での『夜の乗合自動車（ナイト・バス）』と同時上映の「明22日一斉大公開」の広告には、「この強烈なるリズム！煽情の踊り！」とある。同じ日の『朝日新聞』朝刊は「ロック・アンド・ロール」を連載記事「流行語のゆくえ」の第五回として記事にし、「ロック・アンド・ロールの練習風景（浅草K劇場で）」というキャプションを付けたダンス写真を掲げている。内容は、「アチラ流カッポレか。威勢よく数をかぞえ、ちょっと節をつければ、たちまちロック・アンド・ロール。[…]ガニマタで勢いよく踊るところは、野球ケンとプロレスをつきまぜた格好と思えばいい。あるいは、踊る宗教のジャズ版か」と一貫して揶揄口調。

揶揄は控えている野川香文の、右に触れた『ミュージック・ライフ』12月号の文章も、その映画に触れた冒頭の一節は、「ロック・アンド・ロール」をダンスのことだとは言わないまでも、「ダンスの場面」に触れざるを得ないでいる――「ロック・アンド・ロールはいまアメリカの津々浦々で熱狂的な流行ぶりを見せている。ビル・ヘイリーのコメッツをフィーチュアした映画「ロック・アラウンド・ザ・クロック」はわが国にも輸入され、[…]

ストーリーやそこで演奏しているロック・アンド・ロールよりも、そこに集って踊っているティーン・エイジャースの熱狂ぶりが見ものである。アメリカではロック・アンド・ロールのダンス・パーティはしばしば暴動のような騒ぎが起って警官が出動して鎮圧することがあるようだが、そのようなことを思い合せると、この映画のダンスの場面などはまるで甘っちょろいものだ。本物はもっとすごいに違いない」（5頁）。なお、野川は『音楽の友』57年1月号で、ロック・アンド・ロールは「ジャズのカテゴリーに、入るのだが、音楽的に見ていまのジャズよりははるかに浅く低いものである」（165頁）と書いている。

映画『ロック・アンド・ロール—狂熱のジャズ』の上映広告：『讀賣新聞』1956年12月21日

『ミュージック・ライフ』12月号の「今月のスイセン・レコード」中の、「ジャズ」とは別の「ポピュラー」という区分の中の、さらに区分された「ヒット・ソング」の欄の冒頭に「ビル・ヘイリーと彼のコメッツ」の写真が配されている。その写真に関連したレコードが一切出てこないことは兎も角として、最初にエルヴィス・プレスリーの〈冷くしないで〉／〈あなたを離さない〉を取り上げている——「最近のトップ・ソング、プレスリー・ブームを築いている四番目のホーマー、言うなれば西洋どじょうすくい、民謡調の調子が良いのでプレスリーのものとしては「ハートブレーク・ホテル」に次いで日本のファンに受けそう。B面、前半しっとりと聞かせておいて急に叫び始めるあたりドライ・ウエット両方にプレスリーの面目躍如というところである」(63頁)。

邦題『ロック・アンド・ロール—狂熱のジャズ』については、先ほど触れた『音楽之友』12月号の「情熱のジャズ」紹介文(原良郎)が、粗筋説明のあと、演奏されている曲を挙げており、ビル・ヘイリー&ヒズ・コメッツの〈ロック・アラウンド・ザ・クロック〉、〈シー・ユー・レイター、アリゲイター〉、プラターズの〈オーンリー・ユー〉、〈ザ・グレイト・プリテンダー〉、トーニー・マルティネス&ヒズ・バンドの〈マンボ・カプリ〉、フレディ・ベル&ザ・ベル・ボーイズの〈ティーチ・ユー・トゥ・ロック〉など十三曲が並ぶ。

この映画のことが十六歳当時の筆者の日記に出てくることは予想していたが、詳細はやはり覚えていなかった。最初に出てくるのは56年12月1日で、福岡の「有楽で昨日から「ロック・アンド・ロール」を上映してる。リズム・アンド・ブルースは大好きの好きだから、是非行きたいけど、時間がない[…]」とあり、続いて、「今日からKBCが聞ける。ジャズの番組が沢山ある。昼なんか一時間も「リズム・アンド・ブルース」があった。たちまちKBCが好きになった」。KBCは開局したばかりの九州朝日放送だった。駐留軍放送のFENも聴いており、11日の記述にはジーン・ヴィンセントの曲が出てくる——「夜、十二時からFENの「トップ・オヴ・ザ・タウア」を久し[ぶりに]きいた。いつもきゝなれてるロックンロールの題目が分った。「ビー・バーパ・ルーラ」だ。その他いゝ曲はメモしておいた。日本にこんな曲の楽譜はまだ売ってないだろうな」。

当の映画へいざ出かけたのは、三日後の12月14日だった――「短い様で長かった緊張した六日間の勉強もすんでその試験も終り、あれやこれやとしたいことをしたいと思うかと思ったけど、やはりつかれで、別に何もしたくなかった。たゞし、有楽へ「ロック・アンド・ロール」「夜の乗合自動車」を見に行った。ロックン・ロールはすごかった。本場のをみせられたから。タイトルが出てくる時「ロック・アラウンド・ザ・クラック」をビル・ヘイリーが、彼のコメッツとギターをひいて唄うバンド演奏はすごいすごい。身体を動かさずにはいられない。ベル・ボーイズというのが六人出てくる。それもすごい。すごいステップをふんで唄う。ホールでおどるティーン・エージャ達もすごいすごい。これをみてロックンロール（R&B）にすごい好奇心をもってた［が］断然R&Bに魅了され大好きになった。クリスマスでやろうか」。この年末二本立て上映は、指折り数えると、東京都内七映画館での「一斉大公開」に先んじていたことになる。

それが高校二年生のときだったが、当時の高校三年生を念頭に置いた興味深い観察が見つかった。『音楽之友』56年8月号の「ライト・ミュージックの全盛――ポピュラー・ミュージック」で、小倉友昭がこう書いている――「戦後十一年、終戦の年に小学校に入学した子供たちが、高等学校の最上級生になった。この十一年間に、その子供たちは、様々な音の中で生活してきた。レコードもLPが作られて、四六時中音にかこまれた生活を送ってきた。クラシック、シャンソン、タンゴ、ジャズ、流行歌など望むままの音が与えられた。軍歌の中で抑圧された青春をかすかに生きてきた年代とは全く違った生活環境がそこにはあった。そんな中で、生きてきた人たちは、自然に音を生活の中にとけこませる方法を知ったに違いない。無意識的に、生活の中に音を持ちこんだ。これら若い人たちが、それ以前の年代の人たちとはっきり分れた音感覚を持っていたとしても不思議はない。そして、それらの若い人たちが、はっきり音楽の需要層として抬頭してきた。供給する側も当然、需要に応ずる構えを作らねばなるまい。ここに、生活と結び付いたライト・ミュージックが全盛になってくる基盤がある」（193頁）。「ライト・ミュージック」という言葉の再登場はともかく、筆者世代はそんな具合に受けとめられていた。

40年3月生まれで福岡に在住する筆者の十五、十六歳当時の日記はすでに引用してきたが、右の観察に引きずられて、さらに、高校二年生の三学期から三年生の二学期に及ぶ57年の日記に焦点を当ててみよう。十六歳の終わりから十七歳にかけての一人の日本人ティーネイジャーの洋楽ポピュラー熱記録であることには間違いない。ただし、右の観察に関して一言添えておくと、「軍歌の中で抑圧された青春」ではなかったものの、軍歌は敗戦後も身近で歌われており、自分でも、少なくとも〈愛国行進曲〉、〈露営の歌〉、〈同期の桜〉、〈月月火水木金金〉、〈若鷲の歌〉ぐらいは口ずさんでいたし、今も忘れることはない。

早く帰ってFENをきゝたい――1957年のティーネイジャー

1月――プレスリー、スウィング、ウクレレ

先ず1月1日に、「正午から、小坂一也のウェスタンやロックン・ロールをきいて楽しんだ」とある。そして、「夕方、唐人町の方へ行き、黒門書店で、本を見た。プレスリーは案外良い事を言う奴だなと映画雑誌中の彼の言葉を見て思った」。小坂一也は、前年の56年にプレスリーの〈ハートブレイク・ホテル〉と〈アイ・ウォント・ユー、アイ・ニード・ユー、アイ・ラヴ・ユー〉のカバー盤を出していた。その四日後の1月5日に「レコードを買いに西鉄街に行ったけど、SPがありそうにないからよした」とあるのは、自宅の電蓄はSP用だったのだ。

その数日後の1月14日には「九時からベニイ・グッドマンの来日記念のレコード・コンサートをKBCできいた。スウィングはやはり好きだ」とある。グッドマンは前年の暮れに来日したのに続いて、1月11日に再来日した。当時の新聞の切り抜きを探したら、「「スウィングの王様」ベニー・グッドマンが来る」という長めの解説記事が見つかった。年月日は書き込んでいないが、自宅での購読紙は『朝日新聞』だった。1月17日には、「帰宅して、ラジオから流れるスウィングをきいて、くつろいで、床屋へ行った」とあるのに続いて、1月20日には「一週間喫茶店に行ってないので、急に、コーヒーを飲んで、スウィングでもきゝたい気持になったけど、勉強があ

るからよした」と書いている。

1月25日には、「昼休み［Y］君とバンドを作ろうという話をした。トリオかクォルテットだけど、やはり金だ。帰宅後、よく考えたら金がないため、不可能性が大だから、二重唱かなんかをして、ウクレレ三つ程でリズムを入れる様にして、安直なバンドが出来ると思った」とある。ウクレレについては、一年前である56年1月21日の「夜、［N］さんの家へ行き、ウクレレを借りた。アロハオエ等二、三曲のコードを練習したが、簡単にコードを色々覚えることが出来た」とある。一年後の57年1月27日には、「夜、勉強をした。十二時頃から、気晴らしにウクレレでハワイアンを沢山うたった」。自分のウクレレは一ヶ月前の12月18日に手に入れていた――「ウクレレ（¥700）を買った。Wonderful!!」。日記に「ウクレレ」は55年2月26日からその時点までに十五回ほど出てくる。

2月――楽器売場、米軍基地内の学校

2月になると、1日に、「［Y］君に「ラヴ・ミー・テンダー」（エルヴィス・プレスリー）の歌詞をみせてもらって写した。この歌は、レコードがほしい」とある。これが主題歌である56年11月公開の映画『やさしく愛して』は、日本では2月16日の公開だった。レコードは米国で10月に発売されていた。

2月2日の日記には、岩田屋の「楽器売場へ行ってドラム、クラリネット、トロンボーン及びその教則本の値段をみておいた。金があればバンドを早く作れる。「シンギング・ザ・ブルース」や「ジャスタ・ウォーキング・イン・ザ・レイン」等のレコードがかゝってるので楽しかった」とあり、2月6日の日記には、玉屋の「楽器部で、ウクレレ独奏集と打楽器教則本に見入ったのち、閉店のため出た。そしてとなりにある楽器店へ行き、「JUST WALKING IN THE RAIN」「SINGING THE BLUES」「LOVE ME TENDER」「DON'T BE CRUEL」「GIANT」「BUS STOP SONG」の曲のある楽譜を手に入れた」とある。

翌日の2月7日には、「帰宅して、いつもの様に四時半からのKBCの「歌の花束」をきいたら、昨晩と同じ、ビル・ヘイリーの「ロック・アラウン・ザ・クロック」があった。その他、「シェイク・ラットル・アンド・ロール」等全てロックン・ロールだった。すごくヴォリュームを上げてきいたから、［M］さんがびっくりしたゞろう」。翌日、2月8日には、「帰宅後、四時からのKBCの「リズム・アルバム」をきいた。又、ロックンロールで、中山みのるとリズム・エースの演奏で、しょうのようぞうというのが、「ロック・アラウン・ザ・クロック」をうたった。3日間この曲はきゝつゞけだ。このバンドは、この頃出来たそうで、キャンプ・ハカタの舞台に出てるそうだ」とあり、「このバンドのところに行って歌手のアルバイトをたのもうかな」と書いている。

2月14日には、「帰宅後、白木原の板付ベースのハイ・スクールへ行った」、「新校舎等ブラブラ見まわった。生徒たちは、みんなすばらしいスタイルだ。日本にはない型のジャンパーを着たのや、チェックのシャツだけのや（室内は熱いぐらいの暖房）、真赤なトッグル・コートを着たの等居た。不良みたいな顔の奴もいる。半分は、デニムのカウボーイ・ズボンだ。昼休みで、女の子と男の子と肩をくんだのもいる。ジュニア・ハイ・スクールのろう下に大勢生徒達は集まって、プレイスリのレコードをかけ、男女手をとって、Rock 'n' Roll をしてるのもいた。板付 DEPENDENT ハイ・スクール・バンドの部屋で、二人の学生がドラムをたたいたり、トランペットで、「黄金の腕」なんかやってた。一日でいいから、ここの学生になりたいと思った」。

その米軍基地内の学校には、米軍人の息子と知り合ったことから、日曜日に開かれる「バイブル・クラス」に参加する名目で、前年の56年6月10日から度々通っており、その都度ではないにしても、六回の記述があるほか、この後にも57年の日記に六回出てくる。基地の外に居住する米軍人の子女を拾って回る幌付きの小型トラックに同乗して、初回に作ってもらったパスポートで基地に入ると、そこは、日本に居ながらにしての、教会、学校、売店などが揃った右側通行の米国社会だった。自宅で耳を傾けていたのは、その基地内の放送局からの音楽だった。基地への出入りの記述を目にするにつけ、当時の筆者には、東京を「中央」とする中央と地方の意識は無かったことに気付く。

3月──FEN放送、ドラムの練習

3月9日には、「勉強の一息つくつもりで、ラジオを聴いた。FENで、板付からのティーン・エイジ向けの放送［をや］ってた。プレスリや、この頃進出して来たパット・ブーンのロック&ロール［をや］ってた」。いま調べてみると、その約二ヶ月後の『音楽の友』5月号が「プレスリーの対抗馬パット・ブーン」という記事を載せており、「このところ、ラジオのリクエストなどで盛んに名前の出てくる歌手、にパット・ブーンがある。甘い声、柔らかい歌い方、［…］アメリカでもティーン・エイジャーのアイドルになっている歌手、日本でも、つい最近出たヒット盤で、若いお嬢さん方の人気を得ている。［…］」（72頁）とある。序でながら、調べている過程で、「ロックン・ロールきき元気」という『朝日新聞』57年3月21日朝刊の「記者席」の記事が見つかり、何事かと思ったら、「不幸、病にたおれた」石橋湛山前首相を二十日に「松野参院議長、石井国務相、三木自民党幹事長らが訪問」したところ、「ラジオのロックン・ロールをかけ放しにして、「音楽をきいている」といっているそうだ」とのことだった。

その3月9日の日記は、さらに続けて、「番組の間の時刻を報せるのまで、女学生みたいなのが［しゃべ］ってた。いまゝで、FENは大人の声ばかりで飽き飽きしてたからもっと十代の声をききたいと思った。彼等のしゃべり方は大人とちがった発音もあるし、名前なんか出て来たら、板付のハイ・スクールの知ってる奴がいるかもしれないから。最後に、R&Rの元祖ビル・ヘイリーの“See you later, Alligator”があった。これが大好きだ。どうしてもレコードを買いたいな」とある。

3月23日には、「帰宅後、正午までドラムの練習をした」。前年の日記によるとその夏にジーン・クルーパに刺激を受けていた。そして、「自分でもびっくりするぐらい、楽譜通りのテンポで、五つ打ちの個所が打てる様に

なった。[…] この頃出来たばかりのレストラン「銀河」へ行き食事をした。[M] 君がおごってくれた。そこは、8時からバンド演奏で very nice だった。ピアノとサックスとドラムのトリオで案外上手くやってた。このレストラン気に入った」とある。その四日後の3月27日には、「夕食後、ドラムの練習に熱を入れた。/夜はFENのREQUEST FOR YOURSをきいて後ウクレレを伴奏に、ロックン・ロールからウェスタンのウェットなのや、ウクレレにぴったりした本当に感じの出るハワイアンまでうたって、一人で楽しんだ。「モンタナの月」を一番気に行った」。その四日後の3月31日に十七歳になった。

4月──十七歳が始まる

4月6日の「午前中、毎土曜のティーン・エイジャのための番組をきいた。楽しかった。All ロックン・ロールだ。ビル・ヘイリーがうたいまくる。基地の boys, girls の声がきけるのもいい」。

4月28日には、百貨店の「玉屋へ行き、それから、となりの楽器店へ行き、ドラムのブラッシュを三百五十円で買った」とある。そして「楽譜を大丸とこの店とで二冊 […]。プレスリイの特集と新しいヒット・ソング、それと小坂一也の特集。帰宅してラジオのジャズ・タンゴ and シャンソン、リズム・アンド・ブルース等に合わせて、ドラムのブラッシュを大いに使った。すごくいゝ。ドラムなしでもいゝ音が出る。バチの方もマンボの演奏の時使った」。

5月──基地内の「バイブル・クラス」

5月1日に、「ドラムがほしいなあ。一揃い六万円!!」と書いている。

7日には、「夕方、六時半に博多駅前へ行き、[S、F] 君等と会った。今日は木曜の白木原とちがって、飛行場の方の板付ベースのバイブル・クラスだ。[…] [S] 君とスカイライン・サーヴィス・クラブへ行った。ナイト・

クラブで、大きいホールで、外人と日本人の女がジルバかなんかおどってた。日本人のジャズ・オーケストラが演奏してた。ドラムがすごく派手に大きい音を出してた。こっそり見に行ったのだから長くは見られなかった。すごく残念だった。こんなとこで歌をうたったらいゝだろうな。アルバイトに」とある。「ジルバ」(jitterbug)は、アメリカ英語発音を片仮名表現した早いテンポのダンスで、戦後まもなくして流行り出した。それに、テンポの遅い「ブルース」、三拍子である「ワルツ」、そして「ルンバ」が加わって一組になり、それが社交ダンスの基本だった。

5月の日記はこの後も基地関係が続き、5月18日も、「帰宅して急いでラジオをかけた」──「FEN。やってるやってる。板付からのティーン・エイジャズ・ショウのロックン・ロール。日本人の学生もマイクで名前学校等言ってた。[…]司会者は、この日本の学生達は、福岡文化センターから来たと言ってた。そして、板付ハイ・スクール・バンドのリズム・アンド・ブルースとホットな歌があった」とある。21日には、「帰宅後、大急ぎで、板付バイブル・クラスへ行くため博多駅へ行った。[チャペル、映画、ワーシップ・サーヴィスのあと][O君]と抜け出して SKYLINE SERVICE CLUB のレストランを通りぬけて、この前のホールに行って、バンド演奏をみた。日本の女がうたってた。「SEE YOU LATER, ALLIGATOR」をきいたのちもと[に戻]った」。二日後の23日に、「昨日から久し[ぶりに]、10時からの FEN REQUEST FOR YOURS がきける」と記載のあと、28日には、「帰宅後、すぐ、夕食をして[…]板付のバイブル・クラスへ行った。[…] WORSHIP SERVICE の前に、こっそりと[K]君と SKYLINE S. C. の前でやってる野外 MOON LIGHT PARTY をバンドのドラム演奏者のそばに見に行った」。

6月──"See you later, Sara"

6月に入ると、6日の「夕方、五時半から、マーロウ女史の送別会があり、一年のグリーの[K]と[Y]が行くというから、行くことにした」。グリーは男声合唱のグリー・クラブのことで、高校の三年間、所属していた。「[…]果してこの会に来て得るところが大いにあった。キャラウェイ氏の長女(中学二年)と親しくなった。ゲームの後、菓子が配られ、お茶がくばられた時、傍におられたギャロット夫人に、お茶をくばってる少女の名をきいたら、Sara と教えて下さった。彼女はエルヴィスのファンだときいてたから、きいてみたらそうだった。最後のお祈りの時、[…]お祈りしようと彼女の方をみたら、話かけない内に、向うからこっちへ来た。板付は明後日から夏休みだそうだ。[…]ピアノで、プレスリの歌のメロディをひいたら、彼女はすぐピアノの傍にきて、曲名を当てた。趣味上で相通づるところが[あ]る。[…]土曜日のティーン・エイジャズ・ショウでアナウンスを時々するようだ。台どころの入口で、彼女にサインしてもらい、名刺を渡しといた。[…]帰りに「See you later, Sara」と言ったら、にっこりしてた」。その名刺は、一年前の6月6日の日記によると、アメリカ文化センターのペン・パルズ・クラブの会長に選出され、半ば必要で作ってあった。

6月8日は、「[Y]先生の欠席で、ナイス!!授業は三時間だった」——「放送室へ行って、FENのティーン・エイジャズ・ショウをきいた。だけど、混信してきゝ苦しかった」。そのしばらく後の6月20日には、「シケンが終ったら、是非、ギターを買って、ロックン・ロールの唄をうたって、アルバイトしよう」とある。「歌をうたってる時が一番楽しい。[…]ジャズ特にロックン・ロールそれにハワイアン、甘いスウィングをきいたりうたったりしてると[…]音楽に興奮してしまう」。

翌日の6月9日には、『ジャズ・カクテル』と題した歌集を購入していた。百円のその本の裏表紙に版元である新世界社の名があり(中央区銀座8ノ8)、鉛筆で「57年6月9日(17歳)」と英語で記している。その書名のもとに、ロックンロール、カリプソ、シャンソン、映画主題歌を含む百数曲の旋律、ハーモニカ譜、歌詞、コード記号が記載されている。四日後の24日には、「今日からは試験準備することに決めてたけど、放課後、学校に残って、ピアノを弾いたりしたので夜はねむくて気が進まず、残念だった」。

7月――〈白いスポーツ・コート〉、〈オール・シュカップ〉

そのうち試験最終日になり、「早く帰って、FENの「ティーン・エイジャのショウ」をきゝたいので、早いとこ退場した」のが7月6日だった。その二日後の7月8日には、「午後、天神聚楽へ「ロック・アンド・ロール」と「足長おじさん」を見に行った。どっちもよかった。はじめのは去年の暮、試験が終った時みに行って、二回見たが、今度も時間は惜しくないから、又、二回見た」。そして、「ベル・ボーイズやビル・ヘイリーの楽団のレパートリーの楽譜がほしいな」とある。

一方、日本の歌手も聴いており、7月15日には、「夜、小坂一也が、「バタフライ」とか「白いスポーツ・コート」をうたうのをきいて、早く覚えようと思ってる曲だけにくやしかった」とある。7月21日には、「朝、PRESLEY の「ALL SHOOK UP」をきいたが、楽譜とちがうので、きいたのをノートに書きとり、歌い直した」とある。レコードは、限られた小遣いでは手軽に購入出来なかった。

7月の関連記述はもう一つあり、27日に、「帰宅後、「文化」へプレスリの「やさしく愛して」と「明日なき愛情」を見に行った。プレスリは主演っていう程じゃなかったけど、彼の歌いぶりと動作が、参考になった。口をあまりあけてうたわない」。

8月――「納涼黄昏コンサート」

夏休みに入ったあと、8月3日にグリー・クラブの練習に行ったが、「今日の練習は三年生が少数集っただけなのでなかった」。指導の「[U]先生とジャズ談義した。バンドを作る話から」とある。

夏の野外の催しに最初に出かけたのは8月13日で、「夜、大濠のバイバイゲームと納涼黄昏コンサートを見に行った。[N]と」。N君は東宝の文社長の一人息子で、大濠公園の屋敷地区に住んでいた。「バンド・マスターの深見俊次というのは背が低くて生意気な顔で、あごひげがはえてた。筑紫きみとなんとか小島という歌手も出た。前者は可愛いゝけど、[後者]はマンボ・スタイルのあんちゃんだった。ベイスはハンサムだった。そして、翌日の14日、「午後、ラジオの「ジャズと共に」をきいてたら、深見俊次とショットホット〔注：「ホットショット」の聴き間違いで、「ハッチャ」とも呼ばれていた〕・スウィング・バンドはRKBジャズ・オーケストラだということがわかった。だからこの前の大濠のコンサートの時にドラムにRKBと書いてあったんだな」と記している。

三日後の8月17日には、「六時半に大学のランキン・チャペルへ行った。すでに赤いアロハのコーラル・アイランダーズが、外で練習してた。今晩のコンサートは慶応のライト・ミュージック・ソサイエティとコーラル・アイランダーズの「軽音楽の夕べ」。席は沢山空いていた。〔…〕[大学の]ハワイアン・バンドのタヒチ・アイランダーズも出演した。慶応のジャズ・バンドのドラマーは高三だった。だけど、そんなに難しそうな演奏はやらなかった」と記している。翌日の18日には、「午後、二時から海岸の「のど自慢大会」を見に行った。小さい子供達とかアンちゃん族の歌謡曲ばかりで、出る気がしないから見るだけにした」とある。海岸というのは福岡市民に大人気の海水浴場のことで、自宅から七十メートルの距離にあり、日常的に水着のまま泳ぎに行っていた。

その二日後の8月19日には、「夕食後、七時に早稲田グリーをきゝに行くことにして、公衆電話で「K」を呼んで、バンド付喫茶店めぐりをすることにした。〔…〕最初に「コロンバン」へ行ったけど、以前と同じ下手なピアノがいるサックスとベースのトリオだったので早々に出て「紅風車」へ行った。ここは初めてだったがいゝ所だ。壁に鏡が沢山使ってあって、広く見えた。ビブラホーンとギターとベースとピアノとドラム（下手）のコンボが演奏してた。そのあとバイオリン、チェロ、アコーディオン、ピアノのタンゴ・バンドの演奏があり、阿部雅子という歌手がうたった。そこを出て、「エスキモ」へ行った。もうクラブではなかった。こゝのバンドが一番だと思った（市内の喫茶店中）。サックスと電気ギターとベースとドラムで、ドラムは盛んにソロをやって上手かった。そのあと極東でポート・ワイン（70円）をのむ」。

下旬の24日にはFENで「十一時から久し振りに「ティーン・エイジァズ・ショウ」をきいた」。それから「グリーの練習に行った。十三人だった。今日が今夏最後の練習。そのあと、生物教室で先輩の［U］さんと［A］と［K］とで［K］が持って来たプレスリーのロックン・ロールや童謡やセミ・クラなどをきいた。机をドラムのかわりにしてたたいた」。

9月──「ガードナー宅」でギター、そしてスキッフル

9月の音楽関連記述は下旬のみで、9月23日の「板付のディペンデント・ハイ・スクール訪問は八時二十分に福岡駅集合［…］」。「昼から今日見学に来てる学生と米学生十人程と校長、［O］先生を加えて話し合いがあった。［…］JAMES は喫煙のことをきいたら15才からはいゝそうだ。日本は20才からだと彼は知ってた。エルヴィスはみにくい顔だからきらいだと言ってた。PAT が好きだと。［…］中学一年の米国史のクラスにも一寸顔を出し、あとで JAMES と二人で、あっちこっちまわった」。その翌日の24日には、「昨日のアメリカン・スクールの影響なのか、学校へ行ってもみんなと余り話したくなかった。すぐ英語が出て来そうな気がする。［…］土曜日のティーネイジャズ・ショウに行きたい。SAMにも、も一度会いたい」。

明けて25日に、「夜、例の如く、ガードナー宅へ行った。つまりとなりへ行った」とあるのは、自宅の隣の、まったく同じ造りの西洋館に居る九州大学文学部外国人教師（職名）を訪ねたのだった。「氏の傍に座ったから話すことが出来た。ギターを持ってこられたけど（新品、二千三百円、大丸）、彼は左ききで（字も左）弦が反対にしてあるので、全部ひっくり返してひきやすくした。［…］帰りに又、彼のために絃を反対に変えといた」。英国人のガードナー氏は定期的に、数人の若い日本人を相手に英語懇話会を開いていた。数年単位で交替来日する英国人が隣に居ることは、英国の話し言葉と発音の勉強になった。

実はその五日前の9月20日に、英国のスキッフル熱についての『朝日新聞』の記事を切り抜いていた。「世界

の街から」欄に出ているもので、「叫喚！青春のしぶき─若者とらえた「スキッフル」」という見出しの記事で、「結婚祝もスキッフルで踊る新婚夫婦」というキャプションが付いた写真を添えて、「ギターを抱えた歌手を中心に洗たく板［、］ホウキの柄に弦を一本張った自称〝一弦セロ〟。時にはバケツやタライまでという途方もない伴奏を加えた「スキッフル」という言葉が、いまや英国の青年層の心をすっかりとらえてしまっている。／ともかく大流行である」で始まり、「中島特派員」が詳しく説明する。今にして思えば、十六歳のジョン・レノンを惹きつけたスキッフルの記事を地球のこちら側で熱心に読み、切り抜いていたのだった。日記に記載はないものの、この記事の五日後に会った英国人ガードナー氏に、スキッフルを話題として振ったに違いない。なお、その切り抜きは現に筆者の手許にあるものの、同紙の縮刷版を探しても見当たらない。

10月─「一拍に三連音符奏するリズム・アンド・ブルースの伴奏」

10月に入って、「ピアノで、一拍に三連音符奏するリズム・アンド・ブルースの伴奏で、「Don't forbid me」とか「Only You」とか「Blue Monday」など弾いた」とある。2日のこの記述は、講堂にある讃美歌伴奏用のピアノを指し、先生に叱責されたことがある。

6日の「午後、三時に岩田屋へウクレレを買いに行ったけど、七百円のはもうなかった。中洲まで歩いて、楽器店や玉屋に行ったけど、やはりない。大丸まで、又歩いて、ようやくみつけて買った。一ヶ月も楽器を手にしないとやりきれないのだ。もう手放さないぞ。／夜、勉強して、十二時五十分頃からウクレレをひいて軽く唄をうたった。最近の歌」。そう言えば、5月31日に、「ウクレレを五百円で［M］が買ってくれた」──「別に売ろうとは思っちゃいなかったんだけど。休み時間にみんなにひいてきかせた。「アロハ・オエ」のアンコールが一番多かった」。その後もウクレレ言及が二度続いたあと、10月11日に、「夜、勉強後、ウクレレ弾いて、「竹の橋の下で」を楽譜見ないで、うたい奏することが出来た」とある。B7-E7-A7-D7という転回が魅力だった。

10月16日には、高校の文化祭が気になっており、「文化祭が、十一月中旬にあるが、二年生がカルテットか何かコーラスをやるとかいう話で、[U]先生と盛んに何か話してる。バンドを作りたいな。ギターでいい」とあり、その三日後の19日に、「ショウみたいなのに出演することにした」。

11月――「セイコウだった」文化祭出演

11月3日、「[G]に中洲の真ん中で会った。最初エスキモへ行ったけど、満員なので紅風車の二階へ行き、バンドを見、聴きながらチキン・ライスをとった。[…]帰宅したら、[K]からのギターがとどいていた」とあり、ギターを借用したことが判る。二日後の5日の「夜、9時頃RKB第一スタジオへ行った。RKBクァルテットの一員でもある[U]先生が、スタジオのドラムを使えるかもしれないと言ってたから。だけど、いつも組立ててあるのが今日はしまってある。全部はそろってなかった」。そして、9日の「午後、ずっとギターをひいて、唄の練習した」。「[U]先生から二E［注：二年E組］のクァルテットの伴奏もたのまれてる。／夜、文化祭出演のための曲目決定のため、ギター弾いてうたったり、編曲したりしてたらすっかり時間がすぎてしまった。だけど、本当に楽しい。何もかも忘れることが出来る」。そして、ギターに気を使っていたようで、10日に、「朝勉強して、午後、日本楽器福岡支店へ行き、ギターのコードにつけるネジ（六十円）を買ったり、リズム付の楽譜を手に入れたりした」。

そして、「三時半頃、西新へまっすぐ行って光映劇で「理由なき反抗」と「不良の掟」をみた。前者は三回目で、後者は二回目」。ジェイムズ・ディーン主演の『理由なき反抗』は、約一年半前である56年5月3日に観ていて、日記に、「GIの横の席をとったけど、映画が始まって、GIに話す機会がなかった。残念だった。そのGIは途中で退場した。映画はとてもよかった。シネスコの良さが何度も見てるが[初]めて分った様な気がした。アメリカの高校生がうらやましくなった。早く、キャンプのハイスクールの学生と友達になりたい」とある。（そして現に、その56年5月の27日に年輩者に引率されて白木原の米軍基地内の日曜学校に行っており、詳しく記述している。）

11月11日には、「昼休み、放課後と、二Eのポピュラー・ソング・コーラスのギター伴奏したけど、彼等は楽譜もろくによめないし、音程も悪いし、リズムもちゃんととってないので、いやになった」。そして、「生徒会へは、彼等とは別で、うたう曲をプログラム（文化祭）作成のため提出しておいた。というのは、ちゃんとピアノ伴奏してくれる人物を見つけたからだ。三Dの［K］君で、家に最近買ったピアノがあり、「エリーゼのために」を一寸つまってたが、きれいにひいたりしてみせた」。

翌日の12日に、「放課後、練習した」。「［K］のピアノは下手じゃないけど、楽譜をよくみてないのか、リズム感が鈍いのか、まだ不充分だ」。次の日、13日、「今日も放課後、練習した」。「曲目は大分減らした。［K］君もピアノ弾ける様になった。［A］も来た。彼も［こちら］の伴奏で数曲うたうことにした。「ビー・バップ・ア・ルーラ」などを［W］君等二、三人の手拍子と奇声でうたってみたらすごくよかった。エキサイトした」とある。「曲目は「ALL SHOOK UP」「HOUNDO DOG」「BYE BYE, LOVE」「BE-BOP-A-LULA」「GONE」（ピアノ伴奏）で、もちろん全部ギターを弾きながら唄う」とある。その一方、別の関心事もあって、翌14日に「帰宅して、食事して、急いで電気ホールへ行った。森脇憲三の特別演奏会だ。福女合唱団と福岡合唱団が出場する」。

15日は文化祭前日で、「一服してから、演劇の練習をやってるランキン・チャペルへ行った。生徒会も来てた。［N］君がプログラムを見せてくれた。立派だった。だけど、［自分］が出演するところは、合唱と書いてあるのが気になった。［M］君には、ライトの注文したりしたのち、舞台でひととおりうたってみた。最後に「ビー・バップ・ア・ルーラ」をやってたら第二絃が切れた」。

文化祭当日の16日については、「午後の部、夜の部は観覧を強制されない。グリーは四時半から練習なので家へ帰ってゆっくりした。午後の部のレコード・コンサートには行かなかった」とある。それから、「グリーの練習が終って［すぐの］最初のステージだから、チャペルへ行った」。「［…］E組の［S］が、赤みがかった色のコーデュロイの背広にマンボ・スタイルで飛び入りしてうたった。だけど、そのあとの2Eの四人のコーラスを加えて、［A］教頭の目が光った。生徒会の方に文句を言ってきた。［U］先生もやって来て、出るなと言った。［A］も出ることになってたが、［U］に飲酒がばれ、［A教頭］にも報せてるので彼は出演取り消しで、帰った。一人でギターを持って出た。［…］ホットな曲であるのにかかわらず、一寸した手拍子ぐらいしかおこらなかった。下手なうたい手だったら野次られると誰かがあとで言ってた。［Y］先生も会っても何も言わないし、評判もいいし、セイコウだった」。プログラムを見ると、11頁に記載の七つの曲目を後で訂正しており、実際に歌ったのは、片仮名表記すると、①〈ゴーン〉、②〈バイ・バイ・ラヴ〉、③〈ハウンド・ドッグ〉、④〈トゥー・マッチ〉、⑤〈ア・ホワイト・スポート・コート〉であり、「最後にアンコールとして」〈オール・シュカップ〉を歌った。なお、その文化祭でのレコード・コンサートは、「映画主題歌集」、「クラシック」、「ポピュラー」から成っていた。

それが57年11月16日（土）であったことを念頭に置いて、ビートルズ詳細年譜を見てみると、同じその日に、十七歳になって間もないジョン・レノンと十五歳のポール・マカートニーを中心にしたバンド、クォリ・メン（乃至はクォリメン）が、リヴァプールの屠殺業者・食肉業者団体のダンス・パーティで演奏をしていた（Mark Lewisohn, *The Complete Beatles Chronicles*, Pyramid Books, 1992, p.15）。

日記には、自分の出番が終わったあと、「帰宅して、食事して又、行ったら、［文化祭は］全て終ってた」とあり、再度家に帰っている。文化祭会場のランキン・チャペルは、食事に帰宅する程度の近距離だった。卒業した小学校、中学校も徒歩圏内にあり、翌年の58年には、そのチャペルがある大学に推薦入学となり、大学受験は経験せずじまいとなった。徒歩圏内のその学校群のすべてが同一の海浜沿いに位置しており、その端の海水浴場の傍に自宅があった。

12月──映画『女はそれを我慢できない』

文化祭記述を頂点と見て、57年の日記からの引用はこの辺でけりをつけ、12月の記述は一日だけに限ると、12日の「朝、十時に西新電停へ行った。［N］も来てた。板付ベースのFEN放送局の11:30の「TEENAGERS ON PARADISE」に行くのだ」とある。「ビルも来たが、妹のアリスもオーバーを着て来てた。市内電車、急行電車といつものコースで行った。ゲイトでは、ビルにスポンサーになってもらった。FENは小さな建物で、スタジオは期待以下だった。中・高校生の男女が数名いた。SARAも来てた。名前とか学校とかロックン・ロールが大好きだとかクリスマス・パーティをするなど放送したけど［…］録音でないのが残念だ。あまり面白くなかった。いゝ曲がなかったから。TOP TWENTYの発表などは女学生がやってた。放送局の人も若い人で、十九才だそうだ。だけど、どういうものか見られるだけよかった。［自分］にとっては生れてはじめての放送だと思う」。

最後には、「帰りは天神町で別れて、一人文化へ「女はそれを我慢出来ない」（ロックン・ロール多曲入り）を見に行った。［…］映画は期待以下でたいしたことなかった。同時上映の「野望にもえる男」（トニイ・カーティス）の方が内容的に面白かった」と記している。米国で56年12月に公開された「天然色シネスコ」の『女はそれを我慢できない』（*The Girl Can't Help It*）は、日本では57年6月公開だった。『音楽の友』8月号に評が出ており、「ユーモアというよりはた分にドタバタだが、［…］トム・イーウェルのとぼけた味、超弩級肉体派ジェーン・マンスフィールドのたどたどしい素人くささ、［…］エドモンド・オブライエンの思い切って誇張した演技がうまくからみあい、とにかく肩のこらない映画にはなっている」とある。『ミュージック・ライフ』の8月号はその映画に「きかれる音楽と出演の歌手」を清水光雄が紹介していた。

日記によると、その後、感想は記していないものの何回かこの映画は観に行っていて、動く演奏映像なるものは目にする機会がない時代だけに、次々に出てくる歌唱演奏場面に目を見張った。右の『音楽の友』8月号は、

「音楽はなかなか贅沢で」と言い、数々のアーティストの名前を挙げ、「［ジュリイ・］ロンドンの歌のほか二、三を除くとほとんどが、ロックン・ロール乃至はロックン・ロール調だから、賑やかな音楽の嫌いな人は、頭が痛くなるかもしれない」と注意している（164頁）。この映画、改めて観てみると、やはりエディ・コクラン、ジーン・ヴィンセント、リトル・リチャード、ファッツ・ドミノ、ザ・プラターズが印象的であったことを思い出す。右の57年12月12日の日記の後には、翌58年2月8日に関連記述があった。「ちぇっ！雨だ。今日の計画はくずれた。それともう一つ新聞の映画欄のセンター・シネマ「THE GIRL CAN'T HELP IT」も手伝った。昨年この映画はみたけど、ロックン・ロールの演奏バンドが沢山出てくるので又行く気になった。午後出かけた。レインコートにバスケット・シューズ。シネマは満員。だけど一回半見た。ヴィンセントはじめ多くのバンドに満足した。プレスリイによく似たルックスのエディ・コクランは親指にピックをはめて奏してた」。

これで57年からの引用は終える。50年代後半が対象の第三章には、あと二年あるが、十七歳から十八歳にかけてである58年の音楽関連記述だけでも、57年の三倍を超える。そこに59年の日記も加えれば、正に50年代後半の日本人ティーネイジャーの洋楽ポピュラー熱と、それが嵩じての歌手活動とバンド活動の実録本が出来上る。

例えば、高校卒業も間近い、まだ十七歳だった58年3月12日にこんな記述がある――「昨日のNHK十二時半の「まひるのリズム」で監獄ロックを唄ったショウノヨウゾウの伴奏バンドのことが気になる。NHKに電話した。メディコ・キューバン・ボイズの俵谷重夫がピック・アップしたR&Bバンドだそうだ。連絡先をきくため二、三度電話したけど、わからなかった」。翌日また「NHKにTELした。［…］俵谷氏のバンドは西職人町［注：東職人町の間違い］の大長寺にいること、今晩七時半からキャバレー「ロマン」で演奏があることがわかった。そして、たずねるなら「ロマン」へ行くがいいと言われた。思いがけぬ情報に、今晩、行くことにした。映画をみに行くことにして、［…］名画座で「山河遥かなり」をみてそのあと、ロマンを探して行った。二階が喫茶、下が、キャバレーだった。階上のバンドマンが集まる席のあたりで、彼のバンドの演奏をみた。余りロカビリー臭くもなかった。30分の演奏後、リーダーの俵谷重夫に会った。関西なまりの大人しそうな人のいいという印象をうけた。彼もロカビリーをもっとやって行きたいそうだ。今すぐ唄ってみろと言われたけど、ギターがないし雨靴なので、明日にした。〔…〕曲は「監獄ロック」等一、二曲準備。ドキドキ」とあり、その翌日の日記には、管楽器数本、ピアノ、ベース、ギター、ドラムズから成るバンドを伴奏に、現に歌ったときの詳細を書いている。翌月大学生になったあと、しばらくして、ジャズ・ヴォーカルのレッスンを受けながら米軍基地出演のダンス・バンドで歌い、次いで市内のキャバレーのダンス・バンドで歌い、暮れには同級生と小さなバンドを組んで、徒歩圏内の喫茶店の短期専属になった。

社交ダンスを覚えたいという読者相談

念のために、ダンス・バンドのダンスについては少し触れておく。筆者の次世代以降は、ダンスと云っても社交ダンスを想定しないようだが、男女一組を基本とする社交ダンスが「洋楽ポピュラー」にはつきものだった。59年12月8日の『讀賣新聞』朝刊の「趣味」欄に、「社交ダンスを覚えたい」という「読者相談」に応じた記事があり、「最近は〔…〕大衆化され、職場や家庭にもどんどんとり入れられて、ダンス人口は相当ふえています。とくにクリスマスや年始をひかえて、若い人たちの愛好者は多くなっています」という出だしのあと、「享楽的な面ばかりを追うための道具として、社交ダンスを覚えるのは邪道というべきです」と釘を刺した上で、「覚えるには、信頼のおける教習所を選ぶことが大切です。たくさんの教習所のなかにはふんいきの悪い所もありますから、各都道府県の社交舞踊教師協会に相談するのがいいでしょう」と忠告し、「初めは足の運び方、曲の間のとり方などから入って、ワルツ、タンゴ、ブルース、クイック・ステップなどの基礎的なものを覚えます。踊るのは簡単で一週間もやれば一応踊れるようになり、六か月から一年で相当上手になります」とある。

先に、友人宅でマンボのステップを習ったとか、雑誌を見てロック・アンド・ロールを踊ってみたとかいう記述を日記から引用したが、もっと具体的には、例えば、59年3月31日の日記にこんなことを記している——「朝食後、〔H〕んちへギター借りに行ったけど、友達に貸してるとのこと。仕方ないから、昨日〔…〕ギターを貸した〔K〕のところへとりに行った。帰宅して、今日の誕生パーティの準備〔を〕した。今日で十九才。まだ未成年だ。〔…〕〔S〕さんのカメラで写真をとってから、レコード〔を〕かけた。そして、予定通り、ダンスを始めた。ルンバ、マンボ、ジルバ、ブルース色々、折りまぜて。母を呼んで、はじめに〔一緒に〕踊った。一応、女の子とは一人一人みんなと組んだ。〔T〕とは七、八回踊った。最後の「別れのワルツ」も」。誕生パーティを思いついたのは、西洋館の官舎を去って新居に移ったのが切掛けであり、自分の誕生パーティはそれが最初で最後だった。十九歳になった翌月からは、前年の暮れに組んだバンドを発展させて、福岡市内の四つほどの大学の文化祭、各種運動部が資金稼ぎに催すダンス・パーティ、それにあちこちの職場の、多くは年末のダンス・パーティなどに出演し、専ら踊らせる側にまわった。

大学二年生であるその59年の9月29日には、「英文学なんてばくぜんと考えていたけど、系統だてて知ってみると勉強の仕方がわかった様な気がして、欲が出てくる気がした」と記しており、数行あとに「心の奥には大学院に行きたい気持が根をおろしている」と書いている。国内には、七つの旧帝大の大学院と、それと同数程度の大学院に英文学専攻課程があった。その一ヶ月前の8月28日の日記には「〔注：ブラッドビーの〕「英詩について」の次に「英詩用語の諸相」に手をつけた」とある。そのH・C・ワイルド著、三井清訳『英詩用語の諸相』（研究社）は、父がその年に出した本だった。

そんな心境の変化の中で、10月15日の日記に、「バンドを退く時期も考えなければならない」と言いつつも、「バンドの魅力は結構な収入源である」とある。注文し始めた輸入の洋書は一ドル三百六十円、一ポンド約千円の換算率に基づいており、バンドは確かに魅力だった。「まさにバイトのデラックス版、一時間ほどで一人当千円」と『毎日新聞』の地元版が報じたのが三ヶ月前の7月7日であった。千円に達することは多くなかったものの、百貨店でのアルバイトは日給三百円であったし、その三ヶ月後の10月3日の日記には、「小学六年の同級、[H]君に会った。市役所づとめの七千円の給料」とある。それが高卒公務員の勤務二年目の給料だった。前年である58年の入学時に買ってもらった角帽は八百円だった。

ロッカ・ビリー、ロッカビリー、ロカビリー

58年には、当初は「ロッカ・ビリー」、「ロッカビリー」などと呼ばれた「ロカビリー」が全国的に話題になり、日本語圏独自の広がりを持つ呼称になった。

新聞にロカビリーが出たのは「ロッカ・ビリー」としてであり、57年の2月が最初かと思われる。「アメリカ一の人気をもつエルヴィス・プレスリーは超ドライでめちゃくちゃな歌で人気を得た。彼の歌はロッカ・ビリー・スタイルというのだが、その彼が最新のヒット曲「ラブ・ミー・テンダー」ではいとも神妙でまっとうにこのスロー・バラードを歌った」。そう記している『讀賣新聞』2月11日夕刊の短い記事の見出しは、「ウエットな歌が好き─最近のプレスリー」だった。

3月18日の同紙夕刊の「レコード評」欄の前半は、「エルヴィス・プレスリー（ビクター）のレコードがＬＰ二枚、ＥＰ二枚一挙に出た」と紹介し、「ロッカ・ビリー・スタイル」という見出しを付けている。「「エルヴィス」（ＬＰ）はプレスリーの新曲十二曲を収めたものだが、感情をたたきつけるように歌う「ラブ・ミー」「ブルー・ムーンがまた輝けば」が聞きもの。「快調エルヴィス」（ＥＰ）のうち「今夜は快調」はプレスリー独特のロッカ・ビリー・スタイルの典型的な曲」とある。その曲（"Good Rockin' Tonight"）は、プレスリーの歌唱にアクースティク・ギターのリズム、C&WにR&Bを絡めたスタイルのスコティ・ムアの電気増幅ギター演奏、ビル・ブラックの「スラップ・ベース」技巧が結びついたもので、そのスタイルはカール・パーキンズの〈ブルー・スエード・シューズ〉、ジーン・ヴィンセントの〈ビー・バッパ・ルーラ〉に共通するものだった。

『音楽の友』では、57年6月号に「ロカビリー」が現われており、「エルヴィス・プレスリイに関しては単に音楽雑誌のみならず、一般大衆雑誌にも大々的に取り上げられてきた。正に彼は典型的な時代の寵児と云えよう」という出だしの一文で、藤井肇が「彼の唱法が「ロックビリイ・スタイル」と云われているのも、強烈なロック・アンド・ロール（又はリズム・アンド・ブルース）とヒルビリイ・ソング（即ちカントリイ・アンド・ウェスタン）を結合させた大衆にアッピールする面白さをもっている点にあるので、彼の人気の最大原因となっている」（120頁）と紹介している。そして、翌58年4月号の「ロカ・ビリーと低音」（小倉友昭）は、こう説明している

エルヴィス・プレスリー“Love Me Tender”日本発売楽譜の表紙：新興楽譜出版社

――「ロカ・ビリーという歌、実は、一昨年の産物である。エルヴィス・プレスリーが、〃ハートブレイク・ホテル〃で爆発的な人気を獲得した際に、アメリカのジャズ雑誌ビル・ボード誌が、これをロカ・ビリーとよんだ」。そして、「それから約二年、現在ではアメリカのポピュラー・ソングの九割はロカ・ビリーの歌になってしまった」(47頁)とある。

日本のロッカビリーが街の噂となり始めたのが57年の暮

そのロカビリーを日本人が歌唱演奏する様子を全国的に垣間見せたのは、57年の大晦日直前に公開された映画『嵐を呼ぶ男』であった。ただし、特定のロカビリー曲を日本人が歌うというのではなく、この映画用の疑似ロカビリー曲ではあった。

十七歳だった筆者の日記によると、58年1月1日の「午後、[…]ジェリー・ルイスの「ニュー・ヨークうろちょろ族」を観た。笑ってばかりいた。そこを出て、次に博多日活に行った。「燃える肉体」というのをやってたが、場内は溢れて超満員。蒸し風呂みたいだった。見たいと思ってた「嵐を呼ぶ男」のはじまる頃、最後部の壁にもたれて、手すりに乗って、[悠々と]みられた。映画は、はじめ、あるジャズ喫茶で、平尾昌章が、赤い背広で、プレスリばりにロックン・ロールをうたってる」とあり、日本人によるロカビリーと「ジャズ喫茶」との結びつきをその映画が冒頭に持ってくる程度に、57年半ばには、「ロカビリー」の日本人生演奏の場としての「ジャズ喫茶」が東京で評判になっていたことがわかる。日記はそのあと、「終始ドラムのシーンが出て来て満足だった。だけど、映画館内は息苦しくて、胸がつまりそうだったので、まだ映画は終ってないが退場した。全身、汗びっしょりだ。館を出た時は、フラフラで、前がボウーッとかすんでみえる。脳貧血だ」と続く。

その映画が製作されたときには、とにかく東京では、「ジャズ喫茶」が日本人によるロカビリー演奏の場として脚光を浴びていたことがわかる。生演奏の場としてのその喫茶店なるものについては、『音楽の友』59年10月号の「ムード音楽の流行」（小倉友昭）がうまくまとめている――「喫茶店での音楽鑑賞というひとつの型が、最近はっきりとした鑑賞法として存在するようになってきている。この喫茶店音楽は、まずジャズによって開拓された。銀座のテネシー・ブルー・シャトゥといったところが、ジャズのナマ演奏をひとつの売りものとしてのびてきた。この傾向が、シャンソンでは銀巴里、ジローとなってあらわれ、タンゴではコロンビア、そしてムード音楽では白馬車、夜蘭香となり、これらの総合として、各ジャンルにかかわりなく軽音楽のナマ演奏を特色として渋谷プリンス、タクトなどを産み出した。加えて、ロカビリーが、テネシー、キーボード、ACBなどを舞台にして、ひろがっていた。いわば、ここ四、五年のポピュラー音楽の歩みに、喫茶店というものはかかせない存在となっているのである」（141頁）。

一方、日本人によるロカビリーが新聞で話題になるのは58年の2月3日であり、『讀賣新聞』の夕刊だった。映画『嵐を呼ぶ男』が公開されてまもなくである。「ロカビリーの旗手、新進8人が歌う―金語楼の息子も交え」という見出しのその記事は、「アメリカでは昨年来のロカビリー旋風が吹き荒れ続け、プレスリーのあとを追ってリッキー・ネルソン、トミー・サンズといった十代歌手のレコードが相次いでヒットし、アメリカばかりでなく日本でもヒットしている」と紹介した後、「日本でもジャズ雑誌の人気投票で、小坂一也のあとを追って寺本圭一、平尾昌章、ミッキー・カーティスといった若手がめざましい進出をみせている」と本題に入る。そして、「このロカビリーの流行の波に乗ろうと日劇では八日から十六日までわざわざ「新しい流行は音を立てて流れている」というサブ・タイトルをつけた「ウエスタン・カーニバル」を開き、ロカビリーの新進歌手八名をそろえてアメリカのロカビリー・カーニバルの向うを張ることになった」ということで、その八名として、既に挙げた名前に加えて、三人の「男性歌手」と二名の「女性歌手」の名前をあげた上で、「この日劇初出演の歌手」の年齢、在籍している学校、デビューのレコードなどを紹介している。『讀賣新聞』は翌3月10日と12日には、連載「女の記録」の第八回と九回に「ロカビリー」という見出しを付け、その「ウエスタン・カーニバル」に目をつけた

「美しい女興行師」、二十八歳の渡辺ミサに焦点を当てていた。

筆者の日記を見ると、その日本人ロカビリー歌手たちをラジオで聴いた記述があった。日は58年3月10日で、「午後は［…］、ギター弾いたり、ラジオで「ペギー・スー」をきいて、A調だということがわかったり、「AT THE HOP」の楽譜がほしくなったりした」とあり、そのあと、「夜、トリス・ジャズ・ゲームをきいたら、ロカビリーの巻だ。山下、岡田、ミッキー、平尾の四人が唄った」とあり、感想を綴っている――「この内ミッキーは、きくのははじめて。マイクから離れているのか、ヴォリュームに欠けた。発音が、はっきりせず、まるで会話の時のくづした発音だ。ナーンダと思った。唄は「シェイク・ラトル・アンド・ロール」。山下は「セイント・R&R」。岡田は「ビー・バッパルラ」（がなり声が多い）。リクエストで、「ハウンド・ドッグ」の合同四人で、演奏。一コーラスずつだが、がなりがかならずはいる。山下が、他に「バルコニーに座って」を唄った。観客のピーピーギャーギャーがよくきこえた。最後に、「監獄ロック」の合同演奏だが、発音がまるで駄目だと思った。実際に手にとってきかないからわからないのだけど、余り迫力が感じられず、ロカビリー歌手ってこんなものかと期待以下だった」。そこに具体的に記載している曲は、ビル・ヘイリーによる〈聖者が町にやってくる〉のロックンロール版以外、自分自身がその後、58年にあちこちで歌っていたことを日記が示している。

『ミュージック・ライフ』は、58年に入ると、日本人の「軽音楽」の報道に肩入れする傾向をさらに強め、58年3月号に「誰がロッカビリー界のスターとなるか」、「躍り出たロッカビリー男、山下敬二郎」、4月号に「ロッカビリー歌手への注文書」、「日劇ウエスタン・カーニバル」に関する「ロッカビリーを語る二つの座談会」を載せ、同時に、「ロッカビリー音楽の歴史とその現状」、「ロッカビリー・レコード御案内」で米国事情も説明する。

その「ロッカビリー・レコード御案内」を担当したのは、大宅壮一の三女、大宅映子で、「先日の日劇の〝ウエスタン・カーニヴァル〟以来、ジャーナリズムでも、ロッカビリーにかぶれたらしく、ハイティーンという新語と相まって、大変なブームです。そこで今月は、ロッカビリーの代表的なレコードを集めて紹介してみましょう」で始まるその「御紹介」は、十八曲を説明する。まず〈ハートブレイク・ホテル〉については、「まさかこの曲を知らない人はいないでしょうね？ もしいたら、モグリとみなします。八十三歳位のお婆さんだってもう知っていますヨ」（14頁）とずいぶん具体的。マーティ・ロビンズの〈ホワイト・スポーツ・コート〉については、「〝白いスポーツ・コートに、ピンクのカーネーションをつけて、ダンスに行く用意はできています。いつか貴方は私に一緒にダンスに行こうと言ったのに、心変りしてしまいました。だから私はひとりぼっちで、とってもさびしいんです〟とまあこんな内容です。私では如何でしょうか？ マーティ・ロビンスさん。（だめですか、アアそうですか。ツマンナイの！）」（15頁）。大宅映子はそのとき十七歳だった。

その後、58年7月号に「座談会 ジーン・ヴィンセントを語る」が、ヴィンセントの来日公演を扱っているものの、座談会出席者である「ロカビリー」と「ウェスタン」の人気歌手の方が目玉と受けとれる。同じ七月号に「エルヴィス・プレスリーの軍隊生活」があり、8月号に「話題の歌手ポール・アンカのすべて」を載せ、10月号にアンカの写真を表紙に使い（同誌としては57年11月号にパット・ブーンの写真を使って以来、日本人ばかりが並んでいた）、「速報 ポール・アンカの日本公演」、「リッキー・ネルソンのラブ・ロマンス」を載せ、11月号が「ポール・アンカの話題を拾う」を特集し、翌年一月に来日の女性ロカビリー歌手を扱った「ワンダ・ジャクスン物語」などがあっても、同誌の関心の比重は日本人歌手たちの「ロッカビリー」にあった。

筆者の日記には、その7月号のプレスリーの軍隊生活に関連した記述があり、その号の三ヶ月前である58年4月18日に、「夕方、ＥＰＦＣＪから手紙が来た。会費を四月中に出さないと脱会で、雑誌等くれないそうだ。エルヴィスは兵隊になったんだから、今度限りで、脱会しよう。とに角、五月分まで出しとこう」とある。ＥＰＦＣＪは、その三ヶ月前である1月10日の日記に出てきて、「帰宅したら、日本エルヴィス・プレスリ・ファン・クラブ（ＥＰＦＣＪ）から、創刊号の会誌「プレスリイ」が来てた」。しかし、入隊以後のプレスリーには筆者の関心は薄れ、ＥＰＦＣＪを脱会するつもりだった。『讀賣新聞』58年3月25日に、「ロックンロールの元祖エルビス・プレスリーは二十四日、予定どおり入隊した。兵役期限は二か年、月給は七十八ドル」とある。

『ミュージック・ライフ』59年1月号が来日を報じたワンダ・ジャクスンについては、『讀賣新聞』59年1月14日夕刊の「単独公演決る」が、「〝フジヤマ・ママ〟〝ミンミンマン〟などのヒットで日本にもおなじみのジャズ歌手ワンダ・ジャクソン」と書いており、「ジャズ」がまだゆるく使われていたことがわかる。少し前に出た『音楽の友』59年1月号の「現代人とジャズ」の冒頭で三保敬太郎が述べている——「一般の方々の中にはかなりジャズというものにたいする概念が、はっきりと規制されていないのではなかろうか?例えば、ロカビリーやアメリカの流行歌やハワイ音楽までもがジャズの系列の中に入っているという誤った概念を、ほとんどの人々がもっていることは、〝ジャズ〟という言葉の中には、確固たる音楽的範囲が示されていないということになるかもしれない」(122頁)。

58年9月号には早くも、「ロッカビリーはいつまで続く」(福田一郎)という一見疑問を呈した記事が出ている。対象は日本の「ロカビリー」であり、「ロッカビリーが街の噂となり始めたのが、昨年の暮のことだから、[…]ブームも相当につづいたことになるわけだ」と言うのだが、しかし、結論は肯定的であり、「ロッカビリーよ、永遠なれ!」(72頁)とあった。一方、すでに、三ヶ月前の『音楽の友』58年5月号で小倉友昭が、「ロカビリー・ブームもほぼ終りに近づいたようだ」と書いていた。「ポピュラー音楽——三つの話題」中の一つの話題として問題にし、「恐るべきハイ・ティーンたちの狂態も、そのもっとも激しい誘発剤的な要素は、実は巧妙に仕くまれた演出であったという内情が、はっきり出てしまっては、好奇の眼も少なくなろう」(48頁)とのこと。

ウエスタン・カーニバルのウエスタン

日劇の「ウエスタン・カーニバル」に先立って、「ウエスタン・カーニバル」は54年から有楽町の「ビデオ・ホール」で開催されていた。誕生して数年の民間放送局の公開放送用の賃貸ホールとして、53年に開設された約四百名収容のそのホールが、日本の「ウエスタン」バンドが競演する場として使われていたのだ。

そして、日本人が「ウエスタン」音楽を実践する背景には、前章の『ミュージック・ライフ』誌紹介の部分で触れたように、もちろんカントリー&ウェスタン受容熱が背景にある。『ミュージック・ライフ』では、その後56年の1月号から6月号、そして飛んで9月号に藤井肇が、エディ・アーノルド、カール・スミス等の「ウエスタン」歌手列伝を書いている。二ヶ月後の11月号からは鈴木策雄が「ヒルビリーズ・コーナー」の連載を開始し、58年1月号まで続けたあと、3月号と4月号に鈴木策雄は「マウンテン・ミュージックの話」を書いて、ビル・モンロウなどを紹介し、続いて5月号から「ウエスタンの歴史」という題の連載を始め(「漫筆の旅に出る」)、59年の3号月まで続けている。その後は、油井孝太郎が59年4月に「ウエスタン・トピックス」と題した連載を始めた。

58年12月号の『音楽の友』では、「来日演奏家スポット」として、ロカビリー曲〈フジヤマ・ママ〉で知られるワンダ・ジャクスンを飯塚経世が取り上げ、「女性ウエスターン歌手ワンダ・ジャクソンの来日は、我々軽音楽ファンにとって誠に大きな喜びである」と見ている。続いて、第3章で紹介した「駐留軍将兵慰問の目的でボッブ・ホープ一行」の来日に触れ、「そのショーの中に当時のウェスターン人気歌手のジミー・ウィークリーも入っていて、筆者は多くの将兵の間に入ってこっそり観、且つ聴いた記憶がある」と語る。その公演を「一緒に聴いた仲間の楽友達にはこのジミー・ウィークリーの独唱が余程気に入ったと見えて、以来我国でも本格的にウエスターン音楽を目指して研究するミュージックファンが続出し、遂には今日巷にみられるようなロカビリー流行の現状にまで発展してしまった」(77頁)という。それ以前にも、飯塚経世は、53年に「駐留軍慰問に来日したハンク・スノウの実演」も見たと『音楽の友』63年6月号の「ポピュラー・コンサート評」(151頁)の中で洩らしていた。

『音楽の友』59年11月号中の「影響力のなくなったヒットパレード」では、小倉友昭が、アメリカで「ヒット・

パレードの第一位を、四ヵ月以上もつづけた〝ニューオルリンズの斗い〟」を取り上げ、これを例として「アメリカのヒット・パレードと、日本での好みとの落差がきわめて大きくなっているのが目立った特色になってきている」と趣旨を展開する。作者のジミー・ドリフトウッドもレコードを出したが、その名ばかりが出てきて、大ヒットさせたC＆W歌手ジョニー・ホートンの名は一切出てこないという小倉友昭の半可通はともかく、日本でも評判になったそのC＆Wレコード曲を取り上げてはいた。

「シャンソン・ド・パリ」

一九五六年も余すところ一ヶ月という頃に、こんな観察が記された——「今年になってからリズム・アンド・ブルース即ちロック・アンド・ロールなどと云う言葉が日本でも流行り出したが、なんとなくシャンソンやムード・ミュージックなどに押され気味で、未だに余りパーッとした存在になっていないようである」。映画『ロック・アンド・ロール—狂熱のジャズ』を『情熱のジャズ』と記載した映画評（原良郎）の冒頭の一節（184頁）であり、『音楽之友』56年12月号誌上のことだった。

そのシャンソンの人気については、比較的幅広い「軽音楽」誌ながら、56年の『ミュージック・ライフ』はさっぱりで、「スイセン・レコード」でシャンソンのレコードを挙げるのは別として、「シャンソンの散歩道」を4月号〜6月号に連載した後、9月号に、同じ藤岡公夫の「夏のフランス映画とシャンソン」を掲載するに留めている。一方、『音楽之友』の方は実に熱心で、55年の6月号と9月号に続いて、56年には6、8、10、11、12月号がシャンソンを取り上げていた。

ベルサイユ宮殿前のカフェで黄昏の中にアコーディオンと共に歌われた流しの哀愁

まず、この章が始まる55年に、『音楽之友』6月号が「シャンソンの愉しみ―シャンソン・ド・パリ」という八編から成る計三十二頁の特集を組んでいる。

この人がお出ましにならないと特集は成り立たないというのか、佐藤美子の「深尾さんの暗示」が冒頭にあり、「今から随分昔、巴里に行きたての或る日、パッスイ街に詩人の深尾須磨子さんをお訪ねした」（90頁）で始まる。そのあとを「パリのシャンソン」（石井好子）、「ダミアからグレコまで」（和田昭）、「シャンソンとフランス人かたぎ」（渡辺紳一郎・談）が追ったあと、「シャンソン名作五十選」（松本太郎）があり、「シャンソンのレコードが日本で初めて発売されたのは昭和七年の事かと思われる」に始まって、「戦争迄に十九人の歌手の唄った曲が少くとも百六十七曲（廃盤になったものを除いて）が出た。戦後にはコロムビアが二十一人と一合唱団の曲百五十曲以上、ロンドンが九人と一団の曲三十二曲、フェスティヴァルが三人の曲六曲合計三十三人と二団の曲百八十八曲以上が出た。その中から代表的な曲五十曲を選び出す事にしよう」（104頁）と実に細かい。

続く「私とシャンソン」では、高木東六が二十数年前のパリ生活を回顧し、ビショップ・節子が「イヴェット・ジロー に〝詩人の魂〟の日本語に訳したものをローマ字で音符の下」（112頁）に書いて渡した話をし、西崎緑が「ベルサイユ宮殿前のカフェで黄昏の中にアコーディオンと共に歌われた流しの哀愁が未だに胸によみがえって来る」（113頁）と懐かしむ。さらに、松本文男が「エンジェルのシャンソン・レコード」を紹介し、そして、石井好子と「芦原」英了が、金子秀を「訊く人」にして「シャンソンよもやま話」をする。

その特集号のあと、9月号は「流行歌とシャンソンの世界」を載せ、松本太郎が、日本の「毎月出る流行歌のレコードを聴く度によくもこう同じ様な曲を書いて飽きないものだと思わせられる。［…］サッカリンの様に甘いセンチメンタリズム、時代錯誤のヤクザ仁義、何かといえば泣いて計りいる男や女や、ヴィタミンではなく、阿片の役目をしか勤めそうもない曲計りと取組んで居る人々は、何を考えているか、判断に苦しむ」とまず呆れ果て、やおらシャンソン礼賛を滔滔と語り出す。

三色旗万才、とにかくフランスでなければならぬ手合いたち

56年6月号の『音楽之友』は淡谷のり子と佐藤美子に日本人が歌うシャンソンについての「音楽朗談」をさせ、二ヶ月後の8月号には、「昨年二月宝塚を退団」した深緑夏代の初のシャンソン・リサイタルの紹介評（伊東哲夫）があり、「芦野宏、深緑夏代とこのところ［…］シャンソン歌手が、本当に自分の歌いたい歌を歌うためにリサイタルを開くことは大変結構なことだ」（201頁）と歓迎している。

「シャンソン 空前のブームか」という記事が新聞に出たのは、56年7月2日『讀賣新聞』の夕刊で、「山葉ホールのシャンソン・レコード・コンサートはこのうだるような暑さにも超満員だし、芦野宏、高英男、深緑夏代のリサイタルも満員」で、「イヴ・モンタン、イベット・ジローのレコードのヒットと相まって空前のシャンソン・ブームになろうとしている」とある。そして、「この傾向に拍車を加えようとしているのがエピック・レコードの出現」で、「八月からシャンソン・レコードが大量にプレスされる」とあり、「中でも」、「グレコが大量に出る」とあり、同紙55年1月1日の「グレコ五月に来日」という予告を反映している。続いて、「かつて実存主義のミューズ（女神）とうたわれ」とあるのは、9月20日夕刊の「実存主義の女神」と題したグレコ紹介記事につながり、そこに、「一九四五年、フランスの首都パリがナチの圧制から解放され、ヨーロッパに平和が訪れるとフランスの青年たちはサンジェルマン・デ・プレに住む実存主義哲学者で作家であるジャン・ポール・サルトルを慕って集まってきた。そのころから黒い長くたらした髪の毛、黒いセーターに黒のスカートという黒ずくめのグレコは地下室のクラブ「タブー」に集る実存主義者にとっては、なくてはならぬ存在になっていた」とある。しか

し、『讀賣新聞』は、約一年前である55年7月28日の「シャンソン歌手グレコの離婚話」という長めの「海外の話題」では、「実存主義は、事実パリではもう陳腐なものとなっている」と書いていた。

『音楽之友』10月号には「もぐら穴のシャンソン」という記事があり、「シャンソン・ファンというものは、〔…〕シャンソンを大衆に親しみのあるものにする上において、最も大きなガンなのだ。彼等は一様に青白く、不健康だ。そして、人生のすべてに意味が有り、必然的な行動こそ実り豊かな人生を形成すると心から信じているような顔でシャンソンに聞き入っている。そのくせ、彼等は非行動的なのだ。シャンソン喫茶なるものに集るシャンソン・ファンという人種をみるがいい。シャンソンが私のすべての人生、といったような顔・顔・顔……。暗がりの中で異様に目ばかりギョロつかせて、このシャンソンの作詞者何某は何年どこに生れしかじかにして詩人となり……などと話しあっている」（201頁）と、執筆者の阿倍亮一はうんざりしている。

翌11月号には「日本のシャンソン」を小倉友昭が書いており、「東京エコール・ド・シャンソンという学校ができた。〔…〕シャンソンを演奏して、それを売り物にする喫茶店も東京に二つばかりできて、何れも満員になっている」と始め、しかし「受け入れられ方は、果してノーマルだろうか」と疑問を呈する。「三色旗万才、とにかくフランスでなければならぬし、パリでなければ話ができぬといった手合いたちといってもいい。〔…〕ジャズだって、アメリカでなければならぬし、マンボだってキューバでなければならないといった手合いたちが、それぞれの嗜好を楯にはりあっている。後進国文明の悲しい姿といっても良い。〔…〕イミテートが純粋だと思っているのだ」（177–178頁）と自説を展開していく。

わが親愛なシャンソン歌手達の伝説や実説は山ほど持っている

『音楽之友』は、翌月の56年12月号には、「シャンソン物語」という大見出しの下、「私の友達のシャンソン歌手」（薩摩治郎八）、「ダミアのはなし」（佐藤美子）、「イヴェット・ジローの新しさ」（石川洋之）、「わがパリとシャンソン」（武藤仁叟）、「三つの色があるシャンソン」（早川雪舟〔ママ〕）、「庶民の唄シャンソン」（東郷青児）、「シャンソン「枯葉」について―コスマとプレヴェール」（高木東六）と七本が並ぶ。「私がパリに行ったのは、一九二三年と言うから、今から三十幾年前の事である」（138頁）と切り出す、ハリウッドの映画スターであった早川雪洲の回想も捨てがたいが、何より目を引くのは筆頭の薩摩治郎八の一文で、早川雪洲が「パリに行った」一九二三年に薩摩は丁度パリに居住していたどころか、時代の寵児になり始めていた。

早川より五歳年下で早川よりもさらに裕福な家の出であった薩摩治郎八が、パリでいかに華麗に散財したかは、本人の自己紹介が手っ取り早い――「今から三十年前」、「当時パリ無比の純銀の車をマリ・アントワネットの儀装馬車を製作したペルパレット車体工場に注文して、乗り廻していた超太陽族の私。そんな外皮的な素トボケタ私にまつわる数々の伝説をさして、世間では恰かも『パリの空の下』ならぬセーヌ河流の空間に宙に浮んで暮しているような人物といった眼で私を眺めていたことは確かだ」（126頁）。ただし、自身がバロン・サツマと呼ばれていたことには言及していない。

一節飛んで、「ところがその当時の私の夢は地上の恋愛のためには世界中の財宝もこれ足らずといった甚だ現実的なものだった。夢と現実の探険といったらアルチュール・ランボー気取りになるの［だ］が、当時の私達には多分にランボー気質がみなぎっていた［…］」とあり、「私の生活は夜と昼を間違［え］たオトボケ人生」と続く。そして、「作曲家中の鬼才モーリス・ドラージュ、音の詩聖モーリス・ラヴェル、言語の魔術師レオン・ポール・ファル「グ」の三巨星が超太陽族の『パリの駄々児《アンファンガデ・ド・パリ》』の異名を着せられた二十代の私の――悪くいえば取り巻き――だったのだから、マトモな人間には言葉通り近寄り難い存在だっただろう」（129頁）と、二十五歳ほど年長の「三巨星」を引き合いに出して得意気である。薩摩治郎八がかつてを振り返ってそれを書いたのは五十五歳だった。四歳年上である『音楽之友』の堀内敬三が書かせたのだろうか。

その薩摩治郎八が「わが親愛なシャンソン歌手達の伝説や実説は山ほど持っている」と言う。そして、数人を取り挙げているが、ここではダミアだけに留めておく――「毎晩モンマルトルのフロマンタン通りの『大股開き』に、十二時半頃フラリと現われるラヴェルを待っていた。ラヴェルや六人組との親交談はここでは遠慮するが、この豪華な流行バーにはチョクチョク、ダミアが出現した。この頃までのシャンソン歌手の社会的地位は、まあ場末の寄席廻りの芸人程度のものだった。［…］このバーの雰囲気中ではヤヤ白鶴中の烏《からす》的存在だった。ラヴェルは女に対しては無関心だったが、ダミアの『卑俗の極致美』の妖気には心を動かされた。我々のテーブルにこの異端的な下町姐御を招い［て］、衆目の的となった。王朝時代の宮廷楽士然とした上品なラベルの銀髪と、ダミア姐さんの黒髪とは奇妙な対照だった。が――卑俗《ビュルガリテ》もここまでに達すれば美だ――とは我々の一致した彼女に対する讃美と友情の嘆声だった」（129頁）。

その後も『音楽の友』はシャンソンに執心で、57年の2、8、11月号、57年12月の臨時増刊『シャンソン読本』、58年の2、3、8月号、59年の2、3、7、9月号に並ぶ関連記事、58年3月号から59年1月号までの長期連載「シャンソンの歌い方」があり、志向するところは、57年4月号の「シャンソンが語るもの」（高木東六）の結びの言葉、「真のわれわれのシャンソンを創り出すことに専念したいものです」が示している。

一方、57年1月には月刊誌『シャンソン』（シャンソン社）が創刊され、それが61年1月から『シャンソンとラテン・リズム』に転じ、63年3月まで続いた。単行本としては、55年の8月に石井好子著『女ひとり巴里ぐらし』（鱒書房）、56年の1月に蘆原英了著『巴里のシャンソン』（白水社）、3月に高木東六著『シャンソン』（修道社）、5月にイヴ・モンタン著『頭いっぱい太陽を――シャンソン歌手の回想記』（渡辺淳訳、角川書店）、11月にピエール・バルラチエ著『シャンソンへの招待』（島本始訳、青木書店）が出た。57年には、4月に芦野宏著『パリの空の下』（講談社）、10月に青山梓編『シャンソンの為に』（創学社）、12月に『音楽の友』臨時増刊の『シャンソン読本』、および『シャンソンの楽しみ』（シャンソン社）、58年の1月に石井好子・清川泰次共著『パリの裏街』（美術出版社）、4月に浅野信二著『シャンソン散歩―巴里の四季』（角川書店）、59年の5月に菊村紀彦著『シャンソン・ハンドブック』（婦人画報社）、11月に石井好子著『ふたりの恋人―それは故国とパリ』（六興出版部）、12月に渡辺淳著『イヴ・モンタン―人と芸術』（社会思想研究会出版部）が出た。

「甘く美しいムード・ミュージック」

ムード・ミュージックが55年にはやり出したことは、年末の12月9日付『讀賣新聞』夕刊が紹介していた。「アメリカでマンボがはやればマンボ、リズム・アンド・ブルースがはやればリズム・アンド・ブルースと何でもアメリカのマネをしたがる日本の軽音楽界だが、最近アメリカではすでにリズム・アンド・ブルースが全く下火となり、かわって甘く美しいムード・ミュージックや宗教的に敬けん（虔）な曲が喜ばれている」とあり、具体的には、「ヒット・パレードをながめてみても第一位がロジャー・ウィリアムズ楽団の「枯葉」のムード・ミュージック盤で、すでにヒット・パレードに十一週間もつゞけて入っている。つゞいての「慕情」「追憶の時」などは美しいスロー・バラードで「ヒー（神様）」「聖書がそう教えています」になると全く敬けんな曲。それに「突然谷がみえてきた」はいわば「苦あれば楽あり」という修身の教科書的なもの」と紹介している。その記事が出る前に発売された『ミュージック・ライフ』12月号は「ムード・ミュージックの楽しさ」と題した座談会を載せていて、渡辺弘、武井義明、星野みよ子、新倉美子、中森淳子がおしゃべりしている。

音楽も実用主義の時代に入った

明けて56年4月2日には、『朝日新聞』朝刊に、「ムード・ミュージックという言葉が最近日本でもしばしばきかれるようになった」と当時二十四歳の作曲家、林光が書いている——「食事をしながらきく音楽、お茶をのむときの音楽、ねる前の音楽、といったぐあいにそのときどきのふんい気をやわらかくつつんでゆく快適な伴奏音楽のことをいうのであり、これによってたとえば超近代的な喫茶店でチャイコフスキーの「悲愴」をえんえんときかされるというような不釣合な状態を解決することができよう」。その一文は、続いて、「そのような実用音楽の領域ばかりでなく、もっと本質的な現代音楽の創造の場においても、次第にムード・ミュージック的傾向が強くなって来ているのではないか」と本題に入っていき、「ムード音楽を排す」という題の意図がわかってくるのだが、ムード・ミュージックが話題になってきたことはうまく紹介している。

その後、『音楽之友』56年12月号で、小倉友昭が「1956年の大衆音楽――一年回顧」の欄に、例によって読点乱用気味にこう記している——「今年の新年号の、この欄で、僕は、ムード・ミュージック全盛時代が到来するだろうという予測を書いた。事実、ムード・ミュージックは、日を追って盛んになった」。具体的には「〝誇り高き男〟という曲がある。同名の映画の主題曲で、今秋のヒット・テューンの、最右翼にある曲である。美しい旋律と、のびやかなムードを持っている。この誇り高き男のレコードが、ムード・ミュージック専門の楽団、スリー・サンズ演奏のものが、もっともよく売れている」。そして、「音楽も実用主義の時代に入ったようである。ムード・ミュージックの流行は、このあらわれに他ならぬ。消費文化の発達は、実用という穴に音楽をおしこんだ。LPの発達が、これを助長した。音楽は精神の糧より、生活の附属品になったわけである。談笑の間に、或いは食事の間に、邪魔にならずに、しかも、何がしかの雰囲気を醸成できる音楽がムード・ミュージックだ。このムード・ミュージックに要求されるのは甘美な音の流れであり、そのレコードは、極めて録音がよくなければならない」（193頁）と続く。

小倉はその「回顧」でジャズ、シャンソン、タンゴ、流行歌にも触れたあと、終わり近くで、「人気が絶対強い」イヴ・モンタンが日本に来たら「日本のシャンソン歌手も、モンタンを模倣する」が、しかし、「流行のムード・ミュージックだけは、まだはっきりした物真似はでてこない」と言う。「余程揃ったメンバーでなければできないからだ。消費文化の仇花といってもよいものだけに、相当な資金も必要」であり、同時に「創意がなければならない。とくに編曲の妙と、演奏方法の技術が必要」と言い、最後に、「物まねの巧い日本人には、真似はできるが、それから、一歩進んで積極的に新しい道を作ることはできない。〔…〕日本では、これが演奏されていないという事実は、今の日本の大衆音楽の貧しさを、はっきり見せているものといってよい。何にせよ、日本は貧しいのだ」（195頁）と嘆く。

小倉は、十ヶ月後の『音楽の友』57年10月号では「ムード・ミュージック」を「ムード音楽」と呼び、「ムード音楽は、年々歳々隆盛の一路をたどっている。と同時に、ますます人間の生活を浸蝕してゆく。このまま進んでゆくと近い将来には、人間の生活を、ムード音楽が規定してゆくのではないかと思えるほど、細分されたムードが次々に音楽によって出てくる」ということで、米国で出た「洗濯とアイロンかけのための音楽」、「瞑想のための音楽」、「不眠症の人の音楽」、「ローソクとワイン」、「旅の郷愁の音楽」、「妊婦のための音楽」と題名を訳しながら、LPのあれこれを紹介する。一方、「日本でもムード音楽が漸次生活の中に根を下してきた」ことに触れ、「深夜放送が予想以上の聴取率をあげているのもその一つのあらわれだし、毎月出る新譜にムード音楽の盤が圧倒的に多いのも、ムード音楽が喜ばれている例とみて良い」と言う。しかも、「演奏会もムードが極めて多くなってきた。最近のものでは、八月二十九日に行われた東京混声合唱団の〝三つの夏のバラード〟の公演など、ムーディな音楽が流行していることをはっきり裏書きしたものだったろう」（45頁）とのこと。

現に月刊誌『ジューク・ボックス』（ディスク社）は、創刊の58年4月号から「ムード音楽」項目をレコード「月評」に設け、「ジャズ」、「ポピュラー」、「ウェスターン」、「トロピカル」、「シャンソン」、「クラシック」と並べており、そこに「映画音楽」、「ステレオ」が加わることもあった。

ムード音楽のオーケストラは贅沢

58年の『音楽の友』は、数ヶ月間隔でムード音楽を取り上げており、58年3月号では古田徳郎が「ムード・ミュージック雑考」をしている中で、「音楽そのものは古典名曲である場合もあり、ジャズや流行歌、シャンソン、民謡、そのほかなんでも一向におかまいがない。スタンダードな楽器編成を多少くずした管絃楽はムード音楽に最もぐあいのよい形式ではある」と言い、マントヴァーニ、コステラネッツ、モートン・グールド、パーシー・フェイス、ミッチ・ミラー、リカルド・サントスなどの名を挙げ、そのうち、「近ごろあまりさわがれなくなった」「神経の末端を刺戟する」ミュージック・コンクレートとか電子音楽とかが「アンバランスの美であり、奇形への興味とするならば、ムード音楽はさしずめ痴呆美人の魅力にも例えられようか」(147頁)と言ったりしている。

7月号には「「女優のムード」というコロムビアのLPを聴いて、なるほど音楽というものは、その気になって聴いて見ると、なんとなくその感じに聴こえるものだということがつくづくわかった」(146頁)という一文(無署名)がある。11月号の「リカルド・サントスとムードの世界」は、かなりの紙数を費やしたところで、「いま、大いに人気を占めている、折衷派または雑種派ともいうべきグループがある。この筆頭は何といってもリカルド・サントス楽団をあげなければなるまい。[…]アレンジはかなり通俗なものだが巧者の一語に尽きよう」(157頁)とあるものの、サントスについてはそれきりだった。

翌59年の夏には、日本の「新しいムード音楽のLPシリーズ」が出ることになった。『讀賣新聞』59年8月19日夕刊の「娯楽」欄に出たその記事は、「ムード音楽の当たり年に乗って東芝レコードは、日本ジャズ界の第一線プレヤーを動員して、新しい編曲による「ニュー・サウンド・オブ・ジャズ」を年にLP三枚ぐらいずつシリーズにして製作する」と報じている。「ムード音楽はバイオリン、ビオラ、バスなど弦楽器を主体として大編成のオーケストラによる演奏が常識となっていたが、この［シリーズ］では小編成のグループを使用、日本人に親しまれてきたポピュラーな曲を新しいアイデアで編曲して、いかに新しいスタイルのムード音楽を作り出すかに主眼をおいた」という。

一方、「何にせよ日本は貧しいのだ」と『音楽之友』56年12月号に書いていた小倉友昭が、59年10月号の「ムード音楽の流行」の冒頭で、「この四、五ヵ月の間に、ムード音楽の演奏を標榜するオーケストラが二つも出来ている」と紹介している。「ムード音楽のオーケストラは贅沢なものだから、日本には出来得なかったのも当然だったといえるのだが」（139頁）と言いつつ、岩崎洋と内藤孝敏がそれぞれに組んだオーケスラを紹介する。

『音楽之友』はそんな具合にムード音楽になかなか熱心ながら、『ミュージック・ライフ』の扱いは散発的で、56年12月号の「ムード・ミュージックの楽しさ」という座談会記事のあと、二年後の58年11月号が特集を組んで「リカルド・サントス楽団に期待する」（見砂直照、井奈一男他数名）と「リカルド・サントスの見所、聞き所」（いソノてルヲ）を載せ、次号の12月号が「リカルド・サントス楽団をきいて」（紙恭輔）と「リカルド・サントスと一問一答」を載せた程度だった。

「燃え上がらないジャズ」

二、三年後にはもうこのさびれよう

『音楽之友』56年3月号の「最近のジャズ界の動き」（石原康行）の出だしによると、「昨年度のジャズ界はマ

ンボ、チャ・チャ・チャにまくしたてられた感じで終ってしまいました。R&B云わゆるリズムアンドブルースもその狂烈なるリズムは日本人的センスにあわず予想通り成果を見せず［…］」（168頁）であった。

翌月の4月号には、「ジャズは、ただの興行演奏会しかなくなった」とある。「もとをただせば、二、三年前の異状なジャズ・ブームがまき起したものだ。実際、当時は何をやってもジャズ演奏は当った。日比谷公会堂を始め、共立講堂、山葉ホールまでジャズ演奏会のスケジュールで埋まっていた。ジャズのプロ・モーターと称する手合いがいたるところにいた［。］新聞の細かな広告には連日ジャズ演奏会の案内広告が並んでいた。日刊紙までジャズ・プレイヤーの人気投票をやった。／それがどうだろう。二、三年後にはもうこのさびれようだ」と嘆いている。「ポピュラー・ミュージック――ジャズ界に新風」という見出しの、渡辺忠三郎による一文の出だしがそうだった（193頁）。一方、「海外のLPレコードが町に溢れ、ラジオ其他で、聊か食傷気味のジャズ・ファンは単なるイミテイションにはもはや魅力を感じては居りません」という別の観点からの観察もしており、これは8月号の「ジャズ界の話題から」の一節だった（196頁）。

そして12月号の「1956年の大衆音楽――年回顧」で、やはり日本人演奏者とその人気を主体にしたものながら、「ジャズは、かつての大衆音楽の位置をすっかり失ってしまった」と小倉友昭が回顧している。「人気プレイヤーが続出し、ジャズ・コンサートが満員だったという時代は、すでに伝説的になってしまった」（194頁）。続いて、一年後である同誌の57年12月号では、同じ小倉が「大衆音楽の天気図」に、「燃え上がらないジャズ」という小見出しを付けている。「昨年の秋から暮にかけて、スィングの時代になるだろうという予想がジャズ界に立てられていた。ジャズの専門誌などは、その傾向の上に立って編集していたし、放送などでもスィング特集を数多くやっていた」と振り返り、「この観測の基礎になっていたのは、ベニー・グッドマンの来日だった。［…］日本で演奏すれば、恐らく、スィングに対しての関心が集まるだろうというのだったが、この予測は覆された」と残念がり、「今年の動きを見てみると、ジャズ界が、これからふたたび、かつてのような関心を集めるだろうという予想を立てられる材料は、全くない」(48頁)と悲観している。

ベニー・グッドマンが来朝、しかし雪どけの山肌の様に消え…

ベニー・グッドマンに関しては、先ず映画『ベニー・グッドマン物語』が話題になった。56年1月米国初公開のこの映画について、『讀賣新聞』1月4日夕刊が、「スクリーン」欄で、「ジャズ・ファンに好適」という見出しで紹介している。『スイング・ジャーナル』は2月号で「ベニイ・グッドマンの総て」と題した特集を組み、数々の写真はもとより、野川香文の「ベニイ・グッドマンの実録」に始まって、「グッドマン小咄」、「映画に主演した流行児スティーブ・アレン」、「スウィングとは何か?」、「日本盤ベニイ・グッドマン吹込レコードの総て」など十四編を並べている。『ミュージック・ライフ』2月号の方は、別の執筆者による六編から成る特集を組み、「「映画ベニー・グッドマン物語」の嘘と事実」、鈴木章治など六人の演奏者による「特別座談会「B・G・物語」をみて」などが並ぶ。(なお、同誌は二年前である54年の11月号と12月号とで二回続けて、それぞれ四編から成るベニー・グッドマン特集を組んでいた。)

そして、その映画の一年後である57年の1月にベニー・グッドマン当人が来日した。『讀賣新聞』の1月9日朝刊に「NHKで独占放送」という記事が出ており、産経ホールでの数日の公演のあと、16日に「ベニー・グッドマン特別演奏会」を「新館ホールからテレビと同時に独占放送する」とあり、演奏曲目がいくつか記載されている。その記事に続いて「S盤アワー」が来日記念番組「スイングを楽しもう」を組んでいることが報道されてもいるほか、「L盤アワー」にも言及して、「近く来日して演奏会を開くベニー・グッドマンの特集」ということで、曲目を挙げている。

『スイング・ジャーナル』は57年2月号で九編から成る特集を組み、3月号に「B・グッドマン演奏会を語る座談会を載せ(海老原啓一郎、ジョージ川口、北村栄治、奥田宗宏、笹山美津、油井正一)、『ミュージック・ライフ』は2月号で特集を組み、野川香文の「来日したグッドマン楽団の全貌」をはじめ、「グッドマンに期待する」という「10人の専門家へのアンケート」、「四人の男」の座談会などを揃えている。『音楽の友』3月号には小倉友昭の「グッドマンの遺したもの」が出ていて、「リセプションの席上」の描写が面白い。「日本のベニー・グッドマンといわれる鈴木章治と、グッドマンとが、はしなくも同じクラリネットで、競演した。中村八大のピアノで、まず鈴木が〝メモリーズ・オブ・ユー〟を演奏した。背の高いグッドマンと、若い鈴木とが並んだところは親子のようだった。スズキは、にこやかに微笑むグッドマンの前で緊張してクラリネットを吹いた。次いで気軽にそのクラリネットをとりあげて、グッドマンが同じ曲を吹いた。まるで音色が違う。鈴木のか細い音に較べて、グッドマンの音は、実に豊かで、しかも鈴木の音にはない透明感をただよわせている。のびやかな旋律の線をくっきり浮き出たせながら、小味な即興をきかせる。その音の流れには、ゆるぎない自信と、豊かな人間性の巾が感じられた」(135頁)。

グッドマン来日公演で明けた57年が暮れに近づいたところで、『音楽の友』12月号の「ポピュラー界」欄の冒頭で、石原康行がこう書いている――「本年の初頭ポピュラー界での話題は〔…〕グッドマンの来朝と云うチャンスをつかむ事が出来た」が、「スィングの流行を期待した一部の人々には、結果的には雪どけの山肌の様に消えて、日本のオーケストラやソリストの短所だけをみじめに残してしまった」(80頁)。

ちょっとした一九五九年初頭の椿事、そして久方ぶりにヒットらしいヒット曲

しかしながら、それから一年少々経った59年1月に「椿事」があった。

「ジャック・ティーガーデン六重奏団の演奏会は東京、大阪ともに予想以上の聴衆を集めた。〔…〕地味なジャズだから多くの聴衆動員は不可能だろう、という予測がたてられていたのだが、この予測は、まったく裏切られた」と『音楽の友』59年3月号の「ジャズとロカビリー」で小倉友昭が書いており、「すでに盛りを過ぎた名前

だし、メンバーも、トランペットのマックス・カミンスキー、ピアノのドン・イーウェウルを除いては、ほとんど日本には知られていない名前だ。それが、予想をはるかに上まわる聴衆を動員したのだから、ちょっとした一九五九年初頭の椿事といっても差支えなかった」（130頁）と驚いている。

その数ヶ月後に、「久方ぶりにヒットらしいヒット曲が出た」と『音楽の友』59年6月号の「ポピュラー音楽二つの話題」の一つとして小倉友昭が書いている。「タイトルは〝プティット・フルール〟、その特徴はタイトルが暗示しているような可愛い旋律をもっていることだろう」と言い、「フランスに移住したニグロのジャズマン、シドニー・ベシェ」が作ったこの曲は、アメリカでは、二月から三月にかけて、ヒット・パレードのトップに躍り出たこともあった」と指摘する。それを「アメリカでもっともはやらした」のがクリス・バーバーの演奏盤で、「日本でこの曲を盛んに売りまくったのは、ピーナッツ・ハッコーの演奏盤」であり、「甘ったるいクラリネットの演奏が特徴だが、これがうけた。現在全国のレコード店のベスト・セラーのNO3に必ず入っている〔…〕」とのこと——「現在、この曲を出している社が日本だけで五社（輸入盤だけ）、日本吹込みのものをあげると十種類になろうとしているし、アメリカでは軽く十種類以上のレコードが出ている〔…〕」（164頁）。

この曲は筆者の日記にも出てきて、「午後、ブラバンのクラリネットの上手な［Y］君に今度のパーティで、「小さな花」「メモリーズ・オブ・ユー」などを吹いてもらうために来てもらうので、彼と二人で、練習してみた。彼もジャズ（モダン）をやりたい様だ」と書いている。日付は59年6月26日で、『音楽の友』の右の号が出ていた時期であることが分る。それに、その二つの曲がモダン・ジャズかどうかはともかく、モダン・ジャズという言葉が身近になっていたことも分るし、現にその後の日記に、ジャズ演奏のグループ活動をしばしやっていた記述もある。

ジャズもここまできた―モダン・ジャズ

一方、早くには、『ミュージック・ライフ』55年2月号から福田一郎が「モダン・ジャズ講座」を5月号まで連載した。

新聞紙上では、『毎日新聞』が「人気落ちた純ジャズ／有名な楽団も次々解体」という見出しの記事を55年11月22日夕刊の「娯楽」欄に載せ、モダン・ジャズを話題にしていた。「最近、守安祥太郎という若いジャズ・ピアニストが自殺した。〔…〕この出来事はいわゆるモダン派の現状をよく物語っている。以前は一流のジャズ・バンドは決してキャバレーへは入ろうとしなかったし〔、〕またポピュラー・ソングの伴奏などはしないというプライドをもっていた。ところが一部の熱狂的ジャズ・ファンは別として一般のファンは次第にモダン・ジャズにあきてしまい、マンボのようなキューバン音楽か〔、〕さもなければポピュラー・ソングか、あるいはフル・バンドによるシンフォニックなムード・ミュージック〔…〕へと移ってしまい、それに唯一のかせぎ場所であったジャズ喫茶もハイファイ喫茶などに転向、演奏も何をやってよいか方向を見失っている」とある。そのモダン・ジャズがもっと話題になったのは数年後のことだった。

『ミュージック・ライフ』は58年6月号で飯塚経世の「モダン・ジャズ鑑賞講座」を開始しており、「最近のジャズ音楽の普及ぶりは誠に目ざましいものがあります」と始まる――「ちょっと見た普通の目には巷のロカビリーやマンボの流行に圧倒されていて、あたかも純粋のジャズは問題にされてないようにも見えますが実はそれは大変な誤解で、本当のリアル・ジャズは多くの熱心なファンによって、以前より一層深く研究され愛好されて、旧来にも倍する広い範囲で横ばい状態を続けているのが現状です」(13頁)。目次ではその「鑑賞講座」を「やさしいきかた」と読ませているその連載は、10月号の最終回までにボブ・ブルックマイア、ズート・シムズ、チェット・ベイカー、ジェリー・マリガン、ショーティ・ロジャーズ、モダン・ジャズ・カルテット（ＭＪＱ）、デイヴ・ブルーベック、ソニー・ロリンズ、マックス・ローチ、マイルズ・デイヴィス、エロール・ガーナーなどを取り上げ、最後に一言、「ただくれぐれもハッタリ以外に何物もない軽佻浮薄な演奏に幻惑されない様お願いしてこの項を終ります」（60頁）と締めている。

翌年の59年には、『音楽の友』が9月号で、「現代人とジャズ」と題して三編を並べ、作曲をするピアノ奏者の三保敬太郎が、自分は「モダン・ジャズと称する、ジャズ界における前衛的純粋音楽に傾倒する身である故に、はなはだ勝手ながらこの紙面ではあくまで、ジャズの中におけるモダン・ジャズを対象にすることを前提として、進めて行こう」と「現代人とモダン・ジャズ」の冒頭で断わっている。そして、とりわけ「即興演奏（アド・リブ）」（85頁）について詳しい説明を始める。二番目の「クラシックとジャズ」（塚原哲夫）はさて措き、三番目の「ジャズのアーティストとそのレコード」（前田憲男）は、チャーリー・パーカー、マイルズ・デイヴィス、スタン・ゲッツ、バッド・パウエル、デイヴ・ブルーベック、MJQ、セロニアス・モンク、レニー・トリスターノ、ショーティ・ロジャーズ、ジェリー・マリガン、ジミー・ジェフリー、レニー・ハウス、チコ・ハミルトンと、「大体、現在のモダン・ジャズにおける指導的立場にある人物を一応並べて」（93頁）いる。なお、一年前である同誌58年9月号には、LP『ミュージック・インのモダーン・ジャズ四重奏団』について「マスター・ハイドロ」名の評が出ており、「これがジャズかどうか、といった議論より、ジャズもここまできたといった流れをはっきり見究めることが必要だろう。これらの音は、きわめて思弁的でさえある。考えながら精緻に作られた音、といってもよいだろう」（146頁）とあった。59年9月号の「現代人とジャズ」の二ヶ月後である11月号には、植草甚一の「モダン・ジャズのレコード」が出ており、「この三、四年間に発売された日本プレスのなかから、いちおう聴くだけの価値があるものを五十枚」を選んだときに「いろいろなことが頭にうかんだ」（126頁）ことを書いている。

そして、その11月号が店頭に出る少し前である『讀賣新聞』59年10月8日夕刊の「娯楽」欄には、「アメリカ・ジャズ界に革命」という記事が出ており、デイヴ・ブルーベックと「モダン・ジャズ・カルテット」の写真を配したその記事のリードは、「AP」通信を引用して、「アメリカのジャズ界に革命的な現象がおこりつゝある」で始まる。「今までのジャズは一つ一つの音の密度よりもむしろ感覚ばかりにたより、そのためにあまりにも非音楽的な面が多かったが、今やそういったものからぬけて〝音楽としてのジャズ〟をめざす運動がクラシック音楽の教養を身につけた若いジャズメンによっておし進められている」。そして、「先月ニューヨークのランドルス・アイランドで開かれた第四回ジャズ大会」を話題にし、「この大会はおちついたふんいきで進められた。出演者は今までのように子供のときからジャズのことしか考えない連中とちがって、豊かなクラシック音楽の教養を身につけた人たちで、無調音楽〔…〕じみた音をはじめ、きちょう面でおちついた優雅な演奏、そしてよく準備された編曲で大衆の心をすっかりとらえてしまった」と説明する。続いて、「そこで最高の人気をよんだのはデーブ・ブルーベック・カルテットとモダン・ジャズ・カルテットで、ブルーベックはダリウス・ミヨー、アーノルド・シェーンベルクという現代音楽の二人の巨匠の弟子のピアニスト。モダン・ジャズ・カルテットのリーダー、ジョン・ルイスもジュリアード音楽学校（日本の芸大に当たる）出身のすぐれたピアニスト」と指摘する。そして、「やがてこの傾向は日本にも強い影響を与えることは確実だが、現在日本のジャズ界でこの傾向をめざしている人はまだ四、五人しかいない」と報じる。

50年代後半に出たジャズ関係書としては、55年の7月に篠崎正著『ジャズ鑑賞の仕方』（金園社）、10月にバリィ・ウラノフ著『ジャズへの道』（野口久光訳、新興楽譜出版社）、12月に並河亮著『生きているジャズ史―新楽聖物語』（朋友社）、56年の4月に飯塚経世著『ジャズ―名曲とレコード』（東京創元社）、および、いソノてルヲ著『ジャズ・クラブ』（音楽之友社）、57年にビリー・ホリデイ著、ウィリアム・ダフティ監修『黒い肌』（油井正一・大橋巨泉訳、清和書店）、同年6月に油井正一著『ジャズの歴史―半世紀の内幕』（東京創元社）、8月に河野隆次著『ジャズの事典』（創元社）、59年の5月にレイモンド服部著『ジャズ・ソングの歌い方』（新興楽譜出版社）、10月に『ジャズ・プレイアー辞典』（ディスク社）が出ている。

「日本に吹くか、カリプソ旋風」

ベニー・グッドマンが来日した57年1月の翌月、『讀賣新聞』2月15日の夕刊に「二人の人気黒人歌手――レコード近くお目見得」という記事が出て、その一人がハリー・ベラフォンテだった。「世界的に有名なただ一人の黒人シャンソン歌手アンリ・サルヴァドール」より先に紹介されているベラフォンテについて、「ニューヨークに生れ」、「少年時代を西インド諸島の明るい太陽の下ですごした」が、「アメリカに帰り［…］俳優養成所に入って」、「クラスメートに故ジェームス・ディーンがいる」と紹介のあと、「プレスリーも及ばず」の人気を強調する――「少年時代に覚えた西インド諸島の民謡を歌いはじめたところ、そのハスキー・ヴォイス（しわがれ声）で切々と歌う素朴な調べがたちまち注目されてビクターと契約［。］「ハリー・ベラフォンテ」（LP）は六十万枚以上、つづく「カリプソ」（LP）もすでに三十万枚を売り、LPレコードでは目下人気絶頂のプレスリーでも彼には追いつけない」。そして、「日本にまず紹介されるベラフォンテのレコードはいまアメリカで大ヒットしているカリプソの「デイ・オー」で、トリニダッド港に停泊中のバナナ船に夜通しバナナをつみこむ人足たちの歌。プレスリーが十代の偶像ならさしずめベラフォンテはアメリカの二十代の圧倒的な支持を受けている」と報じる。

アメリカナイズ

一ヶ月後である『讀賣新聞』57年3月13日の夕刊を見ると、早くも、「ビクターは新人浜村美智子で」という小見出しの「日本に吹くかカリプソ旋風」の記事が出ており、浜村美智子の大きめの写真の下に、ベラフォンテの「吹込み中」の小さい写真が配されている。

記事はまず、「キューバの民俗音楽ルンバに近い四分の二拍子の軽快なリズム」が「アメリカナイズされて昨年わが国でも上映された映画「上流社会」の中でもふんだんに使われ、ルイ・アームストロングの「ハイ・ソサイエティ・カリプソ」は日本でもヒットした。このカリプソを流行歌にとりいれたエディ・フィッシャーの「いとしのシンディ」は、目下日本でもベスト・セラー・レコードになっている」と流行の背景を伝える。そして、「現在アメリカではトリニダット島のカリプソ「ディ・オー」をアメリカナイズした「バナナ・ボート」が大流行で各レコード会社競作の状態だが、日本でのヒットもまちがいないとみて月末には争って発売する」と言い、「一挙に日米で九枚のレコード合戦」という「競作はマンボ最盛期の「セレソ・ローサ」以来実に二年ぶり」だと振り返る。そして、米国盤数枚を挙げたあと、「日本語盤はキングが江利チエミ、コロムビアが旗照夫という強力メンバーをくり出せば、ビクターは新人浜村美智子を起用するという奇手を用いた。このナイト・クラブの歌手はその写真が某週刊誌に紹介されるや華やかに映画、レコード各社の引抜き戦が展開されたシンデレラ娘」とある。二週間ほど後の『毎日新聞』3月29日夕刊は、「新リズム　カリプソ／大はやりのレコード界」という見出しの記事で、「案外はやらなかったロックン・ロールにかわって、こんどは新リズム「カリプソ」の旋風がレコード界を見舞っている」と紹介していた。

「カリプソ旋風」という言い回しは『ミュージック・ライフ』も使っており、57年6月号に「ハリー・ベラフォンテ、カリプソ旋風をまき起す」（なかはらひろと）という記事があり、一方、『スイング・ジャーナル』も、6月号に「ハリー・ベラフォンテとカリプソ」（野川香文）を載せているものの、カリプソ話題はそれきりだった。

目につくのは、『音楽の友』が欲しがりそうな、解説調の「新しい音楽カリプソのすべて」（中村とうよう）が『ミュージック・ライフ』の、一つ前の5月号に出ていたことだった。野川香文が亡くなる少し前に二十五歳で雑誌デビューしたことになる中村は、「軽音楽界の最近の話題は何といってもカリプソにさらわれてしまった感がありますが、一体カリプソとはどんなものなのでしょうか。これから暫く、カリプソの国、西インドの島々を訪れてみたいと思います」（20頁）と書き出している。任せてくれという勢いのその一文は、「カリプソの生れた背景」、「本当のカリプソ」、「カリプソの歌い手たち」、「カリプソとジャマイカ民謡の違い」、「スチール・バンドとカリプソ」と進んでいき、「カリプソ流行をきっかけに、これらの音楽が我国でも知られるように是非なってほしいものです。［…］アメリカナイズされポピュラー化されたものよりも、オリジナルなものにこそ本当のよさがあります」（21頁）と啓蒙する。

「ウー」から「デー・オー」へ

『音楽の友』はと言えば、57年6月号に「カリプソはブームになるか」を小倉友昭が書いており、冒頭に具体的描写がある――「『Day O……Day O……』――暗い喫茶店の澱んだ気配の中に、哀しげなサビのある声が響く。コーヒー・カップを持つ手をとめた若い学生たちが「いいナァ」とつぶやく。「もう一回、このレコードかけて貰おうか……」中の一人が提案する。或いは、四月二十四日のLF［注：JOLFがコールサインのニッポン放送］の深夜放送。ディスク・ジョッキーが「カリプソ」というリズムが流行しそうです。今夜は、そのカリプソの〝バナナ・ボート〟をいろいろおきかせしましょう。このカリプソというリズムは……」といい［…］、街には［…］ベラフォンテ刈りというヘアー・スタイルがはやり始めた」。そして、「マンボの懸声が『ウー』だったことも、まだ記憶に新らしい。『ウー』から『デー・オー（Day O）』にとかわったリズムの流行、果してマンボほどの爆発的な人気を持つことができるだろうか」（167頁）という疑問を呈しつつ、カリプソのあれこれを説明する。

『音楽の友』のその57年6月号、そして「ハリー・ベラフォンテ、カリプソ旋風をまき起す」を載せた『ミュージック・ライフ』6月号が店頭に並んだ頃である5月25日夕刊の『讀賣新聞』には、「娯楽」欄に「土曜特集」として「カリプソの秘密」が出ており、「苦しい労働から生れる」、「登場したベラフォンテ」、「夢中になった清川虹子」、「名前に見る悲しい抵抗」、「都々逸とカリプソリズム」などの小見出しを付けてカリプソのあれこれを語ったあと、「日本でもハリー・ベラフォンテのレコード「バナナ・ボート」はすでに四万枚に達し、こどもまでが「カム・ミスター・タリマン…」とその一節を口ずさんでいる」と報じる。「そしてこのカリプソ・ブームは浜村美智子というスターを作りあげた。大胆なヌードが話題となっていた浜村をつかみ、売出し策を考えていたビクターは彼女を〝カリプソ娘〟と名づけて、カリプソ・ブームにぶっつけた。結果は大成功。彼女の「バナナ・ボート」も五万枚近くも出ている」とある。

しかし、旋風はほどなくして治まった。『音楽の友』57年11月号の「ポピュラー音楽と世相」(伊奈一男)が、「日本にはカリプソでなければならない受入理由がないようだ。カリプソがそれでも話題になったのは「バナナ・ボート」ただ一曲と浜村美智子のおかげだろう」(115頁)と片付けている。そして、翌58年の4月号では、「はなばなしく時代の波にのって登場してきた浜村美智子は一年経った現在どうしているのだろうか。カリプソ・スタイルもすっかりすたれてしまった」と小倉友昭が「ロカ・ビリーと低音」で書いている――「浜村は、現在では自分の『柄』に合わないロカ・ビリーの〝監獄ロック〟を、歌わなければならなくなっている」(47頁)。

ミュージカル、映画音楽

50年代後半ということでは、ミュージカルも挙げておく。『ミュージック・ライフ』はほとんど黙しているが、『音楽之友』は55年以降なかなか熱心だった。

日本のミュージカルはあらゆる点で幼稚だ

50年代の新聞を見ると、50年10月1日の『讀賣新聞』夕刊に、米国で「一万円のショウ」という高価な「音楽劇「南太平洋」を見る」という記事（大沢善夫）があり、「時勢向きの筋の面白さと音楽の好さとスターの魅力の三つが完全に調和融和した好適の例でその意味ではミュージカルプレイの理想型とも模範型ともいえよう」とある。翌51年6月18日の『讀賣新聞』夕刊には、「オペラ・バレエのシーズン・オフだが名物のミュージカル・プレイをブロードウェイのはじから見物」して回った記事（大庭三郎）があり、『オクラホマ』、『キス・ミー・ケイト』、『王様と私』を評している。そのあと、日本のミュージカル上演の新聞記事がいくつか続いたところで、53年5月27日の『朝日新聞』の「学芸」欄で、内村直也が「ミュージカルについて」を書いている。

「イギリスでは、芝居とオペラの古い伝統があるために、この新しい形式はあまり発達しなかった。フランスも同様で、今日もなお、オペレッタとミュージカルを同意語として、あつかっているくらいだ」と説明のあと、「これを急激に発展させたのは、伝統のない国アメリカである。ミュージカルの名のもとに、ミュージカル・トラジェディから、ミュージカル・ファルスに至る種々のジャンルを生み出し、現在ブロードウィイの四十からある劇場の中で、常にロングランの高位を占領しているのは、すべてミュージカルである」と紹介している。そして、「何故こんなにミュージカルが流行するかというと、観客の半数は「音楽」を観に行くのである」と言って説明をした後、「日本のミュージカルはあらゆる点で幼稚だ」の一言に始まって、現状を批判する。

『音楽之友』が大々的に取り上げたのは、「ブーム」と言われる前である55年のことであり、4月号が「ミュージカル・プレイへの招待」を特集し、全四十頁に及んだ。まず「ミュージカル・プレイとは」（秦豊吉）、『南太平洋』の「物語と印象記」（塚原哲夫）、『ピーター・バン』についての描写（三善清達）、『王様と私』についての回想（石井好子）が並んだあと、「ミュージカルへの私の夢」と括られた四編が続き、白井鉄造が「日本のミュージカル・プレイ」を開拓したいと言い、荒牧のり子が、私も出演して歌いたいと願い、林光が、ぼくがミュージカルを書くとしたらを語り、東郷静男が「本当の勉強をしていないくせに、本格的にやりたがるあつかましさは全くたまらない」（137頁）と嘆息する。そして最後に、六頁にわたって「ミュージカル映画の歴史（上）」（野口久光）が綴られ、「下」は見当たらないものの、二ヶ月後の55年6月号に同じ執筆者による「アメリカのミュージカル映画の躍進」が、「〝春の声〟音楽読物シリーズ」の一つとして掲載されている。さらに、10月号では、石井晶子が「アメリカでヒットしたミュージカル・プレイ」という見聞記を書き、とくに『ポギイ・アンド・ベス』、『ピーター・パン』、『キングと私』を詳述する。なお、5月には単行本として松島トモ子著『ニューヨークひとりぼっち―ミュージカル留学記』（集英社）が出た。

その後、『音楽之友』56年10月号で安倍亮一が日本の舞台ミュージカルを俎上に載せ、翌57年2月のミュージカル特集号でも「この一年間東宝ミュージカルスは進歩したのだろうか」（93頁）と批判する。一方、その2月号には「愉しいミュージカルを作りたい」と題した座談会（飯沢匡、草笛光子、服部良一）記事があって、『音楽之友』の編集者の念頭にあるのは、日本でミュージカルを展開させていくことだった。同じ2月号の長文「ミュージカルの歴史」（河端茂）も、次の3月号から始まった内村直也による連載「ミュージカルへの招待」も、内容はアメリカのミュージカルながら、日本でのミュージカルの展開を願ってのことと見てとれる。しかし、58年にはミュージカル関係はほかに一編のみで、59年には一編きりであった。

親しさ増す映画と音楽

そのミュージカルとは別に、50年代前半から、映画主題歌（曲）を指す「映画音楽」が話題になっている。それ自体は音楽ジャンルともスタイルとも特定し難い映画音楽の人気ぶりについては、59年3月21日の『讀賣新聞』夕刊に、「娯楽土曜特集」として「親しさ増す映画と音楽」という見出しの記事がある。「「菩提樹」「野ばら」「真夜中のブルース」「河は呼んでる」「ぼくの伯父さん」「鉄道員」とこのところ映画音楽のレコードが連続ヒットしラジオのヒット・パレードでも上位をにぎわしている」と報じ、そのあと、「そして映画会社は新しい宣伝方法として映画音楽による耳からの宣伝を重視しはじめた。映画はその音楽を、そしてレコードは映画を無視しては何も出来ない現状である。そこでぐっと親しさをました映画と音楽の関係を［検討］してみよう」と続ける。

「ヒット・パレードでも上位」に関連した記事としては、60年代前半にまたぐが、『朝日新聞』61年7月6日朝刊に「ユア・ヒット・パレード三百回」という主要見出しに、「映画の主題歌でも断然人気集めた「エデンの東」」という副見出しも付けた記事があり、「文化放送では六日夜八時から一時間の特別プロ「エデンの東から栄光への脱出まで」を放送する」と報じている。「同局の「ユア・ヒット・パレード」がさる二十五日で三百回になったので、それを記念」するもので、「民放のヒット・パレード番組の草分けといわれ、そのランキングはファンの間に大きな関心をよんでいる」とあり、55年開始以来の「毎年のトップ曲」一覧を見ると、確かに「映画主題歌ばかり」が並んでいる。

第四章　一九六〇年代前半

【第四章関連略年表】

1960年4月　メキシコのロス・トレス・ディアマンテス、7月にカリプソのハリー・ベラフォンテが来演。
1961年1月　「ファンキー・ジャズの権化」のアート・ブレイキー、および〈トム・ドゥーリー〉のキングストン・トリオが来演、5月に「緻密な音響設計」のモダン・ジャズ・カルテット、および「いぶし銀の魅力」のナット・キング・コールが来演。
1961年11月以降　トゥイストが『朝日新聞』、『讀賣新聞』、『音楽の友』等で話題。
1961年12月　「異色のロック・コーラス」のプラターズが来演、および「タンゴの世界的巨匠」のフランシスコ・カナロが来演。
1962年4月　「芸人臭のない“芸”」のブラザーズ・フォー、および「オールド・スコッチの味」のフランク・シナトラが来演、5月に「まったくアドリブはない」ステージのイヴ・モンタンが来演。
1962年11月　『ポップス』創刊（東亜音楽社発行、音楽之友社発売）。
1962年12月以降　ボサ・ノーヴァが『讀賣新聞』、音楽雑誌で話題。
1963年1月　アート・ブレイキーが再来演、4月にルイ・アームストロングが再来演、5月に「合奏技術のものすごさ」のカウント・ベイシー楽団、および「苦しいほどの美しい緊張」のセロニアス・モンクが来演、6月に「カンツォーネ・ブームの始まりとなった」クラウディオ・ヴィルラが来演、9月に「モダン・ジャズの教祖的存在」のソニー・ロリンズが来演。
1963年9月以降　『讀賣新聞』の「完全に民謡ブーム」、『ポップス』10月号の座談会「フォーク・ソングの楽しみ」に始まって、米国の民謡が「レコード歌謡にされた」フォーク・ソングの流行が新聞雑誌で話題。
1963年11月　「白人民謡歌手のナンバー・ワン」のピート・シーガーが来演。
1964年3月以降　ビートルズ「旋風」報道が『毎日新聞』、音楽雑誌から始まる。
1964年4月以降　『ポップス』4月号の「愛と情熱の歌」カンツォーネ特集を目立った例として、新聞雑誌が「カンツォーネばやり」を報道。
1964年5月以降　サーフィンが『朝日新聞』、『讀賣新聞』、音楽雑誌で話題。
1964年6月　「ジャズの神様」のデューク・エリントン楽団が来演。
1964年6月　「フォーク・ソング・トリオ」のピーター、ポール＆メアリが来演。
1964年7月　全国五都市で、マイルズ・デイヴィスなど「七十人ものジャズ・ミュージシャン」による「第一回世界ジャズ・フェスティバル」開催。
1964年8月　「ソウル・ジャズの教祖的存在」のレイ・チャールズが来演。
1964年11月　ブロードウェイの『ウェスト・サイド物語』の日本上演。

「ラテンみゅーじっくブーム」

パンチョス、それからベラフォンテは馬鹿みたいに売れたらしいですね

対談記事「1960年のポピュラー界を顧みて」が『音楽の友』の60年12月号に出て、まず野口久光が「前半を賑わしたラテン音楽からどうでしょう」と振る。福田一郎が「ある程度ブームといわれたりしたけれども、実質的にはどうかということですね」と応じつつ、「売れたのはパンチョス。それからベラフォンテですね」と言い、「これはもう圧巻ですね」と野口が強調し、「馬鹿みたいに売れたらしいですね」(88頁)と福田が念を押す。

トリオ・ロス・パンチョスは59年の12月8日に来日し、「岸首相への土産として、メキシコ特有の帽子ソンブレロなどをたずさえていた。[…]文化使節という肩書きにふさわしい贈物だったろう」と小倉友昭が『音楽の友』60年1月号で書きながら、その音楽は「メキシコの輸出品として、自他ともに許している[…]が、メキシコで作られたものではない。これが作られたのはニューヨークだった」ことに注目している。「アメリカという音楽市場は[…]異国趣味に対しては極端に敏感な反応を示す。この場合、[…]素材は異国そのままのものであってはならない。[…]だが、彼らはメキシコ的であった」(154頁)。

「来日した二つの楽団」と題した一文で、スリー・サンズの紹介に先だってそう説明する小倉は、「まず、ギターの音色の甘さ、美しさに気付く。[…]歌ではファルセットの効果的な使い方が耳に残る。/このギターといい、唱法といいきわめて民俗的だ。[…]だが、もしこれが純粋な民謡だったら、こうは大きな存在にはならなかっ

たろう」と続ける。そして、「レコードが日本に紹介されたのが六年前」であり、以来「来日がきまるまでにLPで六枚［…］を含め十四枚ものレコードが出ている」（155頁）。このトリオは、その一年後のみならず、66年まで何度か来日した。『音楽の友』62年7月号に「トリオ・ロス・パンチョスはなぜ受ける？」を書いた安倍寧によると、その「歌声には、悲しみ、あきらめ、絶望、そして孤独といったものが重なりあった微妙な陰影がある」。その「どこまでもひかえ目な心情を仮りに〝負の精神的姿勢〟〝マイナスの心情〟と呼ぶとすれば、それは、そのまま、日本の伝統的な精神風土に連なるものということができる」（161頁）。

60年2月には、日劇で「本格的なラテン・ショー」が催されたと『讀賣新聞』2月18日夕刊が報じており、「メキシコ出身のモントヤ・シスターズがずばぬけている」とここでもメキシコが脚光を浴びている。3月には、そこで言及されていた「ペレス・プラド」が来日し、『讀賣新聞』3月16日夕刊によると、「四年ぶりに来日した〝マンボ王〟［…］は、すべての点において最初に来日したときよりもぐっとアメリカナイズされている。だから演奏面ではよりジャズ的になり、みた目にはよりショー的になって」おり、「先年来日したとき作曲した「マンボ・ジャポネ」古典による「さくらさくら」童謡による「浜千鳥」など、日本的なムードをみごとにラテン・リズムにのせている」。プラドは、「清宮が、ラテン音楽をお好きだ、ときいたので、とくにご結婚を祝った新曲をお作りした」と来日早々言ったと、『音楽の友』5月号の「ラテンみゅーじっくブーム」で小倉友昭が紹介している。

その一文の後半は、4月5日に「来日するロス・トレス・ディアマンテス」の紹介で、「パンチョスとともにメキシコで、ラテン・ヴォーカルの人気を二分しているグループ」とここでもメキシコが出てくる。このグループは「ソロに重点を置いて」おり、「そのエンリケ・ケサーダ」の声は、「ロス・パンチョスのアルビノの声が、澄んでいたのと較べると、より民族を感じさせる陰影がある」と言う。そして、「ケサーダのソロと、ギターの澄んだ甘さとがからみ合ったとき［に］、このトリオの魅力が最高度に発揮される」（140－141頁）と称える。そのディアマンテス公演については、『讀賣新聞』が4月14日夕刊の「娯楽」欄が「〝本物〟のすばらしさ」の見出しを付け、「トリオの名前の通り三人のダイアモンドのような歌声が、あるときはケサーダの甘い甘いソロを中心に、あるときは、コーラスで、セダーノの水晶のようなギターにのって、彼らの故国メキシコはもとよりアメリカ、フランス、イタリアのヒット・ソングを聞かせてくれる」と始め、「軽音楽のグループが相次いで来日しているがここ二、三年これほど楽しいグループはなかった」と締める。『ミュージック・ライフ』60年5月号の記事（草野昌一）には、同様の称賛の前に「来日してわかったことだが、パンチョスたちもそうだったように、彼等も歌のほかに立派な副業をもっている」という一言が入っていた――「セダーノがタクシー会社、ケサーダが工場主、プラードが牧場主といった具合だ」（15頁）。

それから三ヶ月隔てた7月にハリー・ベラフォンテが来日した。これまた小倉友昭が『音楽の友』7月号で来日前に紹介し、「二十三歳の時、のちに彼に多くの影響を与えたギター奏者ミラード・トーマスを知った。彼がいなかったら、ベラフォンテの大きな成功はなかったかも知れない。／というのはミラードは、民謡を独特の型に編曲して、新しい時代に適応するものとして作り上げることに意を注いだからだ」（151頁）と説明する。7月10日『朝日新聞』夕刊は、見たところその小倉の文を使いながら、「黒人の楽天性と哀愁と暗さ」という見出しを付け、「東京・大阪での公演」をラジオ東京テレビが録画して「独占放送する」と報じている。

ラテンの国々で生れ育った音楽の魅力

61年半ばにはパラグアイのルイス・アルベルト・デル・パラナが来日し、同時期にキューバのアントニオ・ファハルド楽団が来日してもいる。暮れには、「読売新聞社が招いた〝タンゴの世界的巨匠〟フランシスコ・カナロ氏とその楽団オルケスタ・ティピカおよびピリンチョ五重奏団は東京、地方公演で空前の絶賛を博し、日本、アルゼンチン両国の親善と文化交流に大きな成果をおさめ」たため、「歓送公演」も行なうと同紙が12月10日朝刊の社告に記している。

翌62年の『音楽の友』1月号では、「アルゼンチン・タンゴと日本」（井崎和男）が、オルケスタを連れたフランシスコ・カナロの「名前は、名曲「ラ・クンパルシータ」と同じ程度に知られているだろう。タンゴの歴史はまだ五、六十年、そしてカナロは七十三歳。文字どおり、その生い立ちから一緒に道を歩んでいるのだから知られているのは当然」とおさらいし、「東京公演が一〇〇パーセントを超える入場者を迎えたのも不思議ではない。彼の来日を三十八年も待っていたという人がいるそうだから」（132頁）と納得している。

『讀賣新聞』62年2月24日の夕刊には、「メキシコから初の文化使節として「メキシコ歌舞団」」が「三月下旬に来日」という記事があり、踊り手が男女各六人、それに十人編成のマリアッチ楽団が4月2日まで「各地で公演を行なう」とのこと。さらに、『音楽の友』7月号のマチートを交えた座談会「アフロ・キューバン・ジャズの魅力」の冒頭に「五月十二日の未明、マチート楽団の一行十六人が日本に着きました」、「ラテンとジャズをミックスした〝アフロ・キューバン・ジャズ〟の草分けとして知られています」とある。紹介しているのは、座談会の司会を兼ねた中村とうようで、「少なくとも大編成のバンドでは、今までにマチート楽団に匹敵するものは来ていません。前に二度来日したペレス・プラードの楽団などは、かなり質の低い寄せ集めメンバーでしたが、こんどのマチートの場合はレギュラー・メンバーをソックリそのまま日本にもって来ています」（168頁）と言う。

三ヶ月後の『音楽の友』62年10月号の「来日演奏家評判記 ポピュラーの巻」（安倍寧）は、先ず「ラテン・グループ」を取り上げ、「たぶん、今シーズンのトップを切って登場するのは、ラテン専門のトリオ・ロス・カリベス。［…］このロス・カリベスは、男性二人女性一人からなる異色編成」と言い、「得意の曲は、おなじみの「ラ・マラゲーニャ」「ククルクク・パロマ」「ある恋の物語」など」で、「同行してやってくる歌手にインカのイラ・コリードがいる」（64頁）と紹介している。ほかに「ロス・エスパニョレスという五人組も来日」予定で、五人は「ひとりで三通りも楽器の持ち替えがきく芸達者ぞろいだから、その舞台は想像以上に派手なものとなろう」（64－65頁）とのこと。

翌月の11月には、音楽之友社の子会社、東亜音楽社が月刊誌『ポップス』を創刊し、「祝ＰＯＰＳ創刊」という見出し付きで中村東洋著『ラテン音楽入門』（音楽之友社）の広告を出して、「ラテンの国々で生れ育った音楽の魅力のすべてを紹介」と宣伝した。（筆者の日記によると、64年春から手紙のやりとりをしていた中村氏を初めて訪れたのは65年4月6日で、「二間のアパート」の表札に、確かに「中村東洋」と記してあった。）

その中村は、翌63年の『ポップス』6月号の座談会「ラテン音楽あれこれ」の司会も務めており、「本誌」側が、「今度はキング・レコードで非常にデラックスな〝中南米シリーズ〟というのが発足する」と導入し、「これを機会にラテン音楽とそのレコードについていろいろ語っていただきたく思いまして、〔…〕監修をなさる高橋〔忠雄〕、的場〔実〕、中村の三先生にお集まり願った次第です。それでは中村さん、司会を…」（32頁）と始める。

関連書には、ほかに63年10月刊の山本満喜子著『ラテン音楽への旅』（三一書房）がある。

派手な催しに仕立てあげるフェスティバル

同じ63年には、4月から6月にかけて大勢の「外来アーティスト」が押し寄せ、『ポップス』5月号が、「ルイ・アームストロングからセロニアス・モンクまで」（無署名）とジャズを主体に紹介したものながら、シャンソンのマルセル・アモン、カンツォーネのクラウディオ・ヴィルラと並べて、「チリー出身の四人兄妹」のロス・クアトロ・エルマノス・シルバ、「チリー人とメキシコ人の混成部隊」のロス・カンディレハス、そしてハバナ・キューバン・ボーイズ等を挙げている。

同年7月には、「毎年、後楽園遊園地では、8月にジャズ・フェスティバルとして、野外ステージを作り、ここでジャズやハワイアン音楽を来園者にサービスしてきたが、ことしは特にメキシコからマリアッチ・ロス・ドラドスを招くことになった」。そう報じる『讀賣新聞』7月2日夕刊は、「本社主催」であるだけに、「郷土色豊かな民謡を演奏することで有名なマリアッチ発生の地といわれているガダラハラ地方出身のバンド」の「合計十人の編成」について少し詳しく記している。同紙7月30日夕刊は「メキシコ情緒豊かに」という見出しで、その公演の様子を、「ソンブレロをかぶった民族衣装の楽員と二人の女性歌手。毎夜七時、東京後楽園遊園地の大ステージから三十分ほど「マラゲーニア」「シェリト・リンド」などをきかせたあと、園内を流して歩く。噴水や展望車を背にして、涼しさをもとめて集ってきたお客に、なまのラテン音楽をふりまく新しい趣向のショー」と報じている。その二週間前の同紙7月15日夕刊には、五十九歳になる「フラメンコ・ギターの名手カルロス・モントヤが四年ぶりに九月に来日する」とある。

さらに記事を拾っていくと、翌64年の3月に「女ごころ訴える」「メキシコの女性のボレロ歌手ビルヒニア・ロペス」が来日することを『朝日新聞』2月29日夕刊が伝えており、その「魅力は「チャーミングな声と、微妙な女ごころを訴える歌い方」にある」という。「ギターをひく三人組、トリオ・インペリオが同行する」というそのロペスの来日については、『讀賣新聞』3月5日付夕刊も報じており、「日本では彼女のレコードのうち「ベッサメ・ムーチョ」が最もヒットしている。すなおで繊細な彼女の声は〝愛の声〟とよばれ、女性の心をうたう歌を得意とする」と告げている。

翌4月には、同紙4月4日朝刊が「タンゴの王様に満場うっとり」という見出しで、「〝キンテート・レアル〟初公演」が同社の招きで来日したことを報じている。器楽奏者「五人が五人ともマエストロ（指揮者）といわれる超一流だけに、アンサンブルのすばらしさ、タンゴ独特の歯切れのよさは満員の聴衆を陶酔させた」。一方、「コンチネンタル・タンゴの巨匠、マランドとその楽団」が暮れ近くに来日しており、『ポップス』64年11月号の「秋のポピュラー界を飾るクラウディオ・ビルラ、マランド」の後半（永田文夫）が、「秋の掉尾を飾る第一の呼び物は、何といってもマランド楽団の来日でしょう」（37頁）と、詳しくマランドを紹介する。

少し前の64年の9月には「第一回ラテン・フェスティバル」の「全国各地での公演が予定されている」ということで、『ポップス』9月号で、やって来る二つの〝フェスティバル〟の一つとして中村とうようが紹介している。

「ジャズ・フェスティバルも終りましたが、すぐつづいてラテン・フェスティバルとカンツォーネ・フェスティバルの日程が近づいてきました。〔…〕時を同じくして三つのフェスティバルが開催されるというのは、面白い現象ですね」と中村は語り出し、「来日ブームが急速に過熱状態」となれば、「興行を成功させるためにはだんだんデラックスな出し物を用意せざるを得なく」なり、「幾つかのグループをまとめて派手な催しに仕立てあげる」のは「当然のなりゆき」と言い、「ラテン・フェスティバルのプランを最初に発案したのは、トリオ・ロス・パンチョスの親玉アルフレッド・ヒルだそうです」(47頁)と開催企画のいきさつを語る。

あとの二頁では、出演者を紹介しており、『朝日新聞』9月3日朝刊は、その短縮版とでも言うべきものを写真入りで記事にし、9月24日夕刊には、公演評(「保」)が出ている――「フェスティバルがおおはやり。〔…〕顔ぶれはそろっている。が、しっくり歌いこむというところまでゆかずに、三、四曲で交代する。なじみのグループもいるが、さて印象に残る歌、演奏は…ときかれると首をかしげてしまう」。

「現代人のモダン・ジャズへの傾倒」

ジャズがこんなに地位が上ったのは大きい顕著な現象

右の「ラテンみゅーじっくブーム」の冒頭で触れた『音楽の友』60年12月号「1960年のポピュラー界を顧みて」の終わり近くで、「このへんで一口でいえば今年はどういうことですか」と「本誌」側が振っている。それに対して福田一郎が「ジャズがこんなに地位が上った時代というのはないんじゃないかと思いますね。この一年くらいで」と応じており、続けて野口久光が、「いちばん大きい顕著な現象じゃないかと思いますね」と言っている。『讀賣新聞』61年2月3日夕刊は、レコード協会の「昨年の新譜発売調査」の結果を報じて、「ジャズと中南米音楽が進出」という見出しを付けていた。

遡って、『音楽の友』60年8月号に出ている「モダン・ジャズの流行」（小倉友昭）には、「モダン・ジャズの愛好家」は「昨年以来」「増加している」（146頁）とある。「もっとも商売にならないもの――それが、モダン・ジャズだった。／それが、いまでは、興行資本に一応着目されるようになった」と言い、「ロカビリーが、はっきり凋落し」、「かわるべき何物かを作り上げなければ、商売ができないという事態になりかねない。だとすると、現在ではやはり、モダン・ジャズをとり上げるのがもっとも簡単だ」（146頁）と「五月下旬」の「N劇」でのモダン・ジャズ演奏を話題にしている。

その「N劇」でのショウの題名に使われている「ファンキー」は日本で好んで使われたものであり、『音楽の友』60年10月号の福田一郎の「ファンキーと日本のモダン・グループ」には、「ファンキー・ブームに水を差す感じで気が引けるのだが、これほどファンキーという言葉がこちらで持囃されているにも拘らず、アメリカのジャズ雑誌の中にファンキーという活字を見出すことは、かなり根気のいる仕事であることを付加えておく」（139頁）とある。好んで使われていることを端的に示すのは、『ミュージック・ライフ』の60年6月号から61年2月号まで、いソノてルヲが連載「ファンキー・ジャズ講座」を続けていたことだった。福田一郎は右の一文で、「日本のモダン・ジャズ・バンドの採点をしろ、という御注文を編集部から頂いたのだが、正直に申し上げて大変有難迷惑な話である。［…］モダン・ジャズだけを演奏して算盤が成立って行くような恵まれたバンドというものは、日本中で恐らく五指にも達しないだろうし、第一、モダン・ジャズだけを演奏させてくれる場というものからして、幾つかのジャズ喫茶、又はコンサートのステージを除いては、ほとんど皆無と言って良い有様」（140頁）と断わった上で、事情説明する。

一方、右の小倉友昭の「モダン・ジャズの流行」中の「最近もっとも注目を集めるのは、二枚一組で売り出された〝モダン・ジャズ・クワルテットの芸術〟だったろう」という指摘が目を引く。「モダン・ジャズのレコードを大胆に発売する企画が各社から出てきたわけだが、それでも、この〝MJQの芸術〟のセットの発売は、相当思い切った企画だった。〔…〕モダン・ジャズのマニアを二千人程度と予測して、二千組の発売企画をたてたに違いない。ところが、現実には、その二千組を上まわる希望者が出てきた」とある。クラシックでも「セットのLPの発売は、二千組が大方の目安になって」おり、「関係者は、一様におどろいたものだった」(146頁)。

その人気の促進に一役買ったのは映画で、右の福田一郎の一文の冒頭に「「ジャズはあまりにも騒々しい」、「モダン・ジャズは難解すぎる」などという、誤った既成概念が〔…〕人々の心の中に植えつけられていたことが大きな障害となって、ジャズの教化・普及はかなり遅れていた。／ところが最近になって、様相は一変した。外国映画、とくにフランス映画が〔…〕モダン・ジャズを意欲的に取り上げ、ついで強い影響力をもった日本の流行作家達がジャズを彼等の素材として取扱うようになってからというもの、モダン・ジャズ、とりわけ黒人モダン派の演奏する〔…〕」(138頁)とある。そして、『音楽の友』62年2月号の「シャンソンの不在」(小倉友昭)には、「フランスで作られた映画の音楽は非常にモダン〔・〕ジャズを使っているのが多い。この比率はアメリカ映画以上のものだ」(144頁)とある。

具体的には、モダン・ジャズ・カルテットのジョン・ルイスが音楽を担当した58年の『大運河』、マイルズ・デイヴィスが音楽を担当した『死刑台のエレベーター』、翌59年の、アート・ブレイキーが音楽を担当した『危険な関係』と『殺られる』等のヌーヴェルヴァーグ映画を指しており、先に挙げた『音楽の友』60年12月号の「1960年のポピュラー界を顧みて」の終わり近くで、「非常に年配の人で、ふだんジャズにあまり関心のない人が、ジャズというものはすごいものだな、すごいというよりも楽しいものだということを身をもって知ったね。けっきょく映画「死刑台のエレベーター」とか……」と野口が発言し、「これが当ったということは、ジャズの人気のバロメーターになった」と福田が応じている。

その発言の直前では、「映画、レコードなどでここまで引っ張られてきたでしょう」（91頁）という福田の発言のあとに、野口が映画『真夏の夜のジャズ』を挙げ、福田がその影響力に同調している。58年の第五回ニューポート・ジャズ・フェスティヴァルを記録したもので、米国公開と同じ60年に日本で上映されたその映画については、『音楽の友』60年10月号の「モダン・ジャズ・クヮルテットの夕べ」と題したレコード評の冒頭で、藤井肇が、この映画の「反響は予想外に大きなものがありました」（158頁）と記している。上映されて間もない8月10日『讀賣新聞』夕刊には、造形作家の山口勝弘が、「ジャズ・ファン必見といわれる「真夏の夜のジャズ」をみたこのうわ気なジャズ・ファンは、またまた感動的な場面にうなり通しというありさまである」と書いている。一方、『ミュージック・ライフ』の60年8月号では、その映画が記録した58年より四年前である54年の第一回に行ってきた瀬川昌久が回想していた――「在紐育邦人商社に勤める同好のジャズ狂と共に、一行十数人、四台の車に分乗して、七月四日金曜日の朝、マンハッタンを出発した」（26頁）。

60年の秋には、『讀賣新聞』9月16日夕刊が、日本で「世界でも初めての「モダン・ジャズ史」」のLPが出ると報じており、「日本ビクターでは、アメリカの原盤から日本で選曲してモダン・ジャズの歴史としてまとめ［…］LP五枚のシリーズとして発売する」とある。四日前の『朝日新聞』9月12日によると、「NHKラジオの「音楽鑑賞」［…］では、十九日から五週間にわたって〝ジャズの歴史〟を放送する」とのことで、「ゲスト解説者に「ジャズ評論家」たちを迎えて、「全体の司会は比較音楽学の小泉文夫」が担当するとある。『音楽の友』は、61年1月号から福田一郎に「ジャズの歴史」の連載を始めさせ、モダン前までのその連載は62年4月号まで続いた。

アート・ブレーキーとジャズ・メッセンジャーズ来る!!

60年の年末に近い11月18日の『讀賣新聞』夕刊には、「モダン・ジャズのブレイキーが来る」という見出しの記事が出た。

「来年の外来演奏家の第一陣としてモダン・ジャズのアート・ブレーキーとジャズ・メッセンジャースが〔…〕一月二日から日本公演」というその記事のあと、同紙11月29日夕刊は「〝選曲は瞬間にきまる〞」という見出しで、「娯楽」欄で再度来日を告げ、ブレイキーの言葉を引用する――「多くのジャズ芸術家はそのプログラムを各リサイタルごとに、その寸前に決める。〔…〕その瞬間の彼らの気分に依存しているからだ」。『ミュージック・ライフ』60年12月号は、「本格的ジャズ歌手ヘレン・メリル」の来日情報、「再びやってくるトリオ・ロス・パンチョス」記事と並べて「来日するジャズ・メッセンジャーズ紹介」を載せているが、アート・ブレイキーの名は見出しにはなく、次号の61年1月号でも同様だった――「ジャズ・メッセンジャーズの演奏曲について」（いソノてルヲ）。『音楽の友』61年1月号は、「アート・ブレーキーとジャズ・メッセンジャーズ来る!!」（無署名）と湧きたち、「相継ぐラテン楽団の来日にひきかえて、モダン・ジャズ・ファンにとっては余り嬉しい年ではなかったようだ」と残念がったあと、「ところが一九六一年の声を聞いて、ソレッ待ってましたとばかり現われたのが〝ファンキー・ジャズの権化〞〝本物中のホンモノ〞その名も「アート・ブレーキーとジャズ・メッセンジャーズ」なるツワモノドモである」と興奮し、「顔ぶれをご披露」のあと、「小生も長蛇の列に加わり〔…〕」（158頁）と続く。

『讀賣新聞』61年1月13日の「文化」欄には、「長蛇の列」とは無縁の執筆依頼を受けたに違いない二十九歳の石原慎太郎が、「ジャズと現代芸術」を書いており、「ジャズが現代人にとって持つ意義とか意味についていろいろなことが言われようが、結局それらはすべて「自由」という観念に集約される」と始める。「アート・ブレイキーとジャズ・メッセンジャーズの演奏にあれほどまで日本の聴衆が熱狂したのも意識、無意識にかかわらず彼らが個々の生活の内に枯渇した「自由」をあの演奏の内に見いだし得たからにほかならない」と言い、「ジャズ、特にモダン派のジャズ・プレーの中には現代人の生活の内で通常不可能とされているものが存在し発見されうる」と続け、「現代人のモダン・ジャズへの傾倒ということをつきつめていくと、裏がえしに現代芸術が現代人へいかに失格しているかという問題が出てくる。ジャズのプレーが持つそれらの特性をほとんどの現代芸術は持ち合わせていない」と言う。そして、「わたくしの友人の作曲家武満徹が、ジャズに接したことで人間というものはみんな全部が違う、音楽が与える表現は必ずしもウソばかりではない、だから自分がやらなければだれも音楽をやるやつはいないと思うようになった、と言っていたのを覚えている」よし。なお、61年1月3日の筆者の日記には「午後、アート・ブレイキの公演をTVで一寸みてから、正月はじめての外出の用意をする」とあり、早くも二日目の公演がTV放映されていたことがわかる。そして、その前日である1月2日には、「午後［…］テレビを。「番頭はんと丁稚どん」。「ハリー・ベラフォンテの日本公演録画」、映画「シンドバッドの冒険」」と書いており、ベラフォンテの60年7月来日公演録画がその正月に放映されていたこともわかる。

『ミュージック・ライフ』61年2月号は「アート・ブレイキーとジャズ・メッセンジャーズ演奏会」と題して「誌上中継」（いソノてルヲ）をしたあと、白木秀雄が「アート・ブレイキーとのひととき」を語り、後の方の頁には、白人の夫人との長文インタビュー記事（草野昌一）もある。『音楽の友』2月号では、小倉友昭と福田一郎が対談しており、題名の「アート・ブレイーキーの芸術」の「芸術」はさして話題になっていないが、情報量は多い。「ファンキーという言葉とアート・ブレーキーを結びつけた」ことで、ブレイキーが「有名になった」と事情をまず説明し、そして、興行主の「神彰がこれを呼んでやろうと思ったのは、七月、ベラフォンテが来たときからですよ。それで黒人も［客が］入るので、［…］呼ぼうということだった。［…］タイミングがたいへんうまかったということ、それがこれだけお客さんを動員できた原因ではないかな」（66頁）と小倉友昭が発言している。

小倉の状況説明はさらに続き、「はじめて「サンジェルマン」というものが有名になったのはグレコですよね。実存主義の本場ですね。そういういろんなものが加わって、アート・ブレーキーをきわめて文学的なものに仕立てた」と言う。小倉がそのように、パリのサン–ジェルマン–デ–プレでの演奏のライヴ盤の評判、サルトルが出没するその地域で歌ったグレコに触れたのに続いて、福田が「そこにもってきて、週刊誌と新聞にぜんぶのったということだな」と応じ、小倉が「それがダッコチャン・ブームが終わって、黒いブームにピリオッドを打つか、これが頂点に立ったかということだな。だから、音楽以外の要素の風俗的現象と、文学的受取り方がプラスになったということが、こんどの観客動員の成功に背景としてあったのではないかな」(66－67頁)と付け加える。「ダッコちゃん」は、黒人児童をデフォルメした、腕に抱きつかせるビニール人形で、60年に大流行し、特に若い女性がそれを腕にはめていた。

静のM・J・Qが動のアート・ブレーキーに続く

翌月の『音楽の友』61年3月号はモダン・ジャズの特集を組んで七編の原稿を並べ、まず、「動のアート・ブレーキーに続く静のM・J・Q」と題して、福田一郎が五月初旬にモダン・ジャズ・カルテットが来日することを大歓迎する。来日を「決定ずけた原因の一つは、外でもない、アート・ブレーキーとジャズ・メッセンジャーズの日本での成功である」、「ファンの熱狂的な歓迎を受け、興行的にも素晴しい好成績を収めたという事実が、直接の原因となった」(50頁)と言い、あれこれ説明のあと、MJQを詳しく紹介する。

続く植草甚一による「モダン・ジャズのすがた」は、トシコ・マリアーノ・カルテットを率いる秋吉敏子の記者会見を紹介し、「トシコが現在におけるモダン・ジャズの中心から離れた存在でなく、まっただなかで空気をすいながら負けてはなるもんかと励んでいる」(54頁)と付け加え、さらに「モンクと八木正生」の中で、自分たちは「アート・ブレーキーのジャズ・メッセンジャーズとモダン・ジャズ四重奏団の中間にある」(56頁)と秋吉敏子が発言していたと小倉友昭が紹介している。そのあと、「モダン・ジャズと映画」、座談会「モダン・ジャズ・ア・ラ・カルト」、「クラシックからモダン・ジャズを解剖する」が続き、しんがりは「モダン・ジャズLP20選」で、藤井肇が「正にモダン・ジャズ・ブーム到来!!」と叫んで、「毎月二十枚近く発売されるLP」「二十種」を取り上げ、先頭に、先に触れた「LP五枚のシリーズ」を「本場アメリカのジャズ・ファンも文句なしにとびつきそうな〔…〕豪華アルバム」(68頁)と紹介している。

いざ来日の5月初旬に間に合わせて、『音楽の友』61年5月号に「注目されるMJQの来日」が掲載され、小倉友昭が「〝サード・ストリーム・ミュージック〟というキャッチ・フレーズが同楽団の性格ならびに思想をもっともよくあらわしていると思える」とガンサー・シュラーの言葉を引用し、「従来の概念では律しきれない世界の追求を、M・J・Qは行なっているのである」と主張して、「ジャズとクラシックとの結合といったような目的意識はもっていない」(156-157頁)ことを強調する。続く6月号に、MJQのコンサートに行ってきた小倉友昭が再登場し、「人工的に作られたきわめてしょうしゃなものだ。何より音のバランスがよく、緻密な音響設計がなされている」(160頁)と評している。「最高のジャズの魅力」という見出しで『讀賣新聞』5月8日夕刊が「娯楽」欄に載せた公演評(無署名)は、「なによりも驚かされるのは、〔…〕高度の音楽性と完ぺきなチーム・ワークである」と始め、「ジャズはその発生以来、クラシック音楽から民俗音楽にいたるまで、幅広く吸収してきたが、それらを十分に消化して新しい魅力をジャズに加えたMJQの演奏はやはり現在考えられるジャズの最高のものといってもほめすぎではあるまい」と締めている。

『讀賣新聞』のそのMJQ公演評の四ヶ月後である9月11日の『朝日新聞』朝刊に出た黛敏郎の「モダン・ジャズ」の終わりの部分も引用しておくと、「スイングをウィーン古典派とすれば、モダンは主観的表現に重きをおいたロマン派から、抽象表現主義の現代音楽にまで至る純音楽の約一世紀をおおう思潮に対応する」と言い、しばらくして、「けれども、ジャズが真に聴覚的に芸術性を獲得する道はけっして安易なものではない」と続け、「ビ・バップはすでにマンネリズムに入り、MJQはジャズの古典化を急ぐあまり、バロック趣味に低迷してしまった」と嘆く。そして、「やっと期待の持てそうなのは、前述のチコ・ハミルトンと、最近すい星のごとく現れたオーネット・コールマンである。〔…〕ジャズが真にモダンを超越するためには、一度はジャズ自身をも超越してしまう必要があると思うのは私のひが目だろうか」と結んでいる。

なお、そのMJQ来日当時の状況は、藤井肇が『音楽の友』61年6月号の「モダン・ジャズ四重奏団ヨーロピアン・コンサート」評の冒頭で記している──「世界音楽祭、大阪フェスティバルで、世界一流のクラシック芸術家の来朝に、業界がてんてこまいの四・五月、ポピュラー音楽の分野も、負けじと、モダン・ジャズ・クヮルテット、ナット・キング・コール、ボナノ・シャーキー、ミーナなどと［踵］を接し、鉢合せする盛況振り」（166頁）。

翌62年早々には、「アメリカ・モダン・ジャズのトップをゆく白人歌手クリス・コナーとその楽団、ファンキー・ジャズの創造者ホーレス・シルバーの一行」が来日して、「一月二日午後、東京・産経ホールで日本公演の幕をあけ」と『讀賣新聞』1月3日朝刊が報じている。『音楽の友』1月号の「二人の白人ヴォーカリストをめぐって」（野口久光）は、12月に「既に来日しているジューン・クリスティ」を「アメリカでもあまり多くない本格ジャズ・ヴォーカリストの中でも指折りのヴェテラン歌手の一人」と詳しく紹介のあと、「後輩にあたるモダン女性歌手」クリス・コナーを紹介し、「今ではクリスティからの影響を乗り越えて、彼女自身のスタイルをつくりあげている」（122－123頁）と評する。翌2月号では、安倍寧が、「コナーにくらべたら、ジューン・クリスティの表現する女心などというものは、ただ、いとおしいだけであって、なんと甘っちょろいものであることか」と言う。そして、ジョイント・コンサートのもう一方、ホレス・シルヴァ・クィンテットについては、「アート・ブレーキーとジャズ・メッセンジャーズに劣らず熱っぽい雰囲気を盛り上げる。しかも、内容的にメッセンジャーズ以上の密度を感じさせる」（135頁）と評している。

大物といわれている人たちが、短期間に顔を揃えた

一年後の63年の1月にアート・ブレイキーとジャズ・メッセンジャーズは再来日した。

『朝日新聞』1月12日夕刊に、「新編成に課題」という見出しで「音楽評」が出ており、「たたきまくり、吹きまくり、ひきまくる、汗でひたいを黒びかりにさせながら……。にじみ出る野生味、それをモダンな感覚で料理するところに、アート・ブレイキーとジャズ・メッセンジャーズの魅力がひそむ」と始めながら、「ショーマンらしくない単純さがジャズ・メッセンジャーズの持味でもある。その意味でトロンボーンを加えた新編成は、変化がついたとはいえ、こんご一つの課題でもあろう」と評者の「保」には、留保するところがあるようだ。『音楽の友』3月号の「ジャズの思想」と題された小倉友昭の「ポピュラー時評」は、ブレイキーとショーターを「除いては、まったく新しいメンバーとなっている」と言いながら、「多くのモダン・ジャズ・グループが、ともすれば知［的］な演奏をポイントにしているのに較べると、このグループは、やはりジャズのもっているヴァイタリティにポイントを合わせている」（146頁）と指摘する。

そのアート・ブレイキーで始まる63年については、同じ小倉友昭が、「今年の春ほど数多くの音楽家が来日したことはない。ポピュラー音楽だけでも、いわゆる大物といわれている人たちが、短期間に顔を揃え」、ブレイキーに「はじまって、一ヵ月に一件の割り合いで誰かが日本でコンサートを行なっている」（148頁）と『音楽の友』5月号の「ポピュラー時評」の冒頭に書いている。「ジャズの知性―今春の収穫 秋吉敏子」と題され、2月下旬から来日の秋吉敏子を対象にしたその一文の中身はともかく、同じ5月号の『ポップス』も、「今年は空前の超デラックスなジャズ・イヤーになってしまった」と報じている。「ルイ・アームストロングからセロニアス・モンクまで」（無署名）は、それに続けて、「四月から五月にかけてハンプトン、アームストロング、モンク、ベイシーと、最高のジャズのスター達が日本を襲うことになっている」と伝える。そして、「ポピュラーではカテリーナ・ヴァレンテやマントヴァーニ楽団などこれも大物中の大物。一体われわれは喜んでいいのかビックリしていいのか、とにかく大変な世の中になったものだ」という（70頁）。「ジャズ」と「ポピュラー」を区別しない小倉の物言いとは違うその一文は、「ジャズ以外にも注目すべきものはたくさんある」ことを紹介している。

『音楽の友』63年5月号の「ポピュラー・コーナー」（児山紀芳）によると、ルイ・アームストロングは4月下旬に「まる十年ぶりに」来日し、「トロンボンのトラミー・ヤング、ピアノのビリー・カイルなど、最初の来日と変わらぬメンバーも参加している」(146頁)。自社の招きであるだけに、『讀賣新聞』は公演を二度報じており、第一回公演についての4月26日朝刊の短い記事の見出しは「二千人のファンわかす」であり、写真入りの4月29日夕刊の「娯楽」欄の見出しは「深い味わいと余裕―にじみ出る人柄」だった。『ポップス』63年6月号の「今月のハイライト」欄の「ジャズ界の至宝ルイ・アームストロング」と題したコンサート評(安倍寧)には、「近ごろのポピュラーもののコンサートにしては、めずらしくロビーから熱気のこもった雰囲気であった」(21頁)とある。筆者の日記には、63年5月2日に、夕食直後「7:00からは30分西日本TVでルイ・アームストロング(来日中)の演奏をきく」とある――「やはり本物はちがう。実にリズムが気持よく安定し、おちついているのが最も印象に残った。これだけはとても日本人は真似得ないだらう」。

一ヶ月後の63年5月27日には「アメリカのジャズ界で〝黒い伯爵〟として知られるカウント・ベイシー楽団の日本公演」が、同じ新宿の「厚生年金会館に約二千人の聴衆を集めて開かれた」と『讀賣新聞』5月28日朝刊が報じている。『ポップス』7月号の「座談会 この外タレらっしゅ」では、「熱演の一語につきたわけです。第二に、合奏技術のものすごさは、やはり大変なものだと思いましたね」(28頁)と油井正一が発言しており、『音楽の友』7月号の「コンサートある記」では、飯塚経世が、「初日よりも二日目、三日目より四日目と、聴けば聴くほど大きな感銘を受けるコンサート」(149頁)と絶賛している。

『讀賣新聞』63年6月1日の夕刊には、同じ5月の中旬に各地を公演してまわったセロニアス・モンクについて、ピアノ奏者の八木正生が書いており、「サンケイ・ホールで」の「三回の公演」に基づく感想には「苦しいほどの美しい緊張」という見出しが付いている。その後半の最初の節に、「彼は特異なタイミングのセンスの持ち主で、決して流麗に弾こうとはしない。その繊細で鋭いタイミングは、力強いリズムと共に、確かな音響と緊迫する無音(間)とによって、苦しいほど美しい緊張を生む。その無音は無限に多くの音を含み、無音がいかに多くを語るかを人々に教える。これはモンクのコンセプトの端的な表われで、彼は音の極度に欠けた和音を多用するがその一つか二つの音による和音が、簡潔的に和音全体を代表し暗示するという考え方に基づくものであり、技法の根本的な特徴ともなっている」とある。一方、右の『ポップス』7月号の座談会で油井正一は、「正真正銘びっくりしました。第一に、彼の音楽が〔…〕アバンギャルド・ジャズではなく、むしろベイシーと同じ、ニューヨークのハーレム・ピアノ・スタイルという独特のスタイルがあるわけです。しかも音楽自体非常に素直であったという点〔…〕をぼくは大変買いますね」（29頁）と言う。一方、同じ7月号の『音楽の友』の「ポピュラー時評」では、小倉友昭が、「内省的な、瞑想的な、観照的な演奏である。ピアノの〝象徴派詩人〟といってもよいほどその演奏は暗示的なものを感じさせる」（149頁）と評している。

八木正夫の評の三日前である同じ『讀賣新聞』の5月29日夕刊では、二十八歳の大江健三郎が、「カウント・ベイシー楽団の印象」の冒頭で、「セロニアス・モンクをきいてきた音楽家のTさんが、ジャズの世界が荒涼と感じられてくる、ということをいっていた」と記している――「モンクのカルテットの演奏が、きわめてすぐれていただけに、なおさらくっきりと、ジャズの荒涼たる未来があきらかになったようだと。ぼくはモンクの演奏会に行かなかったが、敬愛するTさんの言葉はよくわかるという気がした」。武満徹に言及しているに違いないその出だしのあと、「カウント・ベイシーをきいて、ぼくはジャズの荒涼の印象をうけなかった」と言い、長々と綴ったあと、「ステレオできくかぎりコンボの暗く荒涼としたジャズも好きだが、さて演奏会に行くとなると、やはりビッグ・バンドの明るいジャズをききたい」と結んでいる。

8月にはジョージ・ルイス楽団が来日して、厚生年金ホールに「三千人もの聴衆が押しよせ、主催者たちもおどろくほどの混雑を呈した」と『音楽の友』10月号の「楽界時評」（油井正一）が報じている。「平均年齢六十五歳」である「彼らの演奏は、必ずしも創成期のジャズを正しく再現したものではなかった」と言いつつも、「「昔の通りに再演」という要求自体が無理なのだ」（145頁）と理解を示している。同楽団は、東京公演後、「三か月近く全国の労音に出演し、二十万人の聴衆を動員」したと『讀賣新聞』11月19日夕刊が伝え、「アメリカでは〝動く博物館〃という名でよばれている」と記している。

9月には、「あらゆる意味で、モダン・ジャズの教祖的存在である黒人テナー・サックス奏者ソニー・ローリンズが自分のクインテットをつれて来日した」と『讀賣新聞』9月25日夕刊が報じ、「感動を呼ぶ豪快な演奏―妥協を許さない徹底的な自己の音楽主張」という見出しの「ステージ」評（〔安〕）が出ている。その「音楽は、原始的といえるほど、いっさいの虚飾を拒絶して、素朴なまでに誠実だ」と感嘆する。『音楽の友』11月号の「楽界時評」（油井正一）も、「自己のもつ音楽性と、テナー・サックスという楽器のもつポテンシャリティをとことんまで追求するとこんな音楽になるのだろうか？」（153頁）と称える。一方、『ポップス』63年11月号は、「ロリンズを聞いて「モダン・ジャズってイカすな」と思われた方々や、これからモダン・ジャズを聞いてみようという方達〔、〕それから、「モダン・ジャズってただヤカマシイだけでわかんない」という方のために」（23頁）という特集「モダン・ジャズに強くなろう」を組んでおり、「モダン・ジャズの魅力」、「ジャズは黒人だけのものか」、「ジャズ界 日本の現状」、「プレーヤーとそのレコード」が並び、「日本の現状」については、いソノてルヲが、「たるんでいるの一語につきる」、「勉強不足と無気力、仕事の不安定と生活の不規則、それにジャズというものに対する考え方までまるでちがっている」（29頁）と嘆息している。

エリントンなくして何のジャズ、そしてマイルズ・デイヴィスをはじめ七十人

翌64年の『音楽の友』6月号が掲載した「デューク・エリントンの芸術」（油井正一）の冒頭にまた、「おびただしい外人タレントが来ては去る」とある。

「最初のうちは、物珍しさも手伝ってセッセと演奏会に足を運んでいたファンも、去年あたりから、明らかに飽きはじめた。いや飽きたという言葉は、適確ではない。ハッキリと選球眼を働かせだしたのである」と観察し、「今年正月の、エラ・フェッツジェラルド演奏会は、それにしてもひどい成績であった。エラといえば、過去三

十年ちかくに亘って、ジャズ歌手の最高の座を占めている人だ。その看板にもたれて、プロモーター側に油断があったのかもしれぬ。／もうひとつ、去年の五月に来たカウント・ベイシー楽団、これら一流中の一流であるにかかわらず、決して香んばしい入りではなかった」と嘆く。「フランスから来た舞踊のジジ・ジャンメールに至っては、みるも無残な失敗である。／ところが、レイ・マッキンレイ指揮するニュー・グレン・ミラー楽団は、大いりにつぐ大入り。音楽からいえば二流の上。こういうものに客足がついて、一流がソッポを向かれるという現実は、既にアブノーマルである。／アブノーマルであるが故に、ここにクラシック専門の雑誌である「音楽之友」の紙面を借りて、六月下旬に来日する一流中の一流オーケストラ、デューク・エリントンについて語らねばならぬ。私は決心した」よし。さらに、64年の状況に関わる情報として、「今年は、オリンピック・イヤーで、NHKあたりもかなり予算、企画面で苦労しているようだが、そのNHKでさえ、おなじみの福原信夫音楽部長以下、デューク・エリントンには、特別の敬意を払い、六月二十八日（日）夜、ゴールデン・タイムの五十分を特別番組によるテレビの全国中継放送に踏み切ったのである」（129頁）とある。

同じ『ポップス』6月号は、「ジャズの神様デューク・エリントンをきこう」特集を組んでおり、バンド・リーダーの原信夫と宮間利之も参加している「エリントンなくして何のジャズ」と題した座談会に始まり、六編が並ぶ。『讀賣新聞』6月29日夕刊の「デューク・エリントンをきく」は、八木正生が書いており、「即興演奏を重要な要素とするジャズにおいては、作曲はあくまで素材であり、その素材にのっとって、ジャズという、個人的・体験的行為を遂行しようとするものだが、これに対しエリントンの音楽は、一つ一つの作品によって、凡（はん）個人的とでもいえる主張を行なう」と進めていく。

64年7月には、エリントン来日に続いて、七十人のミュージシャンがやってきた。「わが国初の本格的ジャズ音楽の祭典「第一回世界ジャズ・フェスティバル」が、マイルス・デイヴィスをはじめ七十人ものジャズ・ミュージシャンを招いて、［…］十日から東京、大阪を含む全国五大都市で華ばなしく開催され」たと『ポップス』

9月号が報じており、7月号に出ている主催者JBC（ジャパン・ブッキング・コーポレイション）の広告には、Aが「モダン・ジャズ」、Bが「スウィング・デキシー」、Cが「ポピュラー」とある。

新聞評で目につくのは、『讀賣新聞』7月28日夕刊に出ている「グラフィック・デザイナー」田中一光によるもので、「日比谷公園の音楽堂で行なわれた、世界ジャズ・フェスティバルのAグループは、デイビスの演奏が終わりに近づくころになって、ようやく夜になった。排気ガスにいためつけられた緑が、わずかにそれらしい舞台装置をつくっているものの、不快指数は上昇。時々思い出したような梅雨が、顔を濡らす。都心の残響が、ま

デューク・エリントンと秋吉敏子：『ミュージック・ライフ』1958年3月号

だあたりに漂っていて、すこぶる日本的な環境でのフェスティバルであった」と当日の会場の雰囲気を伝える。そして、「やはり、ここ数年来、モダン・ジャズ自体が、めっきり、つまらなくなってしまった」と話を転じる――「理由は満腹になりすぎた聞く側にもあるのかもしれないが、なんとしても、ブームの時代を経たものには、革新から後退した停滞がはじまるようである。J・J・ジョンソンや、ソニー・ステットを聞いていると、一時のモダン・ジャズも名曲と化し、いつのまにか古典になったという感慨が先に起きてしまう。／一九五〇年代のモダン・ジャズには旺盛（おうせい）なバイタリティーと孤独な執念があった。表現と鑑賞の暗黙のうちに果されていたコミュニケーションは、今や急速に失われてしまって、円熟と完成を急ぐばかりになってしまった」。そのあとに、「マイルズ・デイビスの音楽を聞いていると、そういった危惧（きぐ）は一瞬にして消し飛んでしまう」とあるものの、モダン・ジャズのその現状観察は引用せざるを得ない。

60年代前半のジャズ関連書としては、60年の8月にラングストン・ヒューズ著『ジャズ』（木島始訳、飯塚書店）、61年の6月に油井正一編『モダン・ジャズ入門』（荒地出版社）、62年の5月に油井正一編『ディキシーランドジャズ入門』（荒地出版社）、63年の7月に相倉久人著『モダン・ジャズ鑑賞』（荒地出版社）が出ている。

ヴォーカル、そしてヴォーカル・グループ

おとなしいプレスリー、三年ぶりにパット・ブーン、ロッカバラードの紳士ニール・セダカ

『ミュージック・ライフ』は61年7月号から「今月のヴォーカル・レコード」の連載を開始し、「ヴォーカル・

コーナー」、「ヴォーカルLP新譜」と名を変えつつ、64年3月号まで続け（前号では休載）、おもに増淵紘一、児山紀芳、糸居五郎が順に執筆している。

個々の歌手としては、プレスリーは新聞で何度か話題になったものの、概して小さな扱いだった。『讀賣新聞』60年5月17日夕刊に「おとなしいプレスリー」という記事がある――「去る三月に二年間の兵役を終えて除隊後の「初仕事」としてTV番組「フランク・シナトラ・ショー」に出て、「長いモミアゲがきれいになくなり、イカれた服をぬぎすててきちんとタキシードを着こなして」いた。「ただ、十代の女の子たちのキャーキャーという声で歌はとぎれとぎれにしか聞こえず」とのこと。その後の5月26日夕刊は「プレスリーがまた軍服」という見出しで、映画『GIブルース』出演を報じており、約一年後の61年1月12日夕刊は、その映画が「〝おとぎ話〟の域出ず」と評しつつ、「プレスリーの歌は十曲。〔…〕ドイツ民謡にまで間口を広げ〔…〕」とある。二週間後の同紙61年1月27日夕刊は「プレスリー、一位占める」の見出しを付け、「ロックを離れて彼がはじめてうたったワルツ・テンポのラブ・ソング「今夜はひとりかい？」が〔…〕またたくまに百万枚のレコードを売りつくした」と報じる。その後、同紙3月24日夕刊では、「日本でも王座に返り咲き、また来月は「燃える平原児」五月には「嵐の青春」と除隊後の主演映画の第二、第三作が相次いで日本でも公開され〔…〕」という記事の見出しで、〈オー・ソレ・ミオ〉の後を追ったその曲に小さく触れている。

同じ61年の8月24日夕刊の「娯楽」欄の正面は「パット・ブーン王座へ」であり、「王座にカムバックしたプレスリーに続き、こんどは実に三年ぶりにパット・ブーンが「栄光への脱出」で王座をうばい返し」と報じる。「ブーンの歌はハイティーンから二十代むきのもので、〔…〕上品すぎるということで日本でも鳴かず飛ばずになってしまった」が、「五月に、〔…〕新曲として「栄光への脱出」が発売されるとみるみるうちにヒットし、〔…〕続いて先月発売された「涙のムーディー・リバー」も早くもヒット・パレードの第六位」とある。

その記事で比べられているニール・セダカは、二十一歳だった60年の春に両親同伴で来日しており、『音楽の友』60年6月号の、「ロッカバラードの紳士」を被せた紹介（林雅諺〔ママ〕）にあるように、「自作自唱」の〈恋の日記〉のヒットで名を成し、続いて〈オウ！キャロル〉、〈恋の片道切符〉がヒットした。「魅力を一口で表せば、ほのぼのとしたロマンチズムと豊かな音楽性」（126頁）にあると言う。『ミュージック・ライフ』60年5月号は「前から噂のあったニール・セダカが、ポール・アンカ、ジーン・ヴィンセントに続いてロカビリーの渦まく日本へやってきた」と報じ、「4月7日の午前6時20分に羽田に着いたあと、午後2時には築地のビクター・スタジオに来て、「折からスタジオには来日中のロス・トレス・ディアマンテスもあらわれて時ならぬ賑やかさ。セダカは意外なほど若々しく、誰にも笑顔をふりまいている。ジーン・ヴィンセントが繊細な神経質の持主だったのとまことに対照的」（12頁）と観察している。執筆の「く」は発行人の草野昌一に違いない。

「ロカビリー歌手」ついでに挙げると、ボビー・ライデルが62年の1月末に来日と『讀賣新聞』1月25日夕刊が報じており、「19歳〔…〕「ボラーレ」などのヒットがある」という、ごく小さな記事を出していた。そのライデルは64年の9月にも来日した。一方、62年の5月には、「イギリスからめずらしいロックンロール歌手アルマ・コーガンが訪れ〔…〕」と『朝日新聞』5月10日夕刊が報じている。「日本では〔…〕数曲のヒット曲レコードしか知られず〔…〕純粋のワンマン・ショーはむずかしいのか、前座にジョージ川口の楽団や、バック演奏の渡辺弘とスターダスターズの力をかりてなかなか熱演」とのことで、「格調のある英国式発音の〝レディ然としたロック歌手〟といった水と油のふんいきを不思議に身につけた感じの」歌手と見ている。

ナット・キング・コールのいぶし銀の魅力、レイ・チャールズのゴスペルロック

大物ナット・キング・コールは、61年5月に来日した。

「来日したキング・コールとの一問一答」を載せた『ミュージック・ライフ』6月号の前月である『音楽の友』5月号の「ナット・コールの来日」（［昭］）が実現のいきさつを報じており、『讀賣新聞』5月12日夕刊の「娯楽」

欄が、「いぶし銀の魅力」という題で「ステージ」評を載せている。「ジャズ、ポピュラー、ラテンとコールは二十曲あまりを歌いまくった。その一曲一曲が〔…〕コール自身の歌になっている」と評し、伴奏の説明もしたあと、「ポピュラーでは「モナリザ」「ツー・ヤング」がしみじみとした情感をたたえ、いぶし銀のような魅力に満ちたものだった」と記している。

『朝日新聞』の5月11日夕刊の「音楽評」(〔保〕)は、前座もきちんと紹介し、「まちうけていると、現われたのはモントヤ・シスターズ。三度目の来日でおなじみの二人は、官能的な身ぶりで「ベサメ・ムーチョ」や日本の童謡「七つの子」などをきかせる。その次はタップ・チームのダンヒルスが登場。軽快そのもののリズム感で曲技もまじえて見事な足さばきをみせた。少し場違いの感じもするが、まずは前座でおくつろぎを——という趣向らしい」とある。そして、「その派手なショーが終わると、舞台の右のそでから「プリテンド」を歌うというより口ずさみながらキング・コールが姿をだす。きいていると不思議に心がやわらいでくる」とあるが、「バックのスイング・バンドの演奏があわただし過ぎてコールの歌を十分にたのしめない」とも言う。一年後の『音楽の友』62年6月号の「ポピュラーの裏窓」では、「昨年来日したナット・コールが、〔…〕音響設計の不備のために、魅力が半減した」(174頁)と小倉友昭が書いている。

63年にもコールは来日し、『讀賣新聞』1月23日が、ヴォーカル・グループのフォー・コインズなど同行する演奏者名も記したあと、『朝日新聞』2月22日夕刊が、「酔える歌のふんいきを洋酒に見たてれば、ベラフォンテが強烈なウオッカなら、コールはスロー・ジンといったところか」と評した(〔保〕)。そして、「コールの歌に、いま人気の波にのっているポピュラー歌手レイ・チャールスのようなコクを期待するのはムリだろう」と言う。

そのレイ・チャールズは前年の62年に、「静かなブーム」という見出しで、『讀賣新聞』が5月31日夕刊の「娯楽」欄で話題にしていた——「テレビやラジオではあやしげな英語をあやつるローティーン歌手のロカビリーが人気をよんでいるが、一方、高校生や大学生の間にはそれとは全く反対に一人の盲目の黒人モダン・ジャズ・プレヤーが〝静かなブーム〟をよんでいる」。そして、「彼の歌、ことに「ホワッド・アイ・セイ」には日本でも多くの歌手が心酔し、すでに平尾昌章、藤木孝がレコーディングしている〔…〕」とあり、その記事は、「ファンキー・ジャズのあとに来た〝黒人の魂の表現〟といわれるソウル・ジャズの教祖的存在で、ピアニスト、オルガニスト、作曲者、編曲者、そして歌手として天才的な才能を誇っている」とも説明している。

二ヶ月後である『朝日新聞』62年7月23日朝刊は、「〝ゴスペルロック〟大流行」という見出しで「このごろの米国ジャズ界」を伝え、「ツイスト、ボサノバ、タムレ……といった新リズムの名称ではない。ヒットしているレイ・チャールズの「愛さずにはいられない」とか、コーラス・グループのエクサイターズの「テル・ヒム」とか、ザ・フォー・シーズンズの「シェリー」とかを、ならしてこう呼ぶ。つまり変った曲のヒットソングとして登場してきた一連のロック調の歌が、〝ゴスペルロック〟だ」。さらに、「「マヘリア・ジャクスンらに代表されるゴスペルソングに、ロックビートが加味されたリズム」といっている人」もいて、「要するに、黒人特有のあのねばっこいリズム、絶叫と沈静、はげしいスイング、胸を打つシンセリティ（まじめさ）……そんなものから、彼らの泥くささのようなものを取りのぞき、ややモダンな、白人好みの曲にしたもの〔…〕」といった説明が続く。同じ62年には『スイング・ジャーナル』も話題にしており、3月号が「今年の男〝レイ・チャールズ〟」（いソノてルヲ）、9月号が「天才とソウルが生んだ音楽家 レイ・チャールス」（中村とうよう）、10月号が「レイ・チャールス・ストーリー」という具合だった。

世界的人気については、翌63年の『音楽の友』3月号の「ポピュラー時評」で小倉友昭が、「昨年六月〔…〕パリのオランピア劇場で、一昨年十月のパリ・スポーツ・パレス公演で、彼は圧倒的な人気を得た。〔…〕トウィスト歌手として、全ヨーロッパを席捲したジョニー・ホリディもまったく影が薄くなったと報道された」と言う。そして、「モダン・ジャズが、ソール派というタイプを作り出したのは、実はこの素朴な心を、見失ったことが原因となっている」として、レイ・チャールズが「神に祈る心を忘れたことはない」（146頁）ことを強調する。翌月の『音楽の友』4月号のLP紹介欄「ポピュラー・イン・ハイファイ」（藤井肇、林雅彦）は、冒頭で「四月新譜の中で特に目立つものは、人気男レイ・チャールズのLPが四枚も出ていること」（222頁）と言う。『ポップス』には、少し前の2月号に「レイ・チャールズ物語」（中村とうよう）が出ており、「一九六〇年代は、〝レイ・チャールス・エイジ〟だという人がいる［…］」（54頁）に始まって、全四頁を割いている。

一年以上が経った『ポップス』64年10月号には、8月下旬に「待望のレイー・チャールズのコンサート」に二度足を運んだ鈴木道子が「これぞブルースの真髄」を書いており、人気には「モダン・ジャズ・シーンにおける流行も勿論一役買っていることは事実です」と指摘している──「アーシーなものが今日ほど尊ばれる時代は、今までになかったことでしょう。レイの身上であるブルース・フィーリングと、ゴスペルのイディオムは、そのまま現在のモダン・ジャズの求めるものと一致しているわけです」（41頁）。同じ10月号である『スイング・ジャーナル』では、大橋巨泉が「レイ・チャールスを聴く」を書いており、来演二ヶ月前の8月号には「ソウルを歌うレイ・チャールス」（中村とうよう）、「レイ・チャールス その熱狂の秘密」（本誌編集部）の二編が並んでいた。

歌う通訳カテリーナ・ヴァレンテ、〈ショージョージ〉のアーサ・キット

その「ゴスペルロック」記事の三ヶ月前である63年4月には、カテリーナ・ヴァレンテが「西ドイツから来日した」ということで、『讀賣新聞』4月17日夕刊が、「幕あきにフランス語で歌った「私は歌う」から、アンコールにこたえてイタリア語で歌った「チャオ・バンビーナ」まで十七曲を〝歌う通訳〟のニックネーム通りに日本語も含めて、英、仏、独、イタリア、スペインの六か国語で歌いまくった」と伝えている。

その「ステージ」評（「安」）は、「いわゆる〝絶叫型〟だ。ダイナミックに、たたきつけるように張りのある高音で歌いあげる。それに、高音の、のびのある裏声がとても澄んできれいだ。だから、ラテン、ポピュラー、ジャズと幅広いレパートリーを聞かせてくれたが、中でもラテンが一番いきいきとして精彩を放っていた」と称

賛しつつ、「しかし、ジャズには失望した。ジャズの感覚がまるでうすいのだ」と落胆する。しかし、「ヨーロッパ人であるバレンテとしては当然のことで少しも恥ではない」と擁護する。「聴衆を心から感動させひきずってゆくだけの力量には欠ける」という結びが、プリーツのスカート姿で椅子に座り、ギターを弾いて歌う写真を振り返らせる。一方、『朝日新聞』4月15日夕刊評（〔保〕）は、「伴奏の楽団を自分が指揮しているようでワン・マン・ステージの貫禄を発揮した」ものの、「全体の構成には難」があり、「第一部にはリリオ・リズム・エアーズと東京パンチョス楽団だけで正味五十分を越える日本人のショー」と不満を洩らしている。

ヴァレンテについては、三年前である60年2月29日の『朝日新聞』夕刊の「声と顔」欄に、「「情熱の花」はヨーロッパでたいへんなヒット。日本でも半年間に十二、三万枚のシングル盤が飛ぶように売れたといわれる」とある。そして、『讀賣新聞』7月21日夕刊に、「「情熱の花」でベートーベンをポピュラー・ソングにしたカテリーナ・バレンテは、こんどはチャイコフスキーとラフマニノフにとりくんでいる」で始まる短い記事があり、その曲は「フランス語で歌っていたが、こんどは二曲とも英語で歌っている」と伝える。翌61年の『音楽の友』10月号の「ポピュラー・ガイド」の「推薦レコード」では、藤井肇が、「日本に招きたい歌手の一人、まれに見る美貌の持ち主、〔…〕世界各国語でたくみに歌いこなす。〔…〕良さはいまさら論ずるまでもない」（153頁）と嬉しそうだ。

その63年の10月には「六年ぶりアーサ・キット」の来日公演があり、厚生年金会館での初日を「魅惑の歌声たっぷり」の見出しで『讀賣新聞』10月26日が報じている。「〝セ・シ・ボン〟〝ショージョージ〟などでおなじみの黒人女性歌手」である「〝ジャズの女王〟の六年ぶりのお目見えとあって、ファンの出足はよく、千二百人収容の大ホールは開演三十分前にぎっしり埋まった。いっしょに来日したアメリカのボーカル・グループ、コロナドスのコーラスに続いて、ピンクのドレス、深紅のコートをはおったキットの登場。マイク片手に舞台中央のソファに寝そべりながら語りかけるように歌うという、いかにも〝魅惑の歌手〟らしい演出」だったという。一方、『音楽の友』の同年12月号の「コンサートある記」で、「第一部に出演したザ・コロナドスのラテン・ヴォーカル・

トリオが思いがけない立派な収穫で、その意気の合った芸術的なギター伴奏や、変化に富んだコーラスの妙技が、若々しいフレッシュな魅力に溢れていた」(167頁)と飯塚経世が書いている。なお、アーサ・キットについては九年前の『ミュージック・ライフ』54年9月号が二編から成る特集を組んでいる一方、「六年」前の来日の際には、57年4月号に「羽田空港に姿を現したアーサ・キット」(安部亮一)と題した記事が出ていた。

何度も招聘企画が沙汰やみになっていたフランク・シナトラとイヴ・モンタン

「フランク・シナトラとイヴ・モンタンが相ついで来日、しかもともに歌った」。それが62年の4月下旬と5月下旬のことだったことを『音楽の友』6月号の、「大きな歌手にミスはない」という見出しの「ポピュラーの裏窓」(小倉友昭)が報じている。そして、「いままで、何度も招聘企画がたてられ、その都度、沙汰やみとなっている。しかも、ともに、いままで来日していないながら、歌ったのはこんどがはじめてという点も似ている」と続き、「この春のポピュラー音楽界の焦点となったことはいうまでもない」(172頁)とある。

シナトラの「来日目的は、世界一周慈善公演の一環としてのもの」で、「六人の楽団と、公演の模様を、フィルムにおさめる三人の撮影隊などを含めて十一人の部隊、四千万近い経費は、すべて彼の私費によるものだった」。「日本の状態を説明して、五千円のチャリティ・ショーと、三百円の大衆料金の二本立てを条件にした」が、「会場となった〝ミカド〟は、シナトラの来日するまで、非常に弱気」で、「例のない高額料金で、果してどれだけの聴衆を集められるかという点に、危惧をもった」そうだ。しかし、「来日した翌日には、まったく入場券が売り切れて、問合せが、殺到という事態」となり、「前例のない五千円のチャリティ公演二日間の売り上げが、約千五百万円」(172頁)だったという。シナトラは「六重奏団を伴奏につれてきて、自分の手足のように使いきって」、「ミカドでの4月20日夜に「二十二曲、一時間十分を一人でうたいきった」。「その多くは「イエロー・ムード」「バーモントの月」「マイ・ファニー・バレンタイン」など日本でもよく知られている曲だった。[…] ハンド・マイクを手にさりげなく歌う歌には、他の歌手にはない味があった。たとえていうなら、オールド・スコッチの味といってもよいだろう」(174頁)。

『讀賣新聞』4月23日夕刊の「ステージ」欄は、「戦後数多くの歌手が日本に来たが、これほど深い感激をわれわれに与えてくれた歌手がほかに一人でもいたろうか」と褒め、「たくまざるうまさ、いってみれば芸の年輪なのだろうか」と結んでいる。『朝日新聞』62年4月24日夕刊の「音楽評」(「保」)には、「ミュージカル映画やレコードできいたシナトラとくらべると、力強いアタックがうすれてはいるが、パンチをきかせどころにまじえた円熟した歌いぶり」とある。

右の「ポピュラーの裏窓」(小倉友昭)は、イヴ・モンタンについては「招聘が企画され、実現の見透しが立ったのは昨年秋だった」よしで、「ジェリエット・グレコの日本公演が予想以上の成功をおさめたのが、これに拍車をかけた」と報じているほか、以前に「二度にわたって日本公演の約束を破棄している」(172－173頁)とある、60年1月に予定されていた最初の公演に合わせて、『音楽の友』60年2月号は「イヴ・モンタン特集」を組み、「モンタン賛歌」、「モンタンのみどころ、ききどころ」、「モンタンの映画とレコード」、それに「座談会 シャンソンのたのしみ」を含めて、計二十二頁を充てていた。『朝日新聞』60年1月7日朝刊の記事「イブ・モンタンの来日延期」には、末尾に「交渉した結果、五月十八日から六月七日までのくりのべ公演が決まった」とあるが、それも実現しなかった。

「ポピュラーの裏窓」をさらに引用すると、「モンタン招聘接渉にあたって、もっとも日本側を驚かせたのは、神経質なまでに舞台の設備、状態について、条件をつけてきたことだった」とあり、「幕は黒ビロードを指定し、モンタンのステージを特色づけるうすいグレーの紗幕は、モンタン自身が持参することをつけ加えてあるほか、伴奏ギターのアンプのためのコンセントまで条件をつけるなど、舞台、照明、音響の各項目で、四十八ヵ条の注文を申し出てきた。「彼のステージは、まったくアドリブはない」といわれていたのを裏書きするような厳密な条件だった」(173頁)という。そして、「シナトラのさりげないステージと較べて、きわめて様式的に磨き上げられた感のするモンタンのステージだった」(174頁)。

『朝日新聞』62年5月3日夕刊の「音楽評」(「保」)は、最後に「エネルギッシュな点ではベラフォンテが印象にのこるが、表面は明朗で優しいモンタンの舞台にはそれに勝る芸のふくらみを感じる」と評している。一方、『讀賣新聞』5月4日夕刊の「ステージ」評(「安」)は、「彼にとっては、歌うことは演技することであり、演技と歌は不可分の関係にある。[…]歌詞とメロディーとステージでの動き、そして唱法が、これ以上ほかの解釈は考えられないというところでみごとな調和を示している」と評し、「ジャック・プレベールの詩「バルバラ」の朗読をふくめて二十二曲、大衆のための歌手としてのモンタンの魅力、素朴なまでに健康な明るさが五月の太陽のようにあふれていた」と結んでいる。

書籍としては、60年1月にクリスチャン・メグレ著『イヴ・モンタン―世界の恋人』(蘆原英了・小林久伸・石田和己共訳、理論社)が出ており、シャンソン関連では60年代前半には石井好子著『巴里の空の下―オムレツのにおいは流れる』(暮らしの手帖社)が出ている。

黒人コーラスのデルタ・リズム・ボーイズ、ゴールデン・ゲイト・カルテット、プラターズ

50年代半ばすぎから日本に影響を及ぼし始めたヴォーカル・グループについては、『音楽の友』61年9月号の小島正雄の「インク・スポッツの想い出」が参考になる。

小島はまず、「戦前戦後を通じて一番始めにアメリカから来日したジャズ・コーラスはデルタ・リズム・ボーイズである」と言っており、その53年の公演評は第二章に引用した。二度目は61年1月で、「七年ぶりデルタ・リズム・ボーイズ」に「チエミが初の演出―前回の公演の恩返しに」という予告記事が『朝日新聞』60年12月27日夕刊に出たあと、同紙61年2月21日夕刊が「人間的なあたたかさ」の見出しで評しており、「八年前の来日に

くらべると、〔…〕一段と多彩なレパートリー〔…〕ミュージカル曲、黒人霊歌、ポピュラーやジャズのスタンダード、さらに新しいカリプソ・ソングといった調子」とある。

小島は続けて、53年の初来日の頃は「ジャズ・コーラスに対する世間の関心もそれほど深くなかったが、東京神田の共立講堂は満員になり、このことが私に早く日本でもジャズ・コーラスを作らなければと思い立たせ、やがてダーク・ダックスの誕生の一つのヒントとなったのである」という。そして、「戦前から私の知っていたのは男声ミルス・ブラザース、女声ではピケン・シスターズ、ボスウェル・シスターズ、それにアンドリュー・シスターズなどであったが、特にミルス・ブラザースは今日迄四十年の歴史を持ち、今なお現役で活躍しており昨年来日したから皆様もよくご存じと思うが、私共学生の頃のねがいは、何とかしてミルス・ブラザースの真似をすることであった。〔…〕私ばかりではない故川田晴久のダイナ・ブラザース、ミルク・ブラザースも、同じ想いから生れた当時のモダンボーイの所産なのである」(162頁)。そして、あとは、54年に駐留軍慰問で来日のインク・スポッツをNHKの公開録音に出演させた苦労話に移る。

デルタ・リズム・ボーイズの再来日である61年2月より二年前である59年3月に来日していたのが、ゴールデン・ゲイト・カルテットだった。『音楽の友』58年12月号で福田一郎が予告しており、「世界旅行の途中、来年三月日本に立寄り、約半月間日本に滞在、この間に十数回の演奏会を開く、ということが本決りになったらしい。これは素晴しい朗報である」と歓迎している。そして、右の小島正雄の記述を補填する言葉が続く。「日本を訪れる第三番目の黒人ヴォーカル・グループということになる。一番目〔…〕は一九五三年五月にやってきたデルタ・リズム・ボーイズ。五四年のはじめに、インク・スポッツが来日している。ところが、その頃は、ヴォーカル・グループに関心をもっている人なんて、ほんの僅かだったし、〔そ〕のレコードは、絶対売れない、という不文律のようなものがあったものだから、たいした話題にもならなかった。もっとも、デルタもインク・スポッツも、大分影の薄い存在になっていたことも原因したのだろうが、とにかく客の入りは悪かった」という。「しかし、現在では大分事情が変ってきている。この一、二年の間に、日本のヴォーカル・グループは、まがりなりにも自分達の［力］でリサイタルを開くまで成長したし、付随してファン層もずっと拡大されている」(76頁)。

来日公演が終わってしばらく後に日本劇場で催された日本人ヴォーカル・グループの「コーラス・パレード」について、『讀賣新聞』59年5月19日夕刊の評（［A］）が「デューク・エイセスとピーナッツの二つのグループだけが光っている」と指摘し、その「デューク・エイセスの「黒人霊歌」は、先日来日したアメリカのゴールデン・ゲイト・カルテットのスタイル、編曲をそのまゝとり入れたものだが、確実にその長所をとり入れており、テンポをかえてからのコーラスなど実に見事なものである」と褒めている。

その記事に先んじる『音楽の友』59年5月号に、メンバーのオーランダス・「ウィルソンと語る」一問一答の記事があるほか、「ポピュラー界」の欄（小倉友昭）が「コーラス・ブーム日本」という見出しで、ゴールデン・ゲイト「四重唱団」の三月の公演を詳細報告しており、「第一部が、黒人霊歌、第二部がアメリカ民謡、第三部がポピュラー・ソングといったプロを組んでいたが、そのいずれをも、巧みにムードを出して歌い上げていた」と評している。そして、3月20日、その第一部と第二部の間に「ダーク・ダックスが特別に出演」したが、「今のところ日本でもっとも力を持っているとされている四重唱団」であるだけに、「意地悪く見れば、彼我の差がはっきりうかがえるものだった」(137頁)ともある。

デルタ・リズム・ボーイズ再来日の61年に話を戻すと、「黒人コーラス」としては、11月にドリフターズが来ており、結成は「一九五三年七月、たちまち「マネー・ハニー」「ハニー・ラブ」などのヒットで異色のロック・コーラスとして有名になった」と記して、『讀賣新聞』61年9月27日夕刊が「十一月に来日」を報じる。続いて、「映画「ヨーロッパの夜」で日本でもおなじみの黒人コーラス、ザ・プラターズ」が12月中頃に来日すると同紙12月7日夕刊が伝え、「「オンリー・ユー」「グレイト・プリテンダー」「マジック・タッチ」と三枚のミリオン・セラー・レコードをもつ人気コーラス」と紹介する。『朝日新聞』12月27日夕刊の「音楽評」（［保］）は、「黒人ボーカル・グループの中でも」、「アメリカで最高クラスの人気を集めている」という前置きのあと、「男性四、女性一という変った編成だが、高い音と低い音のバランスが実にうまくとれている。〔…〕とくにリード・テナーのソニー・ターナーのソロに、全員がリズムをつける「マジック・タッチ」や看板曲ともいうべき「煙が目にしみる」がいい」と評している。念のために筆者の大学生時代の日記に当ってみると、59年5月6日に、「［F］さんとタイプ室へ行った。そして、そこにあったギターをもって、彼と三階ロビーに行って、彼の希望で、「煙が目にしみる」を一寸伴奏してあげた。それから再び、タイプ室にもどった」と書いており、既にその時点で知られていたことがわかる。

『音楽の友』62年2月号には、「そのユニークな個性」という見出しのプラターズ公演評（井崎和男）があり、「二つのマイクの使い分け、ソロとバックとのからみ合いは編曲と結びついているものであり、動き方も当然そこから導き出されてくる。「ユール・ネヴァ・ノウ」などは、それが典型的に示されたものであることはいうまでもない。ゴールデン・ゲイトの場合、自然な動きは、音楽を血の通ったものとしていた。フレール・ジャックは計算された動きによって、音楽を造型していた。プラターズの動きはその両方の要素を総合したものであり、さらにショーとしての流れにテンポをもたらしていた」（137頁）とある。

59年春に初来日したゴールデン・ゲイト・カルテットは、三年後である62年の10月に再来日し、『朝日新聞』の9月26日夕刊の予告記事で、「魅力的な低音には日本にもファンが多く、古い歴史的な歌曲を新しい手法でジャズ編曲し、黒人霊歌を現代にマッチしたものとして聞かせるのがお得意だ」と紹介し、『朝日新聞』62年10月10日夕刊の「音楽評」（「安」）は、「低音の魅力と幅の広さ」という見出しで報じ、「四人のメンバーのうち、第一テナーがかわった、といっても、四重唱団の持味に変化はなく、むしろ三年前よりもショーマン的な印象をうける」と評している。

その評者かと思える安倍寧は同年の『音楽の友』10月号の「きわだって多いコーラスグループ」という小見出

しが付いた「来日演奏家評判記 ポピュラーの巻」で、「外来タレントには、このようにコーラス・グループが多い」、「いちばん主な理由は〔…〕プロモーターが、一般公演以上にナイト・クラブをマーケットにしているからだと思う」と指摘している——「クラブのショーには、ソロ・シンガーよりチーム・ワークでショーマンシップを発揮しやすいコーラス・グループのほうが、ずっと適しているというわけだ」。「一般公演で赤字を出しても、ナイト・クラブ出演で、なんとかトントンに持ってゆけるというソロバンになっている以上、〔…〕ジャズ、ラテンの区別なくコーラス・グループの占める割り合いは、こんごも、いっこう、へらないことだろう」(67頁)。

現に、ゴールデン・ゲイト・カルテット再来日の一ヶ月前には「アメリカのコーラス、ワンダラーズ」の来日が『讀賣新聞』8月16日夕刊に短く伝えられ、右の安倍寧は「有名なテレビ番組「エド・サリバン・ショー」にも出演しているくらいだから名前は売れていなくとも、そうひどい銘柄であるはずがない」(65頁)と書いている。12月には、「黒人のコーラス、ザ・プラターズが二十六日に二度目の来日をする」と『讀賣新聞』12月10日夕刊が短く伝え、「今回は約四十日間日本に滞在」と報じている。61年末の初来日のときは、「観光旅行の途中とのことで、二回のステージしか持たなかった」と『音楽の友』3月号が短いコラム記事「ザ・プラターズ公演」で伝えている。

先に挙げた井崎和男によるプラターズ初来日公演評に出てくるフレール・ジャックは、「歌うマイムで有名なパリの人気者」と60年2月15日の『朝日新聞』夕刊にあり、その公演を「保」が報じており、「ホリゾントだけの舞台にすえられた一台のピアノ演奏がはじまり、腰から下は黒、上は赤、黄、緑、青の総タイツ姿の四人があらわれるという趣向」で、「彼らのシャンソンは日本には知られないものばかりで親しめないが、そこは四人の珍妙な歌のハーモニーと身ぶりがかなり補って楽しめる。強いていえばダーク・ダックスのコーラスにマイムのヨネヤマ・ママコをこねあわせたような感じだが、とにかくフランス的な知性とパリジャン的な庶民性が感じられる」という。一方、『讀賣新聞』60年2月29日夕刊の「二つの外国合唱団」という見出しの「月曜ジャーナル」

は、「新宿コマのような大舞台にはそぐわない小味な寄席芸にうけとれた」と評している。そして、『音楽の友』60年3月号が「動くシャンソン」の見出しで、「レ・フレール・ジャックの来日」（小倉友昭）に四頁もの紙数を費やしていた。

民謡中心のキングストン・トリオ、ブラザーズ・フォー

「キングストン・トリオと云えばわが国ではせいぜい〝トム・ドゥーリー〟だけ位にしか考えられておりませんが、アメリカに於けるこのグループの人気たるや到底我々の想像も及ばないくらい凄まじいものの様です」と『ミュージック・ライフ』61年2月号の「今月のステージ」（無署名）が紹介し、「新春早々日本にやってまいります」と伝えている――「一月二十三日羽田に到着、約一週間滞在して主にナイト・クラブ、駐留軍関係のステージ、TVに出演する予定との事です」。そして、どのようにして評判になったかを説明し、「特徴を一口に云うと単純かつ素朴なフォーク・ソングを当世風の新しいアレンジで色づけし、わかり易くしかもユーモアたっぷりに表現すると云って良いでしょう」とまとめ、「こんなところに現在の華々しい成功の原因があるのではないでしょうか」（32－33頁）と言う。翌月の3月号は、「来日した4つのグループ」の一つとして、デルタ・リズム・ボーイズ、アール・グラント、トシコ・マリアーノと並べて来演の様子を伝えている。

筆者の日記では、翌62年の1月5日に、「橋本健君よりTEL。Banjo の新しい弾き方をきかしてくれた。親指と人差し指のみを使う。この前、大沢君がテレビで見たキングストン・トリオがやってた奏法とのこと」とある。ということは61年来日の際の録画が放映されたのだろう。

62年の4月には、ブラザーズ・フォーが来日した。「産経ホールで来日初公演をおこなったザ・ブラザーズ・フォーはブルーの半そでシャツに黒い細身のズボンといういでたち。第二部で、シャツだけ樺色のものに着替えたが、とにかく見た感じが小ざっぱりしていたのには、いい印象をもった」と『音楽の友』62年5月号の「診断

室」で安倍寧が書いていおり、「芸人臭のない〝芸〟」という見出しに沿って、「アマチュアリズムらしく見せたプロフェッショナリズム」という辺りに「彼等の人気の秘密も［…］あると想像する」（144頁）と評している。『ミュージック・ライフ』同年5月号のインタビュー記事の見出しは「イカした4人のお兄さまが若さと歌をどっさりもってやってきた」であった。

筆者の日記で「ヴォーカル・グループ」への言及を探したところ、「すぐにボン・コアンへ。そして期待してたテレビをみた。［12:30の］の番組。板付、芦屋ベースのGIの色んなバンドや、歌手やヴォーカル・グループ。とても上手だ。それをみて、二、三人しか客のいないひっそりした雰囲気で勉強した」という59年7月24日の記述が見つかった。おそらく白人と思えるGIが、「ヴォーカル・グループ」を含め、勤務の合間に歌唱演奏活動をしていたことがわかる。それに加えて、一年後の60年5月27日の英語で書いた日記に、「日米修好百年記念祭」が催された福岡市内の「貿易会館」でダンス・バンド出演した際に、「アメリカ兵士のバンドが演奏するカントリー&ウェスタン音楽を聴く素晴しい機会」に恵まれたと記している。

ミュージカル、ハワイアン、ウェスタン

押すな押すなのミュージカル・レコード

前章の50年代後半で少々説明したミュージカル受容については、60年代に入ると、『音楽の友』にブロードウェイ報告を頻繁に書いていた内村直也が、『朝日新聞』61年12月9日夕刊に「最近のアメリカのミュージカル」

を書いている。『ウェスト・サイド物語』、『バイ・バイ・バーディ』、『マイ・フェア・レディ』などに言及したその長めの一文は、「米国で育った総合芸術」、「地方公演から本舞台へ」、「台本・歌にヒットのかぎ」という小見出しを付けて、現況を報告する。そして、翌62年の『音楽の友』9月号には、「舞台の「ウェスト・サイド物語」で主役のマリアをやった」リラ・マーティンが「赤坂のナイトクラブに出演したとき」に楽屋で会見した安倍寧の記事がある。

一年後の秋には「日本製」『マイ・フェア・レディ』を菊田一夫が演出し、『音楽の友』63年10月号が紹介している。前月の63年9月号の『ポップス』も、紹介する一方で「菊田一夫にきく」を掲載し、続いて、「M」署名の「ミュージカル鑑賞の手引き」を添えている。翌64年に『ポップス』6月号が日本の「ミュージカル時代の開幕」を話題にしたあと、10月号が六編から成る「ミュージカル・レコードを聴こう!」特集を組み、最初の「対談ミュージカル・レコードの楽しみ」が『南太平洋』、『ウェスト・サイド物語』、『アニーよ銃をとれ』、『バイ・バイ・バーディ』、『ショーほど素敵な商売はない』、『マイ・フェア・レディ』、『ファニー・ガール』を話題にする。その号が店頭に出ている9月24日の『讀賣新聞』夕刊が、「娯楽」欄に「押すな押すなのミュージカル・レコード」という記事を出しており、「中でもサウンド・トラック盤〔…〕の売れ行きは上々」と紹介を始める。

「ロングラン」になった『ファニー・ガール』は、筆者はその二年後に、ニュー・ヨーク滞在中、ブロードウェイで見ていて、66年8月29日の日記を引用すると、「八時十五分に Majestic Theatre へ。席を探したのだが、なんと、rear も rear バルコニーの最上段で壁を背。〔…〕上を見上げると左上のところに穴があいていて、鉄はしごが通じている。あとでわかったが、照明室(役者個人個人を照らす照明)。芝居がはねたら、係の三人の男がそこからおりてきて、客に混じって出ていった。今日の彼女は…と出演者のことを話しているのがきこえた。ミュージカル、別に面白くもなし。英語もよくきこえなかったり、ききとれなかったり。こんなに遠いところからみていては。踊りだけはさすがアメリカだと思った。日本じゃあんなきびきびしたことが出来ない」。そのあと、どうしてそうであるかの説明に「強弱アクセント」と「高低アクセント」の違いなどを軸に、この引用の倍以上の語数を費やしている。ショウは「十一時十五分に終る。果物を買い、42nd St. のホテルの東側の交差点を渡った角で、またレモン・アイス（アイス・クリームと区別があるらしい）をたべる。帰る」。

「ミュージカル・レコードを聴こう！」特集の二ヶ月後である63年12月号の『ポップス』には、「ウェスト・サイド物語とアニーよ銃をとれ」という四編構成の記事があり、副題に「オリジナル・ミュージカルと翻訳ミュージカル」とある。同じ64年の秋には「フランス初のミュージカル映画「シェルブールの雨傘」近く公開」ということで、『讀賣新聞』9月29日夕刊に記事が出た。「フランスで初めて試みられたミュージカル映画」で、「ミュージカルとはいっても、アメリカ的な歌唱やダンスのナンバーを持たず、いわば全編が歌で、普通のせりふは一語もない」とある。筆者も、話題になったその映画は観に行ったが、日記の記述は見当たらず、記憶に頼るのは控える。

その64年の11月には、ブロードウェイの『ウェスト・サイド物語』が日本で上演され、「映画は映画。私は舞台芸術としての〝ウェストサイド〟をぜひみたいと願っていた」と声楽家の立川澄人が書いている。「思っていた通りで、映画の素晴しさを、はるかに凌駕する舞台の迫力に、完全に圧倒されてしまった」（184頁）という感激を綴ったその「観劇記」が出たのは『音楽の友』65年1月号であり、ほかに三編が並ぶ。『ポップス』65年1月号では、「日本の作品に多くあるような、説明はまったくない。それだけに、主題が、ストレートに聴衆にうけとられる。聴衆はただ、この幕切れから、暴力に対する憎しみを今さらながら感ぜざるを得ない、という仕組みになる」（24頁）と小倉友昭が感動している。

関連書としては、63年に野口久光著『ミュージカル入門』（荒地出版社）、64年の11月にレナード・バーンスタイン作曲『ウェストサイド物語』（比良九郎、ダン・ケニー共訳、音楽之友社）、および金井喜久子著『ミュージカル世界の旅』（音楽之友社）が出ている。

ハワイは招く

50年代前半の章で触れたハワイアンの人気は、着実に持続する。記事を拾うと、『音楽の友』61年7月号の「ニュース」欄に、「〝ハワイは招く〟東京公演」の見出しがあり、「ケント・ジラードとパールス・ポリネシアン一行」が6月23、24日に「産経ホール」で公演することに短く触れている。その約一年後の62年の5月には、『讀賣新聞』5月1日夕刊に、「ハワイ観光協会は、ハワイへの観光客誘致を目的として、ハワイ音楽の歌と踊りのチーム、ブルー・ハワイアンズを日本、オーストラリア、ヨーロッパに派遣する」という記事が出ており、『朝日新聞』5月3日夕刊の方は、同じ一行の来日を「南国のムード」の見出しで伝え、人物写真を三つ並べており、同紙の5月13日夕刊には「アクのない踊り」の見出しで東京公演の様子を報じている。翌63年の『音楽の友』8月号の「ポピュラー・コーナー」(児山紀芳)には、「日本よいとこハワイアン・グループの来日ラッシュ」の見出しがあり、「〝リーガル・タヒチアンズ〟〝ザ・サーフライダース〟につづい[て]八月二日ルアウ・ハワイアンズが来日、月末まで全国各地で公演する」(170頁)とあり、『朝日新聞』8月8日夕刊に「涼しいショー」、「食卓囲んで見物」という見出しを付けた記事が出ている。

その二ヶ月前の『ポップス』63年6月号には、「史上最大のハワイアン作戦」(無署名)と題して、「五月と、六月の新譜に、各社ともどっさりと、ハワイアンの新譜をおくりこんだ」と書き出している――「ともかく大変な数である。日本ビクター[…]が23枚、キング・レコードが13枚、東芝レコード[…]が20枚、ほかにコロムビア、テイチク、グラモフォンを合わせて約15枚。[それに]何百種類という既発売のレコードがある」(22頁)。

翌64年には『朝日新聞』6月8日夕刊が「試聴室」の「ポピュラー」に「ハワイアン花ざかり」の見出しをつけ、「6月新譜」として『ハワイ・コールズのすべて』を紹介している。「ハワイアン・シーズンだね。各社の新譜も出そろった。昨年ほどではないが、ことしも洋・邦盤を合わせて約七十点もある」という。『ポップス』7

月号は「ハワイアンを楽しもう」という特集を組み、鼎談を含めた四編で構成しているが、早津敏彦ほか二名の鼎談はごく他愛なく、あとは「ハワイアン・バンドを作ろう」、「楽器購入の手びき」という実践もの、それに早津敏彦の「これだけは聴こう」と題した「レコード・ガイド」だった。

関連書としては、62年6月に早津敏彦著『ハワイアン・ガイド・ブック』（新興楽譜出版社）、64年7月に早津敏彦著『ハワイアン―名曲とレコード』（創元新社）が出ている。

正に世はウェスタン・ブーム

60年に入って『ミュージック・ライフ』は、59年4月号に開始の油井孝太郎による連載「ウエスタン・トピックス」を11月号まで続け、61年1月号からは、休載を挟みつつ和田誠司による「ウエスタン紳士録」を63年2月号まで載せ、翌月の63年3月号からは同じ和田誠司の「大西部開拓史（名曲百五十集）」を三ヶ月続け、次の63年6月号が「ウエスタン紳士録」を和田誠司に復活させ、10月号まで続けた。それと並んで、62年10月号からは木崎義二が「今月のウエスタン新譜レコード」、「ウエスタン新譜レコード紹介」、「ウエスタン・コーナー」、「ウエスタンLP新譜」と題名を変えながら63年12月号まで連載を続け、約半年前の63年4月号からは、高山宏之の「ウエスタン・ホット・ニュース」が始まり、65年11月号まで続いた。

『音楽の友』のレコード案内「ポピュラー・イン・ハイファイ」の頁を見ていくと、「ウェスタン」は藤井肇が担当し、62年4月号が『これぞカントリー・アンド・ウェスターン』を取り上げ、「今月からビクター・ウェスターン愛好会が発足。その第一号発売盤である」と紹介している。「ロックンロールが下火になる反動として、純ウェスタン音楽がわが国でも再びさかんにもてはやされ始めてきた」と言い、「近く映画「西部開拓史」も完成されるし、また「荒野の決斗」「駅馬車」「黄色いリボン」等往年の名作がリバイバルされ、正に世はウェスタン・ブーム、この愛好会の企画もまたグッド・タイミング」（174頁）とのこと。『ミュージック・ライフ』は62年

12月号で、「ビクター・ウエスタン愛好会が発売する異色シリーズを語る」と題した座談会を開き、藤井肇、高山宏之、寺本圭一が出席している。

『音楽の友』62年7月号では、LP『ハンク・ウィリアムス・オン・ステージ』を取り上げ、「思いがけない掘出し物である」（164頁）と喜ぶ。62年9月号では、『レイ・チャールス・カントリー・アンド・ウェスタン・ソングを歌う』を紹介し、「一九六二年最大の人気男レイ・チャールスのレコードは［…］最近物凄い売行だそうだ』とし、「純粋のウェスタン・ファンにはやや面食らうかもしれないが何を歌わせても、自家籠中［ママ］のものとしてしまうレイの天才ぶりを楽しむべきであろう」と薦める。62年11月号には、ハンク・スノウ、エディ・アーノルド、ジム・リーヴズの『三大ウェスタン名歌手傑作集』は、「線香花火的に短命で消えるインスタント歌手に比べ、ウェスタンの人気歌手の生命がいかに長いか、これらのアルバムが立派に証明している」（194頁）とある。

63年4月には、ファーリン・ハスキーが来日しており、『音楽の友』63年6月号の「ポピュラー・コンサート評」で、「若々しく派手であり、見てたのしめる良さに溢れていた」（151頁）と「西部音楽に関しては丸っきり素人」と自称する飯塚経世が書いている。その翌月の63年5月に、『Country & Western』と題した季刊誌が発行され（編集発行人」真保孝）、和文タイプライター打ちで、会員読者制のこの「西部音楽専門誌」は、数号後に隔月刊となり、67年12月からは、副題が「ブルーグラス・カントリイ音楽専門誌」に変わった。（筆者は71年から74年にかけて、この雑誌に計十四編を執筆した。）

『音楽の友』63年7月号では、LP『ウェスタン音楽入門 全三巻』（ビクター）の紹介にあたって、藤井肇は、「わが国におけるウェスタン音楽の歴史は、まだ二十年を数えない。第二次大戦終了後、進駐軍慰問の目的で開始されたWVTR（現在のFEN）放送のウェスタンD・J番組［…］また「グラン・オール・オプリー」公録番組が、ラジオの電波にのって日本全国に普及したことに起因するものとみてよい。しかも最近ナット・キング・

コール、レイ・チャールスその他の人気歌手が好んでカントリー・アンド・ウェスタンを取り上げて、大ヒットを放っていること、また若人の間に古い型の西部音楽――マウンテン・ミュージック、ブルー・グラス音楽が大流行してきたことなど、ここ一、二年のCアンドW・ブームの影響を受けて、わが国のレコード会社も、特にこの分野に力こぶを入れる様になった」（194頁）と現状説明する。「マウンテン・ミュージックの流行振りは、大いに注目に値する」ことは次号の63年8月号の『ロンサム・パイン・フィドラーズのすべて』の紹介でも述べており、「古い型式の土の香り豊かな音楽への郷愁が、若人達に共感をおぼえさせたのであろう」（196頁）と言う。

そこに出てくるブルーグラス音楽は、筆者は、二年前である61年11月14日に福岡の玉屋百貨店のホールのコンサートで演奏していた。「西部音楽」でもなければ「大流行」していたとも思えないが、フラット・マンドリン、フィドル、五弦バンジョウ、ギター、ベースという典型的ブルーグラス・バンド編成のその演奏が日本ではずいぶん先駆的であったのは、友人の橋本健君の熱意による。「ウェスタン・イン・フクオカ」と題したコンサートで、二つの「ウェスタン・バンド」に挟まれて出演した「Stage は二回、楽しかった」と日記に書いている――「急ごしらえの「Kentucky Highland Folks」とやらは特異な存在にみえ」、「観客はほとんど Modern な Western に傾いたミーちゃんハーちゃんといふところ」だった。その三日後の11月17日の日記には、「「I」に14日の夜の出演後の話をきく。最前席でみていた外人と一緒に食事したとのこと。そして、Kentucky Highland…をきいて故郷に帰った気がしたと言ったとのこと。そう言ってくれる人がいたとは有りがたい」とある。

63年7月には、音楽之友社が、「ウェスタン」音楽に関する初の単行本である高山宏之著『ウエスタン音楽入門』を刊行した。平原で牛の群れを率いる牧童という風景の表紙絵によって、南部白人音楽を西部音楽だと主張する趣のその本の、挿入写真多数を含む概説は全体の三分の一程度で、あとは「アーティスト一五〇選」、「名曲一〇〇選」、「主要LP一〇〇選」で構成されている。

その音楽之友社が前年の62年11月に創刊した『ポップス』は、63年1月号の口絵にラスティ・ドレイパー、それにジューン・キャッシュ同行のジョニー・キャッシュ来日公演写真を載せている。『ミュージック・ライフ』62年12月号が報じている「遂にやって来たジョニー・キャッシュ」記事は、「USOショー」という「外地のアメリカ駐留軍の慰問公演」(26頁)としての来日であり、10月28日の厚木基地での慰問公演を報じたものながら、その二週間少々あとの11月14日に「後楽園ジム」で日本人相手の公演を「東京芸能」が開催した。

その後『ポップス』は、64年4月号で「西部の魂を歌うハンク・スノウ」という見出しで、三月に来日したハンク・スノウの演奏写真三枚をグラビアにしているほか、「ハンク・スノウに20の質問」という見開き二頁を用意し、高山宏之、および若手演奏者の東理夫、井上高が質問をしている。返答するスノウは、自分の音楽ジャンルを終始「カントリー・ミュージック」と呼んでいる。『ミュージック・ライフ』はそれに先立つ64年1月号に「スインギング・レインジャー、ハンク・スノウがやってくる」と題した座談会(藤井肇、福田一郎、ジミー時田、鳥尾敬孝、草野昌一)を載せており、一方、6月号には「カントリー&ウエスタンの生きた歴史やってくる ロイ・エイカフ」と題した「特別座談会」(高山宏之、本田悦久、大野義夫、鳥尾敬孝)を掲載している。

音楽とムードの雑誌――『ポップス』

何度か挙げてきた月刊誌『ポップス』について説明しておくと、先述のように創刊は62年11月であり、『讀賣新聞』62年10月25日朝刊の創刊号広告には、「この1冊で現代に強くなる!」とある。東亜音楽社が発行し、音楽之友社が発売し、『音楽の友』はその新雑誌が出ることによって、翌年の号からポピュラー音楽関連の記事から基本的に手を引いた。

東亜音楽社については、音楽之友社の社長、目黒三策が『音楽の友』66年12月号の「音楽之友社25年のあゆみ」で、その「系列会社を昭和三十六年八月創立した。これはアメリカの音楽出版社、E・B・マークス社のサブ・パブリッシャーとして活動する傍ら、ポピュラー音楽の分野にも進出している」(143頁)と述べている。

『音楽の友』62年11月号に出ている『ポップス』創刊の横書き広告には、「音楽とムードの雑誌」とあり、「新鮮なパンチ！溢れるムード！豊富なトピック」という見出しの上に「Punch mOod Play muSic」と記されている。誌名はその大文字の組み合わせということだが、いかにもこじつけに思える。編集陣は、『ミュージック・ライフ』が半年前の62年6月号で開始した連載「MLポップス・ディクショナリィ ポピュラー用語解説」の「ポップス」を意識していたのではないだろうか。ただし、困ったことに、65年7月号まで持続したその連載を書いているいソノてルヲの知識は生半可で、連載第一回での「Pops」の説明は不正確だった。「ポピュラーの略、ポピュラー・ソング、ポピュラー音楽の略語です」（57頁）とその語を定義するものの、それは英語圏での使用実態とは異なる。英語圏では「pop」と言う。

「今月の pops 推薦レコード〝すばりこれだ〟」、「11月の各社新譜から」（ポピュラー、ジャズ、ラテン、映画とムード、シャンソン、日本のポピュラー）が組まれているのは当然ながら、表紙写真は決って白人女性の顔であり、11月号のカラーの折り込み大型写真は、乳房が見える白人女性の裸体であり、「色気たっぷりな地球の上に」という見出しの日劇ミュージックホールの舞台写真があり、渡辺紳一郎と石井好子の対談が「おいろけ放談」と題されている。それに、創刊から「男性読本」というコラムもある。八年後である70年9月号の編集後記は、「六二年十一月に創刊した当初は、今でいうメンズ・マガジンのような編集方針をとり」と振り返っていた（124頁）。月々の暦付きの折り込み大型ヌード写真が消えるのは63年2月号からで、次第に、見開きの目次に必ず挿入されていた半裸白人女性写真も消えていく。一方、63年4月号から、巻末に「ポピュラー新譜一覧表（33⅓）」が添えられ、各レコード会社が出すLPが網羅されるようになる。そこには「日本のポピュラー」の新譜も毎月紹介されることが示すように、同年11月号のグラビアが中尾ミエ、園まり、「ミュージカルに憑かれた男」フランキー堺を取り上げ、12月号に「植木等の人生哲学〈この際言わせて貰おう〉」の一編を入れたりしている。

「今月の pops 推薦レコード」、「ポップス映画劇場」といった連載ものの「ポップス」は誌名そのものを指しており、のちに広まる日本語「ポップス」ではない。63年12月号の座談会に「'63ポップス界総決算」という題は付いていても、座談中に「ポップス界」の言葉はなく、「ポピュラー界」しか出てこない。64年4月号の「カンツォーネがやってくる」に「今までに来日したポップス系」、「ヨーロッパ系のポップスの日本への輸入というのは、戦前は盛んだった」（19–20頁）という言い方が出てくるのは例外だった。

その少し前である『音楽の友』62年10月号の「ポピュラー・コーナー」には、「東京ヴィデオ・ホールを会場に、九月八日から毎週土曜日夜、〝ウィークエンド・ポップス〟が催されることになった。これは、笈田敏夫、旗照夫、雪村いづみ、原信夫、見砂直照ら正統派ジャズメンが、ロカビリーに負けてなるかと、中間ジャズ普及を目指し、自主企画したもの」と「ポップス」が使われており、主唱者たちは「ジャズ、ハワイアン、ウェスタン、シャンソンと幅広いポピュラー音楽活動にしたいそうだ」（143頁）とある。ただし、それを取り上げた新聞記事は見当たらない。なお、さらに以前には、58年1月1日発行の「ミュージック・ライフ別冊」『ウエスタンの友』に掲載の「本邦ウエスタン誕生記」に、米国で「ウエスタンやヒルビリーが、戦時中「軍隊」によって非常に広範囲に普及し、戦後は復員軍人を通じて全国的に伝播しファンが拡大し、またポップスと並んでC&Wと云う一分野に発展したのである」（34頁）といきなり「ポップス」が現われるものの、執筆者の井原高忠がその語をどこから持ってきたかは定かでない。

なお、音楽之友社は62年11月創刊の『ポップス』の約半年後である63年6月に同じく月刊誌である『ステレオ』を創刊している。「編集後記」に「クラシックからポピュラー、流行歌の推薦レコードの紹介をはじめ、オーディオ製品の知識や紹介にいたるまで、姉妹誌「レコード芸術」とはまったくちがったかたちで編集してございます」（104頁）とあり、「ジャズ」、「映画音楽」、「ポピュラー」、「ウェスタン」、「フォーク・ソング」、「シャンソン」、「ラテン・タンゴ」、「ハワイアン」の新譜を藤井肇、高山宏之、永田文夫、早津敏彦が担当しており、グラビアの最後にはカテリーナ・ヴァレンテの公演写真もある。

「ニュー・リズム」

「ツイスト」

60年代前半には、いくつかの「新ステップが登場」しており、61年11月4日『朝日新聞』朝刊が「ツイスト」を紹介した。「ドドンパ、パチャンガ――と次々に新しいダンス・リズムが登場するが、このところニューヨークで流行の兆しをみせているのがツイスト（写真）」とのことで、「腰をふるわせ、身をくねらせて踊るが、相手の体には絶対に触れないのがミソ。このステップ（?）は数年前にフィラデルフィアで発生し、最近ニューヨークのあるカフェーでリバイバルしたもの」と伝える。

その11月中旬にニュー・ヨークに居た中村八大が、「世界中の流行に特に興味を持ったある日本人の女性とお会いし」、「トゥイスト」の流行を知って、「早速二人で見学に行くことにした」と『音楽の友』62年3月号に、「ごぞんじですかトゥイスト」という題で書いている。「一番トゥイストをやっている店は、〔…〕「ペパーミント・ラウンジ」というのだが、そこへいっておどろきました。入口の所からざっと二十メートルくらい、百人以上の人たちが寒さにめげず、外に立ちんぼで入場を待っているではありませんか」とのことで、「どの位待つか聞いてみましたら「二時間かかるか三時間かかるかわからない」」と言われ、そこで別の店を探し、そして、その踊りを観察し、「一つやってみようかと思ったのですが……どうしてもはずかしくてその場へ入っていけませんでした」という。そして、しばし内省のあと、「単純に聞いている分には一番強烈なロックン・ロールでしかなく、多少分析してみたところで、ますます原始にもどる附点なしのトンタタ、、、トンタタ、、、トンタタの強力なくり返しに今様流行のワメク唄がついているというところでしょう」（151頁）と結んでいる。

その約一ヶ月後の『讀賣新聞』61年12月14日夕刊の「世界探訪」に、「上流社会にも侵入―安酒場から二か月間で」という見出しが付けてある。「狂熱的でセクシーなこのダンスは上流階級のカベをも突き破って、いまやホワイト・ハウスにまではいりこもうとしている。じきに大西洋を越え、全世界に広がりそうだから、日本が洗礼を受ける日も遠くなさそう…」。そして、説明が三節続いたあと、「はじめはティーン・エイジャーの間だけだったのに、秋から冬にかけて野火のような勢いで広まっていったのだ。水兵やジャンパーの若者、ガムを口にした娘が常連だった店さきに高級車がしばしば横づけになりだす。〔…〕テネシー・ウィリアムズといった名士たちも見物にくる。マイアミのあるバーからは、店の名をペパーミント・ラウンジに変えたいからといってくる―といったぐあいで、うすぎたないこの飲み屋は一躍新名所に一変してしまった」とあり、最後は、「『下品の限り』『死のダンスだ』と評論家の間ではあまり評判がよくない。でもある通は『水爆も忘れるこうこつ境』と礼賛している」と結んでいる。

翌月である62年1月7日の『朝日新聞』夕刊は、「ハリウッドでツイスト映画競作」という見出しの記事を出し、「旋風となるか、線香花火に終るか」と報じ、翌月には『讀賣新聞』2月2日夕刊が、「いよいよ日本もツイスト流行のきざしがみえて」おり、「〝ミスター・ツイスト〟とよばれ、ツイスト流行の基盤を作ったチャビー・チェッカーの本命盤がビクターから来月発売される」と伝えている。

右の中村八大の現地観察文を掲載したのと同じ『音楽の友』62年3月号には、小倉友昭が「ポピュラーの裏窓」の見開き二頁で、「トゥイストとチャールストン」を執筆し、「リーゼント・スタイルの髪と、ジルバが、今次大戦のもっとも象徴的な風俗だが、ジルバは、いまのトゥイストの先代的な存在といってよいものだ。脚の動き、身体の表情など。いまのトゥイストの原型がここにあるといってもよいものだろう」と言ったりしたあと、「トゥイストがはやり、チャールストンがリバイバルしているいまの時代というものは、決してよい時代ではない［…］」（153頁）と嘆く。『ミュージック・ライフ』が「ツイスト旋風本土に襲来」の記事を出したのも62年3月号で、4月号は五頁にわたって特集した――「君も私もツイスト踊ってこの世はゴキゲン」、「世界中で賛否両論大騒ぎ」。

トゥイストは、たちまち消えたのではなく、筆者は、福岡を去る前年の63年12月14日の日記にこう書いていた――「昨年と同じく住友海上火災。［…］車に乗り込み、昔のバンド時代の雰囲気を味わいながら日活ビル地下の貸ホール。忘年パーティとか。［…］一人づつ社員がマイクに立って歌い出した。歌謡曲、民謡まがい…などなど。「こんにちは赤ちゃん」を歌った女の子が一番うまかった。［…］ルンバになるとやたら踊り出す中年の男とか。ツイストをと頼みにくる若い社員とかでパーティの実態を見学するのにはもってこい。騒がしさがひどくなるとたまらないが（耳せんをした）、パーティの楽しさは伝はってくる。然しやはりこうしてやっていると昔がなつかしい。よくやったもの。どういうつまらぬ曲をやってたにせよ、ああいうパーティに出て弾いていることは、そして人々をながめていることは、報酬と関係なく楽しいもの」。大学院に入って二年目の時であり、こんなバンド仕事は大学卒業後二回だけだった。

「ボサノバ」

数ヶ月後である62年8月20日『讀賣新聞』夕刊の「娯楽」欄は、「ことしの上半期には日本中で流行したツイストも、このところめっきり影がうすくなった」と報じている。

〝イストの後に何が来るかは軽音楽関係者の間で非常に注目されているが、どうやらことしの秋は一転して〟に落ち着きそうだ」ということで、「洋楽の軽音楽を取り扱っているレコード会社の横綱格」のとビクター「二社の目標」を記事にしている。しかし、12月23日の同紙夕刊の「娯楽」欄は、「こんどは〝ボッサ・ノバ〟というニュー・リズムがアメリカで大流行しはじめ」たと報じる。「このニュー・リズムはいまやアメリカのモダン・ジャズ奏者全員がとびつくという流行のしかたで、来年は全世界をその旋風の中にまきこむことは確実」とのことで、「ハービー・マンがブラジル旅行中に今までのジャズとは異質のものとして深い興味を示し、アメリカに持ち帰ったリズム」であることを紹介している。

『音楽の友』62年12月号の「ポピュラー・コーナー」(児山紀芳)には、「〝ボッサ・ノヴァ〟というニュー・リズムが登場、[…]まもなくわが国にも続々と紹介されるはず」とあり、「最初にアメリカへ紹介したのは、二年前南米に楽旅したジャズ・ギター奏者チャーリー・バードである。ブラジルでこのリズムを耳にした彼は、それが意外にジャズ的要素を持っているのに驚ろき、帰国後、早速テナー奏者スタン・ゲッツと組んでボッサ・ノヴァ・リズムを使ったアルバム「ジャズ・サンバ」[…]を発表した」(149頁)と説明する。

その『音楽の友』12月号が出たあとの12月7日『讀賣新聞』夕刊の「娯楽」欄は、「〝一九六三年のニュー・リズム〟というキャッチ・フレーズで、いま全米をふうびしているブラジル産のリズム〝ボサノバ〟旋風がいよいよ日本にも上陸し、この暮れから正月にかけて各レコード会社は、アメリカ製、日本製とりまぜてはなやかな〝ボサノバ〟合戦をくりひろげようとしている」と報じ、バーニー・ケッセルのアルバム、ソニー・ロリンズのアルバムを挙げるほか、「いち早くこのリズムを[使]って歌を作ったポール・アンカの「ボサノバでキッス」はアメリカの軽音楽界に大きなセンセーションをまき起こし、ボサノバの決定版としてヒット・パレードを上昇中だが、これも今月中旬に日本ではビクターから発売される」と伝え、さらに、小林旭の「アキラでボサノバ」、梓みちよの「ボサノバ娘」などのレコードを予告している。ただし、『ポップス』63年1月号の「これがボサ・ノーヴァ」で中村とうようが警告を発し、「年末間近になって突如として爆発的な話題をまき起こし始めた」が、ケッセルの「演奏たるや全くボサ・ノーヴァとは似ても似つかぬ」もので、ロリンズの「二曲がボサ・ノーヴァであるかの如く書いて」あるが「カリプソなのである」とのこと。ポール・アンカの曲についても否定していないが、「ゲテもの」(34頁)とある。『ミュージック・ライフ』が「特報 ニュー・リズム〝ボサ・ノバ〟のすべて」(児山紀芳)を記事にしたのも同年の1月号だった。

約半年後に『ミュージック・ライフ』63年6月号が「〝タムレ〟作戦開始!ニュー・リズム〝タムレ〟とは」と叫び、同じ63年6月号の『音楽之友』でも小倉友昭が「新リズム・タムレの流行」を話題にした。そして、それを枕にしながら「消費音楽の普及法」を明かす「ポピュラー時評」で、「〝ボサ・ノヴァ作戦〟は当初マス・コミが予想したようなはやり方はしなかった」と書いている。「昨年から、今年にかけて話題になったボサ・ノヴァにしても、実はその背後には、強いマスコミの要請があった。でなければ、一時に百種類をこえるボサ・ノヴァLPが、各社から発売されることにはならなかった」(150頁)とのことで、はやらなかった「原因は、無理に作られたボサ・ノヴァに、大衆を動員し得るエネルギーがなかったからだ」と言う。年末の『ポップス』12月号の「総決算」座談会でも、小倉は「売れなかったねえ」と発言し、伊奈一男が、「春からボサノバ、夏ごろからタムレというのが、さかんにいわれたわけだ。これからの新リズムっていう触れ込みでね。でも、ついに売れなかった」(48頁)と応じる。タムレについては、6月2日『毎日新聞』夕刊が、「夏とともにやってくる/ハワイアン・ブーム」と題した「娯楽」欄の筆頭記事で、「どっと出る新譜百枚」と並べ、「三つのチームの来日」を予告し、「タムレなどとという新しいダンス・リズムが登場」し、「リーガル・タヒチアンズ」が「ゴールデン赤坂に出演。トウキョウの夜を「タムレ」で征服」の勢いと報じていた。

サーフィン

明けて64年の『ポップス』6月号のグラビアは、4月29日に渡辺プロが開催した「サーフィン大会」の様子だった。

見出しは「爆発ムード濃厚なサーフィン!」で、「サーフィン」の前に小さな文字で「ニュー・リズム」とある。

「体を前後左右にふり肩をゆすり、激しい陶酔を求めて場内は熱気がいっぱい。靴を脱ぎ棄てて踊りまくる一団も出て、ツイスト・ブームの初期を思わせるウケ方だった」とあり、四枚の写真では、「サーフィン・ガイ内田裕也」の写真よりも大きめの、「靴を脱ぎ棄て」た女性の写真が目を引く。その号には記事はないものの、次の7月号に「上陸したニューリズム〝サーフィン〟」が見開き四頁で組まれており、「四月下旬新宿コマの地下劇場で昼夜二回にわたって行なわれた「サーフィン大会」(ビクター、キング、渡辺プロ共催)も千二百人の若人が押しかける大人気」(31頁)とあるほか、執筆者と渡辺美佐ともう一人が並んだ写真が添えられている。

その6月号が店頭に出ている64年5月22日『朝日新聞』朝刊には、夜7時30分にニッポン放送が「サーフィン」特集番組を組んでいるという短い記事が出あり、「サーフィンとは波乗りのことで、大波の上を板っきれ一枚に乗って滑ってゆくそう快なスポーツである。スリルとふんいきを音楽に表現したものがサーフィン・ミュージックである」と解説し、〈サーフィン・USA〉、〈パイプ・ライン〉などの曲名を添えている。一方、6月6日『朝日新聞』夕刊の「娯楽」欄は、「〝夏の陣〟を張る音楽映画」の見出しでビートルズ映画、サーフィン映画、カンツォーネ映画を並べ、「軍配はどちらに?」、「これで暑さ吹っ飛ばす」と煽り、サーフィン映画として『やめないで、もっと!』と『踊れ、サーフィン』を挙げている。レコードは既に、一年前である63年7月5日『讀賣新聞』夕刊の「娯楽」欄に「レジャー時代のレコード――「自動車六十年史」と「サーフィン」」という見出しの長めの紹介記事が出ていたものの、右の『ポップス』64年7月号の「上陸したニューリズム…」記事にあるように、「一番早くこのブームに目をつけたのが東芝」であり、「昨年の六月、[…]ザ・ビーチ・ボーイズの「サーフィン・USA」を出し」、「ついで九月にやはり同楽団の「サーファー・ガール」を発売した」のだが「時期尚早でサッパリダメ」(31頁)であった。

「フォーク・ソングつまり民謡が軽音楽界の主導権を」

フーテナニーなどと言う言葉

『ポップス』に「フォーク・ソングの楽しみ」と題した見開き四頁の座談会記事が出たのは63年10月号だった。表紙写真は園まりであり、グラビアで唯一の色彩写真は〈霧のサンフランシスコ〉のトーニー・ベネットであり、白黒写真は江利チエミ主演の『マイ・フェア・レディ』の一場面、ジョージ・ルイスとニュー・オーリーンズ・ジャズ・オール・スターズ、アーサ・キット、ロジェー・ワーグナー合唱団、そしてピート・シーガーだった。ただし、「フォーク・ソングの王者」という小さな見出しは付いているが、11月来日公演の予告記載はない。

「ジョーン・バエズ」の顔を配した座談会「フォーク・ソングの楽しみ」は、「二、三年前からアメリカではフォーク・ソング、つまり民謡のブームということがしきりにいわれておりまして、〝フーテナニー〟などという言葉が流行語になってしまったくらいです。日本でもそろそろフォーク・ソングが話題になりつつある気配だと思いますので……」と「本誌」側が口を切り、まず中村とうようが、「フォーク・ソングとか民謡、なんていうと大変バクゼンとしているんですが、ブームを起こしているのは大体アメリカの民謡という風に限定して考えていいと思います。アメリカ民謡を歌う歌手とかボーカル・グループがいろいろあって、大変に人気が出てきているわけですね」(86頁)と言う。

しばらくして野口が、「本場のフォーク・シンガーに来てもらいたいね。十一月にピート・シーガーが来るのは大変重要ですね」、そして、「フォーク・ソングのレコードも日本でかなり出るようになったのだから」聞いてほしいと言う。それを受けて中村が、「今度キングから「ヴァンガード・フォーク・シリーズ」が出るわけです。とくにこのシリーズのアーティストを紹介してほしいという編集部からの注文なんですが……」と言い、「清純なムードが最大の魅力」（中村）の二十二歳のジョーン・バエズ、「現代の感覚で民謡を歌うグループ〔…〕の草分け」（高山宏之）のウィーヴァーズ、「男女も黒人・白人も超越して、人間すべての感情を歌えるだけのスケールをもっている」（中村）オデッタ、「コンサート・シンガー的な感じをもっている」（野口）レオン・ビブ、「白人の典型的なフォーク・シンガー」（高山）のシスコ・ヒューストン、「ウェスタンとフォークの中間とでもいいますか……」（高山）のグリーンブライア・ボーイズ、「黒人的なフィーリングをもった異色のフォーク・コーラス」（高山）のルーフトップ・シンガーズを紹介したあと、「ほかにニューポート・フォーク・フェスティバル第一、二、三集というのがありまして」（中村）と、「入っている歌手の主なところ」（88 - 89頁）をあげている。

その『ポップス』10月号が店頭に出ていた63年9月27日の『讀賣新聞』夕刊の「娯楽」欄に、「最近のアメリカ軽音楽界」の題で、「完全に民謡ブーム」という見出しを付けた長文記事が出た。「アメリカの軽音楽界が急激に変わりつつある。ローティーンに支持されて昨年まで猛威をふるっていたツイストやロックがあきられ、かわって大学生たちの熱烈な支持でフォーク・ソングつまり民謡が軽音楽界の主導権を完全ににぎってしまった」とある。そして、「アメリカのレコード業界誌「ビル・ボード」の最近号」の「LPの売れ行き」を紹介し、会社名は省いて引用すると、「第五位にピーター・ポール・アンド・マリーの「ムービン」、七位にキングストン・トリオの「サニー・サイド」、十七位にジョン・バエズの「カーネギー・ホール・コンサート」、十九位にニュー・クリスティ・ミンストレルスの「ランブリン」、二十二位に「ジョン・バエズ第一集」、三十位に「ジョン・バエズ第二集」と、三十位以内に六枚も民謡のレコードが入っている」と「ブーム」を強調する。

続いて、「ここ数年間」を振り返り、「日本でもヒットした曲にブラザーズ・フォーの「グリーン・リーブス」、キングストン・トリオの「トム・ドゥーリー」がある」と言い、「いずれも大学生のコーラスから発展したものだが、そのようにアメリカの民謡ブームの推進者は大学生であったという点が、とくに注目されている」と伝え、「ハーバード大学をはじめとした有名な大学」で開かれる「集会」が「「フーテナニー」という名前でよばれるようになった」ことに触れる。そして、「四年前から毎年七月に」、「フォーク・フェスティバル（民謡大会）」が開かれ、「ことしの聴衆は三万人以上になったといわれている」と紹介し、さらに、「ＡＢＣ放送網がことしの四月から毎週土曜の夜八時半―九時というゴールデン・アワーに［…］「フーテナニー・ショー」を放送しはじめた」ということで、出演者たちの名前を並べ、「この民謡ブームはこの秋に日本にも上陸しそうだ」と予測する。

『ミュージック・ライフ』に「今や世界的にひろがったフォーク・ソング・ムード」という無署名記事が出たのは63年12月号で、「フォーク・ソングが今日人気を得ている最大の理由は、ロックンロールという、余りにもコマーシャル的な音楽が絶対的優位を保っている今日のポピュラー・ヒット・パレード界に於いて、この人間の肌を通して生まれた直接血の通っているフォーク・ソングがそのコマーシャル的なロックンロール・タイプの音楽とは全く対称的なものであるからではないでしょうか？」（22頁）と問いかけ、「大勢の趣を同じにする者が一同に会して〝フォーク・ソング〟をエンジョイするようになった。これがすなわち「フーテナニー」の本来の意味するところなのです」（23頁）と説明した上で、「フォーク・ソング・ブームのにないて達」として、ピーター、ポール＆メアリ（新聞雑誌はマリーと表記）、ハイウェイメン、ルーフトップ・シンガーズ、ニュー・クリスティ・ミンストレルズ、ライム・ライターズ、チャド・ミッチェル・トリオを紹介していく。

民謡の神様、ピート・シーガー

関連レコードが『ポップス』、『音楽の友』などで紹介される過程で、『音楽の友』63年12月号の「ポピュラー・イン・ハイファイ」で中村とうようがピート・シーガーのＬＰ二点を紹介し、ピート・シーガーの来演に触れ、「白人民謡歌手のナンバー・ワン、ピート・シーガーが十月八日に来日した。公演は十一月に入ってからだが日本を知るために自由な時間を持ちたいというので一ヵ月も早く着き、トシ夫人のお父さん太田氏の郷里である松山を訪れ、同地の豊年祭りなどを見せてもらって非常に面白がったそうだ」と伝えている。

その全国数ヶ所での公演のプログラムにシーガー紹介を書いたのも中村とうようだった。「二枚ともグリニッチ・ヴィレッジのクラブに出演したときの実況」である片方の、フォークウェイズ原盤の『ビレッジ・ゲイトのピート・シーガー』は「比較的有名な曲。民謡ファンならおなじみの曲が多いのに対し」て、コロムビアの『民謡の神様、ピート・シーガー』は「ピートの個性、彼の主張を強く打ち出した曲も含まれていることが興味を引く」と言い、「ことに人種差別撤廃要求のワシントン・デモ行進などで盛んに歌われた（ニュース映画でも聞かれた）「勝利をわれらに」をピートと聴衆たちが合唱しているところはコロムビア盤のハイライトであろう」（201頁）と、そのアルバムの解説者でもある中村は言う。この〈勝利をわれらに〉は、60年代後期に日本でも盛んに斉唱された。

シーガーの来日公演は、「創刊以来ようやく三号を発行することが出来た」（編集後記）という63年10月1日発行の新聞『ミュージカルトーキョー』に、「あふれる民謡の泉」という見出しで紹介されている。第一面に「世界が注目する小沢征爾特別演奏会」、「アイ・ジョージ、カーネギー公演」などが取り上げられており、シーガー来日を報せる見開き紙面には「マックス・ローチ来日」、「サム・テイラー・イン・トーキョー」などのニュースが並ぶ。その一文は無署名ながら、結局、右の「10月10日発売」の「来日記念盤」である『民謡の神様、ピート・シーガー』の中村とうよう解説をわずかに手直ししたものであり、それは各地での公演で配布された八頁のプログラムにも「コロムビア提供」として使われていた。それをめくった二頁目に「ケネディー大統領とハーバード大学の同級生」の文字が目につくが、シーガー公演が終わって間もない、同じ十一月にケネディは暗殺された。

筆者が会ったのは63年11月15日で、日記に、久留米公演の石橋文化センターの楽屋で「Pete Seeger 氏に会う。

［…］6:30開演でもう6:15になった。一時間20分程話したわけ。［注：Frank］Proffitからもらったというフレットのない五絃バンジョーを見せてもらう。ごきげん。（裏に贈呈の言葉が書いてある）。ナイロン絃で、なかなかいい。しばらくひいてみる」と記載し、翌日は、福岡市民会館公演にも行って、拙文を「かなりの数配る」とある。そして、「楽屋の入口でしばらく待つ。その間、一緒に並んで、三人の若い米人がいる」などという具合で、シーガーと「一時間20分程話した」という前日の日記と同様、あれこれ詳しく記録している。「三人の米人」は福岡の米軍基地の兵士で、眼鏡をかけた一人はボストンから来ており、ジョーン・バエズの妹（つまりミミ・ファ

ピート・シーガー日本公演プログラムの表紙：1963年11月

リーニャ）と知り合いだと言っていた。いちばん背の高い、シアトルからのThane Mitchellとは連絡を取り合い、64年1月26日の日記に、「夜、10時すぎに電話。［…］。やはりMitchellだった。29日に会おうかとのこと。それではと2:00に例の日活ホテルのロビーで会うことにする」とあり、その後、何度も会って、ギターと五弦バンジョウで伴奏して歌う仲間になった。

日本語版も用意していた手刷りの英文の拙文は、「ピート・シーガーの来日に際して」と頭に振ったあと「民謡小論——民謡・民謡歌手ということ」と題した全四頁のもので、「職業的な民謡の歌い手というものは存在し得る筈がありません。演奏会とかレコードの吹込みということは聴衆を意識することを意味するわけで、そこでは根本的に民謡が民謡でなくなるわけです［…］」と、見たところシーガーに議論をふっかけつつも、「彼は山間地に埋もれていた民謡を現代の大衆に示す必要があると感じて」、「民謡を新たに解釈し［…］新たな意味で永続させることに強い信念を持っている」といったことを書いている。数日前の11月11日に「西日本新聞へ行く。昨日の電話の［H］氏を頼って。［…］［K］氏に会はしてくれる。その人に原稿を読んでもらう。［…］ピートの公演の前に掲載するのは宣伝にもなるが、もう数日しかないので駄目とのこと。［…］その代り、ピートに直接お会いになるのなら、会ったり、公演を聴いたりしたあとで、考えをまとめて二枚程に書いてくれないかということ」だった。その原稿は結局手直しされ、「米英民謡を専門に研究している三井徹氏」がどうこう言っているという一言が入った無署名記事として、11月21日『西日本新聞』朝刊の「風車」欄に出た。その時点で、「米英民謡」を扱った修士論文の提出を二ヶ月後に控えていた。

その後、11月27日付、香港消印のシーガーからの絵葉書に、父が書いた「高度産業化社会における民謡」という論文を読むことを勧めるという意味のことが書いてあった。その父親は音楽学者のチャールズ・シーガーであり、その時点で七十六歳、ピートは四十四歳だった。

実は、この第四章が対象とする60年代前半の始まりである60年は、筆者が英米民謡とその研究に目覚めた年であった。きっかけは、17世紀後期に遡れる曲〈バーバラ・アレン〉に接したことで、バラッドと呼ばれる物語歌ジャンルのその歌詞と旋律に、大学3年生であった60年7月12日に魅せられた。場所はバンド出演した大川市公民館の楽屋でのことで、約一年経った61年7月22日の日記に、「Ballad に興味を持つやうになってようやく一年になった。一年と4、5日過ぎてる。大川の公民館の楽屋以来のことだ。一年の間によくいろいろ ballad に深入りしてきたものだと思ふ」と書いている。その楽屋で、バンド仲間の橋本健君が歌詞と旋律譜を見せてくれた。妹さんが通学先のカトリック系女子高校の図書館で借りた歌集に入っていたものであり、その後、「夜、イングランド民謡〈バーバラ・アレン〉をギターで歌う練習をした」という60年7月26日の英文日記があるほか、8月2日に、耶馬渓の夏のキャンプ場で、夜「テントに戻って〈バーバラ・アレン〉を歌い、ワインを飲んだあとみんなが踊り、自分はギターを弾き、その歌を熱心に聴いていた［S］が終始踊っていた」と書いている。その7月の3日には、春に書き出した「Verse における syllabic consonants」と題した音声学論考を学内の雑誌に発表していたが、その方面はさて措いて、英米民謡を歌い、研究する方向へ進んでいくことになった。

「一年の間によくいろいろ［…］深入り」と回顧している60年7月12日から一年のあいだの日記を繰っていくと、伝承バラッドを中心にした英米民謡への言及が計約七十日に及んでいるものの、個々の歌のあれこれ、古今の文献の探索のあれこれ、高価な輸入LPの入手などの大部分は、商業音楽である「洋楽ポピュラー」からは離れる。

その中から、関連づけられる主要なことを年月順に四つ挙げると、一つは、〈バーバラ・アレン〉を知った60年7月22日の一週間後である7月29日に「橋本君宅へカンバランド山地の民謡を聴きに行った」（原文は英語）とある。そして、8月29日にはそのLPを借りに行った。そのレコードはポール・クレイトンがケンタッキーのカンバランド山地の民謡を歌ったもので、友人の橋本君所有の輸入レコードの中でも興味深いものだった。10月25日の日記を見ると、筆者より九つ年上でヴァジニア大学大学院で民俗学修士号取得のそのポール・クレイトンについて、「スピーチ」の授業で口頭発表していた――「二時間目は Owen's class の speech で、一寸、先生の要望にはそぐわない theme だが、Paul Clayton について語った。紙をみながらで、覚えてなかったので、あとあじ悪かったけど、これで、speech は終ってほっとした」。60年の後半に筆者が熱心に聴くようになったこのポール・クレイトンにボブ・ディランが接したのはそれより後の61年の1月であることを知ったのは、21世紀に入ってディランが自伝を出し、クレイトンのことを語っていたからだった（*Chronicles, Volume One*, Simon & Schuster, 2004)。「ヴァン・ロンクの民謡歌手友達で、愛想よく、孤独で、物悲しげなポール・クレイトンは、少なくとも三十枚レコードを出していたけれども、一般には知られておらず、知識人、学者、夢想家で、バラッドの知識は百科的だった」（25－26頁）と第二章で、非常にお世話になったことをディランは回顧している。「三十枚」はディランの好意的思い込みであり、実際は二十枚弱だった。

二つ目は、大阪外国語大学の外国人教師として赴任した年輩の米人が民謡に多大な関心を持っていることを知ったことだった。日記での初出は60年12月14日で、「昨日、とうとう待ってた Austin Faricy 氏から、手紙がきた。［…］うけとったという報せ。ついでに Barbara Allen の Appalachian mountains の tune を書いてくれていた」とある。翌61年の2月25日に大阪へ出向いた日には、「来客があるというので、3月3日に会うことにして今日のところは別れ」、その3月3日に「Faricy 氏が色々きかせてくれた。Folk songs を。弾き方がリズムなしの folk music 的なとでもいうものらしい。［…］お好み焼きをたべに行ってから［…］Faricy 氏と二人で、ギターひいて［歌う］。彼は二本のクラシック・ギター（一つは Spanish）と lute を持ってる。それにハープシコードがある。5、6曲譜と詞を写したり書いてもらったりした。とにかくすばらしい。歌い方も参考になった。3:30から彼は出かける。鍵を貸してくれていつまでもいていい、夜、又会おうという。［…］おはぎ3個たべてから再び Faricy 宅。時間が相当かかる。［自分］の新ギターも絃はナイロンにしよう。色々、徐々に参考になることをきかしてくれた。それと、感情を play に入れること、音の大きさとか色々な反省させられることあった。10:00 においとました。米人の習慣か、大変親しみこめて embrace してくれた」。その後も何度かお会いし、泊めても頂き、リチャード・ダイアーベネットと交友があったというそのオースティン・ファリシーとのおつきあいは刺戟的だった。

三つ目は、在日米軍放送FENで「オスカー・ブランド・ショウ」を土曜日毎に聴き出したことだった。45年にニュー・ヨークのラジオ局が始めたというその解説番組を「民謡復興」の波に乗ってFENが放送することをいつ決めたかはともかく、61年3月11日の日記に、「今朝は待ちに待ってた「Oscar Brand Show」FEN 10:05～11:00」と書いている——「O. Brand の司会で Folk Songs をたっぷりきかせてくれる。[…] 旅行中は全然、聴けなくて残念だった。Sandberg も Seeger も B. Ives も歌ってくれた」。「待ちに待ってた」とあるから、日記に記載はないものの、しばらく以前からこの番組を熱心に聴いていたことがわかる。そして、その日の番組でレコードが取り上げられた歌手の名前を見ての通り、民謡を歌って収入を得ている人たちの歌唱演奏が、解説を伴ってその番組で毎回聴くことが出来た。つまりは、容易には入手出来ないレコードを聴かずとも、リアルタイムで米国の「民謡復興」の息吹きを体験でき、それと同時に、現地採集された田舎の人たちによる民謡歌唱の録音も、議会図書館民謡保存所のものも含めて、おりおりその番組が取り上げているのが貴重だった。土曜日毎にその放送を、一般に普及し始めて二、三年目のオープン・リールに録音した。61年7月1日の日記には、「朝、11:00にはFENに耳を傾けたが、もう Oscar Brand Show はやめたらしく別の program だった。FENでは一般受けしなかったのだらうか」と書いている。(しかし、翌62年の3月10日には、「11:00すぎに橋本君よりTELあり、Oscar Brand Show[をや]ってるとのこと。すぐラジオをきく。これは知らなかった。いつのまにか復活してゐる」とある。そして、63年12月21日には、「午後はFENで“Folk Music”の時間が例の如くあり(1:00～2:00)テープにおさめる。適当に削除しながら。[…] Hugh Cherry 氏のしゃべっていることが仲々おもしろい知識を与えてくれる」と書いており、その頃には二つの「フォーク・ミュージック」番組をFENが流すようになっていた。)

四つ目としては、アメリカ文化センターの図書館が自分にとって宝庫であることを知った。右のＦＥＮの「オスカー・ブランド・ショウ」についての記述のしばらく後の61年3月29日にこう書いている――「午後、アメリカ文化センターへ出かける。今までどうして気が付かなかったのだろう。文化センターに図書館があるではないか。従って、folk music の reference books だってあるにちがいない。図書館は二階に移っていた。ずっと以前のことだと思う。思えば、高校時代はこの階段は幾度となく昇降したものだった。受付の女の人が覚え［てくれ］てた。自分も忘れてはいないからあいさつした。／ごきげん！沢山の folk songs の本がある。Ballads も沢山。一冊は "The Ballad Tree" といういわゆる英文学としてとり上げられてる Child に属する old English & Scottish ballads の研究書で tunes と ballads が60もある。Tunes もごきげん。これじゃ再び文化センター通いになりそうだ。America の folk ballads & songs は［言うまでもなく］沢山ある。その時の自分の目には確［か］にそう写った」。まもなく、関連ＬＰも多数あることを知り、借り出してはオープン・リールに複写録音した。（二年後には、その中にＬＰ六枚組の *Anthology of American Folk Music*, compiled by Harry Smith [Folkways, 1952] を見つけて複写し、何度となく聴いた。27年から32年にかけての78回転「ヒルビリー」レコードと「レイス」レコードのこの選集は、60年代初頭のディランたちに多大な影響を与えた。）

それが60年7月から61年7月までの一年間のことであり、それからピート・シーガーに会う63年11月中旬までには、さらに2年4ヶ月の年月があった。その間に、英米伝承バラッドに関する卒業論文（英文）提出は終わり、修士論文（英文）も形が整ってきており、一方でＦＥＮを通して「民謡復興」体験を蓄積していた。というわけで、シーガーの位置づけをかなり心得た上で当人に会い、一時間以上相手をしてもらったことになる。

なお、63年11月6日と7日の新宿厚生年金会館でのコンサートに先立って、10月27日に有楽町ヴィデオ・ホールでの日本人出演者による「東京グランド・オール・オプリ、アメリカン・フォーク・ミュージック・フェスティバル」にシーガーが客演した際に、先述の友人である橋本君はバンジョウを手にして数曲うたった。それを聞いたシーガーが、こんな日本人がいるのかと驚いていたとのこと。10月31日付の橋本君からの詳しい報告によると、「中には、ポピュラー音楽評論家中村とうよう氏［…］や数人の［…］ように〝日本にもこの様に一人で弾き語りをやる人がいるとは〟といって感心してくれる人がありました［…］」。そして、ほかの出演者は「大沢君Kingston Style Group, Robert 対中 pre-Bluegrass Style, それに［…］井上高、原田実等」だった。筆者がシーガーに会ったのはその二週間少々後のことだった。

すっかりレコード歌謡にされてしまったもの

『ミュージック・ライフ』は、先に挙げた63年12月号で「今や世界にひろがったフォーク・ソング・ムード」を探ったあと、続く64年1月号が「ゴスペルとフォーク・ソングのブームがやって来た!!」（関澄節治）とゴスペルと並べ、3月号が「フーテナニーのすべて」（高山宏之）と題して、ABC-TV番組「フーテナニー」、「街の劇場で行われるフーテナニー」、「フーテナニーの行われる場所として」の「民謡クラブ、民謡喫茶」、MGM映画『フーテナニー』、そして「現在日本で発売されているフォークのLPレコードの中から、フーテナニーか、それに近いもの」（36－38頁）を紹介している。

続いて、64年4月号で連載「これぞフォーク・ソング」が始まり（9月号休載）、「フォーク・ソングあれこれ」、「フォークの話題あれこれ」と題を変えながら、和田誠司が65年6月号まで話題を追っていく。その和田誠司は、61年6月号に開始の連載「ウエスタン紳士録」の62年7、8月号で「ニューポート・フォーク・フェスティバル」を取り上げており、日本の「フォーク」情報としてはそれがはしりであった。64年4月号の「これぞフォーク・ソング」は、「アメリカ音楽界において、三年前から発生した一つの現象といえば、まずアメリカン・フォーク・ソング・リバイバル（アメリカ民謡の復活）を掲げることが出来ましょう」の一言で始まり、「リバイバルにひとはだぬいだのは…」、「ロマックス親子と方［ママ］文書」、「シーガー親子と民俗音楽」、「本当にアメリカ民謡を好きな人達」と内容はまんざらでもない。

『ポップス』は、シーガー来日の三ヶ月後の64年2月号でドリス・デイの顔写真の表紙に「特集 ブームを呼ぶかフォーク・ソング」と謳い、巻頭に全八頁を充てている。グラビアはアニータ・オデイに焦点を当てる一方、ジェリー藤尾、ロミ山田、丸山明宏などを並べ、目次には、パット・ブーン、サム・テイラー、高英男、梓みちよ、舟木一夫、坂本九、西田佐知子などの名前が目に入るが、頁をめくり終える前の巻末にある譜面五曲はアメリカの伝承民謡であることに気がつく。

その特集全四編の最初である「フーテナニーのこと」(岡野弁)は、「根拠のない、それを裏付ける資料をもっての話ではない」話をしたあと、民謡の「〝伝統は急激に商業主義に道をあけてきた、真正であることよりも、むしろ市場性が強まった[…]〟とルック紙は最近の民謡の動態をとらえて」いるのに対して、ピート・シーガーは「〝民謡は死にかけていた。商業主義はそれを復活させた。私にとってこのことは新しい国民成熟の音楽的反映である〟といっている」(19頁)と引用している。

「海の向うのフォーク・ブーム」(中村とうよう)は、「「フォーク・ソング」とか「民謡」とかの言葉の中には、本当に山奥の部落で古老たちが伝えている伝統音楽も含まれているし、商業的なよそおいをこらし、すっかりレコード歌謡にされてしまったものも含まれている」と語ったあと、「山奥の古老の歌が馬鹿っ派手な大ブームをおこすことは絶対に起り得ないのである。しかしある程度現代の感覚で処理されたものが相当広く評判になることならあり得る」と言う。そして、「実例をあげると「トム・ドゥーリー」という歌は昔からアパラチアの山中に伝わっていた民謡であり、そのままの姿では特殊な研究家や好事家を喜ばせるだけにとどまるが、それを現代の感覚で〝カッコよく〟アレンジしたキングストン・トリオのレコードは大ヒットになった」と続けたあと、「ポップ・フォーク側の商業的成功とあわせて、片方でボブ・ディランのように人間的な誠意にあふれる自分の新民謡ばかり歌い、しかも年に似ぬ渋い歌い方で大いに賞讃を浴びている人もいることを特筆しておく必要がある」

と書いている――「彼の代表的な反戦歌「風に吹かれて」は日本でもかなり評判になってきた。シーガーにしてもディランにしても、アメリカの良心の端的な代弁者であるといっていいだろう」（21-23頁）。

「ヒット・パレード界にみるフォーク・ソング」（木崎義二）は、「アメリカン・フォーク・ソングがヒット・パレード界で大きくクローズ・アップされてきたのは一九五一年のことでした」（22頁）ということで、それからの流れを具体的に辿っていき、その「ヒット・パレード」に顔を出す他の種類の歌の文脈で動向を語る。「フォーク・ソングのレコードとアーティスト」（高山宏之）は、「アメリカでのフォーク・ブームとやらは、〔…〕厳密には、フォークならぬモダン&アーバン・フォークのブームなのです。日本にもブームが渡って来るとすれば、やはり中心になるのはモダン&アーバン・フォークでしょう」（24頁）で始まる。この号には、しばらく頁をめくっていくと、先に取り上げた『讀賣新聞』63年9月27日付の記事が予告していた映画『フーテナニー・フート』が、日本での「公開は三月ごろの予定だ」ということで、「フーテナニー・ブームの発生過程をそのまま描いている作品である」（50頁）と紹介しており（宮地燎三）、そのあとの見開きには三枚の場面写真が「これがフーテナニーだ!!」という見出しで載ってもいる。

　中村とうようは、その『ポップス』64年2月号と重なる『音楽の友』2月号で、「アメリカのフォーク・ソング・ブーム、あるいはフーテナニー・ブームというものが、秋ごろから話題にのぼっている」という書き出しで、「アメリカの民謡ブーム」について考え、「大げさにいえば、アメリカの社会精神史の問題ということになるだろう」と言う。そして、「背景として、まず見落してならないことは、ケネディ政権になってからいわゆる「ニュー・フロンティア」政策によって国民が清新ハツラツとした気分におおわれ、人種問題の前進などに表れたリベラリズム的な風潮が擡頭してきたこと」、「あまりにも便利な物質文明に食傷した都市生活者たちが素朴な人間性を民謡に見出しているということ」、「第二次大戦後アメリカ人は名実ともに世界一になったという誇りが強く、自分たちの文化的伝統を尊ぶ風潮が出てきた」こと、「音楽の歴史としての必然性〔…〕例えば、民謡は一定の周期をもって何度もリヴァイヴァルするといった見方もできる」こと、「もっと現象面に密着して見るならば、アラン・ロマックス、ピート・シーガーなど何人かの先駆者の努力、ブラザース・フォアからジョーン・バエズやボブ・ディランに至るまで数多くの優秀な若手シンガーの輩出といった具体的な諸事実を指摘することができる」(142－143頁)と総括する。

その二ヶ月後の『音楽の友』4月号には関連記事が二つ掲載され、一つは「ブームに思うアメリカ民謡の素顔」(日高義)で、あれこれ述べるものの、要は最後の一節であるらしく、「日本人はもう少し祖先が残した伝統文化、郷土芸能に関心をもつべきではなかろうか」と言い、「様々な試練を経てきたアメリカにおける民謡ブームがこのような面で非常に参考になるのではないであろうか」(113頁)と締めている。もう一つは63年11月にシーガーが「日本を去るとき」に「おいていった」という原稿を三橋雄一が訳したもので、内容は題名通り「アメリカの民謡復興」ながら、出だしの部分で「日本でどのように変化に富む音楽活動が行なわれているかを、とっくりと見聞しました」(111頁)と言い、結局は、「日本ではたいていのひとが民俗音楽とはなにかまるっきり過去に属するものと考えているのには驚きました」と伝える。しかし「新しいものもあるはずです。[…]私どものアメリカ民謡復興のことをお話しすれば、もっともよくわかっていただけるものと思います」(114頁)とあり、話はその先へ進んでいく。

日本における〝フーテナニー〟

翌月の『ポップス』64年5月号には、「やって来た海の向うの歌声運動」という中村とうようの一文があり、「花はどこへ行った」「ハンマー持ったら」「風に吹かれて」など一連の〝アメリカの歌声〟を紹介して、「日本で聞かれているとしても、今のところメロディが受けているにすぎないのが事実だろう」と言い、「しかし歌声運動では日本のほうが先輩格なのだし、最近「こんにちは赤ちゃん」以来内容のすぐれたヒュウーマニスティックな歌が喜ばれる傾向の出ている折でもある」ということで、「アメリカのプロテスト・ソングに学んで、社会的に前むきの姿勢をもった歌が大いに歌われるようになってほしいものだ」（61頁）と結んでいる。

しばらくして64年6月には「ピーター・ポール・アンド・マリー」が来日した。『朝日新聞』6月20日夕刊の「音楽」欄に評（「保」）が出ており、「幕があく、歌う三人組が現れる。まちかまえたような拍手……。はじめから客席は〝人気〟の催眠術にかかっている」と切り出し、「ピーターとポールの奇妙なヒゲ、金髪の妖精（ようせい）スタイルのマリー、この三人がならぶと、われわれの興味をひくなにかが感じられる」と口ごもる。そして、「この三人のフォーク・ソングだが、神経質すぎるほどよく計算されている。［…］三人のチーム・ワークのよさ、一分のスキもない歌……。［…］さきごろ来日したブラザース・フォアなどの、素朴で、おおらかなフォーク・ソングとは反対に都会的な鋭い感覚が歌の中に張りつめている」とある。

その両方に会ったという「フォーク・ソングの大変熱心なファン」であり、自分でも演奏活動をしている真木壮一郎、菊田伊寧子（父は菊田一夫）、横田一夫、およびその世話役で、「日劇で演出」を担当の日高仁（日高義の兄）が集まり、中村とうようが司会の座談会「そこにフーテナニーがあるからだ！」が、『ポップス』8月号に掲載されている。それに続く「理想のために活用されるフォーク・ソング」で、日高義が「ブラザース・フォア」、「ヴィレッジ・ストンパーズ」、「ピーター・ポール・アンド・マリー」の舞台活動を紹介したあと、その文中で「東京のフォーク・ソング・グループの活動」に一頁を割いており、「昨年十二月、立教大学ＯＢの大沢保氏主催になる〝フーテナニー〟が、まず、日本における〝フーテナニー〟の第一弾であった。大沢氏は在学中から〝セント・ポール・フォーク・シンガース〟のリーダーとして活躍を続け、この道では先駆者的な立場にある」と紹介した上で、「現在、都内のグループは、高校のグループを含めて、約四十チームぐらいあるが、そのうち、フーテナニーに登場したのは約十五チームほどである」（41–42頁）と記している。（なお、その二編が出た『ポップス』64年8月号の特集は、七編から成る特集「シャンソン・レコードを聴こう！」だった。）筆者は、日本におけるフーテナニーの「第一弾」の半年前である63年5月29日に、その大沢保の自宅へ行っており、日記に、「[橋本君の退社後]二人で新宿へ。大沢君という今年大学を出た男に会うため。5-string banjo のうまいという男。Flailing も彼が橋本君に教へた。[…]橋本君と"What shall I do with the Baby, O?"をやり、あとで一人で"The Outlandish Knight"を歌ってこういうのが自分のやっているもの——ballad だと示しておく。彼のやりはじめは Kingston Trio とのこと。しかし banjo は本当に希望がもてる。弟というのが一年ちがいでギターをひくらしい」と書いている。ピート・シーガーが「東京グランド・オール・オプリ」に客演したときに出演したキングストン・トリオふうのバンドを率いていたのがこの大沢保だった。

その「日本における〝フーテナニー〟の第一弾」から一年経った64年の暮れには、「赤坂の都市センター・ホール」で、「ジュニアC&Wジャンボリー特別ショー」として「クリスマス・ウィズ・フーテナニー」が開催されたという記事が『ポップス』65年2月号に出ており、「初の本格的フォーク・フェスティヴァル」(高山宏之)という題が付いていた。

「ビートルズ旋風」と「愛と情熱の歌カンツォーネ」

「アメリカの民謡復興」の日本「上陸」が賑やかになったのと同じ64年の前半に、英国のビートルズが話題になり、加えて、イタリアのカンツォーネが脚光を浴びた。

た。

今や世界の寵児となった英国産のロカビリー

「吹きまくる「ビートルズ旋風」」という短い記事（無署名）が『ポップス』に出たのは、64年3月のことだった。

「かつて、日本でもハイティーンの間にウェスタン・カーニバルを中心としたロカビリーが熱狂的に流行したが、この数段強烈なものがこの〝ビートルズ旋風〟である」と言い、メンバー四人を紹介し、「黒いジャケットがトレード・マークで、このスタイルはハイティーンには憧景のマトであるという。［…］イギリス中を吹きまくった「ビートルズ旋風」は、アメリカにも渡った。［…］第一弾として「抱きしめたい」を発売したところ、発売前に一〇〇万枚の注文が殺到し［…］」と言い、『ビルボード』と『キャッシュ・ボックス』のチャートでの人気を示し、「今までにはちょっと見られない爆発的な人気だ」と伝える。そして、「さて、日本ではどうだろう」と続き、二月に「「プリーズ・プリーズ・ミー」と「アスク・ミー・ホワイ」が発売されたが、それまでは、ラジオでしか聞くことができなかった。日本ではこのところロカビリーはちょっと下火ではあるが、新しいものが大好きな日本人にもこのカッコいい四人組は、絶対にアッピールすることまちがいなしと見るが、読者の皆さん、いかがでしょう」（90頁）と問いかける。

その二曲から成るシングルは、「各レコード店の売上げベスト・テンに入っていない所の方が少ないくらい」であると二ヶ月後の『ポップス』64年4月号で鈴木道子が書いている。その一文は「プレスリーを蹴おとしたイギリス青年」と題されたもので、「イギリスで最も権威のある音楽業界誌ザ・ニュー・ミュージカル・エクスプレス」が発表した「一九六三年度の人気投票の結果」をもとに、「毎年きまって「世界で最も人気のある歌手」に選ばれていたエルヴィスが、ついにその王座を他人に譲り渡す時がきてしまった」と言い、「ロックの王様エルヴィスをけ落して、「世界一の人気者」におさまったのは、紳士の国のヤング・ジェントルマン、クリフ・リチャード」であり、並んで「世界最高のグループ」（32頁）に選ばれたのがビートルズであると伝え、あとはビートルズに焦点を当てている。その4月号のグラビアにはビートルズの演奏写真もあり（リンゴウ・スターは写らず）、「マッシュルーム・カット（きのこ型の髪）の顔をふりふり、ビートルズの行くところ、狂声と騒音の渦は大きくなっていくばかり、今や世界の寵児となった英国産のロカビリー、ザ・ビートルズの人気には、核爆発を思わせるものがある」というキャプションを同じ「鈴木」が添えている。『毎日新聞』3月13日夕刊の「娯楽」欄の冒頭記事での見出しは「英、米でバカ当たり」であり、その「アメリカで大旋風をまきおこしている」のは「イギリスの四人の若者のロック・ビート・コーラス・グループ」とあった。『ミュージック・ライフ』に「特集！ビートルズ、ピンからキリまで」（湯川れい子）が出たのは64年4月号であり、二ヶ月後の6月号に「特集ビートルズとリバプール・サウンド騒動」（木崎義二）が出た。

筆者がビートルズの名を知ったのは、その「一九六三年の人気投票の結果」が英国で報じられた頃である63年10月7日のことだった。学部と大学院の授業を担当すべく、若いケンブリッジ大学出の後任として赴任したオックスフォード大学出の「英人講師にあいさつ。若くてはつらつとした雰囲気は性格的なものが多分にあるようだ。［…］夕食後、汐入の外人官舎へ行って、［S］夫妻に会って歓談」と書いており、明記はしていないが、「ビートルズって知ってる？」とその二十八歳のS氏に問われた。飛行機の中で読んでいた米国の週刊誌が広げてあり、襟なし服姿の四人の写真が出ていた。赴任直後のところへお邪魔してしまったのは、その官舎が四年前まで自分が住んでいた馴染みの場所だったからだった。

そして、翌月である63年11月19日の日記に、「図書館の開架へ行く。［…］雑誌を片っぱしから見ていく。「Time」と「Newsweek」にイギリスの Beatles という20、23才の4人組歌手（with 3 guitars & drums）の熱狂的人気のことが書いてある」と記している——「リズム&ブルーズを少し変えたようなスタイルらしいが、一寸感心したのは大半のレパートリが彼等の作詞作曲になるものという。こうでないといけない」。

イギリス・ロック界はじまって以来の、トンデモない人気

「プレスリーを蹴おとしたイギリス青年」の三ヶ月後に出た『ポップス』64年7月号には、ベラフォンテの「野外コンサート実況最新録音盤」を大きく宣伝した頁の右側に、「ビートルズの人気を占なう」という記事が出て、「イギリス・ロック界はじまって以来の、トンデモない人気に目をつけたアメリカのレコード会社が、六四年になってドッとビートルズのレコードを出した」と言い、「ご注意いただきたいのは、アメリカではイギリスでもってシングル盤の出てないもの、つまりLPに入っているものまで、メッタヤタラに出したということです。しかも［…］ヒット・パレードには、B面までが別に堂々とランクされているというスサマジサ［…］」と編集部が面白おかしく書き、最後に、「今撮影しているユナイト映画［…］Hard Day's Night が封切られるとなると、［…］少なくとも今年いっぱいビートルズ・ブームは、日本にも根をおろしそうですネ。そして来年にはビートルズの来日！テナことになると、ミリオン・セラーが日本でもドンドン出るということになるんじゃないでしょうか［…］」（50頁）とある。

その映画が『ヤァ！ヤァ！ヤァ！』という日本題名で公開され、記念として「一冊全部がビートルズの写真と記事」の『ポップス』64年8月臨時増刊が出て、9月号に掲載の見開き二頁広告に「待った…出た…イカす…読もう…」の文字が踊る。その映画の日本公開については、同9月号も「熱狂的なファンが殺到!!」という見出しで記事にし、執筆者（「高島」）が、「イヤ、驚きました。ビートルズの人気のモノスゴサ、異常さには」と書き出している――「『ビートルズがやって来るヤァ！ヤァ！ヤァ！』そのものズバリで映画館内は、実際にビートルズの四人がやって来たのかと錯覚するほど」。7月30日の前夜祭、8月1日からの上映に並ぶ行列のことなどを伝えたあと、「さてこの映画を見た多くのティーンズの感想はどうでしょうか」ということで、例を五つ挙げており、「母親をお供にし、顔を真赤に上気させている女の子――リンゴが可愛いッ！ドラム叩いてニコニコしてるところ。アタシの年？……十三ョ！」、「浪人風のオニイさん――ハッスルしちゃったョ。カッコいいもんネ。

汽車の中で歌う――アイ・シュッド・ハヴ・ノーン・ベター…?…あれイカしてたネ。……あーァ、オレは勉強か!」という具合。映画自体については、「日本の歌謡映画のようにイージーに作られたものではなく、十一曲という多くのヒット・ナンバーを聞かせながらも、よく四人の個性を巧みにとらえて、ビートルズのエネルギーというものを見せるのに成功しているようです」(88頁)と言い、それとは別に「印象的なカメラ・ワーク」という見出しでこの映画について書いている伊藤強は、最後に、「歌われるのは新曲ばかりの六曲。彼らにとってははじめての映画だがこれまでにヒットした歌を入れなかったのは、製作者のひとつの見識とも思える。その点に関しては、日本で作られる歌手の宣伝映画より前向きだ」(89頁)と評している。

翌月の『ポップス』10月号には「ビートルズをめぐる三つのウワサ」という記事があり、「ビートルズは落ち目!!じゃない」(木崎義二)が、「一段落した彼らが、再び自分を見つめなおして出直してくれれば、彼らはあと何十年も活躍でき、すぐれた実力をもつグループと呼ぶことができるはずです」(38頁)と結んでいる。同じ10月号に「強烈なビートと若さの躍動 エレキ・ギター」と煽る一文(山村あきら)があり、冒頭に「この頃、やたらと増えてきたお店が、スマートボール、レコード屋、喫茶店、その店先で今日も朝早くから轟くばかりの低音《ベース》ギターのロック、エレキ・ブームですね」とあり、「ポピュラー、歌謡曲、ムード、ラテン……いやデキシーからモダンに到るジャズにさえ、エレキ・ギター・ソロの入ってないのはまずありません」と続くが、その「エレキ」については、次章で述べる。

翌月の『ポップス』11月号のグラビアには、「やって来たリヴァプール・ビートルズ」とあるのが目を引くものの、キャプションを読むと、「リヴァプール・ボーイズ・ビートルズが来日、後楽園アイスパレスの「世界サーフィン・パレード」に出演した。例のお河童ヘア・スタイル、ザ・ビートルズの先輩格という触れ込み」といかにも怪しげであり、ビートルズに似た格好の五人グループが写っている。一方、『ミュージック・ライフ』は、64年7月号で「特集 フォーク・ソング対リバプール・サウンドの真夏の対決!」と二つの流行を対比させていた。

カンツォーネばやり、束になってくる

「プレスリーを蹴おとしたイギリス青年」を載せた『ポップス』64年4月号が特集したのが、「愛と情熱の歌」を被せた「カンツォーネがやってくる」だった。

五編が並び、「カンツォーネとは何か」、「カンツォーネ歌手ガイド」など詳しいが、まず「カンツォーネがやってくる」（岡野弁）が、「カンツォーネが流行のきざしにある」と言い、その「流行にとどまらず今年の上半期にはイタリア色が、相当に濃くあらわれてくる」と指摘し、「まず第一が第三回イタリア映画祭」で、「三月四日—九日まで東京商工会議所四階ホールを中心に開かれ」、「美人国イタリアのパリパリの女優陣」がやってきたと伝える。そして、その「あとに続く、イタリアの歌手の来日は、ポッツン、ポッツンと来るのと同時に〝束になって来る〟のと両方を加えて二十名前後になるのである」という——「上半期だけにこれだけの歌手が来て、しかもその前にイタリア映画祭があるとしたらやっぱりイタリア・ブームということになるだろう」（19頁）。

「お堅い方のイタリア歌劇団は別として、今までに来日したポップス系といえば、ナポリ・クインテットとクラウディオ・ヴィルラぐらいのものである」（19頁）とあり、一般的ではなかった「ポップス」という言葉が使われているが、それはともかく、確かに61年1月28日『讀賣新聞』夕刊が、「歌の都ナポリから来日する五重唱団ニコロとナポリ・クインテット」の来日を記事にしている。そして、「彼らの歌う歌のことを、イタリアではカンツォーネとよんでいる」、また、「最近になって、ナポリ民謡協会」が「ナポリの守護神サンタ・マリア・ピエディグロックのお祭り」とは「別に、ナポリ・カンツォーネ・フェスチバルを開くようになった」と伝えている。

ヴィルラの方は、『讀賣新聞』63年5月25日夕刊に来日を伝える短い記事があり、十八歳でデビューした三十七歳のヴィルラの東京公演が6月と7月であることを伝えている。

「ポッツン、ポッツンと来るなかのひとりにはミルバ」がいて、「四月十日から五月十五日にわたって演奏会を開く

のだが、ナポリ民謡祭では一位、二位を獲得した実績をもった歌手である」(19頁)。そう報じる『ポップス』64年4月号が店頭に出ている3月28日の『讀賣新聞』夕刊が、ミルバは「さいきんでは［好敵手］ミーナをしのぐ人気で〝カンツォーネの女王〟といわれている」と紹介している。少し後の『朝日新聞』64年4月13日夕刊は「底抜けの明るさ」という見出しで来日を伝え、「ことし二十三歳。〝ゴーロの女豹(めひょう)〟といわれる美しい目が印象的」なミルバの会見記事を載せている。

世界あげてのイタリア・ブーム

「束になってくるのは、イタリア・カンツォーネ・フェスティヴァルと銘打って五月九日から二週間の予定で公演されるのに参加する歌手たち」であり、「映画「太陽の下の十八歳」でうたった、ジミー・フォンタナ、「お前に」をうたったアンナ・マリア、作曲家でもあるエドアルド・ピアンネロ、日本に新婚旅行にやってきたミランダ・マルティノ、十八歳の若いジャンニ・モランディ、〝情熱の白バラ〟をうたっているセルジョ・エンドリゴ、作曲家、ギタリストそして歌手といういそがしいジャンニ・メッチアという顔ぶれ」(19－20頁)。その『ポップス』4月号カンツォーネ特集には、「カンツォーネの魅力」、「美人は歌手の第一条件」、「来日歌手がブームをきめる」、「今年のサン・レモ音楽祭」が続く。

その「束になってくる」フェスティヴァルは、5月ではなく9月に開催されており、9月17日、18日の読売新聞社の開催予定を、11人の「来日メンバー」名と15曲の「おもなレパートリー」を並べて『讀賣新聞』8月2日朝刊が社告を載せ、8月22日夕刊は、「名古屋、長野、大阪、京都などを巡演する」ことも伝える。『朝日新聞』9月6日朝刊の「娯楽ウイークリー」は、「近づく本場のフェスティバル」について「〝イタリア製小うた〟の魅力」という見出しを付けて結構詳しく予告しているが、「カンツォーネばやり」の背景を伝える前置きの方が面白い。

「世界あげてのイタリア・ブームだ。カンツォーネだけではない」と切り出し、「東京でロードショー中のイタリア映画「昨日、今日、明日」は、封切五週目というのに客足はいっこうに減らない。近く封切られるクラウディア・カルディナーレの「ブーベの恋人」も、カルロ・ルスティケリ作曲の甘い主題曲が秋のヒット盤として、売れ行きは急速の伸びようだ」と伝える。そして、「自動車のデザインでも、いわゆるイタリアン・ラインが好まれているし、ファッション界でもイタリアン・モードがフランスと肩をならべて日本でも幅をきかしている。まだある。クツもハンドバッグ、そして装身雑貨もイタリア製が目立つこのごろ」と続け、「なるほど〝イタリア〟が日本じゅうにあふれている感じだが、そのトップをゆくのがやはりカンツォーネかもしれない」と本題に入っていく。

『ポップス』9月号も、「やって来る二つの〝フェスティバル〟」という全六頁記事を載せ、ラテンの案内（中村とうよう）の前に、カンツォーネを紹介（石田豊）している。『朝日新聞』9月20日夕刊に出ているコンサート評（「保」）は、「カンツォーネはじつにイタリア的な気まぐれな印象の歌で満ちている。カンツォーネとは歌というイタリア語だから、いろいろな歌があってもいいわけだが、もっと心に伝わってくるような歌もききたいものだ」と結んでいる。その後、クラウディオ・ヴィルラが二度目の来日ということで、『ポップス』11月号が、「秋のポピュラー界を飾るクラウディオ・ビルラ、マランド」（河合秀明）の前半でヴィルラを詳しく紹介し、冒頭に「今年のカンツォーネのしめくくりとして昨年六月に来日し、現在のカンツォーネ・ブームの始まりとなった、カンツォーネの王さまクラウディオ・ビルラが十一月三日に来日、約四十日滞在、各地でコンサートを行なうのはとても嬉しいことです」（34頁）とある。そして、その頁には、「ポップス愛読者五十名様」を「御招待します」ということで、「申込券」が印刷してある。

トーキー中継が映画音楽に

右の『ポップス』64年11月号の特集は「映画音楽のすべて」であり、第三章の末尾と同様、映画音楽に触れておくと、その特集で先ず作曲家の木下忠司、映画評論家の大内順子と関光夫が「映画音楽のたのしみ」と題した「てい談」を行なっており、「映画音楽」という言葉の始まりに触れている。

「いまも「映画音楽」ってあるんですか？ＮＨＫに」と木下が尋ねると、関が「あるんです。とうとう十七年目」と答え、「一度終ったみたいだったけど……」と木下がまた尋ねると、「絶えず名前をかえ、時間をかえて延々と続いてるんです」と関が答え、そのあとに、「いちばん最初は戦争直後で、古めかしく「トーキー中継」といった。いまじゃ、思わずギョッとするけれど、当時は誰も不自然に思わないで、この言葉を使っていたんです」と続ける。そして、「でも、「トーキー中継」じゃどうもおかしい。で、ぼくが「映画音楽」という名前を考えたんです。いまじゃ、コロンブスの卵みたいな話になるけど……。それが昭和二十四年ぐらいかな。いまやカタカナで「スクリーン・ミュージック」となりましたがね」とのこと。そこで木下が、「じゃ、映画音楽の移り変りは、ぜんぶご存じなわけだ。やはり相当変ってるんでしょうね」と応じる。それに対して関は「歴史はくり返すというけれど、途中は少し変っても、終りは結局同じですね」(19－20頁)と言い、そこから「てい談」は展開し、「あの名作この名曲」、「映画音楽の個性」、「注目される作曲家たち」、「映画音楽の宿命」という小見出しが付く。そして、その座談会に続いてあれこれ六編が並ぶ。

次章の60年代後半にまたぐことになるが、『讀賣新聞』68年11月21日夕刊は、「百本の映画主題曲を集めたＬＰ八枚組「世界映画音楽大全集〝映画音楽30年史〟」(テイチクＳＴ一五一―八)が来月始め発売される」と報じている。「ジャケットにはカラー写真二十七枚、白黒スチール百八枚で、全映画の解説が付けられて」おり、「全部日本吹きこみ」とある。製作担当者によれば、「テレビでリバイバル洋画がさかんだが、吹きかえのため、テーマ音楽が案外軽視されている。原曲に忠実にアレンジしたので、改めて映画音楽のよさをふり返ってもらえると思う」とのこと。一年後である69年10月29日の『毎日新聞』夕刊には「静かなるブーム／映画音楽全集」と題した記事があり、「このところ出版社による音楽全集の発行がさかんだが、ひそかなブームをつづけているのが、やはり出版社による映画音楽全集。昨年秋から発行している「スター映画音楽全集」（国際情報社、全十五巻）この八月からスタートした「世界の映画音楽」（中央公論社、全十二巻）につづいて、このほど「世界映画名作全集」（学習研究社、全十二巻）がなぐりこみをかけてきた。さらに講談社が「映画音楽名曲集」を十二月に発売しようと準備を進めている。映画の斜陽とは逆のこのブームの底流をさぐってみると――」と煽っている。そして、その69年の12月に青木啓・日野康一共著『映画音楽』（誠文堂新光社）が出て、二年後の71年11月には『キネマ旬報』増刊号として『世界映画音楽大事典』（キネマ旬報社）が出ている。

「空前絶後の外タレ・ラッシュ」

いながらにして世界各国の一流のナマ演奏を聴く

60年代前半は、ラテン音楽、モダン・ジャズの人気をはじめとした動きを見てきた過程で触れた通り、外国からの音楽家の来日が目立った。

60年に入って「にぎやかな軽音楽界」という記事が『讀賣新聞』夕刊の「娯楽」欄に出たのは3月31日の夕刊で、「昨年にくらべて一段とにぎやかな軽音楽界である」と予告している。その「にぎやかな」は、前年暮れの「娯楽」欄でも使われており、59年11月5日の夕刊に「にぎやかな師走の軽音楽界」という記事があった。61年2月17日『讀賣新聞』夕刊の見出しには、「花ひらく軽音楽家の来日」とあり、「例年になく軽音楽界はにぎやかだが、さらに春から夏にかけても来日組が目白押しにならんで、空前の活況をみせている」の出だしで記事は始まる。その62年の秋になると、『音楽の友』10月号の「来日演奏家評判記」（安倍寧）が、冒頭で、「〝外人音楽家ラッシュ〟という掛け声は、いまや、ほとんど無意味なものになってしまった。春秋二回のシーズンに、外国からさまざまな音楽家がどっと押し寄せてくるのが恒例となった現在、あえてラッシュなどとことわるまでもないというわけだ」（64頁）と言っている。そして、「新聞に大きく出たりはしないが、ナイト・クラブだけしか出演しないタレントのなかに、思わぬ拾いものがあることも心得ておかなくてはならない［…］」と付け加えている。その62年の『スイング・ジャーナル』6月号は「呼び屋繁盛記」と題して、「呼び屋の仕事から過去の業績までのすべてを明らかにする記事」をB5判全十二頁にわたって掲載した。

翌63年になって、『ポップス』7月号が「この外タレらっしゅ」と題した座談会を掲載している。司会は、一ヶ月前の『音楽の友』5月号の「ポピュラー時評」で「一ヵ月に一件の割り合いで誰かが日本でコンサートを行なっている」（148頁）と書いていた小倉友昭で、「最近来日する外人タレントはたいへんなものですね。特にこの5月から6月は、それがピークに達した感じがします。日本はまあ欧米の連中からみれば一つの、開拓の市場でもあり、今後外貨のわくがなくなれば、当然今日にも増してこの傾向は強くなると思います。事実いながらにしてわれわれは世界各国の一流のナマ演奏を聴くことができたのですが……」（28頁）と振り返る。そして、しばらくして、「今のようなラッシュになると、自動車のラッシュと同じで、いつ衝突するかわからない。そろそろ懇話会のようなものでも作って調節する必要はありますね」（31頁）と油井正一が言う。

呼び屋の自転車操業

その『ポップス』7月号が出た一ヶ月少々あとの63年8月29日の『朝日新聞』夕刊は、「ポピュラー音楽家ぞくぞく来日」と、「ポピュラー音楽家」という言葉を使っている。新聞が「外タレ」では困るのだろう。出だしは、「この春はそのピークのようにいわれたが、秋から冬にかけても、決ったもの不確かなものをひっくるめて、外来ポピュラー歌手のラッシュになりそう」とのこと。

その63年が終わりに近づき、『ポップス』が12月号で座談会「'63ポップス界総決算」を行なって、「今年のポピュラー界も多事だったね。まず正月は外タレの来日ではじまったんだが、これから行こうか?」(小倉友昭)とそこでも「外タレ」を話題にしている。その中で、「大変な名前が押し寄せたもんだね、いったいこれはなんだろう?」と伊奈一男が振ったのに対し、小倉友昭が「呼び屋の自転車操業」と応じると、伊奈がそれに加えて、「それともう一つ、韓国のウォーカーヒル、あれは国営だよね。それがどんどんこういうものを呼ぶ。そのおこぼれを頂戴してるということもある」と言う。小倉が「いわばファー・イースト・ロード、極東道路が出来つつあるということね」と添えると、佐藤泉が、「旅費をかけて、人間をギャランティして呼ぶんじゃ、なかなかペイできないからね」と言い、「ことジャズに関するかぎり日韓共栄圏はできたようなもんだ」(44頁)と説明する。

一方、『音楽の友』64年1月号の、「史上最大の外タレ・ラッシュ」という見出しを付けた「63年ジャズ界回顧」(油井正一)は、「六三年は、予測された通りの外来タレント・ラッシュであった。それは日本のミュージシャンの職場を完全に食い荒したのである」と指摘する――「ミュージシャンの団結がみられないわが国では、これほど食い荒され、収入が明らかに減っているのに、それに応ずる積極的な対策がまるで無いのである」。そして、「ミュージシャン」という言葉の使用が新鮮に響くこの短い記事は、「ミュージシャンの間から、自衛のための措置も対策も盛りあがってこぬのは、全く不可解という他はない。ユニオンは、海外事情にも明るい紙恭輔氏を会長に戴いているはずである。/だが、会長だけがいくら気を揉んでも[…]、内から盛りあがらなくては手のつけようがないのである」（136頁）と嘆く。『ポップス』5月号は「来日スターの人と歌」特集を組み、「あい変らず続く〝外タレ・ブーム〟」と言い、「大きな感銘を残した人、ただ来ただけというような人、さまざまだ。この中の主だった人を選んで、その〝人と芸〟を綴る…」と始める。

その64年の年末の『ポップス』12月号で、中村とうようが「外タレ・ラッシュ」の見出しのあと、「「ことしは空前の外タレ・ラッシュの年であった」という文句を、われわれは昨年の末にも一昨年の末にも書いた。そしてことしもまた、複雑な感慨をこめて同じ文句を書く次第となった」と言う。「メモ帳をひっくりかえして、一月からの主な外来アーティストのリストを作ってみた。そして、あらためてビックリした。たくさん来たとは思ってはいたが、書きならべてみて、また驚きを新たにしたのである」と呆れ、「読者のみなさんにも、ここであらためてビックリしていただいたほうがいいと思うので、そのリストを掲げてみる」とある。ずいぶん長いその「リスト」のあと、「並べたのは一流の大物ばかりで、ナイトクラブ専用の小物は数えきれない。脱落もあるかもしれない。まさに「空前」である。そしておそらく「絶後」ではないかという気がする。明らかに過飽和の状態を来たしているからである」（43頁）と結んでいる。

第五章　一九六〇年代後半

【第五章関連略年表】

1965年1月　「強烈なロックン・ビートの旗がしら」のヴェンチャーズが来演。その後、『ポップス』5月号が「エレキ・ギターがロックを変えた」を特集。

1965年7月以降　「クール・ジャズの草分け奏者」のスタン・ゲッツに始まり、1966年半ばにかけてジャズ演奏家の来演続く。

1965年10月　チェット・アトキンズを代表とする「ポップ・アンド・カントリー・フェスティヴァル」開催。

1966年1月　ボブ・ディランの初の日本盤ＬＰ発売。第1面が「フォーク・ロック」傾向もの、第2面がそれ以前の「プロテスト・ソング」先駆けものから成る日本編集盤（ＣＢＳコロムビア）。

1966年6月　ビートルズの武道館公演。

1966年8月　『フォーク・ソングのすべて』刊行（東亜音楽社発行、音楽之友社発売）。米国の民謡・民俗音楽、「レコード歌謡」化したもの、「新作民謡」を包括的に捉える。

1967年1月　ピーター、ポール＆メアリが再来演、および「フォーク・ソングの女神」、ジョーン・バエズが来演。

1967年8月以降　「サイケデリック・ミュージック」が『ポップス』8月号の特集に続いて新聞雑誌で話題。

1968年2月以降　ポール・モーリア楽団の〈恋はみずいろ〉を始めとしたイージー・リスニングが大人気。

1968年5月以降　「ジャズ・グループ相次ぎ来演」。チャールズ・ロイド、チャーリー・バード、マイルズ・デイヴィスの「四重奏団」等。

1968年5月以降　「リズム・アンド・ブルース」、そして「ソウル・ミュージック」が新聞雑誌で話題。

1969年1月頃以降　「ニュー・ロック、あるいはアート・ロック」が日本でも話題に。

1969年3月　『ニューミュージック・マガジン』創刊。「ロックを正当に把握するための活字メディア」（社名は誌名と同一）。

1969年6月以降　ディジー・ガレスピー、サラ・ヴォーンなどジャズ・ミュージシャンの来演続く。

「'65年ポピュラー界の動き」

強烈なロックンのザ・ベンチャーズ、ミュージカル、シャンソン、カンツォーネ…

60年代後半が始まる65年1月28日『朝日新聞』夕刊の「ヒット盤」のコラムに、「ミュージカルばやりか「マイフェア・レディ」のトップは動かず、ビートルズも、昨夏、同名の映画で再認識されてから大人のファンまで加わった感じ」とある。続いて、「カンツォーネ、コンチネンタル・タンゴの二つは、いずれも二枚組のLP版で「…のすべて」ものが目立つ。［アルフレッド・］ハウゼはこの月末に来日、マランド楽団も暮れに来たし、親しみも深いようだ」とある。さらに、「「夢のアイドル」は、「アイドルを探せ」でヒットした異色歌手バルタン・ファンのためのダイジェスト盤。もっと強烈なのがロックン・ビートの旗がしらザ・ベンチャーズで、正月、ザ・アストロノーツと同時に来日、いっしょに公演してまわった。ベンチャーズのレパートリーは広く、テクニシャンぞろいで、若いファンをよろこばせた。すでに「急がば廻れ」などでおなじみのところにこんどの来演」。

「強烈なロックンのザ・ベンチャーズ」が見出しのその記事から半年経った65年6月27日『朝日新聞』朝刊の「試聴室から」欄の見出しは「いぜんロックばやり」で、副見出しには「シャンソン名盤そろう」とあり、「最近のレコード界はエレキ・ギターのブームを反映して［…］いる。若い人たちも素人のロック・コンボを作って演奏したり、動きは活発だ」と伝え、「一方ミュージカル盤も愛好され、7月のパリ祭も近づいてシャンソンの名盤もそろっている」と言い、この記事には、LP『メリー・ポピンズ』のジャケット写真が添えてある。「ボーカル」

では、アストロノーツとベンチャーズのLPのほかにブレンダ・リーの『ゴールデン・ヒッツ』が挙げられ、「ラテンそのほか」には『ペレス・プラード／これがマンボだ！』、『イタリア・カンツォーネの歴史上巻』などが並ぶ。

一方、その記事の時点で発売されていた『ポップス』65年7月号は、特集「オデッタ／ヴァルタン／ミラー／タヨーリ／チンクェッティ——ファンを熱狂させた40日間」を組み、オデッタについての「偉大な芸術家」、「にじみ出る温い人間味」、「オデッタのレコード」の三編、ヴァルタンについての「溌剌とした可愛い仔鹿」、「躍動する歌とリズム」、「ヴァルタンのレコード」の三編、ミッチ・ミラーについて「哲学するエンタテイナー」、「〝歌う楽しさ〟を再認識」、「ミッチのレコード」の三編、タヨーリとチンクェッティについての「ベテランの風格、清純さの魅力」、「印象的な二人の魅力」、「タヨーリ、チンクェッティのレコード」の三編がずらりと並ぶ。

さらに約半年経った65年12月号の『ポップス』に、「'65年ポピュラー界の動き」（牛窪成弘）が出て、「今年はエレキに明けてエレキに暮れたといわれる」状況の説明に始まり、「フォーク・ソングも今年は着実に基盤を固めた」こと、「カンツォーネが健在」に触れたあと、「国内タンゴ界の低調な動きは何としても淋しい」、「ラテン、シャンソン界にはとりたてるほどの動きはない」、「それにしても、ジャズ界の凋落ぶりはどうしたことだろう」、「ミュージカルは大きく前進した」、「外タレ興行界では、自分の好きなものを選んで聴くという観客の質の向上が目立った」（37頁）と続く。

その12月号には「'65ポピュラー界来日アーティストを採点する！」（伊藤強）という記事もある。八グループと六人のソロ・アーティストを五人の「評論家」が五項目別に採点した結果を解説したもので、「総合点数の高いのは、ヴェンチャーズを筆頭に、コニー・フランシス、ブレンダ・リー、キングストン・トリオ。平均点からいけば、パット・ブーンも高いほうに入る」（28頁）とあり、補足のあと、「人気」、「実力」、「将来性」の順位も並ぶ。

総合点数が高くはないものの、採点の対象になっているジリオラ・チンクェッティとボビー・ソロはカンツォーネ歌手であり、『朝日新聞』65年5月18日夕刊にカンツォーネ歌手が「秋にかけ続々来日」という記事で、それぞれ5月中旬と8月下旬来日であることが紹介されている。しかし、そのチンクェッティと並べて『朝日新聞』5月24日夕刊に評が出ているルチアーノ・タヨーリ、それに9月20日夕刊で「三度目の来日」と予告されているクラウディオ・ヴィルラは、採点の対象にはなっていない。フランス人としては、いくつかのジャンルにまたがる歌手シルヴィ・ヴァルタンがフランス人として対象になっているが、シャンソン歌手ジュリエット・グレコは3月に再来日し、3月11日付『朝日新聞』にそれなりの公演評が出ているものの、採点の対象にはなっていない。女性歌手として対象になっているほかの二人であるコニー・フランシスとブレンダ・リーについては、『ポップス』4月号と8月号にそれぞれ来日に際しての記事がある。

冒頭で引用の『朝日新聞』記事が言う「トップは動かず」の「ヒット盤」のもととなる『マイ・フェア・レディ』については、『音楽の友』65年2月号で河端茂が、「昨年の暮も近く、ミュージカル映画とミュージカルの映画を、二本つづけてみた」という出だしの一文を書いており、ミュージカルを映画にした『マイ・フェア・レディ』がミュージカルの映画であり、もう一本の『略奪された七人の花嫁』は「映画による映画のためのミュージカル」、「シネ・ミュージカル」であると区別しながら、「ミュージカル映画は何処へ」を語る。一方、『ポップス』2月号は「ひらく!ミュージカル・イヤー」と題した特集を組み、六編と一つの座談会が並び、『ミュージック・ライフ』の関心は比較にならないものの、65年3月号に「ミュージカル・エイジ華やかに開幕」（浅井英雄）という連載を始め、6月号まで続けている。『ポップス』は続けて3月号でも特集しつつも、その題は「ミュージカル・ブーム始末記」であり、「日本のミュージカル」三作についての「私は肯定する、否定する」の意見を六人が綴っている。『ポップス』はその年に臨時増刊号として『新・ミュージカル読本』も出している。その三年後に『音楽の友』68年5月号が、五編と一つの座談会で構成された特集「「オリバー!」の魅力」を組み、その中の座談会で、戸坂康二、草笛光子、宮城まり子、安倍寧（司会）は、それぞれ、63年から65年にかけてロンドン、あるいはニュー・ヨークで観てきた感動をもとにその作品を絶賛した。

60年代後半の関連書としては、65年6月に大岩祥浩・島崎長太郎・中島栄司共著『タンゴ入門』（音楽之友社）、10月に黒木達也著『シャンソン入門』（荒地出版社）、66年に服部龍太郎著『世界のポピュラー音楽百科』（婦人画報社）、同年7月に中村東洋著『ポピュラー専科―軽音楽をたのしむ本』（実業之日本社）、8月に青木啓著『世界の名曲とレコード―アメリカン・ポピュラー編』（誠文堂新光社）と永田文夫著『世界の名曲とレコード―ラテン・タンゴ編』（誠文堂新光社）、9月に音楽之友社編『ポピュラー音楽―入門のための13章』（音楽之友社）、および福田一郎著『ひっと・ぱれえど心得帖―ファン必携の海外新情報』（東亜音楽社）、67年に永田文夫著『世界の名曲とレコード―シャンソン・カンツォーネ編』（誠文堂新光社）と見砂直照著『ラテン・リズム入門』（東亜音楽社）、68年12月に日本アート・センター音楽企画室編『ポピュラー名曲原語辞典』（日本アート・センター）が出ている。

「エレキを弾く少年、モンキー・ダンスに興ずる若者、禁止を叫ぶ大人たち」

エレキ・ギター・サウンドの大幅な擡頭

『ポップス』65年5月号の特集は「エレキ・ギターがロックを変えた」だった。「国産ギター」の説明を含む三編が並ぶだけながら、最初の「ロックン・ロールの歴史」（朝妻一郎）がうまく導入してくれる――「〝エレキ・ギター・サウンドの大幅な擡頭――〟最近の日本のポピュラー音楽界において、最も大きな話題になっている現象です」。続いて、「正月のヴェンチャーズ、アストロノウツの合同公演など、どの演奏会にも、ティーン・エイジャーがギッシリと客席を埋めつくし、その歓声は、ヴォリュームをいっぱいに上げた［…］サウンドを、時としては上回る有様」とあり、「ラジオのヒット・パレード番組には、ベスト・テンの中にヴェンチャーズの曲が二曲も登場する、という状態です。さらに、エレキ・ギターをフィーチャーしているビートルズやビーチ・ボーイズの曲までいれたら、［…］半分近く電気ギター・メーカーのコマーシャル・ソングで占められていることになります」（27頁）とある。

それを『音楽の友』66年2月号の「ポピュラー・セクション」欄の前半、「現代の宗教裁判——エレキ・ブームを総決算する」（伊藤強）が補足する。「流行するきざしは、一昨年夏の「太陽の彼方」のヒットにあらわれた。波乗りのサーフィンという新しいリズムを使ったこの曲は、時流にマッチしたのか大いにはやった。演奏したのは、アストロノーツ、そしてその楽団は昨年一月ベンチャーズと一緒に日本にやってきた。［…］そのあとピーターとゴードン、アニマルズ、サファリーズ、ハニーカムズとエレキ・ギター楽団の来日は相ついだ。［…］これまでのブームと違ったのは、単にその種の音楽を聞く人たちをふやしただけでなく、自分たちでも、そのギターを弾こうというファンを生んだこと、この音楽とともに生れた新しいダンス「モンキー」を生んだことだった。／エレキ・ギター［の］大手メーカーのG社、T社は、どんなにピッチをあげても需要に追いつけなかった」（184頁）。

右の「ロックン・ロールの歴史」には、「そこに現れる楽器の面から見てゆきたい」とある。「エレキ・ギター・サウンドの曲がこれほどまでのブーム」となった「決定的な理由」と言われているのは「〝サーフィンとホット・ロッド、それにビートルズを初めとするリヴァプール・サウンド・グループの活躍〟ということ」で、「名前こそ違うとはいえ、すべてロックン・ロールの変形したもの」（27頁）と説明する。

55年から56年にかけて「ビル・ヘイリー・スタイルが、［…］ロックン・ロールのスタンダード・スタイル」、「つまりサックスがメロディをとりドラムとベース、それにギターがリズムをつけるという方法」となり、「主役は、ヴォーカルであり、バックをつける楽器では、サックスとピアノが大きな位置を占めていた」。そのあと58年にかけて、プレスリーが「まだかなりリズム・アンド・ブルース臭の強かったロックン・ロールに、白人の音楽であるカントリー・アンド・ウェスタンのフィーリングを加え」、その成功によって「レコード業界に第二、第三のプレスリーを生み出そうとする傾向が生れ、多くの白人歌手が登場」し、「白人と黒人［…］が同じ曲を歌うことが多くなり、「その結果、白人は白人の、黒人は黒人の世界に、よりアッピールするように歌うようになり、ロックンロールとリズム・アンド・ブルースという分け方が確立して」いくと説明する。そして、プレスリーの伴奏ギター奏者スコティ・ムア、および黒人ギター奏者チャック・ベリーの存在を強調し、「記念すべきロック・インストルメンタル・レコード、ビル［・］ジャスティスの「ラウンチー」が、この種のレコードでは初めてともいうべきヒットとなった」（28頁）と指摘する。

そのあと、ポール・アンカにはじまる「ティーン・エイジャー・シンガー」が「小編成のコンボ・スタイルのロック・バンドという概念を変え、大編成のストリングスを加えたフル・バンドをバックに歌うレコードの数を多くして行きました」。58年から60年にかけてのその「ロッカバラードの流行」のあと、60年から62年にかけて「ナッシュヴィル・サウンド」期が来て、「ソフト・ロックとカントリー・アンド・ウェスタンの加えられたこの「サウンド」は、ロックン・ロールの白人化が一番進んだ時の産物でしょう」と説く。「ロック・ビートはなくなったわけではなく、それどころか、むしろ前のどの時代よりも一般化したのです」（28－29頁）。

62年から64年の「トゥイストとサーフィン」の時期になると、トゥイストの流行によって「だんだん弱くなる方向にあったビートは、ここで一挙に強いものとなり、再び白人と黒人のアーティストは同じような曲を歌い出し」て、「ビートの強いロックン・ロールがティーンの間で再認識され出し」、それに伴って「マッシュ・ポテト、ハリガリー、フライ、ロコ・モーションと「多くのダンス・ステップが現れ」、その「リズムを演奏したのは、多くのサックスと、かなりのギターでした」が、「間もなくギターの本格的に登場する時がやって来ました。サーフィンの流行です」と続く。「〝二つのラウンチー・スタイルのリード・ギターが、特有のエレキ・ギターのサウンドでロックン・ロールを演奏する〟という、今までのリズムには見られなかった楽器の制限までついたこのサーフィンは、その定義通りの演奏が行なわれ、エレキ・ギターは一躍花形にのし上ったのです」。そして、「サーフィン、ホット・ロッドと続いた後は、リズム・アンド・ブルースのフィーリングが多く入っているリヴァプール・サウンドが流行」し、それは「五七、八年頃のロックン・ロールと同じ」ながら、「フィーチャーされているのが昔のサックスではなく電気ギター」であり、「今や電気ギターは、一番重要な楽器になっているようです」（29頁）と朝妻は強調する。

二度言及されている「ラウンチー」は〈ローンチー〉の発音間違いで、ビル・ジャスティスが作って演奏した録音が57年の9月にシングル発売されたところ、大ヒットしたのだった。その器楽演奏にはサックスも入っているものの、主役は、駒の近くで弦をはじくことによるトワング音を特徴にした電気ギターだった。それに、半音下がった七度音の執拗な反復も曲名の「ローンチー」（汚ならしい）を強調していた。

筆者の日記に、高校三年生である58年2月22日の記述がある。前後関係の関心から長めに引用すると、「午前中は一寸ギターをいじったりしたが、午後、外出した。［…］先ず、岩田屋へ行った（楽器売場）。ピースに新曲はなかったけど、本になった曲集には「ペギー・スー」「バター・フィンガー」それとトミー・スティールの唄が載ってたけど、買うには惜しい。文化堂に行き、中洲まで歩いて楽器店へ行った。ミュージック・ライフ別冊はまだ出版されていない（店にない）。次に玉屋へ行き、楽器売場で、曲集の中の「ペギー・スー」と「ローンチー」を「入手し」た。玉屋の入口にジューク・ボックスがあって、プレスリイなどのロックン・ロールの曲をやってた。外人の娘などいた。／帰宅して「ペギー・スー」を早速練習した。リズムが小きざみなので、ギターの左手が大変つかれる。夕食後、S盤アワーのロカビリー大会［…］でプレスリーとリッキー・ネルソンの新曲をきいた」。その三日後には、「夜「RAUNCHY」を普通の楽譜に書き写した」とある。リヴァプールでは、同じ58年の2月には、下旬に15歳になるジョージ・ハリスンが、レノンとマカートニーが組んでいたクォリ・メン（ないしはクォリメン）に参加していた。マカートニーによると「ジョージは本当にギターが上手で、とくにこの〈ローンチー〉はすごく、みんなが気に入っていた。あれだけ出来れば、当然メンバーに入れたくなる」（Bill Harry, *The Ultimate Beatles Encyclopedia*, Virgin Books, 1992, p.546）。

ギター・ブームに火をつけたサーフィン

『ポップス』65年5月号の「楽器の面から」見たロックンロール史に続くのが「ギター・ブームに火をつけたサーフィン」（木崎義二）で、「ギターを中心としたロック・コンボにはリード、リズム、ベースといった三本のギターが存在しますが、そのうち、今までは、常にリード・ギターだけが花やかな存在」となっていたものの、「サーフィン・グループの出現によって多少変って」きて、「現在のリズムとベースは、ただリードをひきたてるために、適格なアフター・ビートをとっているだけでなく、リズムはリードを助けながら、自らもよく〝歌って〟いるし、時によってはリードの立場に立つことすらあり」、「また、ベースも同じく、実に種々様々に歌っているのです」と指摘する——「リードがデュアン・エディ、チャック・ベリーといった先輩たちと大差ない弾き方をしているのに、サウンドの方ががらっと変っている、という根本的な理由は、こうしたところにあるわけです」（30頁）。

続いて、「サーフィン・ミュージックがレコード界で騒がれるようになったのは、一九六一年の暮から六二年にかけてのこと。演奏ものでは一九六一年末に〔…〕出たサーフ・ギターの神様、ディック・デイルの、「レッツ・ゴー・トリッピン」。コーラスをフィーチャーしたものでは、ご存知ビーチ・ボーイズが、これまたマイナー・レコード会社〔…〕から、翌六二年初めに紹介した「サーフィン」なる曲。そして、以後誕生した一連のサーフィン・グループが皆このビーチ・ボーイズのサウンドをまねているところから、彼らを〝サーフィン・ミュージックの元祖〟と呼ぶようになりました」と詳しい。並列される「ホット・ロッド・ミュージック」は、要するに、サーフィンが「波もの」であるのに対して「車もの」であるということという説明のあと、「このビーチ・ボーイズ、ディック・デイルの後を追ってレコード界に入ったグループには、ジャンとディーン、リップ・コーズ、アストロノウツ、ヴェンチャーズ、サーファリズ、シャンテイズ、ホンデルスなどがあります」とこれも詳しい。そして、「ジャンとディーン、ヴェンチャーズはそれ以前からも有名でしたが、スタイルもサーフィン、ホット・ロッド・ミュージックのそれではありませんでしたので、一応、この種の音楽では後輩ということにしておきましょう」(30－31頁)。

歓声をあげることなく舞台をくい入るように見つめる

『ポップス』誌では、65年9月号の「ヴェンチャーズ・サウンドの秘密」(山村あきら)が使用楽器とアンプを説明したあと、10月号のグラビア写真が、「エレキ・ブーム、〝ウェスタン・カーニヴァル〟を呑みこむ」、「炸裂するエレキ・ビートの競演!」という見出しで、「日劇自慢の舞台両脇の鉄製階段に、十一台のアンプをならべ、舞台中央に出演バンドが総出演」などの様子を伝え、同誌は、翌月には「エレキのことはこれ一冊でOK!」と謳った臨時増刊号『エレキでロックを!』を出した。一方、9月号のグラビアは、「エレキの強烈な音にのって、若者たちが汗まみれになって踊っている風景は、ゴーゴー・ブームを如実に物語って」いるというキャプションを付けた「日本で初めてできたア・ゴーゴー・クラブ」である「モンキー・ア・ゴーゴー」の8月10日開店を伝えていた。

翌月の10月号には、「日本の空の下で青春をぶつけるモンキー・ダンス」という記事が出た。「エレキ・ギターを中心に編成されたバンドが外国からやってきて、夏のシーズンを賑わせ」、その中で「興行的に最高の成績をおさめたのが「ザ・ヴェンチャーズ」」であり、「七月二十一日に来日、九月二日帰国するまで、全国五十八回、十七万人ファンを動員」したとある。「会場は十五歳前後のうち、高校生、しかも男子のファンが大半を占め、「ワー」「キャー」の歓声は、まったくといっていいほど聞かれ」ず、ヴェンチャーズが「これほど舞台をくい入るようにみさせ、聞かせるのはファンのひとりひとりが実際にエレキ・ギターの奏法に興味を持っているからなのである」と観察している。そして、「ビートルズが日本にやってこないのなら、やってくるまでの手持ちぶさたをどこへ持って行こうか——という心理」のファンが「アニマルズ、サファリーズ、ハニーカムズ」の公演に集ったことを述べたあと、「渋谷のリキ・スポーツパレスで二回の「サファリーズと踊ろう」のダンス・パーティ」で「ファンが踊るダンスというのがそろいもそろってモンキー・ダンスなのだ。つまりこの時から〝ゴー・ゴー〟の影響が日本のファンの間にハッキリあらわれはじめたわけである」（38－39頁）と説明する。

同じ10月である65年10月28日の『讀賣新聞』夕刊には、「〝ゴー・ゴー〟が日本にも」の見出しの「強烈なアメリカの新リズム」を報じる記事が出ており、「ゴー・ゴーの前に流行したサーフィンが、エレキを中心にした軽快な、いわゆる〝エレキ・サウンド〟だったのに対し、ゴー・ゴーは、ベース・ドラムを中心にして、聞いているとリズムが腹にひびくような〝ドラム・サウンド〟だ」とある。

人騒がせなエレキ・ブームは社会問題にまでふくれ上った

翌66年の『音楽の友』1月号に、その時点で五十九歳の音楽評論家、園部三郎による「エレキへの恐怖」が載っている。「エレキ音楽はいまや、世の親たちや教育者の恐怖のマトらしい。足利市の教育委員会をはじめとして、大阪、三重その他でも、なんらかの形で禁止令を出した。〔…〕教育者というものは、とかく、自分自身の手に負えないものごとは、禁止という奥の手で解決してしまうものらしい」で始まる。そして、「ハイティーンの子どもをもつ親は、すこし年長なら五十歳前後で若ければ四十歳前後であろう。つまり、大正十年前後の生まれか、昭和初期ごろに生まれた人びとである」ということで、その「年輩の人たちは、まずまずきわめて教育的な、ときには訓育主義的な、いわゆる「りっぱな歌」で育てられた」といった考察を三頁強にわたって展開し、最後に、「公約を破って強制採決をした自民党政府、それに怒った社会党代議士との混乱、これはまさに、モンキー・ダンス顔まけでないのか」(66-69頁)と揶揄している。

翌月の『音楽の友』66年2月号の「ポピュラー・セクション」の前半には、先に触れた「現代の宗教裁判」が配されており、ブームの勢いの説明のあと、「エレキ、モンキー締め出し」は「一種の宗教裁判ではないか。[…]規範からはずれるものは異端として扱い、それを弾圧する」(184頁)と批判する。その一頁原稿を書いている伊藤強は翌月の『ポップス』3月号に、「エレキを弾く少年、モンキー・ダンスに興ずる若者、禁止を叫ぶ大人たちがよってたかって奏でたエレキ狂騒曲も、いよいよ鳴りをひそめたかにみえる」ということで、今度は全四頁に及ぶ「エレキ狂騒曲ブーム顚末記」を書いており、最後に、「いくらプレイヤーがリキんでみたところで、ファンがソッポを向いてしまったのではアブハチ取らずということになり、エレキ追放騒ぎは、ひとつの社会的事件にまで発展したが、こんどは音楽そのものが、その内容で社会的なものになり得るかどうかが問われる番だ。音楽にとってはそのことだけが価値をきめる基準になる」(86-89頁)と結んでいる。

続いて『音楽の友』4月号が「エレキ・ブームも下火か」という記事を載せ、「ポピュラー・セクション」の後半に配されたスプートニクス公演評(鈴木道子)が、「人騒がせなエレキ・ブームは、音楽ジャーナリズムの枠を飛び出して、社会問題にまでふくれ上ったが、大人がやいやいいう頃がピークで、あとは下降線を辿るばかりだろうと思っていたら、案の定、今年に入ってからの凋落ぶりははなはだしい」と観察し、「凋落ぶり」を具体的に説明した上で、スプートニクス公演について、「昨年はヴェンチャーズに二度、三度と足を運んだ熱心なファンはおそらく当夜はきわめて少なかっただろう。ヴェンチャーズから入って、そのテクニックから音楽性まで、全部習得した彼らは、本人たちより一足先に卒業してしまった。[…]今さら、ヴェンチャーズより一段と実力の落ちるエレキ・グループの公演は、自分の懐を痛めてまで聞きに来ようとはしない」(189頁)と結んでいる。

その後、同66年の7月にヴェンチャーズが再来日し、『音楽の友』9月号の「ポピュラー・セクション」の後半にその公演評(宇佐美周祐)が出て、盛況ぶりを伝えるものの、その一文は「エレキ・サウンドの限界」と題されており、「エレキの甘味は砂糖のそれではなく、第二次大戦中お世話になったズルチン・サッカリンのたぐいといっても過言ではあるまい」と片付け、「テクニックの問題ではない。エレキという楽器のだしうるサウンドの限界ともいえるが、彼らが熱演すればするほど空虚さが感じられるのだ」(195頁)と嘆く。

ビートルズあと10日!——オリンピック以来の最大の話題

その『音楽の友』66年9月号の「エレキ・サウンドの限界」は、ビートルズの6月来日にも言及していた。その来日より前の記事を見ていくと、一年以上前の『ポップス』65年3月号に掲載の「ビートルズをもう一度見直そう」(塚原哲夫)が目を引いたものの、「イタリア賞、文部大臣賞に輝く気鋭の音楽家が分析した、異色あるビートルズ論である!」という触れ込みはこけ威しだった。その三ヶ月後の6月19日付『毎日新聞』の「家庭」欄に、ビートルズが「若い人になぜうける」と題した記事があり、「「ビートルズ? 一、二曲はおもしろいが、あとはいくら聞いても同じような感じですね。歌もしろうとっぽいし、歌詞も君の愛を失って……というような女々しいものばっかり。ぼくにはピンとこない」[。]大部分の大人の気持ちはまあこんなところかもしれない」という一言に続いて、「レコードのファン・クラブの会長」の言葉が引用されており、「いままで長い間聞かされてきたアメリカのヒット曲とちがって新鮮ですね。エネルギーがあふれている感じで、ぼくらの感性にぴったりきます。思いきり歌っているので、歌や演奏が技術的にどうのこうのという以前に、体にしみこんでくる感じ。思わずいっしょに体を動かして歌いだしたくなる」。

それに加えて、「芸大講師・小泉文夫氏([…]比較音楽学)はこう分析している」という囲み記事もあり、魅力は「何といってもあの音の迫力と、コンスタントにくりかえす等拍のリズムの調子のよさにあるのではないだろうか。リズムの基本構造は単純でこみっていず、曲もクセがなくやさしい。いままでの音楽は、たとえロックであっても、聞く人にデリケートな神経や知性を働かせることを要求したが、ビートルズの音楽はそれがいらず、聞きながら何も考える必要がない。いままでの知性を要求した音楽へのアンチテーゼとして出て来たものではないだろうか」とのこと。

そして、いくつか周辺的扱いの記事が続いた後、『ポップス』66年2月号が「ビートルズの来日は可能か！」

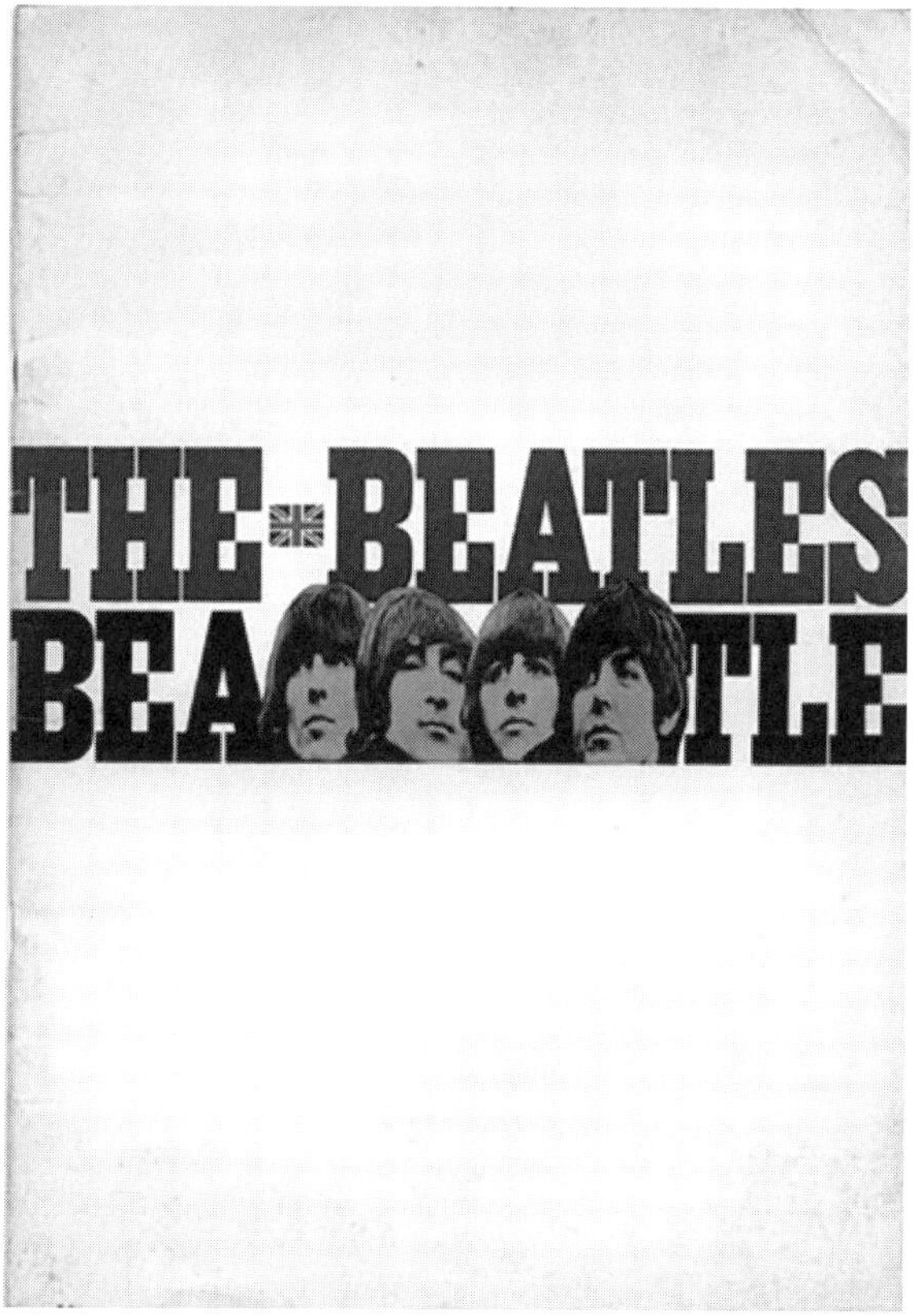

ビートルズ日本公演プログラムの表紙：1966年6月（提供：鈴木道子氏）

と問う。「来日していない大物が、数えるほどしかいない。その双璧〔…〕ビートルズとエルヴィス・プレスリーである」（20頁）と言い、約八頁にわたって憶測を語った上で、「いかにも皮相な、そして音楽的にも根拠のないエレキ禁止という愚挙がつづくかぎり、エプスタイン氏は〔…〕決しかねるのではないだろうか」（25頁）と結ぶ。

その後、来日が決定したところで、同誌66年6月号は「ビートルズの徹底的解剖」と題した特集を組み、「ビートルズ来日の真相はこれだ！」が、6月末から7月初めにかけての武道館での公演日程と入場料を先ず記したあと、決定に至るまでに関わったのが「東芝レコードの石坂専務」、「協同企画の代表、永島達司」、資金面の「中部日本放送」と「読売新聞」であることを明らかにし、「最も神経をとがらせているひとつが東京警視庁」（21-22頁）であることも説明する。続く一編「若き才腕ブライアン・エプスタイン」は、エプスタインの「売りこみの技術」、ビートルズの「私生活もリード」、「日本市場の重視」（23-24頁）を語り、最後に全八頁に及ぶ「解剖学的ビートルズ論」（牛窪成弘）が用意されていて、九曲の楽理分析が行なわれ、「ビートルズはこう変った」という副題に沿う。続く6月中旬発売の同誌7月号は「ビートルズあと10日！」と「来日公演の最新ニュース」を伝え、次の「くたばれビートルズ！とはいうけれど」には「もう一度ビートルズ論争の意味を考え直してみよう」の副題が付き、そのあと「関西のビートルズ騒動――切符の行へからサギ事件まで」、「ビートルズ音楽の〝母体スキッフル〟」、「武道館で歌う曲はこれだ」が続く。

一方、同じ頃、「一作ごとに新しさ」という見出しで、『讀賣新聞』66年6月11日の「文化」欄に、来日公演に先だった「ビートルズの魅力」（藤井肇）がある。「いまや国民の関心はビートルズ来日問題に集中されている。若いファンは切符入手に血まなこになる一方、ビートルズとモンキー・ダンスの見さかいもつかない連中は、苦々しい思いながらも、ひそかに好奇の目を光らしている〔…〕。正にオリンピック以来の最大の話題」と切り出したあと、「本土上陸を待つばかり」、「タイミングも良かった」、「演出効果もぐんと進展」という見出しのついた説明が続き、「自らの作品を、自分たちの手で演奏する強み、それがひとつの成功の因であろう」と言う。

初日の公演については、『ポップス』66年8月号に「世紀の35分！」と題した「完全実況中継」が全七頁で掲載されている。しかし、『音楽の友』66年7月号の「ポピュラー・セクション」の前半である「大ゆれにゆれたビートルズ来日」も、来日を前にした同誌6月号の「ポピュラー・セクション」の前半である「音楽を音楽として受けとめよう——ビートルズ、カラヤンに思う」と同様、当の音楽について語っているわけではない。同誌8月号の「ファンを無視したモノモノしい警備」（中村とうよう）も題名通りだった。

『ミュージック・ライフ』は言うまでもなく賑やかで、66年5月号の「ビートルズが八月にやって来る!?」に始まって、次号が「六月三十日ビートルズ来日決定!!」と叫び、その後、「(続) ビートルズ来日に関するレポート」、「来日まえのビートルズに独占取材!!」と続き、9月号が「ビートルズと再会した一時間」（星加ルミ子）など八編を並べる。

『リボルバー』は新しい時代の進軍を告げる雷になるか

『ラバー・ソウル』に続いて『リヴォルヴァ』が出たところで、『ポップス』66年11月号に「怪物ビートルズの新実験」（三橋一夫）が掲載されている。ただし、その号がその新アルバムと並べているのは『ピーター・ポール・アンド・マリー・アルバム』である。「ビートルズとPPMの挑む世界」という総合題名に続くリード部分には、「この現代の英雄たちの行く手には、無限にひろがっていく世界が横たわっているようだ」（2頁）とある。

「このLPはショッキングにちがいない」と語り始めたところで、三橋一夫は、「そのうち私は奇妙な歌を耳にするようになった」と言う。「家の前の通りを夜な夜な「ハザマケンジ、ウーウウ。ウーウウ。ウー」と歌いながら歩く青年が現れた。と思うと満三歳にならない子どもが、しきりと「エノサマニ、エノサマニ」という歌を調子よく歌っている」と語る。そして、「「ハザマケンジ」と聞こえた青年の歌は「エリナー・リグビー」の一節「ファーザー・マッケンジー」つまりマッケンジー神父がどうしたこうしたという」歌詞で、「「エノサマニ」という子どもの歌は、リフレインになっている「イエロー・サブマリーン」だった」と記し、LPに先立った二曲のシングル盤が口ずさまれていたことに感心している。

続いて、「こう発見してから「リボルバー」十四曲を聞き返してみると、いよいよ興味深かった」と、もがきつつ説明のすえ、「ビートルズは怪物だ」と言い、「〝ロック〟ともなんともレッテルのはりようのないニュー・サウンドが今後どんな影響を及ぼすかは、まさに興味しんしん」とある。そして、さらにあれこれ語ったのち、「ビートルズが他に先がけて開拓してきたニュー・サウンドが〝カラッかみなり〟に終るか、新しい時代の進軍を告げる雷になるか、それはビートルズ自身にかかっている。〔…〕〝ポピュラー音楽のベートーヴェン〟であるかどうか、期待をもって注目しよう」(22‐23頁)と結んでいる。

『ポップス』は、次の66年12月号でも『リヴォルヴァ』をとりあげ、植草甚一が数曲を順に追ってあれこれ述べたあと、「こういうふうにロックの本流から「ラバー・ソウル」で飛躍をみせ、このときと似たような行きかたのが「リボルバー」にも数曲入っているが、以上あげた曲では、さらに一大飛躍した」と言う——「そうシロウトのぼくは考えたのであるが、最初に感じたようにビートルズは大人の世界に入りこんだ。それがこういうレコードになったことは、じつに興味ぶかいと思う」(33頁)。筆者が聴いたのは渡米中の66年の大晦日で、日記に「ニール〔注:ロゼンバーグ〕宅でパーティ。ブルーグラス、ビートルズなどレコードをかけ放し。そして冗談を言って談笑」との記述がある。そのときのLPが8月発売の『リヴォルヴァ』であった。

その二つの『リヴォルヴァ』評が示すように、「ロック」は主要分野とは認識されていない。68年の二枚組アルバム『ザ・ビートルズ』は、『ポップス』69年2月号が「ニュー・ディスク・レビュー」中の「BEAT」分類で取り上げられている。片仮名表記すると、「ヴォーカル」、「ジャズ」、「ムード」、「ラテン/フラメンコ」に続くのが「ビート」で、そのあと「フォーク」、「ウェスタン」、「タンゴ」、「録音評」、「シングル」が続く。朝妻一郎担当のこの「ビート」分類が始まったのでさえ、一年前の『ポップス』68年1月号からだった。

60年代後半のビートルズ関連書としては、65年の4月にビリー・シェファード著『これがビートルズ』（星加ルミ子・青柳茂樹共訳、新興楽譜出版社）、8月に全三十二頁の写真冊子「Our Beatles」（洋販出版）、69年の10月にハンター・デイヴィス著『ビートルズ』（小笠原豊樹・中田耕治共訳、草思社）が出ており、このビートルズ伝は重刷が続いた。

巻返すムード音楽―イージー・リスニング

一方、同じ68年の3月12日の『朝日新聞』夕刊は「巻返すムード音楽」を報じた。「最近、若い世代向きの強烈な音楽に対して、大人も楽しめる歌やメロディーのレコードが欧米で台頭しはじめ、〝イージー・リスニング〟という流行語も生れているが、その傾向がアメリカの有力レコード業界週刊誌、キャッシュ・ボックスとビルボードの人気番付で裏付けされた」とあり、ポール・モーリア楽団のシングル〈恋はみずいろ／愛のおそれ〉と、LP『ヨーロッパ・トップ・ヒッツ』（日本盤名）が、「全盛をきわめていたザ・ビートルズを筆頭とするビート・グループやリズム・アンド・ブルースの人気をおしのけて、ここ二、三週間前から両誌の人気番付「トップ一〇〇」の首位をつづけている。ムード音楽が両誌の人気をさらったのは十年ぶりといわれている」とある。

その「イージー・リスニング」については、数ヶ月前の『ポップス』67年10月号が三編から成る特集を組んでおり、その特集名が「ポップ・ファンならイージー・リスニングを」であった。まず、青木啓がいかにもくだけた口調で「キミはホット100派かイージー・リスニング派か！」について長々と書いたあと、鈴木道子が「イージー・リスニングの常連たち」の冒頭で「イージー・リスニング」をうまく説明している――「プレスリーが登場し、ロックが進展していくにしたがって、ヒット・パレードは次第にティーンエイジャーのものになって行った。特にビートルズ以後は、ティーンズがヒット・パレードを独占した形になってしまった。大人たちにとって、ヒット曲は完全な〝ハード・リスニング〟（イージーに対してハード。耳ざわりの悪い［ママ］音楽）になったわけだ／ところが、最近になって、レコード界も放送界も子供だけを追い廻すことを反省し、大人にも聞きやすく、しかもむろん若い人たちにも受けのいいヒット曲を作ろうという気運が出てきた」（65頁）。

右の『朝日新聞』の記事に出ているポール・モーリア楽団は、約一年半後である69年11月に来日することになり、『讀賣新聞』69年9月15日夕刊が、「外人ポピュラー音楽家も続々」という見出しの「娯楽」欄で報じており、「昨年のはじめ〝恋はみずいろ〟の大ヒットで世界のムード楽団のトップにおどりでたのが、フランスのポール・モーリア楽団だ。パーシー・フェイス、マントバーニの両楽団に独占されていたムード音楽の層をくつがえしたとさえいわれている。つまり高校生以上とされていたムード・ファンの年齢を三、四歳引き下げ、中学生までが〝恋はみずいろ〟に飛びついた。それだけモーリアのアレンジが若々しく新鮮だということだろう」とある。そのマントヴァーニとパーシー・フェイスが「独占」であったことは、三年前の『ポップス』66年5月号の、青木啓を交えた座談会「ぜいたくなムード・ミュージック」が示していた。

「フォーク・ソングのすべて」

フォーク・ロックと呼ぶのは当を得ている

『ポップス』65年10月号は、特集「リヴァプールとフォークの対決」を組んでいた。

最初の一編「常勝ビートルズ破れる？」（鈴木道子）は、「リヴァプール・サウンドはもう古い！こんな文字が目に入るとすれば、さしあたり、満員電車の中ずりに、ショッキングなタイトルを並べている週刊紙の見出しを連想するに違いない。ところが、ビートルズ一派がアウト・オヴ・ファッションでないとしても、すでにそうなりつつある傾向は充分にあるといってもさしつかえあるまい」と勇ましい。そして、「あれだけ騒がれたビートルズ・シャツ、ビートルズ・チャームのかわりに、今一番売れているのはなんとドノヴァン・キャップなのだから…」と続く。

読み進めると、「最新のキャッシュ・ボックス誌（八月二十一日）のインターナショナル・セクションの英国の所をみると、ベスト・セラーLPのリストに、おもしろい事実がみられる」とある――「LPのベスト・10のうち、五枚がフォークで占められているのだ。ボブ・ディランが二枚、ジョーン・バエズが二枚、そしてドノヴァンが一枚。ついでながら他の五枚の内訳を紹介すると、トップが「サウンド・オブ・ミュージック」でミュージカルもの、ビートルズが新盤が出たところで二枚、そしてシャドウズに、アンディ・ウィリアムズのソフト・ヴォーカルという順になっている。そしてシングル盤のヒット・パレードの方には、ボブ・ディラン作の「ミスター・タンブリンマン」を歌って、数週間トップに立っていたアメリカのフォーク・グループ、ザ・バーズ［が］名を連ねている」（24頁）。（アンディ・ウィリアムズについては、翌66年2月号の『ポップス』が、三編から成る「アンディ・ウィリアムズの徹底的研究」を組んでいる。）

そのあと、「表面にあらわれたフォーク・ブームの傾向という点については、英国がアメリカを一歩リードし」、「おくればせながら、アメリカにも［…］表面化されてきた」ことを説明したあと、「ビートルズの話題が、多少とも新鮮みを失ないはじめた今、アメリカの人種平等問題、ヴェトナム戦争反対の気運にのって、ジャーナリズムはまたもやフォーク・シンガーたちに焦点をしぼり始めてきた」ことを指摘する。そして、「ビートルズの次に来るものは、フォークだという例をあげておこう」と締める――「今までのフォークが大学生を中心としていた、ややハイ・クラスのファンに熱愛されていたのに対し、一見リヴァプール系の外見をもつザ・バーズはギターにエレキを使って、ロック調でディランの歌を歌っていることだ。これをフォーク・ロックと呼ぶのは当を得ている。素材はフォークで、サウンドはリヴァプール・サウンドに近い。米英はじめ各国で彼らの「ミスター・タンブリンマン」がヒット・パレードの第一位を占めたのは、当然といえる。これなら、身体だけで感じたいティーン・エイジャーの心も、がっちりつかめるわけだ」（25頁）とのこと。

そのバーズについては、同じ65年10月号に、「イギリスのポップス界に巻き返しを行なったアメリカのアーティストのうち、ロック・サウンドを持つものを二つ紹介しましょう」で始まる「ザ・バーズ／ソニーとシェール」（朝妻一郎）があり、バーズについては、「ディランの佳曲、「ミスター・タンバリンマン」で、［米英］両方のヒット・パレードの一位を取り、続く同じくボブ・ディランの作品「オール・アイ・リアリー・ウォント・トゥ・ドゥー」も［…］両方のヒット・パレードで上昇している〝フォーク・ロック〟グループ、ザ・バーズ（The Byrds）の誕生は、一九六四年の夏もソロソロ終り、という頃。そして所はロサンジェルスでした」（30頁）と紹介している。

その一文の前には、「フォーク・ロック入門」という小活字の見出しの、「リヴァプール・サウンド対フォーク・ソング」と題した座談会記事があり、福田一郎、中村とうよう、田辺昭知、寺本圭一が参加している。冒頭で福田一郎が、日本では「ほんとうにリヴァプールからこようが、［…］ぜんぶリヴァプール・サウンドになってしまう。［…］イギリスではビート・グループなる言葉を使っているでしょう。またはビッグ・ビートとか……」（26頁）と指摘する。右の朝妻一郎の一文の後には中村とうようの「聖なる野蛮人ボブ・ディラン」が続き、「五月の英国公演」では、「空港に集った若者たちのお目当ては、バエズよりもディランだった」（33頁）ことを紹介するのに始まって、ディランの経歴を説明のあと、「声は明らかに黒人の老ブルース・シンガーを真似ることによって昔ながらの美の規準に反逆したものだ。彼の詩にも黒人の語法がとり入れられている。詩にも音楽にも黒人的サウンドをとり入れたところが、イギリスのR&Bグループと共鳴し得る基盤になっているのだ」と指摘する——「ディランは文字どおりの「ホワイト・ニグロ」であり「聖なる野蛮人」である。若いヒップスターにもてはやされる原因もそこにある」(35頁)。

『ミュージック・ライフ』が「フォーク・ロックとは何のこと？」(高山宏之)と問うたのは65年12月号だった。そして、その号から連載「ウエスタン・ホット・ニュース」(高山宏之)と連載「フォーク・ソングの話題あれこれ」(和田誠司)が合体し、「フォーク・アンド・ウエスタン・ラウンドアップ」となり、翌月号からは高山の単独担当となって、66年6月号に「フォーク&ウエスタン」(高山)と名を変え、12月号まで続いた。

インテリ層に大うけのフォーク・ソング

『ポップス』65年10月号の特集「リヴァプールとフォークの対決！」中のさらにもう一編、「インテリ層に大うけのフォーク・ソング」(藤井肇)は、「今や若人の間、特に学生層で歓迎されているポピュラー音楽には二大潮流が見られる」と始める——「一つはいうまでもなくエレキ・ギター・ブーム、エルヴィス・プレスリー——ビートルズ——リヴァプール・サウンドが原動力となって空前の大盛況。すべてのその基盤は、黒人の音楽リズム・アンド・ブルースに出発しているのだが単純かつ強烈なビートを作り出すには、エレキ・ギター、電気ベース、ドラムスが絶好な楽器であり、燎原の火のごとく、全世界を風靡するに至った。マスコミも流行に遅れじと、ラジオ、テレビまたレコードを通じ、PRに大童わ、しかもその愛好者がローティーンから高校生に多いことが何よりの強味になっている」。「一方の潮流はフォーク・ソング・ブーム。正確にはフォーク・ミュージック・リヴァイヴァル、あるいはモダン・フォーク・ブームといった方がよいかもしれない。この方のファンには、むしろハイティーンからインテリ学生層に多く、前者のエレキ・ビート族とはまったく対象的な構成となっている。一般にエリート意識に燃え、ビート族を蔑視する傾向さえ見える」(36頁)という。

現に、『讀賣新聞』は65年10月4日の朝刊で、「観客も手拍子」の見出しでキングストン・トリオの公演を報じ、「この秋は、エレキ・ギターにかわって、みんなでフォーク・ソングを歌う〝フーテナニー〟がどうやらブーム」

と言い、『朝日新聞』10月24日朝刊は「エレキとフォーク」という見出しで、キングストン・トリオの公演写真を東京12チャンネルの「エレキ・トーナメント・ショー」と並べ、「ポピュラー界2つの流行」を詳しく説明しているほか、『ポップス』12月号のグラビアもその演奏風景を載せ、「フォーク・ファンを堪能させた」との見出しを付けている。『ポップス』11月号は、「ブラザース・フォア」の公演写真をグラビアに使い、キャプションは「ますます冴えるハーモニー」だった。

右の特集号に続く『ポップス』11月号には、「フォーク・ロック、ヒット・パレード界を独占?」(朝妻一郎)が出て、『ビルボード』、『キャッシュ・ボックス』の新情報を追いかけ、「シングル盤の分野では、以前ほどのイギリス物ブームは去り、替ってフォーク・ロックという新しい産物が作りだされている」と指摘する。そして、「新しいヒット・ソングに、歌詞に恋だとか、好きだとかいったものではない、社会問題を織り込むことを教えた」(28頁)と言い、具体的に、「バリー・マックガイアー」、「ウィ・ファイヴ」、「スポークスメン」、「マッコイズ」、「フォーチューンズ」などを紹介する。追って同誌12月号では、「神様ボブ・ディランの変心」(日高義・編)が、「FENの「トップ20」などにダイヤルを合せようものなら、今や、大怪物と化したフォーク・ロックが、すさまじい勢いでポップ界を征服しようとしているのに気づくだろう」と指摘する。そして、「かつては、フォーク界にプロテスト・ソングの新風を吹き込んだ天才詩人が、今度は、〝彼女が恋しい〟とか、〝別れられない〟とかいう流行歌特有の内容をもったフォーク・ロックで、再び、フォーク界のみならず、ポップ界にも嵐をもたらしたのである」(35頁)と告げ、翌66年の『ポップス』10月号の「ふきまくるフォーク・ロック旋風」(和田誠司)が、「フォーク・ロックが完全にポピュラー界に一分野を築き上げたことは事実である」(21頁)と断じた。

ボブ・ディランがようやく日本で初のLP

そんなところへ「話題の人ボブ・ディランがようやく日本で初のLPを出す」。

『音楽の友』66年1月号の「ポピュラー・イン・ハイファイ」中で「一月新譜」の『ボブ・ディラン！』の紹介が、その一言で始まる。「第一面に最近の彼のレコードから「ライク・ア・ローリング・ストーン」「ミスター・タンブリンマン」などが入っていて、エレキを伴奏にしたフォーク・ロック風な歌い方のディランが聞ける。グリニッチ・ヴィレッジ的なニヒルの香りをもつ白人のリズム・アンド・ブルース」であり、「第二面は三年ほど前の録音で「風に吹かれて」「くよくよするなよ」「戦争の親玉」などディランの代表作を収める」（233頁）と、その新旧混交日本編集盤のライナー・ノーツを担当している中村とうよう自身が書いている。『ポップス』66年1月号の「ニュー・ディスク・レビュー」でも「推薦」を担当している中村とうようの言葉を補足すると、A面は六枚目のアルバムからの一曲、五枚目からの四曲、二枚目からの一曲で構成され、B面の6曲はすべて二枚目から選ばれ、カバー写真は三枚目を使っている。これが日本初のディランのアルバムだった。

66年1月号ということは、店頭に出たのは65年12月中旬頃であり、原稿執筆はそれよりもっと前ということになる。同様であるのは、その『ポップス』66年1月号の付録「フォーク・ソングをあなたに」であった。ジョーン・バエズ、ハリー・ベラフォンテ、キングストン・トリオ、ブラザーズ・フォーを口絵に配した全36頁のこの冊子は、「アメリカ民謡のリヴァイヴァル」（高山宏之）、「フォーク・ソングの系譜」（江波戸昭）、「フォーク・ソングの大黒柱　バラッド」（三井徹）、「フォークの推進力　トピカル・ソング」（三橋一夫）、「フォーク・ロックへの道」（中村とうよう）がそれぞれ見開き二頁で組まれ、そのあとに事典ふうの「アーティスト50選」、「名曲30選」などが並ぶ。筆者の発表媒体はそれまで研究誌のみであったが、二十五歳のそのときに初めて商業誌に顔を出した。（一方、65年1月には編注訳書『バラッド——英蘇民間伝承譚歌』〔伝承歌謡の会〕を出している。）

プロテスト・ソングは、フォーク・ソングのスタミナである

66年になると、『讀賣新聞』2月9日夕刊の「娯楽」欄に「エレキに代わる流行盤は」という大きな見出しの

記事が出た。

「去年あれほど若い世代を熱狂させ、社会問題にもなった〝エレキ〟は、ことしにはいってすっかり下り坂。エレキ・ブームをあてこんで、この正月に日本のプロモーター（呼び屋）が招いた外国のエレキ・ブームも惨敗。そこで、エレキのつぎはこれだと、各レコード会社の洋楽部では、ことしはフォーク・ソングで勝負しようとしている」というリードに続いて、「エレキの最盛期は昨年の九、十、十一月ごろで、このころにくらべ、楽器としてのエレキの売れ行きはことしにはいって半分、エレキのレコードに至っては、半分以下に減ってきている」とある。そして、「各レコード会社がことしはきっとさかんになるだろうという見通しを立てているのがフォーク・ソングだ」ということで、この記事はその見通しを説明していく。

しばらくして「プロテスト・ソング」という言葉が浮上し、『ポップス』66年4月号が、五編から成る「フォーク・ソングのスタミナ プロテスト・ソング」という特集を組んでいる。「フォーク・ソングの中でも、プロテスト・ソングが話題になっている。文字どおり抗議の歌。私たちは、その本質を理解せずに、口さきだけで、戦争反対や政府批判、はては人種差別反対などを訴えてよいものだろうか」（20頁）のリードで始まる最初の「愛の歌こそ真のプロテスト・ソング」は座談会であり、中村とうようが司会をし、米文学の宮本陽吉、演奏活動をしている明治学院大学生の麻田浩と「玉川」美術大学生の小室等が出席しており、話は現状説明から「日本の場合」に移っていく。次の「これがプロテスト・ソングだ！」（三橋一夫）は、「プロテスト・ソング」は「時に応じ場所に応じ千変万化」である、「戦争と平和の歌だけ」ではない（24頁）ことを説明し、最後に、「もちろん、プロテスト・ソングがフォーク・ソングのすべてなのではない。けれども、[…]フォーク・ソングのスタミナ」（27頁）と言えるだろうと締める。その見開き四頁の下段に「プロテスト・ソングのアーティスト」の紹介があって、ありきたりの名前が並び、続いて、「広大なアメリカの地で遂に彼には会えなかった」（28頁）と言い訳した「ボブ・ディランの生活と意見」（岡野弁）、それに、〈悲しき戦場〉、〈学校で何を教わったの?〉、〈明日なき世界〉、〈戦争の親玉〉などを訳詞とともに紹介した「平和の誓い」(中村とうよう) が添えられている。
『音楽の友』は、ぽつんと66年9月号に「流行するプロテスト・ソング」(中村とうよう) を掲載し、米国で「プロテスト・ソングということばが、人びとの話題を賑わし、音楽雑誌の誌面を飾るようになったのは、とくにバリー・マクガイアの「明日なき世界」がヒットした昨年秋ごろからの現象でしょう」と言い、「この曲は、ボタンひとつ押すだけで世界中が破滅してしまうという、おそろしい断崖絶壁の縁に立っているようなわれわれの状況にたいしてみんながもっと危険を認識するように呼びかけたもの」で、65年9月25日の『ビルボード』で一位になる「ほどの大ヒットになりました」という。それによって「音楽業界の人たちが気づいたのは、プロテスト・ソングはヒットする＝儲かる――ということだったらしいのです」と続き、「たまたま、そのころフォーク・ロックというものが話題になり、ロックとフォークの総合が実現しつつありました。それで、『ビルボード』などは「フォーク＋ロック＋プロテスト＝ヒット」などという公式を第一面にデカデカと掲げたくらいです」と教えてくれる。そのあと、「儲けるためのプロテスト・ソング――などというバカバカしいことが行なわれているいっぽう、本当にマジメなフォーク・シンガーたちはコツコツとプロテスト・ソングを書きつづけてきました」(140頁) とのことで、マルヴィーナ・レイノルズの〈小さな箱〉、トム・パクストンの〈学校で何を教わったの？〉を紹介する。

『フォーク・ソングのすべて――バラッドからプロテスト・ソングまで』

その66年の半ばの8月に、米国の民謡・民俗音楽、そこから派生して「レコード歌謡」化したもの、そして「新作民謡」を含む歌を包括的に捉えた『フォーク・ソングのすべて』が出た。副題が「バラッドからプロテスト・ソングまで」で、東亜音楽社が発行、親会社の音楽之友社が発売の、新書版判型のこの本は、「フォーク・ソングとはなにか？」(中村とうよう)、「バラッドとその周辺」(三井徹)、「黒人の〝心の歌〟」(神崎浩明)、「プロテスト・ソングの生いたち」(三橋一夫)、「フォーク・ブームのうらおもて」(中村とうよう)という目次が示すように、内容は幅広い。その四人の「共著」であることが奥付と表紙に明記されている一方、背文字に中村とうよう「編著」とあるのは、実際に中村が全体を統括していたことを示しており、意気込みは、「信頼できるフォーク・ソングのガイド・ブックがほしい——という声をよく耳にします」(1頁)という声に応えたという自負に窺える。

発行日の8月25日に合わせて、『ポップス』9月号の片隅に新刊広告が出ており、そこに添えられた一文は中村が執筆したのに違いない。同書の一読を促すその文章には、具体的内容紹介は一切なく、「フォーク・ソング」観のみが述べられている——「定義のできない言葉——フォーク・ソングが、いつのまにか時代の寵児となり、人びとの話題をにぎわしている。まったくフシギな現象というほかない[。]/フォーク・ブームの震源地はもちろんアメリカだが、なにものをも商品と化してしまわずにはいないアメリカ経済社会のすさまじさを見る。商品と化したからには宣伝しなきゃならない。しかし、商品化され、宣伝され、売りまくられたからといって必ずしも粗悪品とは限らない。それぞれの中からわれわれ自身の耳でほんとうの珠玉を探し出そうではないか」(47頁)。

そして、見開き左頁の下段に出たその広告は、前の45頁から続く「アメリカの片すみから—アメリカのアマチュア・フォーク」(三井徹)に続く囲み欄であることに改めて気がついた。筆者は、その66年の6月に渡米しており、設立されてまだ数年の、米国の二つの大学院民俗学研究科(学部はなし)の博士課程の一つに正式に在籍していたのだった。64年4月に専任講師として赴任した愛知県の大学を休職して渡米するに至った事情を振り返ってみると、66年1月2日の日記に、「Indiana Univ. の Dr. Sebeok への手紙を書く。面倒だぞと思ってたがあれこれ書くのが実際面倒で短い手紙にしてしまう。なにか scholarship があれば教えてほしいという要旨。Coulborn 氏に絵入りの賀状ハガキを使ってお礼の言葉を書く」と記している。記号論のトマス・シービオクへ依頼状を書くことを勧めてくれた歴史学の英国人ラシュトン・クールボーンはそのとき京都大学の客員教授だった。

右の本が出た8月に東部旅行に出かけ、ニュー・ヨーク滞在中にワシントン・スクェアでの「フォーク・リバイバル」の実情を目の当たりにし、『シング・アウト！』の編集室に編集長のアーウィン・シルバーを訪ね、「フォークロア・センター」にも行き、その後、ヴァジニア州フィンキャスルでの第二回ブルーグラス・フェスティヴァル、ヴァモント州のビアズ・ファミリーの広大な敷地内でのフォーク・フェスティヴァルへ足を運んだ。

その66年の10月には、『モダン・フォークの巨星　ボブ・ディラン』（サイ・リバコフ、バーバラ・リバコフ共著、鈴木

『フォーク・ソングのすべて―バラッドからプロテスト・ソングまで』の表紙：東亜音楽社 1966 年 8 月

道子訳、東亜音楽社）が出た。

いま日本には、学生のフォーク・ソングのバンドが三百もあり…

『ポップス』66年4月号に「プロテスト・ソング」の特集が出た後の『讀賣新聞』4月11日夕刊が、国内ニュースとして、「国際フォーク・ソング協会」の設立を報じている。

「エレキにかわって、フォーク・ソングが、大学生や高校生の熱烈な支持により、静かなブームとなっているが、このブームに目をつけて、それをうまく使おうとするプロダクションの動きも目立つようになった。そこで、このままほうっておいたのでは、フォーク・ソングが商業主義に毒されることを心配した学生たち」が設立し、「フォーク・ソングの健全な発展と普及」を目的とし、「手はじめの仕事として、十七日午後六時から有楽町・読売ホールで、フォーク・ソング・フェスティバル」を開き、「五月には多摩丘陵・読売ランドで、野外のフォーク・ソング大会を開くことになっている」という。

その読売ホールでの催しの題名は「シング・アウト・東京」であったことを『朝日新聞』4月24日朝刊が「娯楽ウィークリー」欄で報じ、「フォーク・ソング大はやり」の見出しを付けている。「定員千二百の客席は若い男女でぎっちり満員。熱気がムンムンするほどの感じ」で、「このうちウエスタン風の演奏やら、モダンジャズ風の歌やら、〝フォークソングの女神〟のように思われているジョーン・バエズそっくりの女子学生が、つぎつぎとみごとなのどをきかせ、聴衆を楽しませ」、「なかには高校生がギター片手に本場の歌をうたったり、くろうとはだしの四人組が「ソーラン節」を現代風に演奏して笑わせたり、とにかく達者なもの」とある。数ヶ月後の9月29日にも同紙は夕刊に「花盛りのフォーク・ソング」という記事を載せ、「うけた健康さ」、「喫茶店にも進出」と報じて、「日本ではアメリカ製と少し違って、歌謡曲と外国製ポピュラーの両方の性格をもったものが生れた」と観察している。「喫茶店にも進出」については、『ポップス』12月号が「フォーク・ソングがいっぱい」の見出しのグラビアで、都内の「ヴィレッジ」、「フォーク・ヴィレッジ」、「ヴァン・スナック」の三店の演奏風景を紹介し、「ひところ大流行したジャズ喫茶にかわって、最近流行のフォーク・ソングを聞かせる、フォーク喫茶が誕生した」と報じている。

一方、『ポップス』66年6月号に中村とうようが「大衆化されすぎたフォークブームへの心配」を書いており、「ブームを呼ぶフォーク・ソング」と題した「ある週刊誌」の特集によると、「いま日本には、学生のフォーク・ソングのバンドが三百もあり」、「まさに交通事故のない日はあっても、フォーク・ソング・コンサートのない日はない、といわれるほどのにぎやかさだ」と引用し、「ぼくも暇をみて顔を出すことがあるが、大勢の学生たちがフォーク・ソングを歌い、それをまた厖大な聴衆（これも大部分が学生）が楽しんでいるのを目撃すると、自分も微力ながら前々からフォーク・ソング、フォーク・ソングと叫んできただけに、よくここまで盛んになってくれたなァと感慨無量である」よし。しかし、「このフォーク・ブームなるものを心から喜び、祝福しようという気持になり切れない」。「その気持は複雑だが、一番心にひっかかっているのは、「ブームというものは派手に騒がれれば騒がれるほど、そのあとの反動も大きい」という心配」であり、「経験したものではシャンソン・ブーム、ダンモ・ブーム、ラテン・ブーム、エレキ・ブームなどがこの心配を裏づけている」と言い、レコード会社やマスコミ関係者に、少し具体策を示しつつ、「シッカリしたフォークの愛好者層を作りあげて行くよう、ご協力をお願いしたい」（114－115頁）と結ぶ。中村は、その一年前である65年7月26日付の筆者宛ての葉書に、「当地では相不変学生のポップ・フォーク・グループが簇出していますが、どうも少々おかしな傾向がみえるので、そろそろ刷新運動に乗出すよう準備を始めた所です」と書いていた。

『ミュージック・ライフ』は66年の秋にフォーク・ソングを特集した増刊号を出しており、「フォーク・ソングの楽しさ」（藤井肇）から「あなたもハモれるフォーク・ソング」（山本隆士）まで並ぶ十八編の中で、「学生フォーク界の動き」（都築新一）、「日本のフォーク界の現況」（岡野弁）などが「ブーム」を語っている。

右の、中村とうようの発言が出た『ポップス』66年6月号が店頭に出た約一ヶ月後である6月16日に、筆者は日記に、羽田から渡米する日のことを書いていた。新幹線で「4:35頃東京着。Station Hotel の正面へ。橋本君とあう。〔…〕銀座のヤマハの二階で Folk concert があるとかで、一緒に行こうとのこと。Dulcimer をさげて彼と銀座へ。ヤマハ・ホールにどれもこれも同じような当世風の格好をした大学生らしいのが沢山うじゃうじゃしてる。写真でみたことのある売り出し中の大学生のマイク真木というのもいる。〔…〕橋本君と二人でギター、ダルシマーを弾くことになったのだが、なにやら具図具図してとうとうやめることにした。七時頃というと、こっちは飛行機の方が心配になる。その間、中村とうよう氏にあう。原稿はどうも固すぎるので修正したという」。出番がずれるのを待つあいだ森山良子がバエズ風に歌っていたのを覚えている。「原稿」は『フォーク・ソングのすべて』の第二章用のものだった。

それから数ヶ月後に、『讀賣新聞』66年10月30日朝刊に出たLP『ミミとリチャード』の紹介（「安」）の前半分にも現状批判が記され、「最近、日本でもフォーク・ソングに関してかなりはなやかな論争」があり、「誇らかに自作自演で歌っている歌の多くには、抵抗精神のかけらもみられない」という。その書き出しは、「ことしの五月に自動車事故でなくなったリチャード・ファリーニャ」と、その妻である「ジョン・バエズの妹」ミミが「かたくなまでに自分たちの純粋性を主張し抜」き、その「ひたむきな抵抗精神が聞く人の心をうつ」と言いたいための前置きだった。

半年後には、日本の「フォーク」関連の催しものについて「事情が変わってきた」、と『ポップス』67年7月号の「フォーク界の新しい動き」で高山宏之が書いている。「主催者も出演者も、学生や一般のフォーク愛好家であった」のが、「最近は、〔…〕プロのC&Wやポップ・アーティストの中にはフォークへの転身をもくろむものも現れ、大興行団、大スポンサーがフォークに目をつけ出したのである」ということで、「日産自動車と日立製作所をスポンサーとする、TBSテレビの「歌え太陽」（毎火曜夜、八時～九時）では、フーテナニーをもうけて、フォーク・ソングをたっぷり盛り込んでいる」(94頁)と指摘している。

サイモン&ガーファンクル、ドノヴァン、ジャニス・イーアン、アーロウ・ガスリー、ジューディ・コリンズ

一方、『ポップス』66年6月号は、新たに登場した「サイモンとガーファンクル」(香取治)を掲載し、「音楽は常に創造的でなければいけない……」という見出しを付けていた。「「サウンド・オブ・サイレンス」、そして続く「ホームワード・バウンド(早く家へ帰りたい!!)」の二発のヒットで今やトップ・スター・グループの中に入ったフォーク・ロック・グループ、サイモンとガーファンクル」のその活動歴を紹介し、「彼らの歌には、フォーク・ソングともロックンロールとも、もちろん、フォー[ク]・ロックとも形容できない何か別のものがある」(42-43頁)と結んでいる。

その曲が、67年の暮れに米国で公開され、翌年日本で上映された映画『卒業』に使われたことによって「がぜん人気沸騰してきた」サイモンとガーファンクルについては、『ポップス』68年10月号が、「S&Gサウンド爆発!」と題して三編の記事を載せており、最初の「もうSアンドG体験はおすみですか?」(川上裕子)は、「まるで中世紀に創られた精巧な宝石細工のように、デリケートな音楽的構想で満ちあふれています」(48頁)と褒め、次の〈サウンド・オヴ・サイレンス〉の「徹底的分析」(渋谷浩)は、「今までのポップ・ソングの歌詞とかなり色彩や意味を異にするものだ」(50頁)と歌詞分析を試みる。続く「映画「卒業」とSアンドG」(森川政美)は、「彼らはただひたすらに、このハレンチで、軽薄なぼくたちの世代にまさにピッタリのムードを持っている」(52頁)とのこと。

66年6月号で「サイモンとガーファンクル」を書いた香取治は、7月号で、今度は「ママス・アンド・パパス」を取り上げて「ニュー・フォークの第一弾」という見出しを付け、「実力の前に物をいうのが、いかにしてその存在を人に報せ、それからおもむろに実力披露というのが最近のニュー・スター、ニュー・グループの常套手段」

（86頁）という出だしで紹介する。二ヶ月後の『ポップス』9月号では、「暖かいヒューマニズムと健康なロマンティシズム」という題で中村とうようが「イギリスのフォーク・ソング」を紹介して、ドノヴァン、マリアンヌ・フェイスフルをとりあげ、最後に、「イギリスの若者たちは彼らの国民性にあった独自のフォーク・ソングをみごとに作りあげている。こうしたイギリス勢の魅力が広く知られるようになれば、フォーク・ソングといえばすぐにアメリカを連想するような従来の風潮も訂正を迫られることになるかもしれない」（44頁）と結んでいる。

翌67年には、同じく中村とうようが『ポップス』5月号で、十九歳の「ローラ・ナイロ」と十六歳の「ジャニス・イアン」を紹介する一文を「ニューヨークに現れたフォーク界の〝紅衛兵〟」と題し、「ジョーン・バエズの世代の無抵抗主義や観念的平和愛好趣味よりも、ジャニス・イアンやローラ・ナイロの属する「ニューヨーク紅衛兵」の世代のほうが、ぼくにはフシギな魅力をもって見える」（65頁）と述べる。次には、半年後の『ポップス』68年2月号に「新境地を開いたアーロ・ガスリー」を三橋一夫が紹介し、「ニュー・フォーク・ロック登場！」という見出しの理由を書いている――「「フォーク・ロック」ということばそのものが、数年前の流行を特集した古い雑誌のような印象を与えるけれど、アーロの歌は、むしろフォークとロックとの両方の正統を継いでいるようだ。その意味では、ニュー・フォーク・ロックと呼べるかもしれない」（23頁）と評している。

その一年後の『ポップス』69年2月号では、中村とうようが「フォーク・ブームは去った……と思われているいまごろになって、急に売れ出したコリンズのレコード……彼女に、いったい何が起ったのか？」ということで、「大きく羽ばたくジュディ・コリンズ」を取り上げている。「一九六八年の初頭に発売された『野生の花』がいまごろになって急にベスト・セラーの仲間入りをし[…]、このLPの第二部のトップに入っている「ボス・サイズ・ナウ」はシングル盤として〝キャッシュ・ボックス〟のヒット・パレードの第8位まで上った」（51頁）と語り出し、「日本公演のステージ」で「歌はすごくいいのだけどもうひとつ聴衆を圧倒するもの」がなかったのは、「今にして思えば、コリンズは大器晩成型の芸術家だったのである」と言い、「バエズが髪を短く切ったとか、平和運動から手を引くとか引かないとか、いろいろ下らない話題をまいている間に、［…］コリンズが大きく浮かびあがってきた」（52頁）と拍手する。

ピーター、ポール＆マリー 新しい美への挑戦

右に挙げてきた新顔が話題になるのと並行して、ピーター、ポール＆メアリ、ジョーン・バエズ、ピート・シーガーへの注目は持続する。

『ポップス』66年11月号で、中村とうようは「ピーター、ポール＆マリー 新しい美への挑戦」と題して「新・PPM論」を展開し、「われわれはニグロではない。また民謡の宝庫オザーク高原に育ったわけでもない。だから、本当の泥臭い民謡はわれわれには歌えない。歌おうとも思わない。ただ、美しい歌を歌いたいと思うだけだ」（25頁）というPPMの言葉を引用している。しかし、それ以上に関心を引くのは、「PPMの近作「ザ・ピーター・ポール・アンド・マリー・アルバム」には、まるで〝音のモッズ〟ともいうべき奇妙キテレツな曲「ノーマン・ノーマル」が入っていて、音楽というものの既成概念をみごとに破壊している」と言っていることで、そのあと、「先日、あるラジオ番組で［それを］かけたところ、「あの曲はよかった」という葉書がかなり多かった」とある――「その葉書をみながら番組担当者と話したことだが、こういう奇妙キテレツなものを聞いても最近の若い人たちは平気でうけ入れてしまう。ジャズの方でもそうだ。われわれが頭をかかえ込むような前衛ジャズも、若い人たちはごく当り前の顔をして、体で楽しんでしまうらしい。だから、ビートルズの「リボルバー」を聞いて「なんぼなんでも今度のビートルズは少々お遊びが、過ぎるようで凝りすぎというかアイデア倒れだね」などとのたまっている評論家は、若い人たちにオイテケボリを喰わされてしまうに違いない」（24頁）。

「PPM」は翌67年1月に再来日することを『讀賣新聞』が66年11月29日夕刊で、「フォーク・ソング・トリオが来日」と報じていた。『ポップス』67年2月号の「ピーター・ポール・マリー その楽しさの秘密」（岡野弁）

によると、「三年前に来日した時のあの寒々としたものとは打って変わって、活気に満ちた演奏会だった」という。「三年前、[…]、終演後の楽屋でピーターが壁に背をむけ、涙ぐまんばかりしょげていたことを思い出す。鑑賞団体の公演であり、[…]一般にはまだ名が知られていなかったPPMは、聴衆のニブい反応に、ショックを受けたであろう」(90頁)とのこと。

美しき挑戦者ジョーン・バエズ

そのPPMの67年1月東京公演が4日から16日にかけて五回あったのと重なって、ジョーン・バエズの東京公演が13日から三回開かれた。

『讀賣新聞』66年12月15日夕刊が「〝フォーク・ソングの女神〟」の来日を報じて、「『ドンナ・ドンナ』で知られる彼女はナイトクラブ、映画などにはいっさい出演せず、アメリカでのコンサートも年一回にかぎられているという誇り高き芸術家」と持ち上げている。それに先立って『ポップス』66年12月号には、「特集」という文字はないものの「美しき挑戦者ジョーン・バエズ」という総合題名のもとに、バエズについて四編が並んでおり、「バエズについては、すでに多くが語られた。ここでそれをくり返すのはよそう。彼女のたどってきた道を理解するために、彼女の行動の真意を奥深くたどってみるために、この企画はたてられた」(20頁)とある。とは言いながら、最初の「茶褐色の魂を歌うバエズの道」(白浜研一郎)は、「多く」を語り、その上で、「フォーク・ソングが、民衆の自由と平和と、そして勇気を鼓舞するため、止むに止まれず吹き出したものとすれば、現代のもっとも巨大なる不安――戦争への危機と不安をこそ歌わずにはいられまい。ジョーン・バエズこそは、そのアイドル歌手なのだ」(22頁)と締める。「グリニッジ・ヴィレッジのエネルギー」(相倉久人)は結局、題名通りであり、バエズの名が出てくるのは全三頁の最後の頁だった。「歌手＝聴衆、聴衆＝歌手、という[…]等式がくずれた瞬間に、フォーク・ソングはフォーク・ソングとしての自律性を失ない、商業主義の泥沼にひきずりこまれるか、ありがたい芸術音楽の世界に舞い上がってしまうかする。〔…〕バエズなど、必死になってその傾斜を防ごうと、極力商業的なコンサートへの出演をひかえ、レコーディングにも慎重な態度をたもっているが、それでもある程度の傾斜はまぬがれていないようだ」（25頁）と観察する。そのあと、「ジョーン・バエズ 七つの疑問」（中村とうよう）が「ニューポートのデビューは偶然か？」から「これからのバエズの進路は？」までの疑問と応答を記したあと、「ジョーン・バエズのレコード」（三橋一夫）が、一覧表にして「レパートリーを分類」し、日本発売のLPとシングルの一覧を添える。

その66年12月号に続く67年1月号は、「バエズばかりがフォーク・シンガーではない！」という副題の「バエズの好敵手たち」（中村とうよう）を冒頭に持ってきており、「強敵といえばまずジュディ・コリンズを挙げなければならないのは周目〔ママ〕の見るところ一致した観測だと思う」（20頁）に始まって、キャロリン・ヘスター、ボニー・ドブソン、バフィ・セント＝マリーを挙げるだけでなく、「多士さいさいの女性歌手戦線」（22頁）を列挙している。そして、そのあとを「女性フォーク・シンガーとその名盤」、「キャンパス・コンサートの人気フォーク・シンガー」が追う。

67年1月のバエズ公演が世間の話題になったのは「曲げられた〝政治発言〟」だった。公演のほぼ一ヶ月後である『讀賣新聞』2月25日夕刊の「娯楽」欄にその見出しの記事が出ている――「司会をした高崎一郎氏〔…〕がバエズの政治的発言をCIA〔…〕の圧力で故意に誤訳したということが、話題になっている。この〝事件〟はアメリカでも話題になっているが、AP電によると、バエズ自身もこの誤訳に気がついていたという」。気がついたのは、「二、三回の公演後、テレビ録画をしたときで「長崎の原爆生存者のためにテレビ出演料を役立てたい」という発言に対し、司会者の口からは「ナガサキ」ということばが聞かれなかったからという。／その後、周囲からもこの誤訳を教えられ「高崎氏自身とも話し合おうとしたが、非常に神経質になっているのであきらめた。人を解雇するのはきらいだが、司会をやめてもらった」と語っている」と報じ、その後のことも伝えている。

バエズとPPMの同時期来演のあと、『ポップス』3月号は「ジョーン・バエズとピーター・ポール・マリーの世界」という特集を組み、「バエズはほんとに反戦歌手だったか?」(白浜研一郎)という問いかけで始まるものの、答は初めから用意されており、バエズは「本質的に反戦歌を歌う、フォーク・ソング歌手として、女王の名にふさわしい。だがいつまでも彼女一人を女王に君臨させておくべきではない。バエズ自身も、きっとそれを願い、自由と、平和のためにこそ、現代を歌うべき歌手のふえてくるのを希望しているのだろう」(50頁)と言う。その次の一文「都会的な美と大自然の美」(三橋一夫)には、「PPMは、ひたすら「美しい歌をうたいたい」といっている。[…]そこを進めたところに「ノーマン・ノーマル」のような型破りの作品が生まれ、ロックをとりいれるということも、あえてする。[…]しなやかな知性とダイナミックな現代性が支えている美しさである」(52頁)とある。なお、「両者が同じ時期に日本公演をした」ことについて、「フォーク・ファンにとっては、一九六七年一月は、〝盆と正月がいっしょに来た〟ようなものだった」とのこと。「PPMのほうは入場券売り出しから一週間か十日で、早くも売切れというわさが飛び、バエズのほうは目立った宣伝はほとんど行なわれていなかったのに、ふたをあければ満員」(50頁)だったという。最後は「ジョーン・バエズとピーター・ポール・マリーに学んだもの」と題された座談会で、「同じ、フォーク・ソングを歌う森山良子さん、それにフォア・ダイムズの諸君」が、「彼らから何を感じ、何を吸収したのだろうか」に答えている。

一方、同じ67年3月号の『音楽の友』には、「ジョーン・バエズへの手紙」(竹中労)があり、「平和主義の女神 あなたはいったい何ものか!」という大きな見出しが付いている。その題が暗示するように、結局は、「来日を二重の意味で、私は期待しました。一つにはあなたの演奏旅行が、日本の若ものたちに、平和について真剣に考えるキッカケを、あたえること。そして、いま一つには、あやまった方向に歩んでいるフォーク歌手たちに、ただしい姿勢をあなたが示し、彼らの反省をうながすことでした」が、「その期待は、かなえられたでしょうか?/いや、残念ながら、ミス・バエズ、日本におけるあなたの言動は、率直にいって、幻滅以外の何ものでもありませんでした」(87頁)ということで、そのあと三頁弱にわたって、どう「幻滅」したかが綴られる。

危険な男?ピート・シーガー

その一ヶ月前の『ポップス』67年2月号が、「危険な男?ピート・シーガー」という四編から成る特集を組んでいた。

最初の「危険な歌——シーガーの主張」(中村とうよう)にあるように、シーガーの最新アルバム『危険な歌?』と題した最新アルバム中の、独英米の新旧の「危険な歌」のいくつかを訳詞を添えて紹介し、「危険な歌——いまこそこうした歌をわれわれは声をそろえて歌い、耳に豆の入っている連中にも聞かせてやらなければならない——とシーガーは主張しているのだろう」(43頁)と言う。そのあと、「研究家として、歌手として、そして人間として」(高山宏之)が、「シーガーの〝こころ〟を解する〝こころ〟を持たない人には、気の毒だが、シーガーの歌の良さはわかるまい」(45頁)と締めたあと、『シング・アウト!』誌に連載のシーガーのコラム「ジョニー・アップルシード・ジュニア」からの引用から成る「シーガー名言集」があり、「一枚のLPから、私とシーガーの文通が始まった」という「シーガーとの出会い」(三橋一夫)が続く。(その三橋一夫による『フォーク・ソング―アメリカの抵抗の歌の歴史』(新日本出版社)が出たのが67年の8月だった。)

その七ヶ月後に出た『ポップス』67年9月号の「フォーク」新譜紹介(中村とうよう)に、「フォーク・ソング界の指導者ピート・シーガーの来日がきまりました。十月二日から十日間です」とあり、「来日を記念したレコードがこれです」と二枚を紹介している。序でながら、高石友也と友利健三のそれぞれの初LPの紹介も出ており、そこに、「ブームが去ったいま、こうしてようやく一聴に値する和製フォークLPが出ました」とある。その「和製フォーク」ということでは、その半年以上前に、京都の十八歳の五人組、ザ・タイガースは、「和製フォーク・ソング・グループ」として紹介されていた。『讀賣新聞』67年1月17日夕刊によると、「『夕陽が泣いている」のザ・スパイダース、「想い出の渚」のザ・ワイルド・ワンズはじめ、ブルー・コメッツ、ザ・サベージなど和製フォーク・ソング・グループ花ざかりの中に、もう一つ「ザ・タイガーズ」が誕生する」とある。半年後である8月27日の同紙朝刊が、「人気 四、五年は続く?」と題した記事でそのグループたちを取り上げたときには、呼称はすでに「グループ・サウンズ」になっていた。

『ポップス』67年10月号には、「来日間近か、ピート・シーガーとエレキ論」という副題を付けた「偉大なる山には登ってみるべし」(三橋一夫)という記事が出て、「ピート・シーガーがエレキの伴奏でうたっている。デマではない」で始まり、新アルバム『ピート・シーガー/愛の歌』を紹介するのだが、読んでいくと、「一種のリズム・セクションのように扱われ、あまり目立たない。だから、このアルバムだけから、シーガーとエレキとの関係をとやかくいうのは、よけいなことだろう」(25頁)ということだった。

そのあと『ポップス』は、来日公演の写真を67年11月のグラビアの頁に載せ、次の12月号で「腰まで泥につかって」の見出しで、三橋一夫が「ピート・シーガーとの会話」を書いている。その「会話」は、「十月十一日、大阪労音例会直後の合評会のテープ」から訳出したもので、一人が「フォーク・ソングは戦争に対する警告のようなものだ、と、よくいわれていますが、アメリカが行なっているベトナム戦争について、どのようにお考えですか」と尋ねたのに対して、シーガーが「「腰まで泥につかって」という歌が、私の考えを現しています」(24頁)と答えている。見出しは単にそれだけのことだった。

ステージに政治思想を持ち込む

翌68年の6月にはPPMが再度来日した。

『ポップス』68年8月号の「時代は変る!」と題したインタビュー記事の頭に、「じつに四回目、最初のときは、聴衆に歌の意味がわからなければというので、神経をピリピリさせていた。二回目は、フォーク・ブームの真っ只中での公演だった。彼らの帰国後、ジャーナリストに対して感謝の挨拶とともに記念品が贈られたほどの大入だった。その余力をかって三回目の公演、そして四回目である」と言い、そして、「美しく歌おうとする枠からはみだした、異種のエネルギーを感じさせ」、「一部の終り「グレート・マンダーラ」で大異変が起った。ピーターが〝アメリカがヴェトナム戦争をしていることは間違っていると思う〟と発言したのだ」とある。「会場がざわついた。ステージに政治思想を持ち込むことは、PPMにとって御法度だったはずだ。バエズの来日とぶつかった第二回のときに、記者会見で、はっきりと、バエズのようなやり方は、自分たちはやらないといっている」(22頁)ということで、記者はインタビューに出かけ、その後にPPMとのやりとりが続く。読んでいくと、「わたしたちは、[世の中の]変化に対してセンシティヴであることを示しています。そして、わたしたち自身、変化の中の一員なのです」(25頁)というピーターの発言に答が読みとれるかなという程度だった。

それ以上の答に相当するものは、三ヶ月後の『ポップス』68年11月号の「PPMの音楽的発展はとどまることを知らない」(三橋一夫)の中にあり、「歴史が新しい経験と課題を、かれらの目の前につきつけているということである。表がわから見ればPPMは「変わった」といえるかもしれない。しかし、[…]横道にそれたのではなく、前に進んだために起こっている現象である」(48頁)と観察し、最後に、「このめまぐるしい激動のなかでこそ「表現」はみがかれてくる。PPMの美の追究も例外ではないだろう」(49頁)とのこと。

その一文は、68年11月号の「フォーク・ファンなら見逃せない特集」四編の三番目で、そのあとに「ジョーン・バエズは文学へも首をつっこんだ」(高山宏之)が続く。「バエズは、第八作目のアルバム『ジョーン』(邦題『自由の女神』)で、初めて自作品を二つ発表した。「ノース」と「サイゴンの花嫁」だが、[…]ニーナ・ドゥチェックという女性の詞に、バエズが曲をつけたものである。つまり彼女はまだ自作の詩を一つも書いていない。[…]そのバエズが次の第九作の材料を、古今東西の名詩から集めた」と前置きし、「この二つの事実は、一見まったく結びつかないかのようではある。でも、ぼくなりに、この二者の間に、線を引いて見ると、意外にはっきりした一つの答が出てきた」(50頁)そうだ。

世界に冠たるたいへんなシリーズ—『フォーク・ソング・コレクターズ・アイテム』

右に触れた68年11月号の「フォーク・ファンなら見逃せない特集」の最初の一編は「日本人とフォーク・ソング」と題した座談会で、それに続いて中村とうようが「フォーク・ファンは定着してきた」を書いている。「フォーク・ソングという言葉は、もう大分前に、流行語としての地位を喪失してしまった」でその一文は始まり、「もてはやされたころはとても熱心なファンだった人たちも、今ではこの言葉を口にしなくなった。流行遅れの言葉なんて、要するにカッコ悪いのである」と観察する。「だから、今でも喜ばしげにフォーク・ソングの話をしている人は、流行とは無関係に本当のフォーク・ソングを愛している人だと見てよかろう。〔…〕今なおフォークを愛しつづけている人たちの比率はいかにも少ない。しかし、それでも相当数の熱心なフォーク愛好者が残っていることは確かだ」と言い、「その意味で『コレクターズ・アイテム』が一段落した現在、もう一度フォーク・ブームのあとをふり返りながら、このシリーズの果した役割を考えてみるのも無駄ではあるまい」と本文に入っていく。そして、振り返ったあと、「ブーム下降の時期に、純粋なフォークの信頼できるレコードをファンに提供して、本当のファンをつなぎとめる必要がある」ということで、「志を同じくする野口、藤井、高山の諸先生と協力しあって、レコード会社三社がひとつのシリーズを出すという空前の良心的企画が実現をみたのであった」(44-45頁)という。

その実現については、一年ほど前の『ポップス』67年9月号に「ほんとのフォーク・ファンならこれを聞こう!」と題した座談会(高山、中村、野口、藤井)が出ており、「今まではブラザース・フォアとかキングストン・トリオ、PPM程度で、これがフォーク・ソングだと考えている人がおおかったんじゃないでしょうか」と藤井が言い、続いて野口が、「本当の伝統的な民謡のレコードをもっとみなさんに聞いて頂く必要がある」(96頁)と受け、そして四人がシリーズの内容を語ったあと、「世界に冠たるたいへんなシリーズ」（101頁）だと中村が自画自賛する。その三年前である64年3月7日消印の、筆者宛ての長い手紙で中村は、「Pops の読者である若い人たちに、少なくとも Weavers や Joan Baez 程度のレコードに親しんでもらうことを望んではいけないでしょうか？これらが眞の意味からの authentic な民俗音楽とどう違うのかを知ってもらうのは、その後のことではないでしょうか？」と言っていた。これは『ポップス』64年2月号の「特集 ブームを呼ぶかフォーク・ソング」の四編を読んだ筆者の編集部への手紙に対する返事の一節であり、「編集部あてにお寄せくださったお手紙 拝読しました」で始まっていた。（なお、このシリーズは商業録音から成るもので、LP化された米国議会図書館保存の現地採集録音への目配りはない。）

「本誌の全面的な支持」とあるように、『ポップス』は、同シリーズの一枚ずつを「フォーク」新譜案内欄とは別に、見開き二頁で詳しく紹介しており、ジーン・リッチー、ドック・ワトスン、バール・アイヴズ、ウディ・ガスリー、マイク・シーガー、オールマナック・シンガーズ、エド・マカーディ、『トラディショナル・ミュージック・アット・ニューポート』、『ブルース・アット・ニューポート』、ニュー・ロスト・シティ・ランブラーズ、ライトニン・ホプキンズ、ジョン・リー・フッカーのアルバムを発売毎に四人の編集者のいずれかが詳しく紹介している。（ニュー・ロスト・シティ・ランブラーズがフォークウェイズから58年から63年にかけて出した全五巻は、日本コロムビアが72年10月から73年2月にかけて、音質が優れた日本盤を出し、筆者が解説と歌詞対訳を担当した。）

第一弾は『ポップス』67年10月号の「フォーク」新譜案内の冒頭にある『ベスト・オブ・ジーン・リッチー』で、「本誌の全面的な支持と、四人の評論家の協力で『フォーク・ソング・コクレターズ・アイテム』がいよいよ発足。ここに第一回限定盤としてジーン・リッチーがお目みえしました」（40頁）と中村とうようが書き、「透明で純度の高い民謡の味」という見出しを付けている。リッチーの日本発売LPはそれより約半年前に出ていて、

『ポップス』67年4月号で同じく中村とうようが、題名の『トラディショナル・フォークの女王』に触れ、そう「呼ぶことは少しもオーヴァーではありません」と強調していた——「伝統民謡の澄みきった美しさを最大限に発揮してくれるのが彼女だからです」（28頁）。

その第一弾はそのリッチーの「わが国での二枚めのLPに当たりますが、前に出た［…］盤よりも今度のもののほうが録音は新しいはずです。ところが、歌いぶりは、このレコードのほうが声にツヤと張りがあり、キメこまやかで、むしろ若々しい感じさえします」と感想を述べたあと、中村は、「ぼくの編集した『フォーク・ソングのすべて』に、チャイルド・バラッドの実例として「トマス卿とうるわしきエリンダー」という歌をくわしく解説したところ、読者から、この曲の聞けるレコードを教えてくれ、というお問合せをたくさんいただきました。しかしこれまで日本盤がなかったのです。このリッチーのレコードに入っていますから、ぜひご参考にしてください」（41頁）とあって、それは同じ10月号の「「ベスト・オブ・ジーン・リッチー」を聴く人のために」（高山宏之）も言及しており、「このアルバムのハイライトともいうべき「トマス卿とうるわしきエレンダー」［…］は『フォーク・ソングのすべて』（中村とうよう編著）にも大きくとり上げられているので、レコードが出るのは始めてでも、ご存知の方が多いかもしれない」（44頁）とある。

『フォーク・ソングのすべて』の第二章「バラッドとその周辺」で筆者がその長編伝承バラッドを訳付きで詳述しており、ジーン・リッチーの〈トマス卿…〉を最初に耳にしたのは、日記によると64年1月12日のことだった。修士論文を仕上げているときで、「昼食は抜いてぶっつづけだったが、一時すぎに、ひょっと思い付いてFENをかけたら、何と Jean Ritchie の歌声。ごきげん。よくきいていたら dulcimer 伴奏で何と“Lord Thomas and Fair Elenor (Annet)”. 実に泣きたくなる程美しく、胸に来る。Oscar Brand Show (CBS)［の］リンカンが好きだった歌の特集で、一時間（正確には55分）。そのあと Pete Seeger の歌など出てきて、巧いなと思ったがもうあきらかにステージ的」と書いている。その六日後の1月18日にはFENの Hugh Cherry の方の番組でディランの〈激しい雨が降る〉を聴いたと日記に記している――「自作の曲で“Lord Randall”又は“Croodin' Doo”からとったと思はれる“Where have you been”云々という dialogue 形式［でもって］その答えを彼独特の社会詩にしている［…］」。

同「コレクターズ・アイテム」シリーズの七枚目は『英吉利春歌抄』で、「伝統民謡」とは異質のこの録音を四人の選者がなぜ選んだのかは定かでないが、選曲と解説は筆者に回ってきた。67年12月20日の日記によると、「中村東洋氏から手紙。［…］驚いたことに Ed McCurdy 歌う［何枚かのアルバムを］*The Best of Dalliance*［として］一枚に縮めて日本で出すという企画が出来たそうだ。それで、十枚程度の範囲で書いてくれとのこと。［…］レコードの題名は、「英吉利春歌抄」としたとのこと。悪くはない。縮めるにあたって、選曲をしてくれないかともある」。その『英吉利春歌抄』は、『ポップス』68年5月号に、野口久光による見開き二頁の紹介が出たが、その中の十七、八世紀英国俗謡に関する記述内容は、筆者の長文解説からの無断借用だった。

関連文献として最も重要な18世紀初頭に出たトマス・ダーフィ編の全六巻歌集については、ファクシミリ版が出ていることを知ったと、62年12月30日の日記に書いている――「3時半ぎすに橋本君よりTELあり。昼前に帰福したとのこと。［…］夕食後、すぐ出かける。ギター持参。彼は banjo は持ち帰っていなくて少なからずがっかりする。［…］いろいろ二人で folk-songs を歌ってるとやはり楽しくなってきた。彼の独特の唄とギターの味はやはりいい。Ed McCurdy のレコードをきく。「Pills to Purge Melancholy」の facsimile が Folklore Pub. から出ているのを知る。あんまり歌ってるときりがないので10時すぎに引上げ」た。「橋本君」は4月に就職して東京へ行き、こちらは修士課程一年目だった。そのエド・マカーディは、日記の記載によると、61年4月3日から聴いていた――「午後、橋本宅へテープレコーダーを持っていく。彼が東京へ行っていた間 Oscar Brand Show がきけなかったからテープに入ってるだけでもききたいというから。彼は5絃バンジョーは良いのがなかったさうで日本楽器より米国に注文したとのこと。彼は今、ギターを5絃バンジョーの調絃にして練習してる。

彼が Muse 社で買ってきた Ballad Singer's Choice という Ed McCurday のLPをきかしてくれた。テープに入れた。そのあと二人でテープに吹き込んで歌ったりした」。

筆者のその『英吉利春歌抄』解説は後に改訂増補し、『英国文学エロティカ点描』（好文社、68年12月刊）に収録した。そこには、勤務先の紀要に発表の三編「ロバート・バーンズのソング・エロティカ―『カレドニアの陽気なミューズ達』紹介」（67年）、「『機知と歓楽、又は憂欝一掃の丸薬』（全六巻）について―英国王政回復期歌謡の集成」（68年）、「トマス・ダーフィについて―王政回復期からオーガスタン時代へかけての人気者」（68年）の改訂増補稿、および新稿三編を含む。一方、『世界春歌抄―イギリス・ドイツ篇』（自由国民社、69年8月刊）に共著者として関わった。英語圏の春歌については、日本コロムビアのLP『オスカー・ブランド春歌集2―カレッジ・ソング集』（69年5月）、『オスカー・ブランド春歌集3―ウェスタン・ソング篇』（69年6月）の解説執筆も担当している。

「コレクターズ・アイテム」シリーズの五枚目『マイク・シーガー』を紹介した『ポップス』68年2月号の一文では、高山宏之が筆者に言及していて驚いた。「第二面のトップは、ダルシモー自体のプレイ・パーティ・ソング「ウォーター・バウンド」。オールド・タイム・ミュージックなどに何ら関心を示さない方、フィドルやオールド・タイム・バンジョーのお嫌いな方も、オートハープやダルシマーの音色には〝美〟を感じられるのではないでしょうか」と言ったあと、「この原稿を書いている日の二日ほど前の夜、新宿の安田生命ホールで、ブルーグラスとオールド・タイムの演奏会が行なわれ、本誌にも時々寄稿されている三井徹さんが、このダルシマーを演奏しておりました。本当に、この楽器には、不思議な美しさがありますね。三井さんはアヒルの羽根をピックにして弾いておりましたが、別にアヒルの羽根でなくても何でもいいんだそうで（ジーン・リッチーの七面鳥の羽根は有名）［…］」（97頁）とある。

「二日ほど前の夜」というのは、日記を見ると67年12月20日の夜だった。「高山宏之氏に逢った。今日来てはじめて知ったのだが、自分がバンジョウとダルシマーを紹介するというのは〝ゲスト・タイム〟ということになっていて、高山氏が自分にインタヴューをするという形式をとるのだそうだ。その高山宏之氏というのは例の〝ウエスタン〟・レコードの解説をし、最近は、ドック・ウォトソンなどにも手をのばしている人［…］。何をインタヴューでおききしたらよいのか教えて下さい、とのこと。［…］ステージでは椅子に二人とも座る。バンジョーは手が汗ばみ少しあがってもいるのか気楽には弾けなかった。対話はまあまあだった。彼の言葉にあわせて、こちらも軽口をたたいたりして。ダルシマーの方では“Barbara Allen”が予想通りよかったと思う。橋本君はあとで、一番よかったと言ってくれたから」とある。そのあとの方には、「客席に橋本君、高山氏と並んで座る。クリンチ・マウンテン・ボーイズとかいうグループのマンドリンはうまい。“Rawhide”のソロはよかった。これ位がこのコンサートで印象に残ったもの」とも書いている。

筆者のダルシマーは、名古屋在住時の日記に64年4月24日に入手の記載がある――「熱田［郵便局］から書留がき［て］、何とdulcimerが届いたとのこと」。日記に何度も出てくるジーン・リッチーのダルシマー演奏を初めて聴いたのは、大学三年生であった60年12月21日のことで、「今日は午後、橋本君宅でレコードをきかせてもらった。［…］ヴァイオリンでキャベジ・ダウンなんかやったりした。［他の］二人が帰ってから、Paul ClaytonとRitchieをきかせてもらった」とある。それ以来、ダルシマーの音に魅せられ、自分で作ることを試みたりするうちに、『シング・アウト!』に出ている広告を頼って手紙を出したところ、64年3月20日に「米国からも一通手紙が来た。開けてびっくり。Virginiaの［…］製作者Jeffreys氏がていねいにボールペンで手紙を書いてきてくれた。読んでみると［…］貴方の国の楽器――琴、三味線、琵琶、胡弓のどれかと交換しようというもの。特に琴か琵琶がいいとのこと。すごい。ひとりでにやにやしてしまう。ゆっくり考えないといけないが、先ず、自分の手持ちの筑前琵琶が思い浮かぶ。［…］お互いに郵送でこわれないようにということを確信しておきたいと向うは言ってる」。

結局、二年前の62年3月12日に「柳河［の］古美術店とかいう店で見つけた」琵琶と交換して入手したのだった。64年4月25日に、「朝食後、［…］熱田郵便局へ急ぐ。細長い、思ったより小さな段ボール箱をうけとる。日本におそらく史上初めて入ってきたアパラチアン・ダルシマー」と書いており、「ごきげんでとんで帰り、早速出してみる。質のよい木材を使ってあるように思う。早速調絃。弾く。ああ、あのレコードでよくきいたなんともいえない甘美な絃の音」。しかし、「いろいろ曲を弾いたりするが、あまりゆっくりも出来ぬ」とあるのはその日は京都へ行かねばならなかった。そのダルシマーを人前で紹介演奏したのは、一年後の65年3月23日で、名古屋のアメリカ文化センターで講演したときのことだった。「六時二十分から［で］、聴き手は十数名。［注：センターに複写を依頼した］プリントに従って、弾き歌いを混えてやる。指定されたとおり英語で」。

安田生命ホールで披露したフレットのない木製五弦バンジョウの方は、ピート・シーガーがロングネックの五弦バンジョウとは別にときおり舞台で使っていたものと同じで、66年の滞米中に注文したものだった。66年11月15日の日記に、「North Carolina の Leonard Glenn 氏から、もうバンジョーは殆んど出来上りかけている、$50送ってくれとのこと」と書いている。製作者のレナド・グレンは同州の田舎の歌い手、フランク・プロフィットの五弦バンジョウの製作者で、〈トム・ドゥーリー〉の元歌で知られるそのプロフィットが、グレンが製作したものをピート・シーガーに寄贈したのだった。一方、三日前の11月15日には、通信販売のオートハープを購入しており、「ゆっくり起床。十二時前に Montgomery へ。注文していた Airline の autoharp とそのケースがきている。$44近く払う。木地はあまりよくはない、Appalachian autoharp の方が高価なだけ、りっぱなのだろう($75?)。しかしとにかく autoharp を手［に］入れたぞ」と書いている。

「フォーク・ソング・コレクターズ・アイテム」は、69年の半ばに「再開」されており、『ポップス』69年9月号で中村とうようが、「原点としてのトラディショナル」で「第二期」を「一応、ビクター、キングの二社の担当という形でスタートしました」と告げ、「半年分、六枚の選定盤がきまっていています」ということでその内容を紹介しており、冒頭でシリーズ方針を改めて説明している――「ぼくがいいたいのは、ヒット・ソングとは違うフォーク・ソングの精神だけは、見失ってほしくないということなのです。そのためには、やはり、狭い意味でのフォーク・ソング――つまりアメリカ民謡の本来の姿をしっかりと見つめなおし、そこに、フォーク・ソングとは何なのかを考える思考の座標軸の原点を設定するべきじゃないか、と思うのです」(28頁)。一方、翌70年の9月号で、同シリーズ計十七枚を高山宏之が改めて紹介している。

日本のフォークが当然出てくる

先に挙げた『ポップス』68年11月号の「フォーク・ファンなら見逃せない特集」の最初の一編である座談会「日本人とフォーク・ソング」(羽仁進、黒沢久男、森山良子、安倍寧)は、「ロック時代に素朴なフォークの魅力」という小見出しで始まり、「フォーク」という略称が既に始まっている。

「歌とことばのつながり」、「心の中からのプロテスト」という小見出しが続いたところで、羽仁進が、「フォークというのは、現代の生活を歌えば、その生活の中で、自分の考えていること、そうじゃないこととがぶつかる面があって、それが歌にあらわれる。だからプロテストというのは、フォーク・ソングの中で、とっても大事な部分だと思うんです」と言い、黒沢久男が「ぼくもそう思いますね」と賛同し、羽仁が、そうなれば「アメリカの反映そのままではない日本のフォークが当然出てくると思うね」と言っており、米国の「フォーク・ソング」動向の影響のもとでの歌作りの新展開を予告している。そして、69年1月には『うたうたうた フォーク・リポート』(アート音楽出版社)と題した雑誌が創刊された(後に『季刊フォーク・リポート』)。

半年以上が経った『ポップス』69年8月号の「フォークの未来を開くのは誰か」(田口隼彦)は、本文では「フォーク・ソング」を一貫して用いているものの、明らかに「フォーク」が略語の段階を越えていくことを暗示していると同時に、日本における新たな歌のジャンルであることも示しており、現に内容は、高石友也、高田渡、中川五郎、岡林信康の歌を対象にしている。二ヶ月あとの『ポップス』10月号は、新宿西口の「フォーク・ビレッジ」で開催された「特別企画　シンポジウム」である「現代日本においてフォーク・ソングとは何か」を掲載しており、三橋一夫が司会をし、井村文彦（ニッポン放送）、岡林信康、加藤登紀子、秦政明（高石事務所）、林光、武藤敏史（ザ・リガニーズ）が出席した十三頁のその「シンポジウム」の記録は、「〝フォーク・ソング〟というこどばが嫌われだした?!それは、ブームの残していった安易なフォーク・ソング観からの脱出の試みであり、日本の状況に、日本人みずからがつきさっていこうとする構えが生じたものであるかもしれない」というリードで始まる。

そのシンポジウム記録のあとに四編を添えた10月号に続く11月号には、「日本のフォーク・ソングを分析すると」（田口隼彦）があり、「日本のフォーク・ソングの立場」を「支持する者の多い順に五つに分類してみた」とのことで、「①ポップス派、②オリジナル派、③民衆の歌派、④プロテスト派、⑤前衛派」の分類が示され、その個々の説明が続く。

世界文化社『世界大百科事典　ジュピター』の71年刊第9巻に筆者が執筆した「フォークソング」は、50年代末からの米国の民謡復興の説明を主体にしながら、詳述はしないものの日本への輸入に触れ、日本語圏での省略呼称「フォーク」に及ぶ（256頁）。

「ウェスタン」、つまり「カントリー」

ポップ・アンド・カントリー

65年の1月号から『ポップス』は「レコード・コンサルタント」という連載を始め、「モダン・ジャズ」、「ラテン音楽」、「ウェスタン音楽」、「映画音楽」と続いた。次の4月号には、「ウェスタンの新しい王者」（高山宏之）としてバック・オウエンズを紹介する記事が出て、「今、アメリカで一番人気のあるカントリー・シンガー、それがバック・オウエンズだ」と紹介し、「トップ・カントリー・シンガーになったということは、単に王者の交替という以上の意味があるようだ」と言い、「キャリフォルニヤ地方も、ナッシュヴィルの向うをはって、C&Wを高らかに鳴らしているところだ」（35頁）とあり、「王者」になっていった過程が紹介されるが、見出しとは違って「カントリー」というジャンル名を使っている。

その65年の10月には東京と横浜で「ポップ・アンド・カントリー・フェスティバル」が読売新聞社、報知新聞社、日本ビクターの主催で開催された。『讀賣新聞』9月12日朝刊の社告に、「最近、民謡ブームが世界的に流行し、カントリー・ソングをはじめ、アメリカの民謡がクローズアップされてきました。今回、アメリカからジャズ・ギタリストとして名声を博しているチェット・アトキンズをはじめ、女性歌手のゴールド・メダリスト、スキーター・デイビイス、〝いとしのクレメンタイン〟を歌って有名なコーラス・グループ、ザ・ブラウンズなど一流メンバーを招き［…］開催します」と報じている。ただし、それは読者には「ウエスタン」であり、同紙10

月5日朝刊は、その催しの報道に「西部のムードふんだんに」という見出しを付けている。「ウエスタンの本格派が日本にやってきた」と言い、実際の内容は必ずしも紹介はせず、「アメリカの西部を背景にした民謡や映画主題歌のヒット・メロディーを集めた」フェスティヴァルであると書いている。

チェット・アトキンズの演奏写真をグラビアに入れた『ポップス』65年12月号には、「チェット・アトキンス、ナッシュビル・サウンドを語る」という「独占インタビュー」記事が出ており、「来日したのは、RCAビクターのアーティストによるC&Wのパッケージ・ショー〝ポップ・アンド・カントリー・フェスティヴァル〟一行の〔…〕団長格としてである」ことがわかる。アトキンズは、「私たちが演奏している音楽ナッシュヴィル・サウンドとはアメリカの南部に伝わる音楽、あるいはフィーリングを、そのまま歌ったものである」(38頁)と、明確に「南部」と言っている。しかし日本では、しばらく後である66年1月23日の『讀賣新聞』朝刊が紹介する三枚組LP『カントリー・アンド・ウエスタン大辞典』の記事が示すように、それは「ウエスタン入門」になってしまう。二年少々あとの『ポップス』68年1月号の一文「チェット・アトキンスの華麗な冒険」の基本姿勢にも変わりはない。

67年2月号の『ポップス』には「ハンク・スノウは語る」という記事が出て、歌を交えた自伝の語りである二枚組LP『ハンク・スノウ物語』の内容紹介があり、ハンク・スノウ再来日公演に際して日本ビクターが「来日記念盤」として発売したものであることが『朝日新聞』2月17日夕刊でわかる。その記事には、ハンク・スノウだけではなく、「同じくウエスタンのハンク・トンプソンもくる。〔…〕彼は鼻にかかったような低音とモダンな音楽性のある演奏で知られる」とある。同じ2月号である『ミュージック・ライフ』では、同じ高山宏之が「67年はモダン・カントリーが爆発するか?(カントリーの王者、バック・オウエンズ来日)」と煽り、3月号では「フォーク・ソング・ブームの次はカントリー・ブーム」と自分に引き寄せ、最後に「私などは、カントリー・ソングを聴きながら、よく泣きます。心の中で—。あるいは、本当に目がしらをうるませて」(73頁)と呟いている。

それから約一年半経ったところで、「若手の人気カントリー・シンガー、ジョージ・ハミルトン四世が初来日するという」と『ポップス』68年6月号の「カントリー・ミュージック'68」（高山宏之）が報じており、明らかに「カントリー・ミュージック」、「カントリー・ソング」という呼称を一貫させているその一文は、「去りにし恋人をしのんで泣く低俗なセンチメンタリズムからの脱皮、大げさないい方をすれば、カントリーの革命」をハミルトン四世の最新盤『ジェントル・カントリー・サウンド』を中心に語っていく。収録された、ジョン・D・ラウダミルク、ゴードン・ライトフットなどが作詞した歌には、「カントリー・ソングおきまりの〝恋あそび〟（スリッピン・ラウンド）や〝安酒場〟（ホンキー・トンク）の歌が一曲も見当たらない。これは、やはり〝革命的〟なことだ」（61頁）と見ており、全三頁の終わりで、「前衛カントリーともいえるこのフォーク・カントリーは、カントリー・ソングの巾（特に詞の面で）を広げたという意味で、大へんいい傾向だと思えるし、年々増えている都会のファンや学生などのインテリ層には受けるだろう」（63頁）と言う。

翌年の『ポップス』69年2月号は、ジョン・ハートフォード作〈ジェントル・オン・マイ・マインド〉をヒットさせたグレン・キャンベルを取り上げている（「グレン・キャンベルの魅力」鈴木道子）。12月14日付の『ビルボード』誌に「驚異的な数字がのって」いるとのことで、「このベスト・セラー表に、六枚のLPをたたきこんで」おり、「六枚ものベスト・セラー・レコードを、同時期に出しているアーティストは、キャンベル以外に、ただの一人も見当らなかった」よし。そして、「一昨年の六七年が当り年といわれた」とのことで、「「恋はフェニックス」と「ジェントル・オン・マイ・マインド」の二曲で、計四個のグラミー賞を一人占めした」と指摘し、「六八年も好調の波にのって、増々大当り。出すレコードが全部ヒットしている事情は、もうおわかりのことと思う。そして、十月に出たビルボード誌のカントリー音楽特集号によると、キャンベルは四部門でトップを占めるという活躍ぶり」（60頁）と言う。（筆者は70年3月に、日本コロムビアが発売したLP『グレン・キャンベル、メイスン・ウィリアムス／12弦ギターの名手たち』の解説を書いている。）

同じ『ポップス』69年2月号には、「カントリー・サウンドを吸収するフォーク・アーティストたち」(高山宏之)も掲載されており、「ヴァンガード・レコードでは、バッフィ・セント・メリー、イアンとシルヴィア、ドク・ワトソンに続いて、御大ジョーン・バエズの、ナッシュヴィル初吹込による、そのものズバリの〝カントリー〟とタイトルされたアルバムを近くリリースする予定」とのことであり、「フォーク・ロック・チーム、ザ・バーズのカントリー・アルバム『ロデオの恋人』[…]は、この間、日本でも出たが、そのバーズの元メンバー、ジーン・クラークが、ブルーグラス・チーム〝ザ・ディラーズ〟のダグ・ディラードと組んだニュー・グループ〝ディラード&クラーク〟も、フォーク・ロックとブルーグラスの両スタイルを融合させた面白いアルバムを、米A&Mから出して」おり、「これは一応〝傾向〟といっていいだろう」とある。そして、「キッカケになったのは「ディランの『ジョン・ウェズリー・ハーディング』ではないかと思う」と言い、「カントリー・レコードとはいえないけれども、ディランは[…]ナッシュヴィルのカントリー・ミュージシャンのバック・アップによって、いわゆるフォーク・ロックからの脱皮を試み、一応の成功を収めた」が、しかし、「完全な脱皮ではなく、結果はやはりフォーク・ロックであることに違いはないけれども、一ぬぎしたことは確か」であり、「かつて、モダン・フォーク・アーティストのほとんどすべてが、ディランに誘われて、フォーク・ロックに走った。そして彼らのみんなが、それからの脱出を考え始めた」(54頁)。

ブルーグラス音楽—最もトラディショナル・フォークに近いジャンル

その話題からは二年以上前に遡る『ポップス』66年10月号の「ウェスタン」新譜紹介(藤井肇)が、「充分推薦の価値があるブルーグラス・ファン必携の大全集」を取り上げながら、「今月のウェスタンはこの一種のみ」と言っているのは、分類としての「ウェスタン」を変えるわけにはいかないのだろう。

そのあとに日本の現状説明が続き、「フォーク・ブーム」を強調しながらも、「楽器編成やコーラス・ハーモニーにちがいはあったとしても、これらのファンはまた、よきブルーグラスの理解者でもあるわけです」と言う。そして、「カントリー」という語を使って、「泥臭さが売物の、いわば古典的スタイルのカントリー・ミュージックも、最近はアメリカの都市に進出、しだいにモダン化され、若いファンの人気を集めるようになりました」と紹介し、次には「C&W」という語を使って、「ジャズ・ファンの中に熱心なディキーシランド愛好者がたくさんいるように、C&W音楽の世界でも、古いスタイルのマウンテン・ミュージック——それから発展したブルーグラスの好きな方も急激に増加してきたことは、まことに慶賀にたえません」（70頁）と喜ぶ。

それから半年経った『ポップス』67年2月号に「ビル・モンロウ来日のことなど」という一文があり、あれ、この挿入写真は見たことがあると思ったら、筆者が米国から送った原稿だった。ブルーグラス音楽の創始者であるモンロウが、自分が経営する田舎の会場に出演したのを見に行き、その際に本人に会って話したことを報告したのだ。そこには、「さて、ジョーン・バエズが日本へ行くという話は、ボストンのある興行者から直接手紙をもらって知った」とも書いていた——「十一月中旬に、ボストンでアメリカ民俗学会の総会が開かれたのだが、その際ここからボストンに出かけたリディア・フィッシュ（ロンドンで二年歌っていた）がその興行者と食事をしたとき、筆者のことを彼に話したものらしい」（39頁）。66年11月30日の日記には、「Manuel A. Greenhill という興行者（Folklore Productions）から手紙。Frank Hoffman（誰だろう？）と Lydia Fish に、あなたのことをうかがった。実は一月に Joan Baez と日本へ行く、ついては日本でのこういう面の反響を診断してくれというような内容」とある。返事は書いたはずだが、日記に記載はない。

三ヶ月後の『ポップス』67年5月号の「ビートルズをブルーグラスで」（高山宏之）には、「フォークの人気が上ると、カントリー&ウェスタンが完全に出る幕を失なってしまったのに対して、ブルーグラスは、今度は、フォークの一種と看板を塗りかえて活動を続けてきた」とある。「フォーク路線に、片足の指三本程度のっけてしがみつき、なんとか頑張り通して来た感じである」そうで、「フォーク・コンサートで、シティ・フォーク・グループの前座（？）を黙々とつとめて来たブルーグラス・グループは意識するとせずとにかかわらず、シティ・フォークのファンに、カントリー・フォークの味を教えて来たわけである」。本文は、「再認識されようとしているブルーグラスそのものが、だいぶ変ったものになって来て」おり、「そのモダン（シティ）ブルーグラスについて」（20頁）述べていく。一方、67年7月号の「ウェスタン」新譜案内（藤井肇）が『ビル・モンロウとレスター・フラット』、『スタンレー・ブラザース・メモリアル・アルバム』、67年10月号の同案内が『インストルメンタル・ブルーグラス』、「オールド・マウンテン・ミュージック」のオムニバスＬＰ『アメリカの土の香り』を紹介した。筆者は67年の末に『ブルーグラス音楽――ヒルビリー音楽概説と共に』（伝承歌謡の会）を出している。勤務先の紀要に発表した「アパラチア山岳地帯民間伝承音楽の新形態」の拡大版だった。

そうこうするうちに、『ポップス』68年3月号に、3月に「ブルーグラスの王者フラット＆スクラッグスが、三月にやって来る」（高山宏之）という記事が出た。「いままでに来日したフォークとカントリー関係の一級アーティストを思い返して見ますと、フォークでは、［…］トラディショナルが皆無、カントリーではブルーグラスがまったく取りのこされていた」と指摘し、「ブルーグラスは、トラディショナル・フォークから出て、いわゆるカントリー＆ウェスタンになりきらない、逆にカントリー＆ウェスタン側からいえば、最もトラディショナル・フォークに近いジャンルですから、フォークの見地から見ても、このフラット＆スクラッグスの初来日は、少なからぬ意義があることになります」（94頁）と説明する。その公演評を同じ高山宏之が『ポップス』68年4月号に書いており、「拍手歓声の大きさに比して、ステージの方は、もう一つ迫力が足りなかったようだ」とのこと。レスター・フラットが「声の衰えを意識してか、全力投球して、かえってコントロールを乱した感じ。もたつき気味の、重苦しい歌になってしまった」（83頁）。

「ジャズ・グループ相次ぎ来演」

静かなモダン・ジャズ・ブーム

60年代後半に入ってのモダン・ジャズについては、65年3月5日の『朝日新聞』夕刊の「娯楽」欄が、「最近のモダン・ジャズ」（無署名）と題してまとめている。

「いまは静かなモダン・ジャズ・ブームだという」で始まり、「アート・ブレーキー一行の第一回来日〔…〕が口火を切ったものだ」としばし振り返ったあと、「いまのファンはそのへんを卒業している。曲も難解なものが多く、〝クール・ジャズ〟の語でもわかるように、よく勉強し、つっこんできいているファンが多い。いまのモダン・ジャズの合言葉は〝バッハに帰れ〟だが、そういえばM・J・ファンは、クラシックのファンに通じるなにかを持っている。いまはやりの曲も十年前のヒット曲とはまるでちがっている」とあり、「ファンもファンだが、演奏者もしっかりしていないと通用しない」ということで、MJQなどの名が連ねられ、そういう「一流の楽人のものしかきたがらない」とある。そして、「いまもてはやされているモダン・ジャズは、次のようなものだ」と、チャーリー・ミンガス、ジャック・ルーシエ、アート・ブレイキー、チェット・ベイカー、セロニアス・モンクなどのLPが並ぶ。（なお、クール・ジャズについては54年に『ミュージック・ライフ』が6月号で「特輯」しており、二十三歳であった相倉久人の「クール・ジャズとは何か」を筆頭に三編を並べていた。）

一ヶ月後の『朝日新聞』4月8日夕刊には「ジャズ・ボーカルの人気盤」が出ており、「ジャズ・ファンがふえるにつれて、ジャズ・ボーカル・ファンもふえている。その好みは、だいたいモダンジャズ・ファンと一致しているのは当り前のことだろう」と言いつつ、しかし、「歌の場合は、[…]おしなべてポピュラー好みの人の間にも人気があるようだ」と見て、「そのせいか曲もスタンダードなものがやはり好まれているようだ」と観察する。そして、「このごろ人気のあるボーカル盤をあげてみる」ということで、チェット・ベイカー、スウィングル・シンガーズ、ヘレン・メリル、ペギー・リー、ナンシー・ウィルスン、メル・トーメ、バーブラ・ストライサンド、ジョニー・ハートマンのアルバムを挙げている。

来日公演としては、「熱狂的なホット・ジャズ（バップ）に対抗して生れたクール・ジャズの草分け奏者」スタン・ゲッツが、「柔らかい感触とすがすがしいハイ・トーンのテナー・サックスで独自のジャズ演奏[…]をきかせた」と『朝日新聞』65年7月13日夕刊が報じたあと、翌年の『ポップス』66年3月号が、「新春をにぎわした外来タレント」（森田潤）で、オスカー・ピータスン・トリオの1月公演、およびヘレン・メリルの12月から1月にかけての公演を取り上げている。『音楽の友』3月号の「ポピュラー・セクション」には、そのトリオとメリルの「ステージ評」（油井正二）が、「ともに今が絶頂期といえるタレントである」（185頁）と評している。『朝日新聞』66年2月12日夕刊には、メリル公演は「〝ニューヨークのため息〟と呼ばれるにふさわしい歌いぶりだった」（「哲」）とある。

右の『ポップス』66年3月号には、ジャズ関係の記事がさらに二編掲載されており、その一つ「来日するジャズメン」（児山紀芳）が、2月から4月にかけて来日する「海外アーティスト」の中の「モダン・ジャズ関係のアーティスト」に焦点を絞って「鑑賞への手引き」をし、モダン・ジャズ四重奏団、チコ・ハミルトン四重奏団、「今年初めて訪日する」ジミー・スミス・トリオを紹介している。そのあと、5月にデューク・エリントン楽団が再来日し、『讀賣新聞』5月11日夕刊で黛敏郎が来日に際して、「ジャズの音楽的構造」の進化を三つの時代に区分」して「ビッグ・バンドの魅力」を書き、一週間後の同紙に、コンサート評が出た。

二年後の68年5月には、「ジャズ・グループ相次ぎ来演」の見出しで、『朝日新聞』5月9日夕刊が「ポーエルと共演」のスタン・ゲッツ、「若さで新しい波」のチャールズ・ロイド四重奏団、「群を抜くギター」のチャーリー・バード四重奏団が来日することを告げ、半年少々あとには同紙12月25日夕刊が「続々と外来タレント」の見出しで「念頭を飾って、ことしもまたポピュラー音楽家が来日する予定。顔ぶれもタンゴ、ジャズ、コーラスとにぎやかだ」と報じ、「魂をゆさぶるような澄みきった演奏、アドリブ(即興演奏)には定評がある」「マイルス・デビス四重奏団」の紹介をしている。その後、『讀賣新聞』69年6月25日夕刊が「サム・テイラーがまた日本へ」を短く報じたあと、『朝日新聞』69年8月5日夕刊が、ニューポート・ジャズ・フェスティヴァルの「日本への進出が決まり、第一回［が］十月上旬にひらかれる」と書いている。

『ポップス』69年10月号はその「ききどころ」(中村宏)を掲載し、ディジィ・ガレスピーとサラ・ヴォーンを中心に解説している。「現在第一線で活躍していて、まだ日本に来たことのない人を考えてみると、なかなか思い出せないほど」だが、「大物中の大物はなんといってもガレスピーで［、］来るのが初来日とは、ちょっと意外な感じさえする」と言い、初来日のヴォーンについては、「地味で一般受けし難い点から日本では不幸にしてそれほど人気がないが、［…］やはり一度ぜひ来てほしい人の一人だった」(117－118頁)と説明していく。同じ中村宏が同誌12月号にコンサート評も書いており、「ガレスピー以外の二つのグループについては、正直なところそれほど期待をもって迎えるわけにはいかなかった」が、「東京での産経ホールにおける四回のコンサートを聴いてみたら、ガレスピーはもちろんのこと、その他のグループについても予期以上に素晴しかった」(86頁)という。ニューポート・ジャズ・オール・スターズについては、「全体としては何としても単なる寄せ集めに過ぎず、廃盤オール・スターズなどと実にぴったりのニック・ネームで呼んでいる人もいた」が、「いざ蓋を開けてみると今度のフェスティヴァルの中で、［…］最高に楽しかった」とのこと。サラ・ヴォーンについても、「さすが女性歌手の大ベテランの貫禄十分で、サラ、未だに衰えずの印象を与えた立派なステージだった」(87頁)とある。

読むに足るジャズ論

少し戻って、先ほど挙げた『ポップス』66年3月号に掲載のもう一編は「本でアプローチしよう!」と題した書評で、「音楽の評論・研究は、文学や絵画などにくらべて大いに立ち遅れているようだが、とくにジャズ論はいままで日本語でロクなものが出ていない」と中村とようは切り出す。

「読むに足るジャズ論といえば、相倉久人さんの「モダン・ジャズ鑑賞」くらいだし、ジャズ史の本ときたら皆無にひとしい。ずっと前に訳書が刊行されたバリー・ユラノフの「ジャズへの道」は、原著そのものがかなり下らない本で、[…]史観をもたず、ただ事実が並べられてあるだけのシロモノだった」とのことで、「そろそろ信頼するに足るジャズ論やジャズ史の本が出ないものか、と思っていたところへ、昨年末にあい前後して[…]三冊が書店に現れた」(112頁)と伝える。その三冊の翻訳書『ジャズ――その歴史と鑑賞』(ヨアヒム・E・ベーレント著、油井正一訳、誠文堂新光社)、『ブルースの魂――白いアメリカの黒い音楽』(リロイ・ジョーンズ著、上林澄雄訳、音楽之友社)、『ジャズ・アドリブ入門』(ジェリー・コーカー著、笹森健英訳、音楽之友社)を取り上げ、それに、ジャズ書ではないものの、『黒人のたましい』(デュボア著、木島始訳、未来社)も短く紹介し、「ベーレントは好んで定説に反逆しようとはしないが、幼稚な図式化の桎梏からわれわれを解放し、もっと弾力性のある見方を与えてくれる」、リロイ・ジョーンスの本は「単なる音楽の本ではない。むしろ〝黒人精神史としてのジャズ史〟である点に、本書の大きな価値が有る」(113頁)と評価する。

中村とようによる『ポップス』誌上でのジャズ書の書評は三年後の69年2月号にも出ており、相倉久人による三冊目の著書である68年1月刊『ジャズからの挨拶』(音楽之友社)を取り上げ、「相倉自身はどう思っているか知らないが彼のジャズ論は科学的であるよりも極めて情念的なのである」と評している。『ポップス』の67年12月号から68年5月号にかけて連載された「相倉久人のジャズ談義」を主体にしたその本の「最初の「構造と歴史」

がこの本の本体のようなもので、ジャズという音楽［、］その歴史、その現状と四つに組んで、相倉理論をガッチリと展開して」おり、「あらためて彼のジャズ理論の体系が鮮烈な全体像を明きらかにしているような気がする」とのこと。

その理論は「リロイ・ジョーンズがジャズとブルース衝動とを単純に直線的に結びつけたところに弱点を見出し［、］それに対して［…］表現構造の分析から彼自身「活性化理論」と命名した理論を作りあげ、情況とジャズとのかかわりあいを動態的に分析している」と言い、「ベクトル（力の大きさと方向）というものを使って力学的に説明するというすぐれた着想に助けられて、彼の理論展開はまことに明快であり、説得力をもっている」と感心しつつも、その「理論や説明のし方が科学的であるとは思わない」と断じる。「相倉における「階級」のとらえ方はこの本に関するかぎりアイマイだといわざるをえない」と言い、「極めて情念的なのである」とし、「その点こそ彼のジャズ理論の、あるいは『ジャズからの挨拶』という本の大きな魅力としてぼくの目にうつる」と言う。そして、「それは、現在の真に革命的な若者たちに共通する性格であり、情念を欠いた無味乾燥な科学の行きつく先がソビエト官僚主義のチェコ侵入であったことを無意識的に嗅ぎとっている若者たちが、チェ・ゲバラに強く引かれるのは、ゲバラ理論の情念的な性格ゆえなのだから」（122頁）とその魅力を説明する。

69年11月にはリロイ・ジョーンズ著『ブラック・ミュージック』（木島始・井上謙治共訳、晶文社）が出た。「この評論集でも、彼は、激しい口調で、黒人音楽を語り、白人を責める。彼にとっては、すべての白人はホモか腰ヌケのようでさえある。［…］こうまで黒人音楽全能を語られると抵抗を感じるのだが、どうだろう」という評（『ニューミュージック・マガジン』70年1月号7頁）も、中村とうようが書いたものだろう。

60年代後半のジャズ関係書としては他に、65年の6月に木島始著『詩・黒人・ジャズ』（晶文社）、66年の3月に『100人のジャズメン』（荒地出版社）、11月にナット・ヘントフ著『ジャズ・カントリー』（木島始訳、晶文社）、12月に『スイング・ジャーナル』臨時増刊のスイング・ジャーナル編『モダン・ジャズ百科』（スイング・ジャーナル社）、67年の1月に相倉久人著『現代ジャズの視点』（東亜音楽社）、5月に植草甚一著『ジャズの前衛と黒人たち』（晶文社）、11月に『スイング・ジャーナル』臨時増刊『モダン・ジャズ読本'68』が出て、その67年の6月には季刊誌『ジャズ批評』が創刊されている。

翌68年の2月には栗村政昭著『ジャズ・レコード・ブック』（東亜音楽社）、11月に植草甚一著『モダン・ジャズの発展─バップから前衛へ』（スイング・ジャーナル社）、12月にフランシス・ニュートン著『抗議としてのジャズ 上巻』（山田進一訳、合同出版）、およびラングストン・ヒューズ著『ジャズの本』（木島始訳、晶文社）、69年の3月にW・M・ケリー著『ジャズ・ストリート』（黄寅秀訳、晶文社）、および岩浪洋三著『モダン・ジャズの世界』（荒地出版社）、5月に平岡正明著『ジャズ宣言』（イザラ書房）、8月にフランシス・ニュートン著『抗議としてのジャズ 下巻』（山田進一訳、合同出版）、11月に渡辺貞夫著・岩浪洋三編『ぼく自身のためのジャズ』（荒地出版社）、12月にジョン・ミーガン著『ジャズ・インプロヴィゼーション1』（蒼井洋訳、フレンド・シップ・ミュージック）が出ている。

ジャズ・ロック、ジャズ・ボッサ、そしてラテン・ロック

『ポップス』66年7月号には、「ロックがジャズを征服した？」という座談会記事が出た。「ロック出現当時、そのエネルギーの大きさを誰が想像し得ただろう［。］線香花火のようなものさ、などといわれながらも、貪欲にポピュラー音楽をなめつくしてきた。フォークを、ラテンを、シャンソンを［、］カンツォーネを…。いまやジャズをもその餌食にしようとしている」というリードで読者を煽る。

福田一郎、前田憲男、児山紀芳（司会）の座談は、ほぼ嚙み合わないままに進むものの、「ジャズ・ロックなんていっているけど、もうずいぶん前に、ジャズはロックになった、なんてのがあるわけよね」と福田が言い、「一番早い話が、キャノンボールあたりだな。［…］そういう時代があるんで、ロックのビートを使っているのは、

決して新しいことじゃない」と指摘し、しばらくして、「ただ、ジャズ・ロックという言葉そのものは、ラムゼイ・ルイスの「ジ・イン・クラウド」が、ジャズ・マンのものとしては、空前のヒットを放った、そのあたりから生れでたんだけど……」(36頁)と児山が言う。それから、「いまのジャズを見渡したときに、ジャズ・ロックなどとは逆に、一方ではすごくとっつきにくくなったジャズが、相当はびこっていますね。いわゆる前衛ジャズっていうのね[…]そういうものに対する反動というと大げさだけど、そういう前衛ものを聞かないとなると、あとに残るのは、ジャズ・ロックのようなものしかない」と児山が言いながら、「中間に属する趣味のいいジャズというのもあるけど……マイルス・デヴィスとか、ブルーベックだとか、セロニアス・モンクだとか」と付け加えると、福田が、そのあたりは「もはやコマーシャル・ジャズだよ」(37頁)と言う。その座談会記事のすぐ後に、見開き記事の「ジャズ・ロック」(児山紀芳)があり、「ビル・エヴァンスやマイルス・デヴィスの音楽ほど、高次元の内容を持っているとはいえないかもしれない」が、「ロック系ポピュラー音楽が、当初の批判にもかかわらず、今日[…]多方面に音楽的影響を及ぼしつつあることを考えるとき、ロックはそれなりに多くの支持者を得ているわけであり、「ジャズ・ロック」がいま多くのジャズ愛好家の間で、さらには、一般ポピュラー音楽愛好家の間にまで浸透しつつあるということは[…]一考してみる必要があると思う」(40頁)とのことで、座談会で並べた名前と重なる演奏者たちのレコードを紹介している。

その約一年半後の『ポップス』68年1月号が、「レコードに聞くジャズ・ボッサ」(中村とうよう)を掲載した。「テレビをみていても、ドラマのバックにもボサ・ノヴァが流れているし、コマーシャルの音楽もボサ・ノヴァが多いし、歌謡曲などもボサ・ノヴァ風のリズムをもったものが珍しくはなくなった」と言い、そして、「レコードもずいぶん出た。この辺でこれまでに発売されたボサ・ノヴァ、ジャズ・ボサ、ボサ・ロックなどのレコードをふり返ってみるのも無駄ではあるまい」(48頁)ということで、たっぷりと紹介している。

数ヶ月後の『ポップス』68年6月号に「ボサ・ギターの最高峰」と題した、これまた中村とうようの一文が出ているのは、「ブラジル最高のギタリスト、バーデン・ポウエル」が来日するからだった。リードには「スタン・ゲッツの来日で、ジャズ、ボサ・ノヴァのファンは、心もワクワクしていることだろう。特に今回の来日では、ギタリストのバーデン・ポウエルが同行することが、何よりの楽しみだ。彼はアンチ・ジョビンの立場をとっている」とあり、「五月下旬、スタン・ゲッツに同行して日本を訪れると聞いたとき、ぼくは大いにビックリした。そして大いに喜んだこと、いうまでもない」とのこと——「その驚異的な指づかいを、間もなくこの目で見ることができるのか、と思うと、こうして原稿を書いていても胸がワクワクする。こんなに、来日がうれしいアーティストは、そういない」。続いてスタン・ゲッツの方も紹介されており、「ゲッツが『ジャズ・サンバ』を吹き込んだのは、一九六二年二月十三日」で、「そのデビュー以後、常に持ち続けてきた音楽性と、ボサ・ノヴァのたずさえる音楽的特性をあわせ考えるとき、両者の結合は、いってみれば物理的な必然とでもいえるのではないかと思う」(50頁)とのことで、牛窪成弘がその「必然の結びつき」を説明している。

「アンチ・ジョビンの立場」と言及しているアントニオ・カルロス・ジョビンについては、一年弱前の『ポップス』67年8月号で中村とうようが「ジョビンによって確立されメンデスによって変貌」という副題の「ボサ・ノヴァの歴史」で紹介しており、「いろいろなサンバの種類のうちのひとつといえる」「ボサ・ノヴァ」が「本当に確立されたのは、一九五八年のことであった。／A面が「シュガ・ジ・サウダージ」(悲しみを離れて)、B面が「ビン・ボン」という、一枚のシングル盤ができた。両面ともジョアン・ジルベルトが歌とギター、ジョビンが伴奏の編曲指揮を担当した。作曲者はA面がジョビン、B面がジルベルトだった。この一枚のレコードこそ、完成されたボサ・ノヴァの第一号であり[…]またボサ・ノヴァの最初のヒット曲となった」(66-67頁)とある。翌月の同誌9月号でも中村はボサ・ノヴァについて書いており、誕生に至るまでを詳説し、「ジャズを通じてわが国に紹介されてきたボサ・ノヴァだが、そろそろブラジル音楽としての本当のボサ・ノヴァのあり方が認識されるべき」(66頁)と結んでいる。

その一文には、「変貌」はほとんど書かれていないが、メンデスについては、同じ67年に、これまた中村が『ポップス』7月号に「セルジオ・メンデスその華麗な変身」を書いている。その号の、七編から成る特集「ニュー・サウンド'67＝ラテンロック」の中の一編であり、メンデスを「ある人はラテン・ロックの音楽家として紹介し［、］他の人はボサ・ノヴァの音楽家として紹介する。そのような多面性というか、簡単に割切ることのできない複雑さこそ、セルジオの魅力であり、彼の成功の原因なのかもしれない」と言い、「今のところ、［…］詳細に分析するにはいささか資料が不足なのだが、なんとか彼の音楽の背景を探ってみたい」（50頁）と進めていく。その三ヶ月前の、同じく中村による「これがラテン・ロックだ！」では、メンデスとブラジル66の音楽をブラジルのリズム、ロックン・ロール、モダン・ジャズに基づく「第三期ラテン・ロック」と位置づけ、「ビートルズとラムゼイ・ルイスとハービー・マンとアストラッド・ジルベルトをまぜあわせたような、誠に不可思議にしてかつ魅力的な音楽を作りだしたのである」（22頁）と見ている。

系譜をその一文で辿っている中村は、「ラテン・ロックというものが、このところにわかに注目を集めるようになってきたとしても、それはけっして新しいものではない。おそらく、ラテン調とロック・ビートの結合から生まれたヒット曲の第一号は、例の「テキーラ」だろう」（20頁）と指摘している。58年にザ・チャンプスが大ヒットさせた、「テキーラ！」のかけ声を挟むその器楽曲は、確かに「例の」と言われるほどに日本でも広く知られた。筆者の日記には、その58年の9月16日付の記載があった――「十二時半に［U］とチャペル・センターのとなりの宗教主事室へ行き、NHKの「まひるのリズム」をきいた。難波一三とリッチ・アンド・デラックスの出演だから。「テキラ」「枯葉（唄、藤井なみ）」の次にジャズを一曲。最後［は］藤井なみの唄で、「フジヤマ・ママ」」。

「これがラテン・ロックだ！」の終わりの部分には、「ラテン・ロックの重要な一翼をになうトリニ・ロペスのラテン物については、この文で触れることができなかったが、メキシコでは彼のレコードは大変なベストセラーになっている」（22頁）とある。トリニ・ロペスはその約半年後に来日しており、またまた中村のお出ましで、『ポップス』67年11月号に「来日するトリニ・ロペス」を書いており、メキシコだけでなくアルゼンチンでも人気ぶりを目の当たりにしてきたという中村が、「来日するころに日本でも発売されるはずの彼の新盤『トリニ・ロペス・ナウ！』に入っている「グァンタナメーラ」を聞くと、彼のラテン・ロックはますます好調です」と言っている。

ヴォーカリストを片っ端から聞こう

60年代後半も終わりに近づく69年の7月号の『ポップス』に、「女性ヴォーカリストを片っ端から聞こう」という記事が出た。

「昨年あたりから、ポピュラー界ではソロ・シンガーの活躍がさかんに話題となっているし、こちらでもソロ・シンガーのレコードが毎月かなり出されている。そして、あちらとは比較にならないが、若手新人ソロ・シンガーのレコードも、ぽつぽつ陽の目を見るようになってきた」と青木啓は言う。「そこで、今回は本邦未紹介のシンガー数人ふくめて、ヴォーカル・ファンの注目に値するポピュラー女性ソロ・シンガーを、アメリカとイギリスから、新人若手を中心に眺めてみる」（110頁）とのことで、「黒人シンガーでは、何といっても六八年度グラミー賞を受けたディオンヌ・ワーウィックがおもしろい」と「本題に入って」いき、「個性あふれる黒人ヴォーカリスト」をあれこれ紹介のあと、「白人シンガーに移って、まず堂々たる歌のうまさではマリリン・メイが抜群だ」と語っていき、ライザ・ミネリ、「最近ペトゥラ・クラーク同様にアメリカで大活躍中のダスティ・スプリングフィールド」、「純情可憐型ではメリー・ホプキンがいる」（111－113頁）と次々に列挙する。

その記事は好評であったようで、「さっそく全国の（ちと大げさかナ）ヴォーカル・ファンから、レコードのご照会やら今度は男性シンガーをとりあげてほしいというお便りをいただいた」（112頁）よしで、青木は二ヶ月後の9月号に、今度は「男性ヴォーカリストを片っ端から聞こう」を書いている。最初は、「このところニュー・ロックやホワイト・ブルースなど、イギリス勢の目覚ましい活躍が話題となっているし、どうかすると世界のポピュラー界をイギリス勢がリードしているような感さえある」と言いつつ、「東京と大阪で一般公演をする予定のフランク・アイフィールド」、「イギリス本格派シンガー中、最も強烈な個性を持っている大物、トム・ジョーンズ」（112頁）などを挙げていき、続いて「アメリカの若手と新人たち」ということで、ボビー・ゴールズボロ、ボビー・ヴィントン、ボビー・ライデル、ニール・セダカ、ロイ・オービスン、ホセ・フェリシアーノなどを挙げている。

「静かにひろがるリズム・アンド・ブルース」

感覚上のインテグレーション

『朝日新聞』夕刊に「静かにひろがるリズム・アンド・ブルース」という見出しの記事が出たのは、68年5月25日だった。

「リズム・アンド・ブルースは、若い人たちの間で静かなブームだという。テレビやラジオの音楽番組でもとりあげられる機会がふえ、若い人たちがたむろする店もできた」とあり、「むき出しの感情表現 強烈なビートで盛上げ」という見出しが付いており、「ポピュラー音楽にくわしい評論家の中村とうようさんに［…］きいてみた」とある。

「特徴としてあげられるのは、生ギターの弾きがたりから、エレキ・ギター、ベース、ドラムを使った強烈なビートと、それまでのブルースがひかえめだったのに対しむきだしな感情表現（シャウト）に変った二点である。R&Bこそ本当の〝黒人による黒人のための音楽〟だという人もあるくらい」と解説し、「そのアクの強さが、従来は日本人の体質に合わないものと考えられてきたが、近ごろの若者たちはこういうものもドンドン消化してしまうらしい」と観察する。それに「合わせて踊りまくるのが何よりも楽しい――という連中のたまり場が、横浜に数ヶ所、それに東京では主に新宿、最近は赤坂あたりにもある」とのことで、「バンドがはいっているところもあるが大ていはレコード」を使い、「レコードを聞かせるだけの、喫茶店ふうの店もある」。「五、六年前にレイ・チャールズの「愛さずにいられない」がヒットしたころから、レコード業界でのR&Bの地位は少しずつあがってきたよう」で、「去る二月にアメリカからスティービー・ワンダーやバンデラスを招いてR&Bのフェスティバルが開かれたのもR&Bがわが国にマーケットを確保しつつあることの現われだろう」とあり、レコードの売れ行きで「人気のトップに立つのはグループでテンプテーションズ、シュープリームズ、フォー・トップス、ソロでオティス・レディング、ジェームス・ブラウン、ウィルソン・ピケットといったところ」とのこと。

続いて、「そもそも、黒人の音楽であるR&Bのアクの強さをやわらげて白人むきに作りかえたのがロックン・ロールだったわけだが、いまやR&Bがロックと同一化しつつある」とあり、そして、「逆に、ロックが黒人的な感覚をとり入れてR&Bに近よってきたことも事実」と現状を説明し、「結局、白人的なフィーリングをとり入れた黒人の音楽と、黒人的なフィーリングをとり入れた白人の音楽と［…］が、これからのポピュラー音楽の主流を占めることになりそうだ」という。そして、そこに暗示される中村とうようのロック転向志向は、最後の締めで強調される――「若者たちが黒人の音楽を好むのは日本だけではなく、いま世界的にみられる現象だが、これは、音楽という分野で感覚上のインテグレーション（白人と黒人の統合）進行ともみられるわけで、人種差別撤廃の問題と深いところでつながっていることは否定できないだろう」。

一月後の『朝日新聞』68年6月24日朝刊は、ラジオの「月曜あんない」欄で、同様の「静かなブーム R&B」という見出しで、「「和製ポップスよりはビート感が弱いので爆発的ではないが、それだけに根強い」（ニッポン放送、ラジオ関東編成部）。リクエストやベストテン入りも特集ものが目立ってきた」と報じている。（「和製ポップス」についてはのちほど説明。）

『ミュージック・ライフ』は、時期としては第四章に遡り、63年10月号で、レイ・チャールズの写真を添えた「リズム&ブルース講座」（桜井ユタカ）を始めていた。「米国ヒット・パレードに興味を持っている人なら、まずまちがいなく毎日ラジオに、それも主にFEN放送に夢中だったり、又高いおゼゼ払って手に入れたレコードをひっきりなしに廻したりしていることでしょうし、あるいはそういう人種のいることをもう十分知っていることと思います。最近、だいたい二～三年位の間に、本場アメリカではリズム&ブルースという言葉が再び注目されはじめました［…］」（81頁）と始まるこの連載は、11月号からは「リズム&ブルースからロックンロールまで」となり、64年4月号まで続いて、その4月号で初めて同誌にビートルズを特集する記事が出たのだった。

『ポップス』が「リズム・アンド・ブルース作戦開始」（八木誠）という連載を始めたのは二年以上あとの66年11月号で、「はたして日本で本当にR&B［…］が流行するかといえば、残念ながら、やっぱりその可能性は百に一つか、せいぜいよくいっても十分の一程度の期待しかもてそうもないだろう」と言いながらも、「いま、日本ではフォーク・ソングが大変受けているが、この次にくるものはといわれたら、私は、それはリズム・アンド・ブルースだと答える――また、ぜひそうあって欲しいと思っている」と熱を入れる。「アメリカにおけるR&B音楽の占める割合は、いまの日本ではまったく想像もつかないほど大きい。［…］一部の特殊なサウンドを持ったアーティストや、まったくR&Bとは縁遠いジャンルの人たちを除けば、あとのほとんどは黒人によるR&Bナンバー、あるいは白人のR&B系のヒット・ナンバーによって、ランキングの上位が独占されている」（44頁）と指摘する。そして、「先頃、シュプリームスが来日したときの記者会見である関係者［…］がたいへん興味ある談話を発表」して、「これを機会に〔…〕今後は〝リズム・アンド・ブルース作戦〟として、まずその一弾に、シュプリームスを初めとするタムラ・モータウン・サウンドの徹底的な売り込みから開始する」と言ったと紹介する。シュープリームズについては、一年ほど前の『讀賣新聞』65年9月14日夕刊が「爆発的人気呼ぶ黒人女性ばかりのボーカル・グループ」という記事で取り上げ、「リバプール・サウンドに負けてなるものかと、黒人女性ばかり三人のボーカル・グループがアメリカで大ヒットを続けている。〔…〕日本でも最近発売された「愛はどこへ行ったの」「ベビー・ラブ」「カム・シー・アバウト・ミー」などのレコードは、三枚とも連続して全米ヒット・パレードの第一位にランクされている」と告げ、66年の来日も予想していた。

その「リズム・アンド・ブルース作戦開始」記事は67年7月号まで八回連載され、それを流行の前触れとして、先に挙げた68年5月25日『朝日新聞』の「静かにひろがるリズム・アンド・ブルース」記事が出たのだった。

黒い魂、ソウル・ミュージック

そのしばらくあとに『ポップス』68年9月号が「黒い魂《ソウル・ミュージック》」を特集し、座談会「ずばり！ソウル度を採点する」で中村とうよう、福田一郎、油井正一、朝妻一郎（発言順）が賑やかに語る。

「〝ソウル〟ていう言葉が最近いろいろと日本でも使われていますが、もとはといえば、音楽からきた言葉だと思います」と中村が振り、使われだしたのは、「ボビー・ティモンズあたりがそうですね」と福田が答え、「その少し前には、たとえばレイ・チャールズの「ソウル・ジャンクション」。あの頃が最初じゃない？」と言う。そして、「ジョン・コルトレーンの「ソウル・トレイン」ね、あれはいつ頃でしたっけ？」と中村が付け加えると、「五十年代の中頃だね」と油井が受ける。そこへ「ファンキー」が話題になり、福田が「ファンキーがダーティな言葉なんで、ソウルのほうがまだ使えるっていうことじゃなかったんですか」と言い、油井が「ゴスペル・ミュージックってのがまぁ、ジャズの影響を受けてできたわけだ。新しい教会音楽が、それを今度はジャズに一つのはねかえりを見せたわけですよ。そのときにファンクとか、ソウルとかいう言葉がいわれ出したんです」と応じる。

話が進むうちに、朝妻が「だんだんジャズからポピュラーに…。いまはジャズよりもリズム・アンド・ブルースで使うようになった」と言うと、福田が「いまはリズム・アンド・ブルースをそのままソウル・ミュージックっていう……」と応じ、中村が「そっちにいったのはレイ・チャールズからだろうね」と言い、「レイ・チャールズがジャズとリズム・アンド・ブルース両方やっていたのでね」と付け加える。続けて、福田が「六十年代に入ってリズム・アンド・ブルースがアメリカでは話題になっていなかったのに、ビートルズなどがR&Bばっかりやったんですね。しかもリズム・アンド・ブルースという言葉を使ったので、俺たちが本家だとアメリカが気ずき、俺たちは違うのだという意味ではっきりソウルを打ち出した感じがするんですね」（44－45頁）と説明する。

話がしばらく続いたところで、中村が「アメリカの黒人の中でどうもモダン・ジャズが沈滞気味で、それに変わるかのごとくにリズム・アンド・ブルースが、ソウル・ミュージックっていう看板をかけて世界中をのし歩いているわけですが」と言い、福田が、「結局、モダン・ジャズの人たちは自分の信じている音楽を追求するあまり自分のカラの中に入っちゃって世界の動きとか、自分の支持層、ファン層をまるで無視して、自分だけで沈殿してしまった。ところが若いミュージシャンたち、白人であろうが黒人であろうが、そういう連中たちは自分たちのやっていた音楽の中からジャズの魅力を摑えて自分のほうに入れている。そんなところに違いがあるんじゃないですか」（46－47頁）と展開させる。そこでやっと本題の「ソウル度を採点する」になり、多数のリズム・アンド・ブルースの歌手、何人かのモダン・ジャズ奏者、何人かのブルーズ歌手などを「五点満点」で四人が採点していく。

その68年9月号の「黒い魂」特集のもう一編は「日本を襲うブラック・ミュージック・パワー」（三橋一夫）で、「少し大きな本屋さんに行くと、黒人問題の本ばかり集めたコーナーができているし、R&Bと目につくように印刷してあるレコードは売れるという」で始まる――「ちょうどそこへ、八月から九月にかけて、ユニークな黒人ヴォーカリストが日本にやってくる。アフリカ生れで「パタ・パタ」の大ヒットをとばしたミリアム・マケバ、強烈なパンチをきかせる女性ばかりのゴスペル・ソング・グループ「クララ・ウォード・シンガーズ」、ただひとつ黒人フォーク・ソング・グループで男性ばかりの「フェニックス・シンガーズ」。／これは、どれも聞きのがせない」。そして、「自分は小さなムシケラとしか思えない人、とかく世の中シャクの種ばかりの人、恋人のいる人いない人、そのほかありとあらゆる悩みや喜びをもっている人が、かれらの音楽に触れる資格がある。／若者よ、黒人音楽に体当りしよう！」（50頁）とけしかける。マケバの来日を報じる『讀賣新聞』7月29日夕刊の「娯楽」欄には、「第一線歌手としての地位を決定づけたのは、六三年の［…］カーネギー・ホールにおけるリサイタルで、超満員の観客を魅了したという」とある。

ポピュラー界に旋風、しかしやがて壁に？

『朝日新聞』は、このセクションの冒頭に挙げた68年5月25日の記事の五ヶ月後である10月27日の朝刊で再度リズム・アンド・ブルーズを取り上げ、今度は「静かにひろがる」から進んで、「ポピュラー界に旋風」という大見出しに続いて、「爆発する黒人の叫び 世界の若者をとりこに」という見出しを付けている。

「このところ和製ポップスに押されて、洋楽（シングル盤）のヒット盤はさっぱりでしたが、リズム・アンド・ブルースでだいぶ盛返しました」とあるレコード会社は言っているよしで、「銀座の楽器店では、ことしのはじめに輸入盤の数をふやしたが、どんどんさばけるそう」であり、「お客は圧倒的に若い男性が多いですね。日本のグループ・サウンズには若い女の子が圧倒的なのと比較するとおもしろい現象です」と店側が話してくれたという。「ことしにはいると、テンプテーションズの「マイ・ガール」、サムとデイブの「ホールド・オン」、続いてオーティス・レディングの「ドック・オブ・ザ・ベイ」とたて続けにヒット」し、「LPでもせいぜい千単位しか出なかったものが万単位に伸び、それも都会から地方に広がる気配さえある」とのこと。そして、ここでも中村とうようが引用されている――「ポピュラー音楽がヨーロッパ中心だった時代は、一九五〇年ごろで終り、それからは黒人の音楽が中心になったといえる。ボサノバやジャズも黒人のものですからね。その背後には人種問題にもつながる根深いものがありますね」。

その頃には執筆ずみであったと思える、『ポップス』68年12月号掲載の「オーティス亡きあとも」（折田育造）の内容は、「世界的な流行となっているリズム・アンド・ブルースが、いかに日本において受け入れられたか、今年を振り返りながら、アトランティックを中心とするメンフィス・サウンド、タムラ・モータウンのモータウン・サウンドを軸として話して行こうと思う」（54頁）というもので、「今年になって、なぜ突然花を開いた」のか、「ここまで到達するのに多くの出来事が積み重なっていた」ことを説明する。「その一としては六三〜五年にかけてブームを巻き起したビートルズを筆頭とするイングリッシュ・グループの存在。彼らはチャック・ベリー、B・B・キング、ジョー・ターナーといったR＆Bシンガーを尊敬し、好んでレパートリーに取り入れた」、「その二として六七年に大ヒットした「ダンス天国」も日本のファンをR＆Bになじませる意味で重要な曲である。本命のW・ピケットよりウォーカー・ブラザースのものに人気が集まったが、〔…〕本物のR＆Bに次第に耳を向け始めていった」、「その三として、日本のグループ・サウンズが重要な役割を占めているのが見逃せない。〔…〕レコードではポップス的な歌謡曲を歌っていたが、ステージでは好んでR＆Bをとり上げていた」と説明し、「こういった様々な要因がからみ、六七年頃からR＆Bのレコードをかけるゴー・ゴー・スナックが多数出来始めた。そのような場所で特に人気の高かったのがデトロイト出身の黒人5人組テンプテーションズの歌う「マイ・ガール」であった」（55頁）と語っていく。

翌年になると、『讀賣新聞』69年2月5日夕刊が、「どこまで伸びる？R＆B」と大きな見出しの記事を出し、「いくら外国の音楽をどん欲に吸収してしまう日本人でも、黒人独特のリズム・アンド・ブルースだけは――という音楽関係者の悲観的な見方を完全に打ち破って〔…〕ラジオのリクエスト番組に顔を出しはじめてきた。この傾向はハプニングなのだろうか、それともほんものなのだろうか。関係者の意見を求めると……」と始め、見出しにある疑問符「?」が予感させる通り、最後は、「観念的ではなしに日本人が黒人の心を理解するのがむずかしい限り、やがて壁につき当たるだろう——というのが、大方の人の意見のようだ」と結んでいる。

「ニュー・ロック・シーン」

サイケデリック・ミュージック上陸!

『ミュージック・ライフ』が67年5月号で「サイコデリック・ミュージックとは?」(湯川れい子)と手探りしたあと、『ポップス』8月号が「サイケデリック・ミュージック上陸!」と題した特集を組んだ——「〝サイケデリック〟〝ヒッピー族〟〝サンフランシスコ・サウンド〟——こんな言葉が最近、やたらと目に入ってくる。いったい、何なんだろう——というわけでくんだのがこの特集。これらの一端でもわかっていただけたら幸いだ」。

最初の一編「シスコ・サウンドを聴いたときの驚き」で、植草甚一は、「ぼくはシスコ・サウンドのことなんかなにも知らなかった。ただロックの中心地がサンフランシスコに移動したと聞かされたとき、当然そうだろうとは思ったが、実際にレコードそのものは相変らずのロック調だろうと考えて」いたが、「大間違いだった」という。「まず最初レコードを手にしたときだがLSDによる幻覚的世界が生んだ特殊用語が題名に使ってあるので、ビックリした。〔…〕「サイキデリック」(Psychedelic)という言葉である」(23頁)ということで、ジェファスン・エアプレーンの音楽などを語った上で、「写真を見てビックリしたのが、フィルモア・ボールルームのステージのうえで、モダン・ジャズの先端をいくチャールズ・ロイド四重奏団が、大勢あつまったロック・ファンをまえにして演奏しているのだ。［…］ジャズ仲間のあいだで、チャールズ・ロイドがサンフランシスコでロック・グループと共演している、これは大変なことになったな、と話しているのを耳にしたことがあるが、そのときはたいした興味を、いだかなかったのである。ところがロイドの「フォレスト・フラワー」というレコードを聴いて感心してしまい、この調子だと、サイキデリック・ショーにはビックリするだろうと思うようになったのである」とのこと。続けて、そのレコードの「特色はマイルス・デヴィスやコルトレーンのジャズを印象ぶかいものにしたモード進行にあり、そこから生まれてくる情熱のたぎりかたが、二人よりも知性的・抒情的であり［、］演奏がはじまったときは冷たい感じがするが、しだいに熱っぽくなってクライマックスにたっするあたりが素晴しい。それにしてもロックの会場で、こういう音楽が受けるのが不思議な気がしたが、じつはロック・ミュージックのほうでもこういう傾向へと変化しはじめたのである。それをレコードでたしかめたとき、これは面白いことになったと思った」（24頁）。そんな具合にして、あれやこれやを取り上げての感想が続く。

次の「サイケデリックの世界」（日高義）には「これがヒッピーだ」という副題が付いており、「サンフランシスコにハイト・アシュベリー通りというのが」あり、「以前のビート族のグリニッジヴィレッジのようにヒッピーたちの中心地となり、新聞や雑誌で世界中に紹介されたので、目下、観光地のような大変な賑わいをみせている半面、カリフォルニア各地に点在するヒッピー部落についてはあまり知られていない」（27頁）ということで、細かに「ヒッピーの生活ぶり」を描いてみせる。そして、「やがて、夕方になると、仕事に行った連中も、残留組も三々五々と一軒の家に集って来て、これからが、本当に彼らが活躍する時間となる。すなわち〝サイケデリック・ワールド〟と総称される〝ハップニング〟（Happening）や〝ビー・イン〟（Be-In）が展開されるのである」（28頁）ということで、その様子を紹介し、その過程で「音楽については、ディラン、ドノヴァン、バッフィ・セントメリー、ジム＆ジーンズ、ファッグズ、グレートフル・デッド、ジェファアーソン・エアープレン、ビートルズなどのレコードが演奏されて、いやが上にも、サイケデリックの雰囲気を盛り上げている」という。そして、最後は、「前衛派、デカダントの集団、第四次元の世界……。山の部落のヒッピーたちは今日もまたその宗教的とも思われる雰囲気の中で、巡礼か何かのように、闇の中を手さぐりで歩きまわり、新しいものを見い出し、創りあげようと努力しているのである」（29頁）と結んでいる。

その号が店頭に出た約一ヶ月後である67年8月14日の『朝日新聞』夕刊の「標的」欄（「猫眼」）に「ロック・ポスター」記事が出て、サン・フランシスコの「書店などで売って」おり、「室内装飾品として売行きがよいようである」ポスターを生み出したもとを、半分以上の文字数を費やして説明している。「最近、若い人たちの間で「サイケデリック・サウンド」とよばれる音楽が大へんな人気を集めている。これは花をシンボルとしているサンフランシスコのヒッピー族の間から生れたもので、別名「フラワー・サウンド」とも「サンフランシスコ・ビート」ともよばれているようだ」というのが出だしで、それに続いて、「要するにマリファナやLSDなどを服用しているミュージシャンが作曲し演奏したもので、先ごろ封切られたミケンジェロ・アントニオーニの「欲望」という映画ではテーマ・ミュージックとして使われていた。あのクラクラするような熱っぽいリズム、こうした薬による幻覚をエネルギー源とした創作活動は、ひとり音楽だけではなく、ひろく各芸術分野に浸透し、とくに若い人たちに大きな影響力をもっているらしい」とある。

「花をシンボルとしている」ということでは、『ポップス』67年12月号が「サンフランシスコを歌うビート・ガイ」（朝妻一郎）を掲載し、「時をほぼ同じくして、三種類の〝サンフランシスコ〟の曲がヒットしていることに注目する。「スコット・マッケンジーの歌う「花のサンフランシスコ」という曲」は「アメリカでヒットした後日本だけでなく、イタリア、フランスを初めとして世界中で大変なヒットとなって」おり、「イギリスのグループ、フラワー・ポットメンのコーラスによる「花咲くサンフランシスコ」も日本でヒットをし始め」、「イギリスやスカンディナヴィア諸国では大変なヒットになって」いて、あとを「追うようにヒットしているのが、エリック・

バードンとアニマルズの新曲「サンフランシスコの夜」である」(62頁)というわけで、その三つを細かく紹介する。

その半年後の『ポップス』68年5月号の新譜案内の「ビート」の冒頭で、朝妻一郎が「推薦」盤としてLP『サイケデリック・ジミ・ヘンドリックス』を取り上げ、「ロックン・ロールとリズム・アンド・ブルースとジャズのミックスされたユニークな音を創り出すので評判の、ジミ・ヘンドリックスとエクスペリエンスの最初のアルバム」(32頁)と案内する。

ニュー・ロック、あるいはアート・ロック

二ヶ月後の『ポップス』68年7月号に「おどり出たニュー・ポップ」という記事が出て、「タダならない音楽が現われている。/いろいろのサウンドで、おびただしい問題をもちだしている。その音楽をつくりだしているのは若者たち、年よりは、その問題に答えられない」と四十歳の三橋一夫が書いている。そして、「「フォーク」から「ロック」に変わったといわれるボブ・ディランが、ニュー・ポップの生まれ方をあざやかにものがたっている」(22頁)と言い、新アルバム『ジョン・ウェスリ・ハーディング』で、「前よりかのびのびうたっている。フォークの浜べから人にさきがけてロックの海にとびこんだ彼は、今やエレキの波のあいだで人びとが押しあいへしあいしているときに、するりと浜に上がってきて、ニヤと笑っている。だが、彼が立っている浜はフォークの浜ではなく、ニュー・ポップの浜なのだ」(23頁)と観察してみせる。

「ニュー・ポップ」という言葉はそれきりのようだが、半年後の『ポップス』69年1月号の新譜紹介の「ビート」の見出しは、「ロックの方向と可能性がはっきりと」であり、その見出しが対象とする「推薦」盤であるビッグ・ブラザー&ホールディング・カンパニーの『チープ・スリル』を朝妻一郎が、「ニュー・ロック、あるいはアート・ロックと呼称されるロックン・ロールが話題になり始めてからかなりになるが、最近のアメリカのレコード業界

の様子を見ていると、今やその主流は完全にニュー・ロックが占めているのが感じられる」と紹介し、「その中心が、白人ブルース・バンドの演奏するブルースとロックの融合したものだということも」（42頁）と言う。「かなりになる」ということでは、『スイング・ジャーナル』の68年6月号が「ジャズとニュー・ロックの相互浸滲にみる成果」（岩浪洋三）、「ニュー・ロックを音楽的に分析する」（山下俊一郎）と話題にしていた。

その朝妻一郎は、三ヶ月後である『ポップス』69年4月号の、ジミ・ヘンドリックスの写真を大きく配した座談会で、福田一郎、亀淵昭信と一緒に「本場のニュー・ロック・シーン」を振り返っており、「本誌」司会者が「ニュー・ロックのホットな現場を覗いてこられた方々にお集まりいただいたわけですが、みなさん、いらしたのはいつ頃ですか」と切り出し、福田が「おれは六七年の六月から七月」と答え、朝妻が「ぼくはそのあとで七月から八月」と答え、亀淵が「ぼくはその前の年、六六年の十月から一年間。ちょうどニュー・ロックの台頭期じゃない？」（53頁）と言っている。

結局は断片的見聞記ながら、当時の状況の報告にはなっていて、66年の10月から滞在していたという亀淵は、「行ったとたんにヒッピーに出くわしたんですよ。そのうちに、フィルモア（オーディトリアム）なんていうのがあって、ライト・ショーをやる。それがすごく面白いのにびっくりして、これはもしかするとことによると……と思っていると、新聞の「音楽」欄に、サンフランシスコは第二のリヴァプールだなんていう記事が出はじめて、グループがポコポコ出始めたんです」と語り、朝妻は「ぼくらが行く頃〝タイム〟か〝ニューズウィーク〟にそういう話が出たわけ。でも、それが全米に広がるほどとは、ましてや世界中に広がるなんてことは想像もつかなかった」と驚き、福田が「ぼくが行くときには、モントレー見ようというのが一つのねらいだった。サンフランシスコで話題のグループが十ばかり一ぺんに出ちゃうというのでね。それが、まさかあんなにすごいとは、見るまでわからなかったね」と感嘆する。しばらくして、亀淵が「ぼく感激したのは、ビッグ・ブラザーとホールディング・カンパニー。すごい本物というか、ジャニス・ジョプリンの歌というのはすごい」と言ったのに応じて、福田が「ぼくはモントレーの二日目の昼にきいたんですよ。あのとき最大の聞きものしちゃったわけ。ビッグ・ブラザーとホールディング・カンパニー、スティーヴ・ミラー、キャンドヒート、エレクトリック・フラッグ［…］」と言い、「本誌」が「いまおっしゃったグループは、全部ジャズっぽいんですか」と口を挟むと、福田が「全部ジャズっぽいね」（54頁）と答えている。さらに話が続くうちに「暗号書並みの詞」という見出しがあり、「本誌」が「評論家の方々を悩ませている最大の点が詞だということ」（57頁）ですねとまとめている。その亀淵はしばらくあとに、『ミュージック・ライフ』69年の8月号で、星加ルミ子と「サンフランシスコが第二のリバプールになった時」と題した対談を行なった。そして、その『ミュージック・ライフ』では、「ニュー・ロック」は、69年1月号の「ビートルズ、1年目の驚異！ビートルズのダブル・アルバムはニュー・ロックとフォーク・ソングとウエスタン」（星加ルミ子）をはじめ、69年10月号の「ニュー・ロック その現実と虚像」（児山紀芳）など何度か使われている。

右の『ポップス』69年4月号の、三年前を振り返った座談会記事が出る一ヶ月前の『ポップス』69年3月号は、「アメリカン・ポピュラーふたつのルート カントリー・アンド・ウェスタンとリズム・アンド・ブルース」を特集し、最初の一編「ふたつの音楽にみる現代アメリカ」（中村とうよう）は、「ニュー・ロック」という言葉は使っていないものの、ポピュラー音楽の新たな展開を説明してみせている。まず、「単純に割り切ったいい方をすれば、ビング・クロスビーやシナトラは現実逃避の歌、ドアーズは現実直視の歌ということだ。ポピュラー・ミュージックの指向するものが一八〇度転換したわけだ」と言う。そして、『タイム』誌69年1月3日号から、「社会的、政治的な革命という極左派の常套用語が、だんだん数多くのロック・グループの最新流行語となりつつある」という一節を引用し、「いまやロックンロールは、遊びごとではなくなってきた。ロックンローラーたちは、歌でもって社会に参加するという新しい姿勢を示すようになった」と伝える。そして、「ロックと社会との最初の接点を作った男が、ボブ・ディランであったことについては、多くの人びとの見方が一致している。いまどきになって［…］ポピュラー音楽の現代史におけるディランの位置の重みが、ひしひしと感覚できるような気がする」（57頁）と言う。

続いて、「ディランにみるブルースのプロテスト性」、そして「土着主義の擡頭」を語り、「音楽における黒人と白人のインテグレイションはかなり進行しているとみてよかろう。これらのすべてをひっくるめて、ポピュラー・ミュージックの土着主義的傾向が強まっているということ［］そしてその根底には、音楽が社会参加の場として若者たちから真剣に扱われる傾向が存在するということを指摘したかった」と言い、「チャールズ・カイルは、アメリカ社会が革命のまっ只中にあり、その危機的状況が否応なしに黒人・白人間の文化的再調整を迫っているとすれば、ソウル運動は土着的な傾向をもたざるをえないだろう、と観測している」と続け、カイルの『都市の黒人ブルース』を取り込む。そして、中村は「ディラン以後のポピュラー音楽の新しい道はエスカレーションの一途をたどって」おり、「もはやビング・クロスビーの時代のポピュラー音楽の考え方で、現状を見ることなどできはしない。だからこそぼくたちはポピュラー・ミュージックに明日を信じているのだ」（59頁）と結ぶ。カイルの同書の邦訳（相倉久人訳、音楽之友社）が出たのは68年5月だった。

中村のこの「インテグレイション」観は、先に見た通り、約一年前である『朝日新聞』68年5月25日の「静かにひろがるリズム・アンド・ブルース」の末尾に示されていた。それを繰り返すこの一文が活字になったのが『ポップス』69年3月号であり、中村の『ニューミュージック・マガジン』が創刊される一ヶ月前のことだった。63年から関わってきた『ポップス』で、暗に新雑誌の構想表明をしていたことになる。中村の『ポップス』での執筆は、ほかには新譜案内の「フォーク」担当のみで、それも69年5月号が最後となった。7月号で「フォーク・ソング・コレクターズ・アイテム」シリーズの「第二期」を紹介しているのは、編者代表としての責任からなのだろう。（9月号掲載稿については後述する。）

ポピュラー界のゲバルト ニュー・ロック

「インテグレイション」再登場のその69年3月号に続く4月号の『ポップス』の特集が、「ポピュラー界のゲバルト ニュー・ロック」で、その最初の一編が先ほどとりあげた、三、四年前の「本場」を振り返る座談会だった。

それに続く「ニュー・ロック」は、「ニュー・ロックの詞は、はたから見ているほど単調ではない。〔…〕アメリカの青年層のムードや考え方を敏感に反映している」(59頁)で始まっているものの、結局は、「ニュー・ロックの詞について書くつもりが、たいへんな脱線になってしまった」(61頁)で終わっている。次の「ニュー・ロック その自由な精神」は、現代音楽作曲家の一柳慧によるもので、まず、「音楽史における革命的大事件」という小見出しに続いて、「ニュー・ロックの出現によって、今、音楽の歴史は大きく書きかえられつつあるようです」と始まる――「わたしには、これまで音楽を支えていた大きな秩序がニュー・ロックの出現によって、がらがらと音をたてて崩れはじめているのが実感として感じられるのです。〔…〕とくにその影響はわたしが行なっているような現代音楽に浸透してきています」(62頁)。

そんな意気込みのあと、「だが、ニュー・ロックと現代音楽が、これほどおたがいに影響しあえる存在であることに気づいている人はまだごく少ないようです」と言い、「多くの人は依然としてロックン・ロールを、ポピュラー音楽の一ジャンルとしてしか評価の対象に考えていないからです」と続け、そして、ニュー・ロックは、「音楽の世界を支配していたジャンルの区分けであるポピュラーとか、クラシックとか、現代音楽とかいうようなわずらわしい境界をも消滅させる方向に発展してきているのです。／これは大変な革命です」と称揚する。そして、一柳は、「ニュー・ロックのヴァイタルな音楽に接したのは、一昨年ニューヨーク滞在のときでした」と振り返る。「その頃はまだニュー・ロックというようなかたちでは意識することがなく、友人のアメリカ人たちとも、「面白いバンドが出てきたから聴きにいこう」というくらいの軽い気持」であったのが、「間もなくビートルズが「サージェント・ペパーズ・ロンリー・ハーツ・クラブ・バンド」のLPアルバムを出し、ニューヨークの「エレクトリック・サーカス」がオープンし、それに前後して、ヴァニラ・ファッジ、ローリング・ストーンズ、ジェファーソン・エアプレーン、ピンク・フロイド、ドアーズ、ヴェルベット・アンダーグラウンド、クリーム、マザーズ・オブ・インヴェンションなどが続々と新しいサウンドを発表したのを耳にすることによって、これは大変なことがおきてきた、と思わざるをえなくなったわけ」で、「わたしは現在でも、これらのグループを、ニュー・ロックの代表的存在と考えています」（62－63頁）と言う。

同誌5月号には、対談「ニュー・ロックは革命的音楽か」が掲載されていて、牛窪成弘が一柳慧に「ニュー・ロックがどうしてそんなに革命的な音楽として高く評価されているのかということを、きょうは伺いたいんですがね」と尋ねると、「じつはね、ぼくはあの原稿は、一昨年向うへ行ったときのイメージで書いてしまったものですから、現在とやや隔りがあることは認めざるをえないんです」（42頁）と一柳は答えている。六頁に及ぶ対談は噛み合わず、終わり近くで、「いままでは音楽というものは、あくまで慰労というか、リラックス感を人に与えるとか、休ませるものであったと思うわけです」と牛窪が自分の音楽観を示した上で、「ところがいまの音楽はそうじゃなしに、音楽そのものに聞いているものがぶつかり、現実というものに対して、聞いているものが音楽を通して挑戦出来るようなものでなければならん」（47頁）と変わってきたのかと問う発言がこの対談を要約している。

同じ5月号はローリング・ストーンズを特集しており、「ストーンズはブルース・バンドのパイオニアか」、「ストーンズはなぜ解散しないか」、「ストーンズがアメリカに落としたロック爆弾」が並ぶその特集題名が「ニュー・ロック旋風の中のローリング・ストーンズ」で、「ニュー・ロック」を繰り返している。翌月の6月号では「ニュー・ロック、ニュー・ロックというけれど」と題して、「今や、日本のポピュラー音楽界では、〝ニュー・ロック〟〝プログレッシヴ・ロック〟〝ブルース・ロック〟あるいは〝アート・ロック〟といったことばがハンランしている。まさにハンランという表現以外の何物でもないような状態なのだ」と言い、「ニュー・ロックでなければ、現代の音楽の仲間ではない、といったような錯覚さえ、その辺りからは感じられる」と朝妻一郎が書いている。そして、「〝アート・ロック〟と銘打ってレコードが発売されている、アーティスト」（82頁）である四十以上のグループ名を列挙した上で、「本物のニュー・ロックは、ほんの一にぎりしか存在せず、その他のアーティストは、こうしたパイオニアーの物真似に過ぎないか、または、ただ訳の判らないことをやって、それをして〝新しい〟とか〝芸術的〟である、とカン違いをしているグループではないのだろうか」（84頁）と疑問を呈する。

三ヶ月後の同誌9月号は「世界のジャズと日本のジャズ」と題した特集を組んでおり、最初に掲載の座談会「ジャズかニュー・ロックか」は、本多俊夫を司会者として、原信夫と福田一郎が「ニューポート・ジャズ・フェスティバルを聞いて」を語っている。「十六回の歴史のうちで、一番多かったという聴衆が五万八千人といわれている」が、「今回は八万人を越したとか越さないとかいうんですよ」（本多）というそのフェスティヴァルには、「たしかにニュー・ロックのグループは多かったですけど、ジャズからニュー・ロック、四〇年代のジャズ、あるいはもっと古いのもやりましたが、中にいた観客は、そういうものをすべて楽しんでいたと思うんです」と原が言い、「とにかく、［…］ロックの人たちのほうが若いから、意欲的に何でもやっちゃうというわけ。もうひとつ、レコード会社のプロデューサーがみんな二〇代なのよ。いま、だから、やること何でもやらせちゃうんだ」（58頁）と福田が言って、話が展開していく。

さらに、二ヶ月後の同誌11月号の特集は「イギリスのニュー・ロックに注目！」で、そこでも「ニュー・ロック」が強調されている。最初に掲載の対談「イギリスのポピュラーとイギリス人気質」は、読売新聞社のロンドン特派員として「一九五四年から六四年まで十年間」英国に滞在したという福中重三に牛窪成弘があれこれ質問するというもので、福中が「音楽でいうと、ちょうどトミー・スティールが出てきて、若人のアイドルになって……」と切り出し、牛窪が「じゃあ、ビートルズの騒ぎも、じかにご経験になった」と応じると、福中が「ええ、そうです。最盛期に帰ってきたんです」（53頁）と答えている。トミー・スティールが人気者になったのは56年であるし、64年がビートルズの「最盛期」かどうかはともかく、社会背景観察は六頁弱に及ぶ。そのあとに座談会「イギリスのニュー・ロックはブルースだらけ」が続き、「なんでイギリスのいろんなグループが、ブルース、ブルースって、ブルースに飛びつくんだろう？」（59頁）という疑問を巡って、亀渕昭信、桜井ユタカ、福田一郎、朝妻一郎が疑問符を連発しながら、七頁弱の量で話し合い、その次の見開きに手書きの、大森康雄「製作」による「イギリスのブルース変遷図」が示されている。

ロックを正当に把握するための活字メディア──『ニューミュージック・マガジン』

69年に入って、『ポップス』が「ニュー・ロック」を話題にしているのと並行して、69年の3月から、中村とうようが編集する『ニューミュージック・マガジン』が書店の隅に顔を出すようになっていた。

創刊号の「後記」には、「かつてはぼくも、ロックなんて低級な音楽だと思っていた。そうじゃないと考えるようになると、こんどは世間一般のロックに対する偏見・蔑視が気になってくる。［…］いまやロックは、新しい若者の大衆文化として、重要な役割をになうようになっているのだから、文化論的な立場から、ロックを正当に把握するための活字メディアが必要だ……というのが、この雑誌の発刊の趣旨なのだが、正直いって、自分でもよくわからないところもある。ロックがこれからどんな方向に発展して行くのか、みなさんといっしょに見守り、考えていきたい」（64頁）とある。一方、中ほどの「お手紙を下さい……」という小さな見出しの箇所（三段組みの三段目）には、この雑誌は「「ニューミュージック」のための雑誌です。音楽のジャンルを、ロックとリズム・アンドブルースという狭い間口におしこめ、そのかぎられたスペースから世界をみようと考えます」（31頁）とある。そして、次の5月号の表紙で「ロックをとおして世界をみる若者の雑誌」と謳ったあと、6月号からは、印刷所が変わると同時に、表紙の誌名の右側に「ニューロックとリズム&ブルースの専門マガジン」という文句が入り、それは翌年の3月号まで続く。

その創刊号は、『ポップス』がＢ５判であるのに対してＡ５判と小さく、全六十四頁の中には天地寸法不揃いの頁がいくつか混じっている。筆者が手にしたのは豊橋の豊川《ほうせん》堂書店でのことで、69年3月26日の日記に記載がある――「昼前に買物に、自転車で出かける。〔…〕豊川堂で偶々、ニュー・ミュージック・マガジンと題したリトル・マガジン風の雑誌を目にしたので手にとってみたら、中村とうよう氏編集である」。そのあとに「ブルーズの方は彼としては前から関心のあったもの」と書いているのは、「お手紙を下さい……」を見てのことだったのだろう。新雑誌の内容が意外に思えたのは、お付き合いがしばらく前から途絶えていたのと同時に、日本の音楽誌とは疎遠で、同氏の執筆にも接していなかったからだった。「かつてはぼくも、ロックなんて低級な音楽だと思っていた」という、少々告白的に聞える一言の「も」で一緒にされているのは、32年生まれである中村の同世代か、それより年上の音楽評論家仲間であろうと思ったことも覚えている。

誌名の「ニューミュージック」という語には、中村は66年11月新譜のＬＰ『ボブ・ディラン・ストーリー』の解説で初めて言及しており、「フォークの専門誌として高い権威をもつ『シング・アウト!』のレコード評にビートルズが登場し称賛をうけていること自体が、音楽界に起りつつある革命のひとつの表われに違いない。〔…〕ビートルズとディランによって作り出された音楽――その姿を正確に把握することは今後の課題であって、今はただ、ニュー・ミュージックが生まれつつあることを指摘できるだけ」とある。ピート・シーガーに教えられて筆者も64年から購読していたその季刊誌 *Sing Out!* を読み返すと、66年9月号にポール・ネルスンによる「ロックの拡張」と題したレコード評があり、ネルスンはビートルズの『ラバー・ソウル』を取り上げ、これぞディランの『ハイウェイ61』と並んで「ニュー・ミュージック」の画期的作品と絶賛している。そして、ディランのアルバムの方は、ネルスンが同年の数ヶ月前の号で高く評価し、そのとき既に、それぞれの語頭がＮ、Ｍと大文字綴りの「ニュー・ミュージック」という言葉を使っていた。なお、中村は右のディランのＬＰ発売と同じ頃に出た『メンズ・クラブ』66年11月号で初めてロックに取り組み、「ロックンロール十年の歩み」を書いている。

というわけで、71年12月刊の『フォークからロックへ』（主婦と生活社）で中村が回想している創刊構想は、66年に『シング・アウト！』の「あの一文」を読んで「新しい情念の表現形態としてのニュー・ミュージックを重要視する考え方に変ってきた」、また、二年後の68年には「プロテスト・フォークから〔…〕完全に抜け出せた」などとあって、一見なるほどと思わせる。しかし、その一方で、創刊の三ヶ月ほど前である『朝日新聞』68年12月11日朝刊の「人 その意見」欄でインタビューを受けた中村は、「本心から歌えるフォーク・ソングを推進する音楽評論家」という見出しで紹介されている。「こんど本人が世話人となって運動をすすめている「東京フォークキャンプ」は、現代に生きている人間の本心からほとばしる歌を交流しあう公開の集りで、心から歌える歌をひろめようとする」とある。そして、「虚構の世界にある歌の世界をなんとか現実の人間に即した生きた歌へもどしたい。夕日が沈んだあとの歌も悪いとはいわないが、もっと前向きの、若い世代の訴えや叫びにマスコミや一般の人も目を向けてほしい。大衆文化の主流は音楽といっていい気がする。頼まれ原稿やディスク・ジョッキーなど、漫然と仕事をやっていては取残される。若い世代の現場に飛込み一緒に行動しなければ現代に生きた良い仕事も出来ないでしょう」という本人の言葉が引用される。続いて、「心から歌える新しい大衆の歌の運動とともに、来春は「スモール・マガジン」を自費で出版し、若い層がどんな歌を望んでいるのか探求してゆくそうだ」とあり、そこでは「フォーク」をまだ引きずっているだけでなく、「ニューミュージック」という言葉も出てこない。

創刊号の原稿を揃えるまでに、構想がどう固まっていったかは不明だが、創刊号の特集は「アート・ロックと白人ブルース」だった。最初の「アート・ロックとホワイト・ブルースのよくわからない関係」では、「何人かの先生がたに電話」でその「わからない」を尋ねるというもので、「朝妻一郎先生」、「木崎義二先生」、「亀淵昭信先生」、「福田一郎先生」が答えており、両者は別ものだという返事を得たあと、「福田一郎先生」からは、「だいたいアート・ロックなんて言葉、テーコー感じちゃうね。ニュー・ロックっていってくんないかなァ。白人ブルースってのもヘンな言葉だ。コチョーしてるよ。好きじゃないね。白人がブルースをやったからって、どうしてそんなにワイワイいうの?」という返事を頂いている。そして、「本来アート・ロックと白人ブルースとは別なんだけど、いろいろ関係は深いらしいってことだ。それがどんな関係だか、そこんところは28ページからあとの座談会でもう少しつっこんでみることにしよう」(25頁)とある。

次の「歌詞にみるアート・ロックの成長」(小倉エージ)は、「アート・ロックといえば、すぐドアーズとジェファーソン・エアプレンを思いつく。もちろんクリームやヴァニラ・ファッジもアート・ロックに違いないのだけれど、やはり私はモダン・フォークが好きで、何よりもまず歌詞に興味をひかれることが多く、ドアーズやエアプレンは、その点で私を満足させてくれる作品が多いのだ」(26頁)で始まる。そのあとに座談会「ディスカッション」が続き、中村とうようが司会をし、桜井ユタカと水上治(7月号から、はる子)が語り、終わり近くで中村が「今までの話、まとめてみてよ」と言い、桜井が「ウン、アート・ロックってのはね、クリーム、ジミ・ヘン、ヴァニラ・ファッジの三角形…」と答えると、水上が「ドアーズもね」と修正し、桜井が「ああそうか、じゃクリーム、ジミ・ヘン、ヴァニラ、ドアーズの四角形だ。この中に入るのがアート・ロックじゃないかな」と応じる。そうなると「ブルース・バンドというのは入り込めないわな」と水上が疑問を呈すると、桜井が「だからさ、ブルース・バンドってのはドアーズやクリームあたりのちょっと外の方に位置していて、影響を及ぼしてるのさ」(31頁)と応じている。

一方、この創刊号では中村が、岡林信康の〈山谷ブルース〉について最多の五頁を費やしており、終わりの方で、「日本の資本主義経済の矛盾をもっとも集約的に背負わされているのが山谷なのだ。/「山谷ブルース」は、われわれ自身の問題としての山谷を提起する。そしてそれはさらに、アメリカ黒人の問題へと連帯して行く」(46頁)と熱くなっていく。

その後、5月号は「スーパー・セッション流行の意味するもの」と「つくられたブーム？ポップ・カントリー」を特集し、6月号は「ザ・ブルース」を特集し、かつて、64年2月号の『スイング・ジャーナル』に中村とうようが「フォーク・ブルース その赤裸なる魂の訴え」を書いてみせたのを思い出させる。7月号は「ボブ・ディラン」を特集し、9月号は「ロック界に輝く14のスターたち」に十四頁を充て、10月号は「想像力の解放区としてのロック」と「ニュー・ミュージックの現状をつく」を特集し、11月号は「総括9・28—第1回ロック・フェスティバル」を特集し、12月号は「運動の中のロック」と「ロックとブルースのギタリストたち」を特集する。

一方、11月号には「レコード6社、担当者の意見」として「ニュー・ロックのレコードを考える」と題した座談会が掲載されており、司会の福田一郎が「いわゆるニュー・ロックの系統のレコード、毎月毎月、ずいぶん出てるね」と切り出し、日本グラモフォンの折田育造が「ちょっと出し過ぎって気はしないでもないですね」と受け、以下四頁にわたって日本ビクターの石島稔、CBS・ソニーの堤光生、東芝レコードの石坂敬一、日本コロムビアの高久光雄、キングレコードの寒梅賢がそれぞれの会社の事情を語っている。

12月号が特集した「第1回ロック・フェスティバル」については、『讀賣新聞』69年9月9日夕刊に出た小さな記事に、「新しいロックンロール音楽の定着という旗印のもとに第一回「日本ロック・フェスティバル」が二十八日午後六時から東京・新宿厚生年金大ホールで開かれる」という予告があり、「グループ・サウンズが急に衰えたのは、歌謡曲化してファンの年齢層が低下する一方だったからだ。本当のロック音楽は、いまの若者たちの間にもっと根を張り、枝を広げていいはずだ」という中村とうようの言葉を引用している。そして、『朝日新聞』10月1日夕刊は「絶叫する歌声、超満員の会場」という見出しでその催しを報じ、「出演者はパワー・ハウス、チューリップス、エディ藩グループ、ブルース・クリエーションなど六グループ」で、「会場は、エレキ・ギター、オルガン、ドラムスの強烈な音、絶叫するような歌声であふれそう」と描写しながら、「しかし聴衆は、意外なほど冷静に音楽にひたり、歓声の絶えないグループ・サウンズの公演とは全く対象的」と書いており、「顔もかくれる長髪、すはだにコートをひっかけただけ、服装にはヒッピーの影響があるというが、それに近い服装は、聴衆の中にも見られた」とある。「企画者のひとり、音楽評論家の中村とうようさん」の一言がここでも引用されている――「ロックは若ものの情念が音楽という形をとったものであり、それは若ものたちの生活の本質的部分だ」。

その開催までの経緯は、『ポップス』69年11月号の「第一回日本ロック・フェスティヴァルの舞台裏」（福田一郎）に詳しい。

「ポップス」という言葉

「ポピュラー」が「ポップス」に

この第五章を見ての通り、65年以降の新聞雑誌に「軽音楽」が使われるのは珍しくなり、代わって「ポピュラー」が使われ、低い頻度で「ポピュラー音楽」が使われている。「ポップス」は60年代後半には、『ポップス』誌では最初に、65年4月号で始まる連載「ポピュラー二十年史」に「ポップスの歴史」、「ポップスの世界」、「ポップス界」として現われる。

連載のその「ポピュラー二十年史」は、伊藤強、伊奈一男、小倉友昭、森田潤から成る「取材・執筆グループ」が担当したもので、最終回は65年10月号の第7回であり、翌月の11月号にその四人による座談会が添えられている。戦後20年を回想する内容は、「ジャズ・コンサート・ブーム到来」（第三回）、「マンボ・ブームに火をつけたペレス・プラード」（第四回）、「複雑な社会情勢とロカビリー・ブーム」（第五回）、「リバイバル・ブームと大物タレントの来日」（第六回）といった題名が示すように、本書の第四章までとほぼ重なるもので、その連載中に、ときおり「ポピュラー」に代わって「ポップス」が使われている。最終回掲載と同じ65年10月号に載った「ザ・バーズ／ソニーとシェール」（朝妻一郎）の出だしに、「イギリスのポップス界」とあるのも目を引く。英語圏には「ポップ」界という言い方はあっても、「ポップス」界という言い方はない。

少し注意して見ていくと、既に前章と本章で言及した数例に加えて、『ポップス』66年10月号の「大衆のもとめるものは」（森田潤）の中に、「その時代、その時期で大衆の求めたものを提供すればよい——といえば「ウェスタン・カーニバル」の目的は達せられるかもしれないが、ショーの内容がポピュラー音楽（ポップス）から離れたら意味はなくなる」（115頁）という一節があり、「ポップス」が「ポピュラー音楽」の略称として使われている。

一方、『音楽の友』66年10月号の「ポピュラー・セクション」に、「和製ポピュラーの流行とその問題」（伊藤強）という見出しの一文があり、「はじめに騒ぎになったのはコロムビアがCBSのレーベルで出した「涙の太陽」というレコードだった。作詞R・H・RIVERS、作曲Y・NAKAZIMA、歌EMY・JACKSONと記され、はじめは誰も日本製の作品とは思わなかった。これが、いまはやりの和製ポピュラーの第一弾であった。ファンをだますようなものだ、という否定論もあったが、このレコードは着実に売れ、コロムビアはけっこう商売をした」とある。そして、「マイク真木の「バラが咲いた」はなぜポピュラーであって歌謡曲ではないのか、同じ浜口庫之助氏の作品である「涙くんさよなら」を坂本九、あるいはマヒナ・スターズがうたうと歌謡曲であり、ジョニー・ティロットソンがうたうとポピュラーとなるのはなぜか」（250頁）といった疑問を発して、「和製ポピュラー」を論じており、二ヶ月後の同誌12月号の「ポピュラー・セクション」の「不振か？ポピュラー音楽界」でも、伊藤強は「和製ポピュラーの抬頭」（188頁）に触れている。

その「和製ポピュラー」文のほどなく後である『ポップス』67年1月号には「和製ポップのいい面を」と題し

た一文があり、同じ「和製ポピュラー」を同様に語りつつも、筆者の鈴木道子は、明確に「和製ポップス」と称し、それが全文に一貫している。題名が「和製ポップ」であるのは、校閲担当者としては、その呼称に馴染みがなかったのだろうか。

ポップスもの花ざかり

67年の4月3日付『朝日新聞』朝刊の「月曜あんない」欄には「ポップスもの花ざかり」という記事があり、その前半が「ポップス・コンサート」を紹介していて、「一日からの文化の「日本はうたう」〔…〕は、民謡や童謡などをオーケストラ演奏で聞かせる。〔…〕五日からのNHK総合テレビの「音楽の花ひらく」〔…〕にもポップス演奏が登場、フジも日本フィルのポップスものを計画中。〔…〕／ほかに、オーケストラのポップス番組は、日本テレビの「だんいくまポップス・コンサート」〔…〕、NETの「題名のない音楽会」〔…〕、TBSラジオの「ホーム・コンサート」〔…〕」と並べている。そこにある「だんいくまポップス・コンサート」の「ポップス」、およびそれに触れた『讀賣新聞』68年3月21日夕刊の「6歳を迎える読響」記事の「テレビや名曲コンサートに見られる読響のポップス化」の「ポップス」は、19世紀後期に創設された著名なボストン・ポップス・オーケストラの「ポップス」に由来すると同時に、本書の第二章で説明の「通俗名曲」を指す「ポピュラー」が転じたものと受けとれる。一方、遡って53年12月29日『毎日新聞』夕刊が、毎日新聞後援、東京交響楽団主催として広告している「東響ポップス・オーケストラ」の第四回「新春特別コンサート」では、「団員百名」のそのオーケストラを伴奏に、「柳沢真一、ナンシー梅木、笈田敏夫、ペギー葉山」などが歌い、「ジョージ川口とビッグ・フォアー、白木秀雄トリオ」が共演していた。

右の『朝日新聞』の「ポップスもの花ざかり」記事の後半は、交響楽団の「ポップス」とは区別して、「ポピュラー・ソングのポップス番組は」で始まる。並ぶ番組は、文化放送の「ハロー・ポップス」と「ヤングポップス・パレード」、ニッポン放送の「西銀座ポップス」と「ポップ・アンド・ポップス」、ラジオ東京の「サンライズ・ポップス」と「スーパー・ポップス」と「ワンオクロック・ポップス」、FM東海の「サンデー・ポップス」という具合で、「ポップス」が定着している。ただし、その一年数ヶ月後の『讀賣新聞』68年8月14日夕刊に出た「近ごろのポップス・ファン」という見出しの「好きな曲、自身で選ぶ」記事は、本文では「ポピュラー・ファン」を使っていた。

一方、68年9月創刊で、国内曲の楽譜を主体にした月刊誌『新譜ジャーナル』(自由国民社)が、新譜評の分類に「和製ポップス」を設け、「歌謡曲」、「外国ポピュラー」、「ジャズ」、「スクリーン・ムード」、「ラテン」、「フォーク・C&W」等と並べている。『ミュージック・ライフ』は68年10月号から「ポップス・イン・ジャパン」を開始して、洋楽の影響下で進展した日本人アーティストを話題にし、スパイダースの〈黒ゆりの詩〉、タイガースの〈花の首飾り〉、フォーク・クルセダーズの〈イムジン河〉などをまず挙げたその連載は、70年12月号まで続いた(その後は「ロック・イン・ジャパン」)。

因みに、その一年前である67年から、外国原盤を日本でプレスして販売する「洋楽」レコード(クラシックとポピュラー)の年間消費量が日本で制作される「邦楽」レコードの年間消費量より史上初めて下回り始めた。66年には比率が50.8% 対 49.2% であったのが67年には 46.2% 対 53.8% と逆転したのだ(河端茂「日本のレコード産業—ケンブリッジ大学出版局刊の研究誌 *Popular Music* 第10巻3号に掲載の英文論考—335頁)。

第六章　一九七〇年代前半

【第六章関連略年表】

1970年初頭以降　「ポピュラー音楽家 ことしも大挙来日」、「ポピュラー音楽 外国勢の来日ラッシュ」、「ポピュラーも来るゎ、来るゎ」等、来日報道が続く。

1970年3月～9月　日本万国博覧会での「ポピュラー音楽部門の催し物」に「黒人エンタテイナー」のサミー・デイヴィス、ジュニア等が出演。

1970年7月　『ウッドストック』の日本公開。1969年8月に開催された「ウッドストック・ミュージック＆アート・フェア」の記録映画。

1970年12月　「イギリスのロック＝ブルース界の大立物」のジョン・メイオールが来演。

1971年2月　「平均年齢二十七歳」のブラッド、スウェット＆ティアズが来演、4月に平均年齢「二十四歳」のシカゴが来演、7月に「二十歳そこそこの」グランド・ファンク・レイルロードが来演。

1971年10月以降　NHK-TVが「ヤング・ミュージック・ショー」を開始し、1986年末まで不定期にロック演奏の動画を全国放映。

1972年2月　『バングラデシュ・コンサート』(CBS・ソニー)。前年の8月に「東パキスタンの難民救済、バングラデシュ独立を呼びかける」バングラデシュ・コンサートがジョージ・ハリスンの呼びかけによりニュー・ヨークで開催された。その実況録音アルバムの日本盤。

1974年11月　「日本で初めて開かれたブルース・フェスティバル」。第2回が1975年の3月、第3回が7月。

この第六章は、本書のこれまでの章区分に則せば、最初の五年間である70年から74年までが対象となり、戦後三十年ということでは、75年の8月までとなるが、杓子定規な切り方は避け、75年末までとする。もちろん76年以降もロック主体の洋楽ポピュラー熱の勢いは持続するものの、75年で止めるには相応の理由があり、それは章末で説明する。

まず、69年12月に店頭に出た『ミュージック・ライフ』70年1月号が、「今年はロック・オペラがブームになる ロック・オペラ〝トミー〟とは」を特集する一方、『ポップス』1月号は「ボブ・ディラン 現代を主張する男」を特集した。「ボブ・ディランと〝アメリカ〟」(三橋一夫)、「現代の怪人物」(中村とうよう)、「ワイト島になぜ二十万人が集ったか」(福田一郎)、「ボブさんは偉大な芸人です」(高石友也)、「ディランの歌をいろんな人が歌っているけど」(加藤和彦)、「詩にみるディランの人間像」(片桐ユズル)、「単独者の転機について」(浜野サトル)、「ボブ・ディラン 音楽的側面から」(林光) などが並び、いずれも対象に手こずっている。

2月号は「これが'70年話題のミュージシャン」を特集して最初に座談会「'70年のポピュラー界を展望する」(青木啓、野口久光、浮田周男) を掲載し、とり仕切る「本誌」側が、「昨年は、ネコもシャクシもニュー・ロック、ニュー・ロックということで[…]このたぐいのレコードもずい分発売されました。そして、日本でも、若いミュージシャンたちが、こういったロックを生み出そうといろいろ活動し出した年でもあったわけです」と口を切っている。しばらくして「本誌」が、「さて、今年ますます話題の中心になるであろうアーティストをあげて、いろいろお話しいただきたいと思うんですが、まず「ビートルズ」と振ると、青木が「ビートルズの場合は、もう彼らの行き方そのものが、現代のポピュラー音楽の行き方を示しているんじゃないでしょうか」と応じる。そして、「そのビートルズに大いに関係があると思うけれども、ボブ・ディランの動きなんていうものもやっぱり同じことがいえるんじゃないですか」と青木は言い、「ディランは絶えずリードしてますね」（35－36頁）と浮田が同調している。挙げられたビートルズは、まもなく解散し、『ニューミュージック・マガジン』70年5月号が特集「《音楽の国》の四人」を組み、『ポップス』70年6月号が特集「ザ・ビートルズ」を組み、前者には六編、後者には八編が並ぶものの、結局は、右の座談会での青木の発言がすべてを要約している。

その座談会の最後で、「本誌」が、「いろいろ活躍しそうなアーティストをあげていただきましたが、日本でも七〇年へのかけ橋として「ヘアー」が上演されています」と、オフ・ブロードウェイで67年に初演された『ヘア』の日本版に触れている。各紙が話題にしたその日本版については、『ポップス』70年1月号の「「ヘアー」のこころをみつめよう」（白浜研一郎）がそれをひたすら称揚する一方、『ニューミュージック・マガジン』1月号の特集「日本版「ヘアー」の問題点をつく」の冒頭の「覆面座談会」は、「一番大切な反戦の主張が欠落している」（66頁）と斬り捨てていた。

その後、『ポップス』は、70年4月号が「ギターの巨匠たち」を特集し、5月号が「映画音楽の新しい波」を特集して、『イージー・ライダー』、『明日へ向って撃て』、『ハード・デイズ・ナイト』などを話題にし、6月号が先ほど触れたビートルズ特集を組み、7月号が「アメリカを脱出したジャズ・シーン」を特集し、8月号が「魂を謳いあげる人々」を特集し、9月号が「日本のポピュラー界の現状をつく」を特集して、その9月号で同誌は消え去った。その際に筆者にも挨拶状が届いており、7月11日付で、「約八年にわたり発行をつづけ」たものの、「最近ポピュラー音楽はますます興隆のきざしを見せ、従来主としてクラシック音楽中心に編集して来たわが社の各雑誌も、この新しい傾向に対応して編集方針を転換し」、「意を決して一旦休刊し、再出版を期することとなった次第であります」とある。そして、再刊されることはなかった。

「ポピュラー どっと外国勢」、「来るヮ来るヮ」

本章が対象とする70年初頭から75年末までの全体を見渡すと、新聞に「ポピュラー音楽家 ことしも大挙来日」、「ポピュラー音楽 外国勢の来日ラッシュ」、「ポピュラー音楽家、次々と来日」といった見出しが多いことが目につく。

米軽音楽界、軽音楽便覧

その種の記事には「軽音楽」という言葉はほとんど出てこないことは、すでに前章の最後のセクションでも触れたことだが、『讀賣新聞』には、70年に入ってから、見出しに「軽音楽」を使った記事が少なくとも二つある。一つは、「米軽音楽界にも社会派の台頭」という見出しの70年11月29日の記事であり、もう一つは、71年9月8日夕刊の、デモン・ファズ、オシビサ、アサガイを紹介した「ロックの〝新しい波〟アフロ・ロックが進出」という見出しの記事が頭に「軽音楽情報」と添えており、同様に時代錯誤的に思える。

単行本の書名に「軽音楽」が見られるのは70年が最後で、山田博著の『軽音楽からクラシックへ』(創造社)と題した本が7月に出ている。一方、59年に始まった日本放送協会の「業務資料」である非売品の『軽音楽便覧』が72年まで続いた。編成局放送資料部音楽資料課が59年4月に前編として「A－L」を出した際の「まえがき」によると、「近年外国軽音楽曲の放送が多くなると共に、作詞者、作曲者、邦訳タイトル及びその作品の出典等について資料をもとめられることが多くなった」とあり、「本書では、流行歌、ジャズ、タンゴ、シャンソンを含む外国軽音楽曲を調査し、取捨選択して広く利用されるようにした」と続く。あと半分の「M－Z」編が出たのは翌60年の4月だった。その後、72年まで毎年増補が繰り返された。

一方、今も多くの図書館が、図書分類の「一般件名」として「軽音楽」を維持している。そして、新制大学の課外活動として設けられた「軽音楽部」という呼称に、「軽音楽」という語は健在でもあり、「軽音」と省略されることにもなった。

万国博のポピュラー音楽部門──やはり一段見劣りがする

70年の1月の外国勢の来日については、前年の暮れである69年12月20日の『讀賣新聞』夕刊が、「新春に続々黒い大物ジャズメン」と、かなりの字数を割いて「娯楽」欄で報じており、3月の下旬には「米の一流演奏家が来日」と同紙3月16日夕刊がこれも詳しく報じている。そこに居並ぶ名前を挙げる余裕はないが、その間の70年2月に話題になった万国博覧会の出演者には触れておこう。

大阪府の吹田市で3月中旬から半年間開催された万国博での「ポピュラー音楽部門の催し物がこのほどほぼ決定した」と報じる『讀賣新聞』2月4日夕刊によると、「オープニングは、黒人エンタテイナー、サミー・デイビス・ジュニア」で、「三月十五─十九日で七公演」とある。続く出演者は、公演日は省略するとして、「再度来日のアンディ・ウィリアムズ」が「四公演」、「同じく再度来日のフランスのシャンソン歌手ジルベール・ベコー」が「八公演」、「カナダのミュージカル『赤毛のアン』」が二十三回公演」。さらに、「総出演者八十八人の北方ロシア民族合唱団」が「十五回公演」、メリー・ホプキンが「七回公演」、「フランスからダリダをむかえ、日本のシャンソン歌手とくみあわせた『シャンソン・フェスティバル』」が「八回公演」、スウィングル・シンガーズが「六公演」、「ベラフォンテの来ないキューバン・カーニバルは、ロス・バン・バンを中心に」「十二回公演」、「ロック・ボーカル・グループ、フィフス・ディメンション」が「十回公演」、「ヨーロッパのジャズ・プレーヤーを選抜した「ユーロピアン・ダウンビート・ウイナーズ'70」を中心にした「ジャズ・フェスティバル」」が「四公演」、そして、「ことしのイタリアのサンレモ音楽祭の入賞者を招いての「サンレモ音楽祭EXPO'70」」が組まれているほか、いくつか「日本のタレントによるショーもある」とその記事は報じている。

記事の副見出しの「ベラフォンテ、シナトラは来ない」については、『ポップス』3月号の「頭の痛いポピュラー部門」(伊藤強)が少し詳しく述べ、「クラシックのセクションが、カラヤンとベルリン・フィルや、幻のピアニストといわれたリヒテルを加えて堂々の布陣を張っているのにくらべると、やはり一段見劣りするのはやむを得ない」と言っており、理由として、「皮肉っぽくいえば、渡辺美佐プロデューサー自身も、外国タレントのプロモーターとしては、名が通っているわけでなく、したがって〝フェスティヴァル馴れ〟していないといえる」と言い、「万博協会側」の渡辺「起用そのものに対しての批判なども、耳にしたりするのが現状なのである」と記している。一方、「万博からタレントに支払われるギャラは、一般の公演で来日するときにくらべてみてかなり安いという」(69頁)ともある。

日本は外来演奏家にとって欠かせないマーケットになった

71年2月13日『毎日新聞』夕刊は、「〝外タレ洪水〟のポピュラー界」という見出しで、「ヨーロッパとアメリカでジャズは苦境にあるという。ザ・ビートルズは空中分解し、ニュー・ロックは麻薬とセックスの闇を低迷する。そうしたなかで、日本だけは大繁盛。一月につづいて、今月も海外タレントの訪れが一段とにぎやかである」と切り出し、ブラッド・スウェット・アンド・ティアズ、B・B・キング、フランシス・レイ、バート・バカラック、エドムンド・ロスなどの名を挙げて説明する。「〝〟」付きながら「外タレ」という言葉をそれ以前に二度(66年、69年)使っていた同紙夕刊は、翌年である72年にも、もう「外タレ」は使わないものの、「にぎやかポピュラー界/海外から夏までに50組」(2月19日)、「秋は海外タレント・ラッシュ/ざっと40組」(8月21日)と報じている。

『讀賣新聞』72年1月5日夕刊は「ポピュラー音楽家 ことしも大挙来日」と謳い、「外国勢」が次々に来日し、「日本の〝円〟が強くなったように、日本は、世界中のポピュラー・ミュージックのアーチストたちにとって欠かせないマーケットになった」と記す――「東京での成功は、ニューヨークやロンドンでの成功と並んで、彼らの経歴の輝かしい一㌻を飾ることになる。だから、ことしも海外から大物、中堅、新人を問わず、ポピュラー・アーチストが日本に押し寄せてくる」。72年4月27日の『朝日新聞』夕刊の「ポピュラー どっと外国勢」という見出しの記事は、「ゴールデン・ウィークをひかえて、外来演奏家〔…〕の方もまるで〝ゴールド・ラッシュ〟。あまりの多さに、ファンも選ぶのに苦労するのではないかと思われるくらいだが、その主なものを拾ってみると――」で始まる。5月26日の『朝日新聞』夕刊は、再び「外国勢」を見出しに使った「外国勢の来日ラッシュ」の記事を載せ、そのリードは、「ポピュラー音楽家の来日攻勢はとどまることを知らないようだ」で始まり、「日本のファン、という〝土壌〟が固まったことも理由の一つで、五月に続いて六月にも、初来日や二度、三度目のおなじみ組が続々やってくる」と続く。

明けて73年1月9日の『讀賣新聞』夕刊は、前年の見出しの「ポピュラー音楽家 ことしも大挙来日」に輪をかけて、「ポピュラーも来るワ来るワ」と謳っている。「全世界のポピュラー・アーチストにとって欠かせないのが〝日本市場〟。昨年はスリー・ドッグ・ナイトに代表されたロックのほか、ラブ・サウンズもの、グランド・オーケストラ、ジャズと外人タレントの話題が多かったが、ことしもまた大物から中堅、新人まで大量に来日する」ということで、「上半期の来日アーチストを紹介」する。その一人である、「『不当に高い入場料に抗議して来日を中止する』と発表して話題をまいた」トム・ジョーンズは、「結局、予定通り二月十五日に来日することになった」とあり、「アーチスト二十八人という大所帯」とのこと。公演料金は「大阪公演三万三千円、東京公演三万円、クラブ・ショー十二万円という目の玉の飛び出るような」ものであり、「現在、二千五百円から三千円の入場料のものが最も普通で、年々若者の入場者が増えている折り、他の公演の値上がりにつながることは避けられまい」と危惧している。

「来日ポピュラー にぎやかな新春公演」という見出しで、74年の1月の来日を告げる『朝日新聞』73年12月24日の記事は、「ことし一年で」、つまり73年の一年間で、「約九十組が押し寄せた」と数えており、「来年もまた激しい来日攻勢を物語るかのように、一月だけで十組を超えるすごさだ」と報じる。

一方、『ニューミュージック・マガジン』(以下『NMM』と省略)の来日情報は、69年4月号からの「ニュース」欄を継ぐ9月号からの「おしらせ」欄、それを継ぐ70年8月号からの「EVENTS」欄が網羅的である。そして、巻頭近くに掲載のそのアーティストの来日情報と対を成すものとして、巻末近くの「コンサート」評が、すべてを網羅するのではないにしても、充実している。同誌の70年代前半の来日情報とコンサート評、それに『ミュージック・ライフ』が70年代前半に折に触れとりあげる諸アーティスト、グループの来演前後の記事、それに主要新聞に出る公演評を順に紹介する文を現に書いてみたところ、本書の五分の一を超える量になってしまい、削除せざるを得なかった。従って、この章には著名ながら必ずしも収めきれなかった名前が少なくないことをお断わりしておく。

ボロボロにはげ落ちた愛用のストラトキャスターから一瞬の緊張を裂く如く金属的な一撃

それでも、折角なので、コンサート評を少しだけ拾っておくと、73年1月の「ジェームス・テーラー・リサイタル」について、『讀賣新聞』1月29日夕刊の「ステージ」欄は、「興奮なき孤高のフォーク」という見出しを付けており、その通りの記事内容だった。5月のテン・イアズ・アフター公演を『NMM』誌7月号で評した水上はるこは、「はっきりいって、TYAのコンサートは疲れた」、「確かにライブで生きるグループだけれど、これだけ同じことをやってはあくびが出るのもあたり前」(137頁)と書いている。8月のニッティ・グリッティ・ダート・バンド評を書いた中川五郎は、「見たくて見たくてたまらなかったバンドは他にいなかった」というほど「期待していただけに、失望も大きく〔…〕」と言いつつも、「これは後ろの方で見た15日の話。16日は前から4列目で見たのですが、この日はとても楽しかった。やっぱりニッティとストリップは前で見なくちゃいかんと、ぼくは悟ったのでした」(135－136頁)。

74年には、1月のローリー・ギャラガー公演は、『NMM』3月号の大貫憲章によると、「1曲めはいつもと同じように「Messin With The Kids」。あの塗装のボロボロにはげ落ちた愛用のストラトキャスターから一瞬の緊張を裂く如く金属的な一撃が「クィーン!!」。思わず誰かが叫ぶ「すっげえ」。ぼくの不安は吹きとんだ」(149頁)。3月にはハリー・ベラフォンテが14年ぶりに二度目の来日を果たし、5月号で四十一歳の中村とうようが、「まず驚いたのは47歳とは思えない若さだ。声もだが、体も若く、カッコよくてやわらか」(61頁)と驚いている。老けても活躍を続けるスターが珍しくなくなる後の時代の観点からすれば、その驚きが新鮮に聞こえる。当時は誰もが若くて当たり前だった。エルヴィスは三十九歳であり、レノンは三十三歳であり、ディランは三十二歳であり、ミック・ジャガーは二十九歳だった。

75年には3月に来日したバッド・カンパニーは「とにかく、エネルギッシュだ。そして、自信たっぷり」とのことで、4月号で大貫憲章が、「PAがどうのとかテクがどうのなんて、こんな場合ガタガタ言う方がおかしい。ゴーッとばかりに歓声がなりやまぬ熱狂の中で〔…〕」(60頁)と感激している。7月にはルー・リードが来日し、9月号で湯川れい子が、「陰気で湿って孤独で排他的ですらあったひややかな世界が、突如として安っぽいライトの下に引き出されて照らされ、手拍子打ての、コミュニケートしろの、と強制されたような気分で、どうにも面くらってしまう〔…〕」と言い、続けて、「しかし、ルーの歌というのは、どう考えてみても、その言葉が判らなければ、小いきでもなければスゴクもなく、小いきでもなければスゴクもなければ面白くもない。演奏そのものの出来としては、まず三流のロックンロール・バンドなのである」(68頁)と釘を刺す。

女性アーティストについては、75年9月のヘレン・レディ公演について、水木まりが、「彼女の歌にはある種のクセがあるが、湿っぽかったり、ネチョネチョした女のイヤラシさはない。外見のせいか中性的な感じもするのだが、それでもマイクの前でリズムを取り、時々つけるポーズには、カッコイイ女の匂いがしてくるのだ。〔…〕愛と自信に満ち、家庭と仕事を両立させている女は、こんなにも魅力的に輝くんだなァ」（9月号68頁）とつぶやいている。一方、8月号が「いまソウル界でいちばん充実したボーカルを聞かせてくれる女性シンガーとして急速に高い評価をかちえ」ているとして「待望の来日」を予告していたミリー・ジャクスンの公演を、76年1月号で評した湯川れい子は、出だしで「けたたましい品の悪さ、実に楽しかった。レコードでは想像もつかない強烈な色気があり、迫力がある」（99頁）とまとめていた。

TVで演奏映像──「ヤング・ミュージック・ショー」

70年代前半の洋楽ポピュラー熱を示すそんな「来るヮ、来るヮ」状況とはいえ、当然ながら、生の演奏に足を運べる人たちの数は、全国的には非常に限られていた。それでは動く画像はとなると、かなり少なく、とくにロックの場合がそうだった。

『讀賣新聞』71年10月17日朝刊の「CCR熱狂の実況」記事の出だしの一文、「世界的に若者のハートをとりこにしたロックだが、テレビのロック番組となると皆無にひとしい」とある。その記事には、続いて、「そんな若者たちの欲求不満を解消させようとNHKテレビでは、いま人気絶頂のアメリカのロック・グループ、クリーデンス・クリアウォーター・リバイバル（CCR）のスペシャル番組〔…〕を二十四日午後3時15分から一時間番組で放送する」とある。「昨年春のカリフォルニア州オークランドの室内競技場でのコンサートが中心なので、最も充実した四人のメンバー当時のもの」であるその「番組を担当するNHK教育局少年班の波田野紘一郎ディレクター」は、「世界どこでも、今日の音楽を語るときロック抜きには不可能だ。ロックには、若々しいインターナショナルな感覚があり、やさしい倫理もある。荒廃した今の社会で、個としての人間が連帯できるだろうか、という問いに、若者たちはロックで連帯することによって答えてくれた。その若者たちの期待に背を向けることはテレビ局としては許されないと思う」と語る、と伝えている。そして、その記事は、「なお、こういったロックのスペシャル番組の買い値は、二時間ものの劇映画の半分。つまりかなり高いのだが、波田野ディレクターは「もし、こんどのCCRが一般視聴者に支持されたら、出来のいいものを選んでロックのスペシャル番組を若者たちのために放送していきたい」と語っている」と結んでいる。

波多野ディレクター（波田野は間違い）の願い通りにこの番組は支持され、その「CCRコンサート」は二ヶ月後の12月に再放送され、翌72年3月にはローリング・ストーンズのハイド・パーク・コンサート（白黒フィルム）、5月にはクリーム（7月に再放送）が放送され、8月には「スーパー・ショー」が放送された。放送前日の『讀賣新聞』72年8月25日朝刊の「てれび街」欄によると、「一九六九年三月にロンドン郊外スティンズの操業をやめた工場の倉庫に、英米の一流ミュージシャンが集まり、熱演を繰り広げた時の記録」で、「登場するのは、ローランド・カーク、エリック・クラプトン、バディ・マイルス、スティーブ・スティールス、レッド・ツェッペリン、ジャック・ブルース、MJQといった世界でも指折りのメンバー」で、「ふだんでは予想もできないような組み合わせで共演するのが、最大の興味となっている」とある。

そのあと、72年の10月に「エマーソン・レイク&パーマー」（白黒フィルム）、73年の3月に「ピンク・フロイド」、および「リンディスファーン」（NHK制作）、8月に「レオン・ラッセル」、10月に「エルトン・ジョン」、12月に「キャット・スティーヴンスとディープ・パープル」、74年の8月に「エマーソン・レイク&パーマー」、10月に「フェイセズ」、12月に「スリー・ドッグ・ナイト」、75年の3月に「ローリング・ストーンズ」、5月に「ストローブズ」、8月に「モントレー・ポップ・フェスティバル」、10月に「オールマン・ブラザーズ・バンド、シカゴ、マーシャル・タッカー・バンド」、12月に「リック・ウェイクマン」と続いていく一方、その間にそれぞれが再放送されている。（この「ヤング・ミュージック・ショー」の最終回は86年12月29日だった。）

「今日の音楽を語るときロック抜きには不可能だ」

1970年

ロックをあなたに

表紙に「発刊一周年記念特別号」の文字がある『NMM』70年4月号は、「ロック69－70」を特集しており、最初の見開き二頁の「ロックをあなたに」で編集部が「一周年の記念として」この特集を「おとどけします」と記している。（以下、70年代前半の雑誌記事は、60年代の新雑誌『ポップス』の場合と同様に、新雑誌である『NMM』誌に焦点を当てる。）

「これからニュー・ロックを聞く方や、いままでただバクゼンと聞いていたけどもう少しつっこんで考えてみたいと思う方のための、いわばニュー・ロック入門、ニュー・ロックへの誘い、といったところです」は、「音楽評論家」としての中村とうようの典型的啓蒙姿勢と見ていいだろう。そして、「新聞・雑誌のロックへの態度は、この一年間に大きく変ってきた」と観察しつつも、「電波媒体」では「まだまだ」であると嘆いたりしたあと、「レコードにせよ、コンサートにせよ、放送にせよ、出版物にせよ、本当にロックの発展にプラスになるものか、それともロック・ブームに便乗する商業主義の産物にすぎないかを厳しく判断し、選別して行くことが、ロックを愛するあなたにとって必要［…］ではないでしょうか」(16-17頁)と結ぶ。次の「現代ロックの動き」(朝妻一郎)は、「ここ数年の間に、どのような変化がロックン・ロールとそれを包む社会に起こり、何故現在のようにロックがより広い支持を受ける音楽になったのでしょうか?」と自問し、「考えられる理由」を説明する。続いて、「ニュー・ロックに至る長い道」(中村とうよう)が「ロックの歴史入門」を綴り、最後を、箇条書きの「1969年ロック界事件日誌」(小倉エージ編)が締める。

『NMM』誌は、続く5月号でビートルス特集を組み、6月号では「ロックとジャズの接点」を特集し、「ジャズにとってロックは何を意味するか」(中村とうよう)で、「ジャズ・ファンのあいだで、すごく話題になっているレコード」であるマイルズ・デイヴィスの二枚組最新アルバム『ビッチェズ・ブリュー』を問題にする。「なぜすごく話題になるか、というと［…］大胆にエレクトロニクス的なサウンドとエイト・ビート・ロック・ビートをとり入れているからだ」と説明し、「ロックとジャズの接点がますます重要性をもつようになってきていることは否定できないように思われる」(15頁)とのことで、その「接点」について思いを巡らせる。「誰でも認めざるをえない」ジャズの「行きづまり」は、「クラシックの現代音楽の行きづまりと同じ」であり、「音楽を理論や技法でばかり考えていると、絶対行きづまってしまう」と言い、「脱却するには、音楽の根源であるエモーションというものをとりもどすこと以外に方法はないだろう」(17頁)と見る。そのあとに「七〇年代ジャズの道しるべ……「ビッチェズ・ブリュー」」、「マイルス・デヴィスにしかやれない新しいロック」、「演奏者の主体性がもっとほしい」、「現在揺れ動いている「接点」」の四編が続く。

後世の歴史家たちが特筆大書するかもしれないのがウッドストック

7月号は「ウッドストック・ネーション」を特集した。その「ウッドストック」が指す69年8月中旬に三日間開催された「ウッドストック・ミュージック&アート・フェア」の詳細については、『ミュージック・ライフ』

が69年10月号に、「ウッドストック・ミュージック・フェスティバル―前代未聞の珍事と飢饉」と題した「本誌特別取材」記事（デビッド・タン）を載せていた。

特集の冒頭の「ウッドストックを考える」（中村とうよう）は、「いよいよ、映画「ウッドストック」の公開が近づいた。3枚組のサウンド・トラック盤も〔…〕発売される」と予告し、「ひょっとして、一九六〇年代から七〇年代への歴史の歩みに大きな区切りをつけた大事件として、後世の歴史家たちが特筆大書するかもしれないのがウッドストック。映像と音響とを通じて、〔…〕壮大な姿の一端をかいまみせようとしている」（14頁）と謳いつつ、「ウッドストックの意義を否定しようとも、ウッドストック・ネーションの存在を無視しようとも、思っているのではない。ウッドストックの精神を真に生かすためにはその表面だけを見、単純に賛美したんじゃダメといいたいのである」（15頁）と力む。

「熱狂と「白けた熱狂」」（草森紳一）は、「ともかくロックという奴は、青空に向う。青空の闇にむかって前進する。つまり天上志向の音楽だ。地上未練のない音楽だ」（16－17頁）という調子で六頁を費やす。「映画『ウッドストック』の楽屋話」が続いたあと、「ウッドストック・ネーションを語る」という座談会があり、最後に「オルタモントの悲劇」が添えられるが、順序としては、70年8月4日『讀賣新聞』夕刊が映画『ウッドストック』を取り上げた「娯楽」欄を目にしておくとわかりやすい。

その「娯楽」欄の「スクリーン」評（〔安〕）は、「ロックを、フォークを聞くというよりも、このフェスティバルに参加するために、アメリカ各地から四十万の若者たちが集まった。その記録がこの映画である」と伝え、「クロスビー、スティルス、ナッシュ&ヤング、ジョー・コッカー、ザ・フー、シャ・ナ・ナ、バエズ……」が登場し、「古い殻にとじこもる体制を告発する」。それは「徴兵制度をつきつけられている」アメリカの若者に「とっては反戦歌となる。それを歌う側と、聞き参加する側とは、連帯感によってひとつにとけこむ」。そして「衣服をかなぐりすて愛しあい、どろんこの水にとびこみ、あらしにうたれる。人間らしく生きようとする若者たち。

その姿をこの映画はあますところなく伝えてくれる」と言いながら、「あれだけ平和への祈りと人間愛を歌いあげたアメリカの若者たちは、その後一体なにをしたというのか」と疑問を呈していく。

『NMM』7月号の「オルタモントの悲劇」(ソル・スターン)の副題は、「崩壊したウッドストック神話」で、掲載主旨を訳者中村とうようが前置きで綴っている──「サンフランシスコ郊外のオルタモントで開かれたローリング・ストーンズのコンサートは、まさにウッドストックの裏返しだった。〝愛と平和〟の裏側にかくされている諸矛盾が一挙に吹き出したオルタモント、[その]真実を、このリポートは見事にえぐり出している」(33頁)。

金沢に移住して二年目の筆者は、映画『ウッドストック』を9月3日に観に行っており、「急ぎ、牛乳とパンを口に入れ、自転車にのって香林坊へ。「ウッドストック」(映画)をみるためだが、「シネラマ会館」は、この地域にはなくて、浅野川だという。方向ちがいだった。上映時間まであと五分。県庁前、石川門下を走って一時十分に着く。もうはじまっていた。期待していたが、三時間少々が短いと思われた位、もの足りなかった。もっとあれこれ見せてくれてもよさそうなものだ」と日記に書いている。

9月に出た『NMM』は、シンガー=ソングライター特集と並べて「ニュー・シネマの中のロック」を特集し、ビートルズの『LET IT BE』を巡る「裏切者よ、その名はレノン」で、清水哲男が小野洋子観を語っていた──「ジョン・レノンのそばには小野洋子がいる。それも文字通りぴったりと寄りそって──。[…]/私は同国人の女性がこれほど魅力に乏しくブザマに見えた経験をもったことがない。/[…]ある雑誌でポールは「ヨーコにはかなわない。彼女にはイライラさせられるよ」と語っているが、それはその通りであって、小野洋子がビートルズを目茶苦茶にしてしまった」(46–47頁)。

同じ9月に出た『ポップス』の終刊号は「日本のポピュラー界の現状をつく」を特集しており、1月号のディラン特集号以降、同誌に執筆していなかった中村とうようが「ロックを植えつける!日本のロック界の現状」と意気込んでいた。

ロックを抑圧した奇妙な祭、ニュー・ロック花ざかり

『NMM』11月号の特集「ロック・イヴェント」は、ウッドストック、オルタモントの続きとして読むべきであると序文が示唆している――「1970年の夏――それは、ロックにとっては〝冷い季節〟だった。／昨年夏の、ウッドストックやワイト島に見られたロック情況の高揚が、半年もたたないうちにオルタモントで不吉な様相を呈し始めていた［…］。70年夏こそは［…］と、勢いこんで名乗りをあげたトロントも、フジ・オデッセイも、アムステルダムも、ウッドストックも、次々に中止もしくは計画縮小へと追いこまれて行った。［…］70年夏に、ロックに何が起ったのか――。それを総括してみよう」（12－13頁）。

その中に「ロックを抑圧した奇妙な祭」（広瀬勝）と題して、万国博の諸会場でのコンサートも取り上げられている。「実に奇妙な光景だった。ステージで演奏しているのは、イギリスからきたロック・グループのアライバル。二曲目の「フレンド」あたりからぐんぐんのってきて、さかんに客席に「立ちあがってこちらへ来い」とゼスチュア。客席ものってきた。若い女の子が腰を浮かす。立ち上がる。警備員がとんでいって肩を押さえる。ステージからは「立って」とゼスチュア。また腰を浮かす［…］」（29頁）という一節に始まって、問題点を指摘し、「いずれにしろ未来社会を現出させたはずの万国博は、皮肉にも一寸先きも本当の未来をみとめない管理者の手で運営され、そして無事安泰の六ヶ月をおえたわけだ」（31頁）と結んでいる。その光景はその後も繰り返されており、二年後である72年8月17日武道館でのディープ・パープルのコンサート評（木崎義二）に、「立上がって手拍子を打とうとするファンを、義務的に制止するアルバイトの警備員（?）、ステージめがけて突進するファンにタックルをかけて、うむをいわさずぶんなぐる警備員（?）、［…］ぼくらは今ロックを育む時代なのだ。ちょっといきすぎじゃないんスかねェ」（92頁）とある。

『NMM』12月号では、中村とうようが「来日するジョン・メイオール」で、「イギリスのロック＝ブルース界

の大立物」（42頁）と言い、「強い個性と、さまざまな問題をかかえた人であるだけに、共演する日本のロック・グループたちも、本気でぶつかっていけば、得るところは大きいに違いない」（43頁）と願っていた。それを反映していたのが『朝日新聞』70年12月15日夕刊で、メイオールの顔写真のそばに「大物、初めて来日」という大きな見出しがあり、「日本勢も定期カーニバルで競演計画」の一言が続き、さらに「あて込むレコード各社」とある。

記事全体の題は「ニュー・ロック花ざかり」であり、「日本でニュー・ロックが話題になりはじめたのは一昨年あたりから、ジミー・ヘンドリックスの「エレクトリック・レディランド」やクリームの「ホワイト・ルーム」などのレコードが紹介され、その新しい演奏スタイルが話題になった。当時は〝前衛ロック〟とか〝アート・ロック〟などと呼称はまちまちだったが、最近は大体ニュー・ロックと呼ばれている」とある。そして、「本格的なスターの来日公演は初めてとあって、レコード各社はこれを機会に〝ニュー・ロック〟を大いに盛りあげようとねらっている」と言う。

70年の書籍としては、まずジャズ関係のものが四点出ており、2月の立花実著『ジャズへの愛着』（ジャズ批評社）、岩浪洋三監修『一枚のジャズレコード』（自由国民社）、6月の岩浪洋三著『ジャズの前衛を求めて』（荒地出版社）に続いて、11月に『スイング・ジャーナル』の臨時増刊として『モダン・ジャズ読本'71』が出た。ポピュラー音楽全般としては、日本アート・センター音楽企画室編で日本ビクター音楽事業部監修の『ポピュラー・レコード辞典'71』（日本アート・センター）が11月に、ジョン・ラブロスキー著『ポピュラー・ミュージック』（岡部迪子訳、音楽之友社）が12月に出ている。そのほかに、6月刊の小林淳真著『アンダルシアのロマンサ―ジプシー讃歌』（朝日ソノラマ）、それに12月刊の三井徹著『英系アメリカ民俗音楽の楽器』（伝承歌謡の会）もある。この拙著では、巻頭に勤務先の紀要に発表した「五絃バンジョウ覚書」の改訂稿を配した。

1971年

現在のポピュラー音楽はロック抜きには語れない

『NMM』誌は71年1月号の巻頭に、「特別レポート」としてマイケル・ライドンの「裸のローリング・ストーンズ」の抄訳（中上哲夫）を正味二十八頁に亘って掲載した。

それを編集した中村とうよう曰く――「ローリング・ストーンズの魅力は、ロックそのものの魅力とイコール

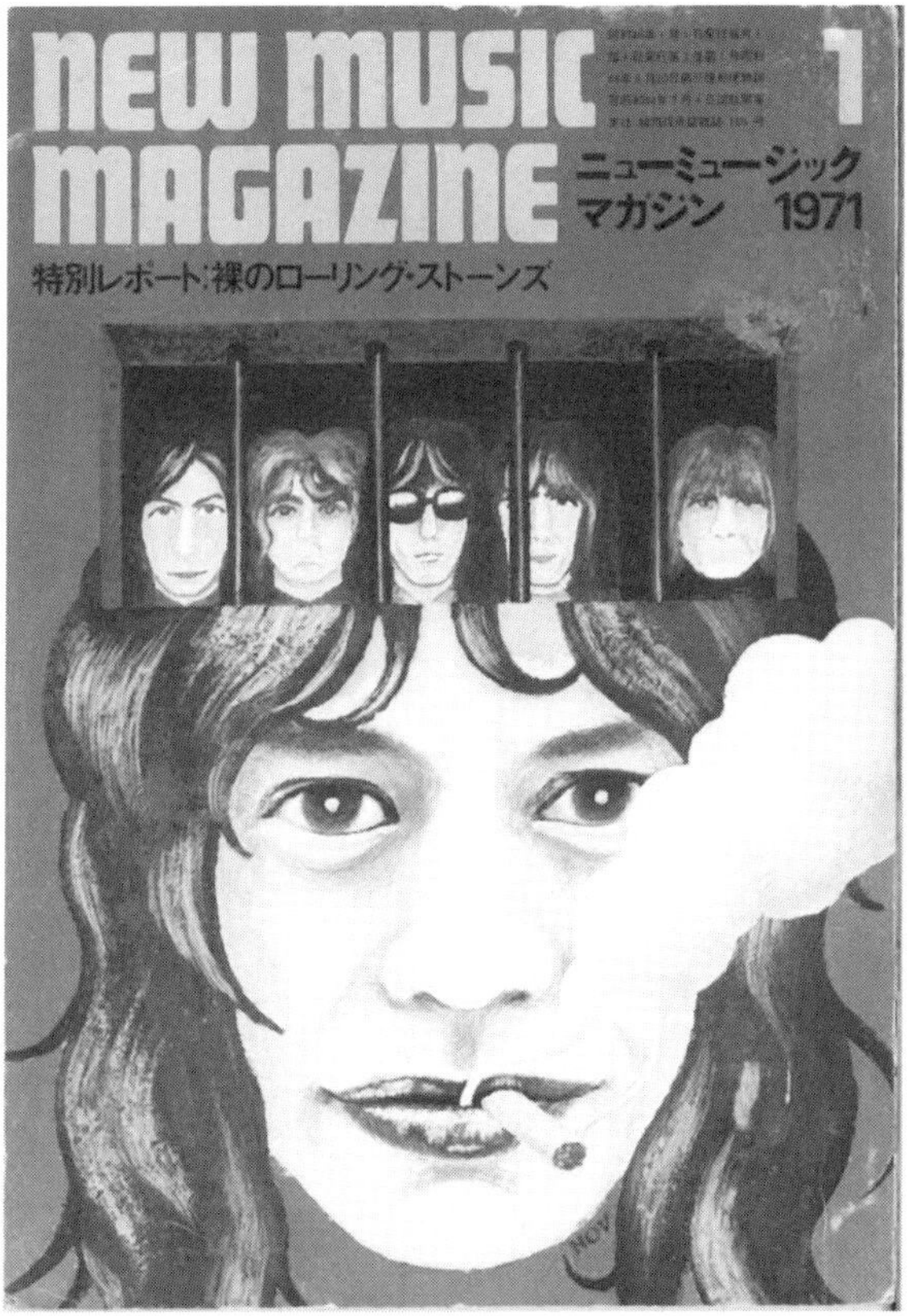

『ニューミュージック・マガジン』1971年1月号の表紙

だ——とみんないう。だのに、ストーンズの魅力を本当に語った人は、だれもいない」。しかし、それに取り組んだのが「アメリカのロック・ライター、マイケル・ライドン」であり、『ランパーツ』に掲載された「厖大なレポートから要旨を抄訳」するとのことで、「ついにこの5人の若者たちが、初めて裸にされた」と読者を煽っている。

そのあと、1月22日『讀賣新聞』夕刊の「文化」欄に「ロック・ミュージックの未来」が出て、『NMM』1月号44頁に掲載のものと同じストーンズの五人の写真を使っている。しかし、『ニューズウィーク』1月4日号に出た「ロックの未来」から題名を頂戴し、ストーンズのアルタモント出演の際の惨事を語ってはいるものの、ロックのこれからを悲観はしていない。植草甚一は、「ロックの未来といえば、最近発売されたレコードで三種類のニュー・ロックを聞いたとき、すっかり感心してしまった」とのことで、それは「ピンク・フロイドとソフト・マシーンというイギリスのグループ、サンタナ・アブラクサスというアメリカのグループが演奏した最新盤で、それぞれに「原子・心臓・母」と「新型」と「風が吹き、けだものが叫ぶ」という歌はいらないサウンドだけの曲があって、ロックぎらいの人たちでも思わず引き込まれてしまうにちがいないほど、あたらしいサウンド変貌（へんぼう）になっているのである」という。そして、「その特色は、どれにもロック思考の雑多な要素がはいりこんでいることで、ジャズやブルースや東洋音楽や現代音楽が、実に面白いぐあいに混合されているのだが、その基盤にロック・ビートが流れているあたりに、サウンドとしての変貌と魅力がある」とのことで、「ひとくちにいうと、こうした音楽的発展はオルタモント事件以後における新段階といっていいであろう」と言い、「ぼくの予想は、ニューズウィーク誌とちがって、とても明るくなってくる」と結んでいる。

『NMM』2月号が、「来日するブラッド・スエット・アンド・ティアーズ」と題した六編から成る特集を組んだあと、「創刊2周年記念特別号」である4月号は、「ロック・エンサイクロペディア」を組み、まず、全三十頁余りの「ロック・アーティスト辞典」を用意している。そのまえがきにも、前月のストーンズ「特別レポート」

のまえがき同様、当時のロック受容の息吹きが読みとれる――「日本発売のアルバムだけに限っても毎月登場する新しいロック・グループやロック・シンガーは、10を下らないだろう。現在活躍しているロック・アーティストの数が［…］相当な数にのぼることは確かだ」。そこで、「約450項目からなる〝ロック・アーティスト辞典〟を編んでみた」（51頁）。

その後、5月号は「アメリカ南部の風土と音楽」を特集し、6月号が「イギリスのロックをさぐる」を特集したあと、『讀賣新聞』6月27日朝刊「文化」欄に「ロックのメッセージ」と題した「ジャズ評論家」中村とうようによる一文が出た。

見出しに「とにかく聴いてみよう」とあり、小さい文字で「満員の客を総立ちさせる熱気」と添えてもある。「ぼくは七月十七日が誕生日で、ことしは三十九歳になるのだが、いつも二十歳前後の若い人たちとばかり接しているので、気分だけは若いつもりでいる」と書き出し、「それはぼくがロックという若者の音楽について、ものを書くのを仕事にしているおかげである」と続く。しばらくして、「相手よりも二十歳も年上であることなど忘れてしまう。ロックは、そのまわりに、人間を裸にし、ごまかしの存在を許させないような、そんな特殊な場を創り出す作用をもっているようだ」と言い、「ロックは革命である、などという人もいるのは、そのせいだろう」と裏付ける。そのあと、「現在のロックは、とても娯楽的な気分で聴き流せるほど軽快でもなければ、表面的な美しさや楽しさをもちあわせてもいない」とか、「生き方の根本にかかわるものとしてロックを身につけている人たちが、圧倒的に多いと判断せざるをえない」といった断定のあと、二月にやってきた「平均年齢二十七歳」のブラッド・スウェット・アンド・ティアズ、四月にやってきた同「二十四歳」のシカゴ、これからやってくる「二十歳そこその」グランド・ファンク・レイルロードのことを語る。そして、グランド・ファンクが「後楽園でやるのは、ぼくが三十九歳になる日、七月十七日にあたっている。［…］三万数千人の若者たちと一緒に誕生日を迎えるのも悪いものではなかろう」と言いつつ、「でも三十九歳のぼくが、高校生たちと、グランド・

ファンクのロックを完全に共有できるかどうかは自信はない。とにかく、せいいっぱい心を素直にして、グランド・ファンクの音楽が作りだす磁場の中に身を置くつもりだ」と結んでいる。

そのグランド・ファンクを「招いて開かれた「ロック・カーニバル」」のことを『朝日新聞』7月18日朝刊が、「入場できず若者二千人大荒れ」という記事にしており、「後楽園球場で豪雨のなか、三万人の若者」が集り、前座の演奏が終わったあと、「入場できずに正面入口に集っていた若者たちがあばれ出し、十二番ゲートの鉄製シャッターに向って、ベンチをかついで体当たりをくりかえし、打破った」とある。同様の内容の『讀賣新聞』7月18日朝刊の「雷雨も顔負け ヤング狂宴」記事には、「長髪やGパン姿の若者たちはからだをふるわせて絶叫、興奮のあまり涙を流す女性、目もうつろ、真っ青になって失神し、事務室にかつぎ込まれるハイティーンも数人いた」という。

一方、二週間少々前である『讀賣新聞』7月2日朝刊の「豆鉄砲」欄に、「ロック抜きでは語れない」(「A」)という見出しの記事が出た。NHK＝TVの「世界の音楽」を話題にし、「なるほど、毎週外国から来日したジャズ、ポピュラー、シャンソン、タンゴなどの一流メンバーはほとんど網羅されている」と褒めながらも、「この番組のゲストの選定に注文をひとつ」と言い、「世界のポピュラー音楽界の主流は今やロックである。ことに若い視聴者はロックに完全にしびれている。それなのに、どうもこの番組ではロック系がなおざりにされている」と不満を洩らす。

その約一ヶ月後の7月30日に『朝日新聞』夕刊が、「とうとう日本にもロック時代が到来したようだ」で始まる「ロック時代を迎えて」を掲載した。「そういう確信をもったのは、トップグループの来日や、観客数の増大以上に、ロックを愛し、ロックを育て、そして定着させるのに大きくあずかっている若者たちがふえてきたのを、まのあたりに見たことにある」と一柳慧は言う。そして、「グループ・サウンズとロックの象徴的なちがい」を説明したあと、シカゴの来日公演で「エレキの強大な響きと、聴衆の声や身振りは、手拍子や、拍手などによる主張が、巨大なアンサンブルとなって一つの壮大な音楽イベントを形成していた」こと、グランド・ファンク・レイルロードの来日公演では、「雷雨で、観客はずぶぬれになりながら長時間待たされたにもかかわらず、公演が始まると、その熱烈な反応によって、逆に〔…〕演奏を触発し、感激してのせる役割をはたしているようにさえ見受けられ」たことに触れた上で、「日本で全盛時代を迎えつつあるロックが、一時のブームに終るか、それとも世界につながるロック時代を現出させるかということは、興味のある問題である」と思いを巡らせている。

集っている人と演奏している人との出会いのなかにしか、ロックというのはない

その時点で店頭に出ていた『NMM』8月号は、「ぼくたち自身のものとしてのロック」を特集しており、冒頭の座談会「ぼくはロックと、このようにかかわりあっている」の最初に、司会の中村とうようが、「ロックの運動をなさっているみなさんに、自分達はどんなことをやっているのか、実際にぶつかっていらっしゃる困難だとか、これからどうなるかとか、討論していただきたい」(19頁)と発言している。

声をかけられた六人の出席者の一人である相倉久人の発言は、右の一柳慧の一文、その前の中村とうようの一文の主旨を一歩進めた主張と見ていいだろう。「日本の雑誌や評論家にも責任があると思うけど、割合皆、ミュージシャンの出している音の中にしか、ロックならロックというものを見ない傾向が強いと思うんですよ。ジャズの場合も完全にそうだった」と相倉は切り出す。そして、「たいていのジャズ評論家というのがダメだと思うのは、例えば、レコードを聞いてレコードの音の中にジャズを求めていくわけです。それは絶対間違いなんです。ミュージシャンが音を出している。そして、それを聞いているお客がいる。その集っている人と演奏している人との出会いのなかにしか、ロックというのはないわけでしょ。その関係の中に、あるいは場の中に、これがロックなんだということをちゃんとみつめていくかどうかということが一番の問題だと思うんだけどね」と言う。「聞いている人」と「演奏している人」である「両者が火花を散らしながらロックを形成していく過程、みたい

なもの。そういう、場を拡げていくのが、言葉は悪いけど、ロックを育成することにつながると思うんですよ」（24頁）。

『NMM』9月号は「ラジオ放送を考える」を特集し、前置きで中村とうようがこう言う――「深夜放送に、採用されないリクエストをせっせと書きつづけるのがフト馬鹿らしくなって、ラジオが若者の連帯のきずなになっているなんてウソじゃないか？と疑問がわき起こったとき、あるいは、朝から晩まで下らない落語家のダジャレと歌謡曲ばかりやってて、どうしてロックをもっとかけないんだろう？と不満に思ったとき、電波を真に国民のものにするというのがどういうことなのか、深く考えてみてほしい」（17頁）。そして、深夜放送、海賊放送、アメリカのラジオ局、「権力におびやかされる情報産業」などに関する五編が並ぶ。その「ラジオ放送を考える」特集が店頭に出た一ヶ月半ほどあと、71年11月7日の『朝日新聞』朝刊のラジオの頁に、「高まるロックの人気」という記事が出ており、「十月から民放ラジオに、新しいロック・ジョッキーがかなりふえた」ことを指摘していた。

その9月号の「今月初登場の執筆者」欄が新執筆者五名のことを教えてくれるのを読むうちに、あれっ「三井徹」の名もあると気づき、読んでみると、その71年9月号から、「ミニ・レヴュー」欄の「ブック」でロック関係の英語圏書籍の紹介評を開始していたのだった。その筆者を紹介する六行の中に、「9月末に新著『カントリー音楽の歴史』を出す」（168頁）とある。実際には10月末刊行のこの本は、68年刊のビル・マローン著 *Country Music U. S. A.* に準拠しつつも、新たな調べを重ねて書き下した「南部の民俗音楽が絶えず商業化する度を深めながら進展してきた歴史」だった。マローン本の元は、ポピュラー音楽に関する博士論文（史学）のはしりであり、64年にテキサス大学で受理されたものを筆者は66年にマイクロフィルムで読んでいた。日記を見ると、この号の一年前である70年9月8日に、「出版を決定しているのではないが、カントリー音楽史を書きおろしてくれないかとのこと。［…］マローンの翻訳出版は、音楽之友は見合わせ「その代りといってはなんだが」（もりた氏の電話での言葉)」とある。

その年の暮れには、『朝日新聞』12月4日の朝刊に、朝日新聞社が朝日講堂で主催する入場無料座談会の社告が出ているのが目に留まる。題名は「ロック時代——その文化現象をさぐる」で、「ビートルズ以降、ロックは若い世代の生き方に多彩な影響をあたえていますが、「ロック時代」の若者のファッションから哲学までを語る座談会を開きます」とある。「4チャンネルステレオによるロック演奏のほか、映像をまじえた立体構成」により12月22日開催のその座談会に出席する顔ぶれは、「司会=安倍寧(音楽評論家)、一柳慧(作曲家)、今野雄二(雑誌記者)、寺山修司(詩人)、星加ルミ子(雑誌編集長)、森本哲郎(朝日新聞編集委員)」で、「ご希望の方」は「抽選で六百名を招待します」とのこと。

「ロックが語る愛の世界」——ロック語録

『NMM』10月号は「ロック・イベント——1971年夏」を特集し、座談会「踊り狂う人とステージを占拠する人」で始まる。11月号は「ロックのコミュニケーション」を特集し、歌詞を念頭に置きつつ、「ロックを通じて、どんな時、どんな場で伝え合うことができるかを考えることは、ロックをこのまま流行や風俗として風化させないために重要なことだろう」(16頁)と編集部が提起し、五編を並べている。そして、12月号は「ぼくらにとっての伝統の問題」を特集し、「アメリカとは別の伝統を背負っているイギリス、そして日本で、ロックは伝統とどうかかわるのであろうか」(16頁)と問いかけ、長短九編が並ぶ。

同時に、12月には『(ロックの世界)』と題した臨時増刊号が出た。B5判で全二百二十四頁の半分弱を占めるのが数々のインタビューに写真を加えた「ロックが語る愛の世界」(三井徹訳)で、その原書である70年刊のD. K. Hall & S. C. Clark, *Rock: A World Bold as Love* は、70年9月号で中村とうようが紹介していた——「いわゆるニュー・ロックのアーティストたちに、R&Bも加えて、フィーリングばっちりの写真がいっぱい。それだけでも見ものだが、クラーク嬢がいろんなミュージシャンとインタビューして直接聞き取ったコメントがまた、実に貴重だ」(73頁)。

翻訳依頼の電話を受けたのは8月27日であることが日記でわかり、「抄訳する」「文章の選択はこちらにまかされることになる」とある。そして、72年1月4日の『朝日新聞』夕刊にその「ロックが語る愛の世界」が紹介されたことも書いていた――「「標的」欄に〝ロック語録〟が出てて、見たらどうも、なじみがある感じ。読んでみたら、これは自分の訳文だ」。その記事(執筆者は「矢」)には、「人はどうしたら本当に楽しい思いが出来るものか知ろうとして非常に骨折っているんだ。雑誌などからうすっぺらな先入観を得て型にはまったことをやってたってだめだよ。本当に愉快だと思うものを見つけ出して、実行しろよ」(25頁)というデイヴィド・クロスビーの言葉などが引用されている。

増刊号で、その「ロックが語る愛の世界」に続くのは、「70年代のスーパースター」二十人で、五人が分担執筆し、四人が似顔絵を描いている。そのあと中村とうようが「ロック18年の歩み」に力を入れ、さらに、十六人/組を紹介した「1972年のニュー・スター」、七名の執筆者が七枚のディスクを取り上げた「MY DISC・OVERY」、「レコードの裏にいる人たち」、「アメリカ南部のスタジオめぐり」、漫画「THE EATLESSSSS 大麻団地」が続く。「ロック18年の歩み」の前では、9月号から英語圏の書籍を毎月紹介していた筆者が「ブック・ガイド」を担当し、英語圏のロック書二十一点を紹介している――「一九六七年、六八年からどっと出だした。[…] 数は、ぼくが知るところでは七〇冊以上 [...]。しかし、ピンは少なくキリが多く [...] ここでは、二、三の例外は別として、自分で手にしたものの中からこれといったものを取上げることになるけれども、主要と思えるものは見落としていないつもりである」(166頁)。日記を繰ってみると、その一年前の70年11月2日に関連記述があった――「地下道をたどって銀座四丁目へ。イエナ精光へ。あまり期待していなかったが、新しい本が例の二階にのぼったすぐの右手に並んでいた。C&W関係でいずれ買うものもあった。それにロック関係書を数冊手に入れる。ここ二、三年の間にロック書が続々と出ている。C&Wとの関係を論じるのに必要と思って買いこむ。紙装のものはともかく、あとは二万三千円少々分は、学校の研究費で購入することとする。図書館ではけばけばしい色の、しかもロックの本を見て驚くかもしれない」。その時は『カントリー音楽の歴史』の執筆にかかっていた。翌71年の3月28日にその原稿を持参し、「昼、東京に出て、先ず渋谷駅で荷物を預ける。原稿が最もかさばり、かつ重い。〔…〕銀座に出て、イエナへ。四ヶ月前から比べるとまた一段とロック書が増えている」。

ビートルズ論にロクなものなしという定説は、ここでも打破られていない

その増刊号には、奥付の前の丸一頁を割いて「ついに登場!!〔…〕ロックエイジのキミに贈るロックのすべて!!」と「ロック・ミュージック・ライブラリー」の広告が出ており、『NMM』編集部がこぞって、単行本の形でロックを持ち上げようとしている。福田一郎と中村とうようが監修し、5回に分けて「配本」予定の「ライブラリー」の出版を引き受けているのが主婦と生活社であるのは、適切な版元が見つからなかったのだろう。小さい判型で、紙は厚めで頁数が多くはないこの「ライブラリー」は、意図通りであるのか、内容も軽量級だった。そして、十二冊が予定されていながら、結局は八冊止まりだった。

そこに「好評発売中!」とある10月発行の二冊のうちの一つ、中村とうよう編著『ロック音楽事典』は、71年12月号でイラストレイターの河村要助が「パラパラとやったところ、一つ一つの解説も的確の様でびっくりしてしまいました。というのも、このブック・デザインの印象から想像した内容よりもずーっと良く出来ているからで〔…〕」(100頁)と評している。もう一冊の朝妻一郎・木崎義二・秋山邦晴共著『ビートルズその後』は、ビートルズの「解散の事情やそれ以後の彼らの動きに焦点を絞って整理してみせた本」なのだが、北中正和が同じ71年12月号の評で、「60年代のロックの孕んでいた限界とか可能性といったところからさぐる、みたいな夢物語の入り込める余地もほしかったような気がする」(100頁)とねだっている。その二つの本の評と同じ頁には、9月発行のマイケル・ライドン著『ローリング・ストーンズ』（中上哲夫訳、晶文社）の評もあり、「まずぼくは自分に腹が立った。よく見もせず、大好きなストーンズの本だというだけで買ってしまった」と山岸伸一が怒っている——「途中まで読んで、どこかで読んだような気がした。［…］今月の1月号だ。マガジンの方は抄訳ではあるにしても、この本と比べてほとんど不自由さは感じない。［…］腹立たしいのを決定づけたのは、間違いだらけのディスコグラフィー。［…］出鱈目さ加減にあきれかえってしまった」（100－101頁）。

広告にある「第2回配本 12月20日発売」の2冊である福田一郎著『ロック革命の巨人たち Vol.1』、および中村とうよう著『フォークからロックへ』は、二つ合わせての評（湯川れい子）が72年3月号に出ていて、前者は、「福田氏がニューミュージック・マガジンに連載してこられた「福田一郎のメモ帳から」に、ジェファソン・エアプレインの章を加えて一冊とした」もので、「氏自身もその序文で語っておられるとうり、「なぜ？」という、聴く者の立場からの疑問に、丹念に回答を与えていく、氏独自の、目もくらむほど面倒な作業の集積である」という。後者については、「かっていろいろな雑誌に、過去十数年の間に掲載された中村氏自身の原稿を集めて、それに年表と、新たに書かれた添文をまとめた」もので、「表面的な音楽の流行、流れにイヤでも巻き込まれながらも、氏自身が一個の音楽を愛する人間として、流行という無責任で気まぐれな時流と闘い、自己に問いかけ、他に問いかけてきた真摯な姿勢が赤裸々に出ていて、読む者を考えさせ、感動させずにはおかない」（109頁）とのこと。

71年のロック関連書を振り返ると、4月刊の福田一郎著『世界のロック・グループ——Who's Who in Rock』（スイング・ジャーナル社）については、中村とうようが「ぼくは去年の暮ごろ福田さんがこの本を書いていたのを知ってるので、本が出るのを楽しみに待っていた。出来た本を頂戴して、正直なところ少々ガッカリした」と『NMM』71年6月号に書いている。「レイアウトがひどい。［…］可読性をまったく無視したデザイナーの神経にはアキれてしまった」（82頁）云々と続き、結局、内容の評はない。それより二ヶ月ほどあとに出たと思われる羽切美代子訳『ビートルズ詩集―愛こそすべて』（新書館）については、71年8月号で北中正和が、「帯に「ビートルズの記念碑的出版！」などと書いてあったので、どんな素晴しいものが出たのかと、ビートルズの楽譜集までひっぱり出して来て原詞に照らし合わせつつ読んだのですが、この本は日本語でうたえるようにという配慮のもとに訳されたものを収録したものらしくて、原詞とはかなり意味のちがうところが多いのです」（106頁）に始まる否定的書評を書いている。

8月下旬には、少し注目すべきものとして片岡義男編訳『ロックの時代』（晶文社）が出た。晶文社が、『NMM』71年8月号に載せた広告（91頁）の売り文句の最後に「ロック・シリーズ第一弾！」と謳っているこの本については、71年10月号で中村とうようが、「ジョナサン・アイゼンの『エイジ・オヴ・ロック』のほん訳と思いきや、そうではなく、あとがきによれば、この本のほん訳権がとれなかったので、片岡氏がむこうの雑誌類に出た論文を集めて訳したのだそうだ」と指摘している。69年刊のそのアイゼン編の原書は「種々の新聞雑誌から多数の執筆者が書いたものをひとつにまとめた」もので、12月臨時増刊号の「ブック・ガイド」で、筆者が、「収められた文章はピンからキリまで」あり、そして、「第二巻も出たが、こちらの方はこれといった文章が第一巻より少ない」（166頁）と説明していた。中村評は、それに続いて「一応ロックの全般がわかるように、いろんな内容のものをセレクトされた苦労は理解できる」と言いつつも、［…］欲をいえば、ほかに載せてほしかった論文もあるし、収録論文のほとんどが67～69年のもので少々古い感じがしないでもない。訳注のつけ方も気まぐれ的な感じがする」と言い、そのあとの一言、「ビートルズに関するものが3編あるが、ビートルズ論にロクなものなしという定説は、ここでも打破られていないようだ」（99頁）が印象に残る。

『讀賣新聞』71年9月24日朝刊でこの本を取り上げた福田一郎は、途中で、「ロックは、もはや、単なるエンターテインメントではなくなっている。若い人たちの思想が強く打ちだされてい、ロックを無視しては、若い人たちの思想や行動は、理解しにくくなってきている」と言い、最後を、「全体としては初心者向きではない。若者たちの心をとらえているロックに関心をいだく人たちは、すくなくとも一読してほしい」と締めている。最後の一編について「グルーピーの生態をえがいた「グルーピー」は、短いが、光っている」と評しているグルーピーについては、71年の1月末にジェニー・フェビアン、ジェニー・バイアン共著の『グルーピー』(佐和誠訳、角川書店)が出ていた。

その福田評の冒頭には「音楽とは、文字通り、音を楽しむべきものであって、学(がく)るものではない、と説く人がいる。そうかも知れない。しかし、学るというのもまた一つの楽しみであるといえる」とあり、『ロックの時代』に集められている文章は、「学」の成果だと福田は見ているが、そこに並んでいるのは「学る」ものではない。ロック・ジャーナリズムの先頭に立つ中村とうようと福田一郎は学術研究からは離れた所に位置しており、研究志向の読者は、「むこうの雑誌類に出た論文」と言われれば、研究誌に出た論文を想定するだろうが、適切には新聞雑誌に出た評論文であった。(ただし、全二十三編中の四編はアーティストとのインタビューであり、三編はアーティストの語りを編集したもの。)

その『ロックの時代』の編訳者である片岡義男はその71年の1月末刊の『ぼくはプレスリーが大好き』(三一書房)でデビューしており、『NMM』71年3月号に、「50年代から70年代にかけてあざやかにアメリカの風俗をスパーッと切り取って見せてくれる本はこの本が初めてではないか。[…]ロック、カントリー・ミュージック、ブルース、それに諸々の読み進むうちに、なるほど、ナルホドと合いの手を打ちたくなるサワヤカさ」(73頁)という榊原昭宏の手放しの褒め言葉があり、たじろいでしまう。その二ヶ月後の3月には、片岡義男は、ヘンリー・プレザンツ著『音楽の革命―バロック・ジャズ・ビートルズ』(晶文社)を訳出し、そのあとジェリー・ホプキンズ著『エルヴィス』(角川書店)を訳出している。

71年に出たジャズ関係書は賑やかで、1月にジークフリート・ボリス著『モダン・ジャズ』(入野義明訳、朝日出版社)、3月に北野征二著『モダン・ジャズ・インプロヴィゼイションの考察』(リズム・エース)、4月にスイング・

ジャーナル社編『世界ジャズ人名辞典』（スイング・ジャーナル社）、および植草甚一著『衝突と即興―あるジャズ・ファンの手帖』（スイング・ジャーナル社）、7月に平岡正明著『ジャズより他に神はなし』（三一書房）、8月に岩浪洋三著『マイルス・デイビスの真実』（荒地出版社）、10月にマーティン・ウィリアムズ著『モダン・ジャズの伝統』（韮塚敏夫訳、荒地出版社）と続く。シャンソン関係では、シモーヌ・ベルトー著『愛の讃歌―エディット・ピアフの生涯』（三輪秀彦訳、新潮社）が出ている。そしてフォーク・ソング関係として、『NMM』71年6月号に、「ほとんどが『ポップス』誌に掲載されたもの。［…］コンテンポラリーなフォーク・ソングの一側面を知るにはいい入門書かもしれない」（83頁）と北中正和が書いている3月刊の三橋一夫著『フォーク・ソングの世界―〈都市の論理〉と人間の歌と』（音楽之友社）、それに11月刊の皆河宗一著『アメリカ・フォークソングの世界』（岩崎美術社）がある。

1972年

バングラデシュ義捐に一役、衰えぬロックの時代

『NMM』72年1月号は、「人間にとって音楽とは何か」という特集を組みながらも、大上段に構えた特集の意図はどこにも見当たらない。小泉文夫の「人間の歌の根元にあるもの」のあとに、ミッキー・カーティスの「音楽は広い広い世界」と、劇作家福田善之の「新春饒舌」が続き、それでおしまいだった。その1月号には「ジョン・レノンとオノ・ヨーコ」特集もあるものの、二人の手紙を巻頭に挙げたその特集の説明は頼りなく、「『イマジン』が大ヒットし、『フライ』も話題を呼んでいる折なので、ついでといってはなんだが、［…］特集を組んでみた」（50頁）そうだ。

2月号の特集は「バングラ・デシュ・コンサート」で、71年に「真夏のニューヨークで開かれた」、「東パキス

タンの難民救済、バングラデシュ独立を呼びかけるコンサート」は、「ジョージ・ハリスンが世紀のスーパー・スターへ誘いかけ、ボブ・ディラン、レオン・ラッセル、リンゴ・スター、ラヴィ・シャンカール、エリック・クラプトンなどの面々の見事なセッションが実現し」、「その後、印パの全面戦争、バングラデシュは独立を勝ちとった」とあり、そのコンサートが「どんな状況で開かれ、ロックのミュージシャンがどんな姿勢を持っているのかを考えてみようと思う」（35頁）とのこと。

『讀賣新聞』3月8日夕刊の「バングラデシュ救援」報道は、見出し通りに「ジョージ・ハリスン、ボブ・ディランらロックの旗手が参加」を主体にしつつも、冒頭で、「数十万人が殺され、一千万人近い難民を生んだ東パキスタンの悲劇に対しては、さまざまな救援の手が差しのべられたが、昨年八月一日、ニューヨークのマジソン・スクエア・ガーデンで開かれた「バングラデシュ・チャリティ・コンサート」は、ポップス界にとって画期的ともいえる豪華な顔合わせで、昼夜四万人の若者を集めて話題となった。その熱気のこもった実況録音盤［…］が、こんどCBSソニーから発売され、全世界からの売り上げ目標千五百万ドル［…］は、飢えと病気に苦しむ子どもたちに贈られるという」と簡潔に伝えている。その少し前の同紙2月24日朝刊の「文化」欄（福田一郎）は、その「バングラデシュ義捐に一役」を話題にしつつ、「衰えぬロックの時代」を見出しにして、「一部ジャーナリストの間では、一九七一年はロック・ブームの年であり、秋の終わりとともにブームは去った、ということになっている」が、「七二年にはいっても、ロックは消え去らない」と言い、その理由説明の中で、「バングラデシュコンサート」に触れている。

派手に書き立てられたロックンロール・リバイバル

『NMM』3月号は、「ロックンロール・アンド・トゥデイ」と題して50年代後半の「ロックンロール」の「リバイバル」を特集している。

「〝ギヴ・ピース・ア・チャンス――ホール・ワールド・ロックンロール〟」（小倉エージ）は、「ザ・バンドやクリーデンス、さらにはデラニー＆ボニーがさかんにもてはやされた頃をきっかけとして、ロックン・ロールに再び注目が集めはじめられたのではないだろうか。［…］泥くさく、そして土くさい、素朴で生々しいロックン・ロール・サウンドが、いつのまにか大きくふくれあがり、複雑な音楽性を持つまでにいたったロックに、あきあきしてしまった人々の耳をとらえたということを考えあわせれば、再びロックン・ロールをわがものとして新たなスタートにたとうとするグレイトフル・デッドやザ・バーズの姿勢も、わかってくるような気がしてくる」（27頁）と言う。

「ロックンロールのとらえ方」（桜井ユタカ）が続いたあと、「ロックンロール・リバイバル・ショウ」の「見聞記」（福田一郎）があり、「正月休みというのは、ぼくみたいにどこって行くところのない独身者にはすごしにくいので、なんとかうまく日本を逃げだしてやろうと前前から考えていたんだが、今年はうまくいって、ラスベガスのニュー・イヤーズ・イブ、つまり大晦日を見物にでかけることに成功した」そうで、その「ラスベガスに行く前、十二月二十九日の夜、サンフランシスコのシビック・オーディトリアムで見た「ロックン・ロール・オブ・１９５０」は、ちょっと聞きものだった」（36頁）とある。そして、「出演は、ボ・ディドリー、リトル・リチャード、チャック・ベリーの順」というそのコンサートの報告をしたりしたあと、最後に、同「リバイバルは派手に書き立てられたけれど、［…］ブームとなるような流行には、結局のところ、ならなかった」（39頁）とある。

二年前である70年2月21日の『讀賣新聞』夕刊の「レコード」欄には、「ロックのナツメロ盤」という記事（「Ｏ」）が出て、『これがビート・ポップス。ヒット・アラウンド・ザ・ロック』（ＲＣＡ）を話題にしていた。一方、約一年後である73年4月2日の『讀賣新聞』夕刊には、紙面を大きく割いて「ロックンロール復活の波」と題した記事があり、「単純でわかりやすいロックの〝原点〟を求め始めたのだろうか」とリードにある。その約半年後の『朝日新聞』73年9月3日夕刊は、映画『ロックンロール・エクスプロージョン』を紹介している。「舞台公演を記録した音楽映画は最近非常に多いが、この映画は、はじめから映像撮影のために舞台がしつらえられたという点が特徴」とある。

筆者もリバイバル余波を受け、73年2月に日本ビクターが出した三枚組LP *Chuck Berry from the beginning 1955-1960* の全歌詞（40曲）の対訳を引き受けたほか、『ライト・ミュージック』（ヤマハ音楽振興会）4月号に「チャック・ベリーのロックン・ロール・リバイバル」を書き、同時に、「50年代の民俗詩人＝チャック・ベリー」という題でカール・ベルツ著『ロックへの視点』（中村とうよう・三井徹共訳）の一部が転載され、また、ベリーの新LP『ザ・ロンドン・セッションズ』に収録された語り入りの〈マイ・ディンガリン〉を翻訳している。それに、3月にコロムビアから出た、リヴァイバル・グループ、シャ・ナ・ナの最初のLP『シャ・ナ・ナ』の解説、9月に同じくコロムビアから出た、マディソン・スクエア・ガーデンでの実況 *1950's Rock & Roll Revival* の解説を引き受けた。

右に挙げた『NMM』3月号は「ブルーズとカントリーの学位論文」（三井徹）を掲載しており、米国の博士論文六点、修士論文四点、そして、関連論文を掲載した四点の学術誌を紹介した。その前置きに、その研究者たちは、三十一歳の筆者と「大体同年輩」と書いている。続く4月号には、同じく見開き2頁の「象牙の塔でもロックンロール」を載せ、英語圏での「60年代の10年間をふり返って」おり、学術誌掲載の論考を発展させた69年刊のカール・ベルツの本、修士論文に基づく70年刊のチャーリー・ジレットの本、71年秋に創刊されたオハイオ州ボウリング・グリーン州立大学の研究誌を挙げ、71年にイリノイ州立大学出版局が刊行し始めたばかりのアメリカ音楽研究書シリーズにも触れている。

そこに挙げたベルツ本の日本語版である中村とうよう・三井徹共訳『ロックへの視点』は、72年5月1日に音楽之友社から刊行された。純粋芸術、大衆芸術、民俗芸術という芸術の三区分中の、大衆芸術ではなく民俗芸術に属するという観点からロックを捉えて、「民俗芸術としてのロック」を序論に据えたあと、「初期のロック」、

「ロック・スタイルの発展」、「ビートルズから現在まで」と発展を辿り、「ロックと純粋芸術」を結論の章とする構成。その序論と結論のもとの形のものは、筆者が定期購読するアメリカ民俗学会季刊誌 *The Journal of American Folklore* の67年4－6月号に“Popular Music and the Folk Tradition”の題で掲載されていた。その論議にロックの展開の三つの章を挟んだ原書 *The Story of Rock* がオックスフォード大学出版局から出たのは69年であり、邦訳『ロックへの視点』は原書刊行から三年経っており、その邦訳作業中に原書の第二版が出てしまった。そこには初版執筆後の三年間をまとめた新たな章が加えられたため、筆者によるその翻訳を『NMM』72年10月号と12月号に分載している。美術研究が専門のベルツからの、筆者の問い合わせに応じた71年7月27日の手紙には、「65年頃にロックを何とかしたいと思うようになりました。［自分の］研究分野からはずれたことながらも、長いあいだロックに興味があり、それを聴いて成長し、前々から好きで、ただただ何とかしたかったんです。自分の生い立ちの大きな部分をしっかりと捉えたいといった思いでした」とあった。

その『ロックへの視点』が出るまでに、ロック書としては、1月に『ロック・アーティスト辞典』、4月に『ロック名曲事典』が新興楽譜出版社から出ており、同じ4月には福田一郎著『悲劇のロック・アーティスト』(主婦と生活社)とジョン・レノン談『ビートルズ革命―ジョン・レノンの告白』(片岡義男訳、草思社)も出て、1月の本は、「水上はる子」が72年6月号で「ミュージシャンの小史という形式をとっているが、その意味で成功していると思う。典型的なミュージシャンが年代順に並んでいるので、ロックの流れをみるうえにも便利だ」(104頁)と評しており、後者は、72年6月号の評(三井徹)に、70年12月初旬にサン・フランシスコの『ローリング・ストーン』誌編集長の「ウェナーがきき手となってレノンに喋らせた会見録を一冊の書物にまとめたものだが、見たところ写真集も兼ねていると思えるほどに写真が多く、本文との比率が9対4となっている」(105頁)とある。

日本のロック史を再検討する、ブリティッシュ・ロックを考える

『ＮＭＭ』５月号は「日本のロック史を再検討する」を特集した。前置きで中村とうようが、「岸信介が政権を握り」、「安保条約の改訂調印への準備を着々と進めいていた時期」であり「三橋美智也、春日八郎、三波春夫、島倉千代子の日本調歌謡曲が全盛を誇っていた時期に、プレスリーの出現をいち早く日本の情況の中へ導入したロカビリー歌手たちと、親や教師や警官の力をあわせての妨害をハネのけてテネシーや日劇に集ったティーンたちの、ロックを求めるひたむきな気持ちを、〝商業主義に踊らされていた〟として簡単に切り捨てることができるだろうか。／これが日本のロック史の第1ページだったという厳然たる事実は否定できないのだ」と主張し、「特集したのは、現在の日本のロックを考え直す材料としての、その歴史の証言である」（27頁）と述べている。全十六頁に及ぶ「日本ロック史年表」に続く、中村とうようが司会し、福田一郎、ミッキー・カーティス、加藤和彦が闊達に語る座談会「〝色気〟があったロカビリー・スターたち」には、筆者は72年5月に読んだ時点で、あちこちに「なるほど」を示す「✓」印を随所に鉛筆で書き込んでいた。その座談会のあとに三編の回想が続く。

次の6月号は「ブリティッシュ・ロックを考える」特集で、「毎月発売されるロックの新譜レコードの中でも少なくとも3分の1はイギリスのもの」であり、「活躍しているイギリスのグループたちを「み」わたしてみると、実に多種多様であることに気づく」と言う。しかし、その「盛況ぶりも、掘りさげて考えてみると、やはりフシギなことが多い」ということで、いくつかのグループの「来日が決定したのを機会に、もう一度ブリティッシュ・ロックの諸問題をとらえなおしてみたい」（26－27頁）と特集は始まり、まず、中村とうようの司会で、木崎義二、水上はる子、小倉エージが「クリームを軸としてイギリス・ロックの歩みをとらえ直してみよう」と話し合って、特集を盛り立てる。

そして、ミッキー・カーティス（談）が「テン・イヤーズとプロコル・ハルムのステージ―保守性の中から出

てきたイギリス・サウンドの新しさ」を語り、「アルヴィン・リーは怒ってるよ―反省をうながしたい一部ロック・ファンの態度」と福田一郎がたしなめ、「フェアポート、スティーライの提起する問題点― 〝イギリスの土の匂い〟の正体をさぐる」一文（三井徹）が続いたあと、「若くてポップなロンドンのまち」報告（寺崎央）があり、さらに石坂敬一が「疑似エルヴィスからの脱却の道―イギリス・ロックの出発点をふり返って」という長文を書き、「いずれ機会があったら64年以後のブリティッシュ・ロックに関して述べたい」と結んでいる。急な注文に応じた拙稿は、「イギリスの匂いだとか時代物で色あせた感じがあるとかいう感想」がどこに由来するのかを指摘しようとし、英国民謡の四つの旋法、米国のシンコペーションとは別種のリズム特性等々に触れている。

そのフェアポート・コンヴェンションは74年初頭に来日しており、筆者は1月12日の大阪公演に行っていた。金沢住まいであるだけに、東京、大阪での外国人音楽家の公演を見にいくことは滅多になかった。二年後のことながら、そのときの詳しい日記の一部をここで引用すると、「改札口を出て案内所で毎日ホールへの道順をたずね［…］歩いていくうちにそれらしい長髪の男の子らが同じ方向に向かっているのに気づく。招待状を差し出したら、席を記した切符をくれたが、真中よりうしろよりの席だった。［…］演奏は約一時間ずつの前半と後半と。思ってた以上にフィドル主体の演奏で、メロディもリズムもイギリス。電気とドラムズが入ってるのが新しいだけ。ベイスもいい。フィドル演奏は実にうまかった。リチャード・グリーンのイギリス版というところか。このデイヴ（あるいはダイヴ――この発音の方が当ってる）・スウォーブリックはイーアン・キャンベル・フォーク・グループにいた人。昔レコードできいてるはず。前半の二曲目に、ききおぼえてる Shetland の fiddle tune が出てきた。／コンサートが終って舞台そでへ。ヒロ・ミュージック・プロダクションの矢野君に声をかけに行ったら、丁度、小倉エージ君がインタヴューの約束をとってるところだった。［…］矢野君に礼を言って、今夜会えないかときいたら、ホテルで会えるとのこと。［…］渡辺君だけかと思ったら、その他にぞろぞろ彼の知りあいがついてきた。中川イサトとかいううたい手の作詞をしてる上田君というのに紹介されたりした。渡辺君以外に6人。間もなくして、プロダクションの藤井氏というのが、フェアポートのメンバーとホテルにきた」。

「そのうちの Dave Pegg というベイス担当がインタビューに応じる由。というかむこうで応じたがってる感じ。ホテルのバーへみんなで行く。結局、英語ができるのは自分だけ。[…]。ミッドランド出身。[ei] を [ai] と発音するのはかなり広範囲のものらしいことわかる。いろいろと話は楽しかった。マネジャーのフィルという、知的な感じのきゃしゃな男とも話した。彼は中産階級の出。Dave Pegg に言わせると、フィルは Queen's English をしゃべるという。しかし、そのフィルも [ei] はすべて [ai]。一時間半ほど話した。いろいろつっこんだ話もした。そのあと、フィドルの Dave Swarbrick と話すべく Pegg に電話連絡をとってもらう。1402号室へ。彼は風呂を出て浴衣にきがえ、床についていた。みんな入りこんで、みんなの質問を通訳する。しかし、主にあとは Swarb とこちらとの対話。年令は言いたがらなかったが、こっちと同じだろうと言ったら、じゃあ32才かとのこと。33だと言ったら、おれより年上なのかと驚いていた。音楽歴きいたり（上田君の質問に応じて）する。幼い時ヴァイオリン教育受けたけど、途中で先生が投げ出したよし。スキフル・バンドで十代半ばにウォッシュボードやり、スキッフル・コンテストで入賞。ギターやり、ダンス・バンドに入ってフィドルやり…。イーアン・キャンベル・グループに入り…。Dave Pegg よりやはりおとなという感じ。そつがないし、日本のあとニュージーランド、オーストラリアと行き、それからロス・アンジェルス、カナダ、ボストンに行く由。ひょっとしたらまた会える。イギリスの住所もきいておいた」。

話を戻すと、『NMM』7月号は、「人類は生きのびられるか？―地球を破壊に導いたヨーロッパ的論理と科学」と題した、宇井純と山城祥二の対談を載せており、「地球汚染、環境破壊の問題は、いまや、どうしても見すごすことのできない段階に来てしま」い、「いまや、音楽雑誌も囲碁の雑誌もエロ雑誌も、すべてこの問題を大きくとりあげるべきときだと思う」と前置きにある。

ロックは反体制の音楽だ—というような観念的きめつけ方は若者たちにすっかり嫌われ

8月号が、特集ではないものの、「ストーンズ72」を巻頭に持ってきているのは、「ローリング・ストーンズが、ひさびさのアメリカ公演を行なった」ことによる。

「あのオルタモントの惨劇で、あと味の悪い終り方をした69年のアメリカ公演の模様は、レコード、活字、映画などあらゆるメディアを通じてわれわれの目や耳に入り、強烈な印象をわれわれの頭の中に焼き付けた。［…］2年あまりを経た今回の全米公演に、われわれの関心がかき立てられるのは当然のことだろう」（26頁）とある。先ず、「シスコあるいはロスの公演を聞きに行った方がたに、同地で、聞いたばかりのなまなましい印象を語っていただいた」ということで、「見てきたストーンズ アメリカ公演」と題して、帰国直後の福田一郎ほか七名による短い談話が編集されている（三井徹談話も含む）。そのあと、ほかの同行者である小倉エージの「あたってた。やっぱりオープニングは「ブラウン・シュガー」だ!!」、河村要助の10頁に亘るイラスト画、福田善之による「芸人ミック・ジャガーはカッコいいねエ」が続く。筆者の日記には、ウィンター・ガーデンでのストーンズの「コンサート見に行く。その前に Bill Graham へ電話。長髪の白人聴衆わんさと」と72年6月8日に書いており、その翌日には、オークランド・コロシアムという野球場での黒人音楽コンサートに行き、聴衆は「大多数黒人。堂々としてる。個性的おしゃれ。白人かたなし。Ike & Tina Turner, B. B. King, Ray Charles など。すごい拍手」と書いている。

その8月号には、これにも特集の文字はないものの、三編から成る「マウンテンを考える」が組まれていて、その一つとして、歌詞分析注文に応じた「マウンテンの歌詞をじっくり読んでみよう」（三井徹）も並ぶ。来日したそのマウンテンの8月25日の公演評（森園勝敏）は10月号に出ており、開幕してすぐ「ぼくはレスリー・ウエストの様子が少し変なのに気づいた。［…］もうフラフラ、ヨタヨタ。（グラスとハッシシとエルとメスカリンのカクテルでものんだのかと思うぐらいに）」（136頁）とある。

9月号の特集は「マザーズとその息子たち」で、前置きの冒頭に「ロックは反体制の音楽だ――というような観念的なきめつけ方は、若者たちにすっかり嫌われてしまって、今では見かけなくなってしまった」とある。しかし、「ロックが、既存の社会体制をぶちこわす力をもっていることは否定できない。理論でなく感覚で、体制を攻撃するのがロックの特質だとしたら、そのような特質をもっともよく具現しているマザーズ・オヴ・インヴェンション、ファッグズ、アリス・クーパー、キャプテン・ビーフハート、それにイギリスのボンゾ・ドッグ、エドガー・ブロートン・バンドといった一連のグループのもっている、〝さめた狂気〟のようなものこそ、もっと高く評価されるべきではないだろうか」（26頁）と編集部が特集の意図を説明する。そして、ブルトン、トロツキーなどを引用した、ペダントリー横溢の「薔薇色の蛇―或いは、路上の血溜りに……」を先頭に据え、マザーズを解説した「騒音と冗談によるアジテーション」、「年寄りには難解、若者にはわかる―マザーズ、ファッグスたちの音楽」、「鏡の中のアリス・クーパー」を並べている。

一方、その9月号から「ロック研究セミナー」が始まり、第1回は、「ロック史を開いた4人の黒人アーティスト」という「第1部」で始まり、まずは「チャック・ベリー①」ということで、いずれも短めの四編が並ぶ。この「セミナー」は、二年後の74年の4月号（第19回）まで続いたあと、翌75年の12月号で再開（第20回）した。再開前のものとしては、72年10月号と11月号に分載の「チャック・ベリー文献解題」を筆者が担当した。

カントリー・サウンドの現時点、「きみもグラマラスになれる！」

10月号の特集は「カントリー・サウンドの現時点」で、「カントリー・サウンドとロックの接近は、かなり前からハッキリしたひとつの動きとなっている」とある。そして、「バーズの「ロデオの恋人」を聞いたときは、すごく新鮮でショッキングだったけど、近ごろは猫もシャクシもカントリーだのナッシュヴィルだので、食傷気味という声もある」とのことで、「そうしたロックとカントリーとの間で起こっている多彩な動きの中に、われわれは何をつかみ取ることができるのだろうか」(26－27頁)と特集の意図を説明しており、「ロックとカントリーの接触から新しいサウンドが生まれてくる」、「見てきたカントリーの都、ナッシュヴィル」、「カントリーの新しいシンガー・ソングライターたち」、「なぜぼくは〝ウエスタン〟が嫌いか」が続く。

その10月には、偶然の一致ながら、筆者はナッシュヴィル訪問を中心にしたカントリー音楽関連観光旅行に同行している。主催が東急観光、協賛がパンアメリカン航空、編成がソニー・トラベル・サービスの「Discover Country Music!」と銘打った旅行で、『カントリー音楽の歴史』の著者同行が一つの売りで、筆者の「渡航運賃はすでに米国商務省観光局の負担するところとなり〔…〕」と関連書類に記載されている。ビクターの石島稔氏に同行して、10月20日にRCAビクター社でチェット・アトキンズに会ったほか、翌21日に、ヴァンダビルト大学校庭でのグレイトフル・デッド・コンサートに行ってきた。

『NMM』11月号は「T・レックス、デイヴィッド・ボウイ、ルー・リードのグラマラスな世界」を特集している。『ミュージック・ライフ』の11月号も「不気味なグラム・ロックの正体、その退廃的な非現実の世界」という題で特集しており、「グラム・ロックとは何だろう」のあと「私はグラム・ロックを見た」という「証言構成」が五つの「証言」を揃えている。『NMM』は、「あっという間に流行語になってしまった〝グラム・ロック〟という新語。〔…〕以前からファッショナブルな動き方をすることの多かったブリティッシュ・ロックが、ついにひとつの極致に達したのがグラム・ロックといえるだろう」ということで、「さてこのグラム・パワー、日本のロック・ファンをも巻き込むかどうか……」(27頁)と自問し、五編が並ぶ。そのあとには、「きみもグラマラスになれる！」という「フロク」も付いており、「メイク」の仕方の詳細を手ほどきしてもいる。その特集のほかに、11月号には、特集とは謳われていないものの、「まがり角にきた日本のロック」という総合題名の下に「ロックンローラーの苦悩についての往復書簡」(内田裕也、中村とうよう)など五編が並ぶほか、「ハード・ロックのニュー・パワー」という総合題名の下に「転換期を迎えるハード・ロック」など六編が並ぶ。

12月号は「ロックはニューオーリンズを目ざす」を特集し、「あまりロック・ファンには親しみのない町だったけど、どうやらこれから、ニューオーリンズのサウンドがロックの世界で問題になりそうな気配が濃厚」で、「ドクター・ジョンやアラン・トゥーサンによってロックに注入され、魅力的なサウンドを生みつつ［…］」あり、「一例が、ザ・バンドの〝ロック・オヴ・エイジズ〟だ」（26–27頁）と前置いて（中村）、三編を並べる。

個人的には、12月号が店頭に出ている12月17日の『北國新聞』朝刊に「ロックの歌詞」を書いている。終わりの方で〈エリナ・リグビー〉を訳出し、「これはほんの一例だけれども、よほどぴたりと表現し得ているのではないかと思っている」と結んでいる。同紙の学芸部から執筆依頼があったのは11月22日で、「「東京のヤングの雑誌ばかりに書かないで、うちにも書いて下さい」と電話してきた」のがこの記者だろうと記している。

その72年の後半に出た主婦と生活社の「ロック・ミュージック・ライブラリー」シリーズである7月刊の小倉エージ著『ニュー・フォークの世界』を「わが愛弟子エージが、始めての本を出した」と中村とうようが72年9月号で書評を担当しており、「本全体の構成にも文章のはしばしにも、未熟さが目につきすぎる」と短所をまずあれこれ指摘した上で、「長所は、ぼくなど知らなかったようなことまでよく調べている点。それが単にくわしく調べているというのでなく、彼自身の問題意識に沿って、一定の方向性をもった追究になっている」（98–99頁）とのこと。同シリーズのもう一冊である三橋一夫著『ボブ・ディランの軌跡』は8月に出て、「何よりもこの本の一番面白いところは、ボブ・ディランの歩んで来た道とか、かれの行ったことをまとめたりしただけのものでなく、三橋さん独自の視点と大胆な仮説によって書かれているところだと思います」と72年11月号で中川五郎がよいしょしており、最後には、「ところでどうして三橋さんはマガジンに登場しないのでしょーか？」（136頁）と訊ねている。中村とうようが執筆依頼することがなかった三橋一夫は、『ポップス』消滅後、『ミュージック・ライフ』に場を移した。

その他のロック関係書としては、P・リヴェリ、R・レヴィン共編『ロック・ジャイアンツ』(鈴木主税・吉岡昌子共訳、合同出版)が8月に出たが、72年10月号で、「訳者二人の「ロックが解かるのかしらん」といった風な、この種の本にとっては致命的危惧を抱いたまま読むということは、読書を苦痛にする」(97－98頁)と矢吹申彦がぼやいている。9月に出たポール・ウィリアムズ著『アウトロー・ブルース』(室矢憲治訳、晶文社)は、著者が未成年の時に発刊したロック誌『クローダディ!』に60年代後半に掲載したレコード評中心の文章の集成。それに、10月のジュリアス・ファスト著『ビートルズ』(池央耿訳、角川書店)、11月のブライアン・エプスタイン著『ビートルズ神話』(片岡義男訳、新書館)があり、新興楽譜出版社からは、10月にミュージック・ライフ編『ビートルズの軌跡』、11月に『スーパー・ロック・ギタリスト』、12月に吉田弘和編『ロック・ギタリスト』が出た。

72年に出たジャズ関係書としては、『スイング・ジャーナル』4月増刊の『ジャズ百科事典』、10月刊のR・C・リースナー著『チャーリー・パーカーの伝説』(片岡義男訳、晶文社)、11月刊のA・B・スペルマン著『ジャズを生きる―ビバップの四人』(中上哲夫訳、晶文社)、12月刊の油井正一著『ジャズの歴史物語』(スイング・ジャーナル社)、および浜野サトル著『都市音楽ノート―ジャズとロックの彼方へ』(而立書房)がある。その最後の本については、右のウィリアムズの『アウトロー・ブルース』と共に、「音楽と自分とのかかわりの体験が、ウィリアムズや浜野の評論にリアリティをもたせている」と『讀賣新聞』73年1月8日朝刊で中村とうようが評している。シャンソン関係書としては、2月刊のディーター・E・シュミット著『シャンソン・ド・パリ』(岡田朝雄訳、朝日出版社)がある。それに、皆河宗一著『アメリカ・フォークソング55話』(三一書房)が5月に出ており、「アメリカ民謡」が、流行り言葉の「フォーク・ソング」に引きずられていることを改めて示している。

1973年

ローリング・ストーンズの来日さわぎ

『NMM』73年1月号は、特集の文字はないが、全二十頁に及ぶ「絵で知るローリング・ストーンズ大事典」で始まり、六名による「ぼくの好きなストーンズのアルバム」が続いたあと、「マルチ・イメージ」という題で、漫画家や劇作家も含む十八名が「ストーンズについてこう思う」を短く語っている。「後記」を見ると、「11月から12月にかけて、われわれ雑誌屋は目のまわるような思いをする。その中で、ローリング・ストーンズの来日さわぎだ」(208頁)とあり、催し物の欄に、1月28日から2月1日まで「東京だけで5回のコンサートが組まれている」とある。それに、同じ1月下旬である25日から2月初旬にかけてジェイムズ・テイラーも来日とのことで、「いらっしゃい」の総合題名のもと三編が並ぶ。

2月号には、「特集」の文字はないものの、巻頭に「魔女にひかれる現代のロック」という総合題名のもと、「現代の若者に通じる魔女社会の本質」、「ルシファーの下僕《しもべ》……ミック・ジャガー」、「ロックの中の悪魔信仰」、「悪魔についての5問5答」が並ぶ。ここでもストーンズ、ないしはミック・ジャガーが主役で、「唇をまっ赤に塗ったミック・ジャガーが、黒いケープをひらめかせて、踊るような身振りで、「悪魔を憐れむ歌」をうたうとき、場内を包む妖しいムードは、いったい何なのだろうか。ブラック・サバスやユーライア・ヒープや、そのほか多くのグループが、魔女や悪魔にこだわっているのは、たんなる目先の珍奇さをねらっただけのことなのだろうか。ひょっとすると、[…]ロックが、ひいては現代の文明が直面している重要な問題の一面がひそんでいるのかもしれない」(26-27頁)と前置きで中村とうようが問題提起する。

その2月号が店頭に出たのは1月半ばであり、ストーンズ来日直前に合わせていたわけだが、その号自体に、

「日本公演の幻をみた夜」（征木高司）と題した記事があり、12月1日発売の前売り券を買う列が11月下旬から出来たことを伝える「ルポルタージュ」の末尾に、「ミック・ジャガーに対して外務省が彼の入国査証を発行しない旨発表したことにより、1月10日現在、コンサート開催はほぼ絶望的な状態にある」（63頁）と記されている。そして、3月号に、「いまごろわれわれの胸の中に大きな感激を残していたはずのこの大イベントは、直前に中止という事態を迎え、どうにもならない後味の悪さを残して、消え去ってしまった」（76頁）と嘆く中村とうようによる四頁の記事がある。その3月号が出た約三週間後の3月10日に、草思社からデイヴィド・ドルトン編『ローリング・ストーンズ・ブック』（三井徹訳）が出た。

翻訳を引き受けた過程を日記から拾うと、前年の12月15日の「十時半すぎ草思社から電話。[…] 仕事が早いときいたし […] とのこと。本をとり出して […] 訳に要する時間の算出。かなりしんどいかもしれない。一月五日までにというのだ。そして一月末刊という」。二十日間でやれという注文である。「ストーンズの入国がだめになったら…という言葉」もあった。12月24日には、草思社の編集担当者が「金沢に着いたとのこと」で、「研究室の方に来てもらう」。「計算して、あと17日はかかると言っておく。[…] こういった音楽書の翻訳を頼める人は、片岡氏か自分かということらしいけど、[担当者は] 片岡氏の方をよく知ってたわけだから、こちらはその次にまわってきたのだろう」とある。12月28日には「『読書人』1月1日号に一面全部を使った草思社の広告が出ていて、三井徹訳の『ローリング・ストーンズ』の予告も出ている」と記しており、翌日の29日には、「今日はミック・ジャガーの会見の訳に大半の時間。[…] これで総計361枚となった」とある（400字換算）。年が明けて、訳業を続けていた福岡で1月の7日の夜、「十一時半、新聞を見たら、ミック・ジャガーの来日は入国管理局が拒否していて危いとある。ストーンズ公演中止となれば、今の翻訳、大急ぎの必要もなくなるかな。しかし、早くやってほっとしたい…」。そして、1月28日、「夜、十時四十五分に全訳完了。[…] 全部で656枚となる。ほとんどやれなかった日を除いて数えるとおよそ一ヶ月強でやったということになる」。

『NMM』5月号に書評（宮澤壮佳）が出ており、「ほぼA4判［…］全360頁のなかに、伝記、評論、ルポルタージュ、詳細な年代記、インタヴュー、映画評、レコード評、ディスコグラフィー、歌詞付楽譜95曲、写真350点ほどがぎっしりつまっている」（138頁）とある。この本は刷を重ね続け、17年後の90年2月に第17刷が出た。

男たちよ、ザマーミロ

『NMM』2月号には、特集ではないものの、「幻のグループ、ヴェルヴェット・アンダーグラウンドとアンディ・ウォーホール」の総合題名のもと、長文の「かくされた花の鞭」、それに「ヴェルヴェットの歩みとそのレコード」、「POPの芸術家、ウォホール」が並ぶ。

その2月号には、「ポピュラー音楽の参考図書（上）」（三井徹）も出ている。英語圏の「レファレンス・ブック」六点を説明し、次号の3月号には続きとして、十四点を挙げた。一方、次の4月号から「新着洋書紹介」（三井徹）の連載が始まった。71年9月号から「ミニ・レヴュー」欄で、数冊単位で紹介していたものが、見開き二頁の単独の欄になり、毎月十冊前後、自分で入手した本を取り上げていった。

3月号の特集は「女にとってのロック」であり、「NMMもやっぱり男の雑誌だなァって、又々思い、ロックも男のものだなァって思ってしまうのです」という女性読者の感想に応えている。前置きの最後の一言（中村）は「ロックが「女」にとって何なのかを考えてみるのは無駄ではないはずだ」（26頁）と生ぬるいものの、特集は計四十頁とかなりの量で、七人の女性による文章、四人の女性による座談、男性二人の対談が並ぶ。その特集には、デイヴィッド・ドルトン著『ジャニス』（田川律・板倉まり共訳、晶文社）の一頁大の広告が挟まれており、6月号の書評（織田あき子）に、この本が「どことなく未整理で、ダマサレタような気がするとすれば、それは［著］者の錬金術のせいなどでは決してなくて、ジャニス、というこの上なく魅力的な女の全てを描こうとすれば、極めて当然のこと、男たちよ、ザマーミロ、というのが一番適当な気がするのです」（148頁）とある。

その3月の下旬には、ブロンズ社から三井徹編訳『ボブ・ディラン語録』が出た。同社の月刊誌『ジ・アザー・マガジン』に72年の5月号から11月号まで同名の題での六回連載を拡大したものだった。筆者は同誌に、ほかに二編を書いていた。

『NMM』4月号には「新・ロックアルバム100選」があり、「現時点で、ロック・ファンならぜひこのへんは聞いといてほしいというベーシック・コレクションだ」とのこと。「本誌に〝ロックアルバム100選〟が載ったのは、71年の4月号だった。あまりにも数多く発売されているロック・レコードに圧倒されドギマギしているロック・ファンたちのために、レコード・コレクションの一応の目安を与え、レコードを買うときのカタログ整理の役割を果たすことを念願した〝100選〟だったが、幸いにして好評をいただき、この号はだいぶん前にバック・ナンバーもなくなってしまった」(54頁)とある。

5月号がソウル・ミュージックを特集していることはのちほど触れるとして、6月号の特集には「いまアメリカはどうなっているか」という題が付いている。「〝最近のアメリカはわかりにくい〟とはどういうことか」、「マフィアからアメリカを見れば……」、「年表=アメリカの動き72→73」、座談会「本当にアメリカは病んでいるのか――大統領選挙にみるアメリカ人の考え方」が並ぶほか、特集ではないものの、「グラム・ロックを総括する」ということで、「ひび割れたナルシスの鏡」、「トラ・トラ・トラ」、「キッチの感覚こそグラムの本質」が続く。

幾度読もうとしてもほんの5、6行も進まない―ビートルズ訳詞集

その間、4月にピーター・マッケイブ、ロバート・D・ショーンフェルド共著『ビートルズの不思議な旅』(深町眞理子・永井淳共訳、草思社)が出て、『NMM』6月号の書評(前島邦昭)に、「たぶん最後のビートルズ・ブックとして「企業体ビートルズ」が紹介されるにいたったこの本は、無残にも崩れ落ちてゆく栄光の「ビートルズ神話」の解体作業を刻明に追っていると同時に現時点でのロック・ミュージックの困難な成立条件を暗示してい

るようだ」(148－149頁)とある。5月に宮原安春著『流刑人宣言—ロックを旅する遊子たち』(あすか舎)、アンソニー・スカデュト著『ボブ・ディラン』(小林宏明訳、二見書房)が出て、前者については、9月号の書評(宮澤壯佳)に、「ロックと生活を同義語のようにみなしている筆者のロック体験といったらよさそうだ」(129頁)とある。後者については7月号の書評(北中正和)に、「ディランと交際のあった実に数多くの人たちが、ディランとの交遊や、ディランの周辺のことについて回想した話をもとに、スカデュトがまとめたもの」だが、「この本ができあがった時点で、ディランはヴィレッジ・ヴォイス紙を訪れ、この本を書評欄で攻撃してほしいと申し入れたとか」(141頁)とのこと。

5月には、下旬に和田栄司著『ブリティッシュ・ロックの歴史』(ブロンズ社)、『ビートルズ詩集(1)』(片岡義男訳、角川書店)も出ており、前者については、8月号の書評(大貫憲章)に、「クリーム以前のブリティッシュ・ロック界の動き、クリームの登場、ポスト・ブルース・ブームの動きなど、誰もが知ることの難しかった点が、豊富な資料などによって刻明に調べられているのには本当に驚かされる。出典の明示、人名などの言語記載があれば、まさに資料として申し分なかったろう。そう、これは資料集なのである」と評しつつ、「文章の面白さ、内容の面白さは全く別の問題と言わねばならない」(144頁)と釘を刺している。後者は、続巻である『ビートルズ詩集(2)』が翌6月に出たのと合わせて、10月号で小倉エージが書評している。「幾度も幾度もしっかりと読むように努力してみたが、どうもうまくいかない。ともかくいくど読もうとしてもほんの5、6行も読まないうちに集中できなくなり、その結果どっちらけとなって、それから前に進むことは決してできなくなってしまうのである」(137頁)と嘆いている。

6月には湯川れい子編著『エルヴィスがすべて』(ブロンズ社)も出ており、8月号の評(朝妻一郎)に、「デビュー当時の、日本で発売されたレコード解説やら、その頃音楽雑誌に掲載された各種のプレスリーに関する記事から始まって、数回しか受けたことがない、というプレスリーのインタビューの詳細に至るまでの、いわば〝事実〟を中心に〔…〕自分の意見や印象を混じえて構成し、エルヴィス・プレスリーという、ひとりの偉大なスーパースターを浮び上らせよう、と意図された本」（141頁）とある。同じ頃に出たボブ・ディラン著『タランチュラ』（片岡義男訳、角川書店）は、「まるでイメジの滝、洪水とでも形容したくなるこの本に、いわゆるコトバとしての意味を求めることはあまり意味のあることとは言えまい」（143頁）と73年8月号の評（真﨑義博）は言う。

6月中旬には、隔週刊誌『FM fan』が、「創刊7周年記念特別企画」として企画した座談会「大衆音楽としてのロック」を掲載し、冒頭に編集部の一言として、「ロックが登場して20年近くになる。現在ではロックを抜きにしてはポピュラー音楽は語れないほどだが、単に音楽面だけでなく若者たちの風俗や行動にまでロック・リボリューションが浸透している」とある。司会は福田一郎で、前文で、「顔ぶれがちょっとばかり変わっている」と出席者の三井徹、木﨑義二、堤光生を紹介し、「司会をも含めて、ロック界の内輪の人間ばかりだが、それぞれの立場が著しく異なっているだけに、発言がうまくかみ合ったり、かみ合わなかったりで、なんとか面白さがでたような気がするのだが、読み終って、つまらねえと感じられたら、それはすべて下手くそな司会の責任である」（42頁）と断わっている。副題が「ロックはエンターテインメント」であるのは福田一郎によるのだろう。

座談会の開催は5月24日であり、その二週間ほど後の6月8日には、筆者はNHKの「女性手帳」という連続番組が組んだ「ロックで五日」に出ていて、“Norwegian Wood”などについて話した。湯川れい子、横尾忠則、三井徹、ジョウゼフ・ラヴ、林光が日替わりで出る「五日」で、日記に、「アナウンサーの杉沢氏（40才こえてるそうだ）、室町さんにあい、打ち合わせ」をし、なんとか済んだことを記載したあと、「それにしても杉沢氏はなんたるアナウンサーだ。こんな〝ロックの五日〟なんて早く終ってしまえという感じである」と書いている。四十歳を越えた、「女性手帳」担当アナウンサー氏には、自分の意向ではない企画の「ロック」なるものがよほど癪に障っていたのだろう。（それ以外の何度かの筆者のTV出演、ラジオ出演については、本書では触れない。）

ディランと民俗音楽の伝統、ディランと英文学の伝統

『NMM』7月号は「日本ロック界の新しい動き」を特集し、「アンケート」結果による「日本列島各地からのロック情況の報告」、「マガジンが見つけた19の実力派グループ」の紹介、「ついに実現した村八分のレコーディング」、座談会「レコード製作の現場に見る問題点」が続く。

8月号の特集は「マスコミのタブーをつくく」で、「ポリネシア人たちのもっていたふたつの言葉のうち「タブー」の語は世界的に広まったが、自由解放を意味する「ノア」のほうは民族学者にしか知られていない。ノアをぼくたちのものとするためには、やはりタブーをしつこく見つめて行くことが必要だろう」(27頁)とのことで、「サハルヘカラス―ぼくにとってタブーとは」、「二人の庶民兵士の語るもの―天皇制への地の底からの視角」、「芸術かワイセツか」から「ワイセツがなぜ悪い」へ」、「レコード界の正義の味方? 〝レコ倫〟のかかえる矛盾」、「奴らは横目でにらんでる―「公序良俗」を権力が強要するとき」と並んで、力が入る。9月号は「アマチュア・ロック・バンドは花ざかり」と特集し、「西荻」、「関西」、「北陸」のバンドの紹介と、座談会ひとつが用意されている。

その間、7月1日にジョーン・バエズ著『夜明け― Daybreak』(小林宏明訳、而立書房)が出て、『NMM』9月号の書評で北中正和が驚いている――「この本のバエズはとても生き生きとしていて、これまでレコードできいてきた彼女からは想像もできなかったような、というと彼女に対して失礼にあたるかもしれないけれど、豊かな内面がうかがえるのです」。そして最後に、「音楽のことにはあまり触れられていません」(128頁)とある。7月には続いてミュージック・ライフ編『ロック・アーティスト・インタビュー集』(新興楽譜出版社)が出たが、10月号の評者、山岸伸一は「読んでいて疲れてしまった」。「不ぞろいのインタビューには、全く混乱させられてしまったし、それに訳がまずい。ロックをよく知らない人が訳したロックの本は、間違いだらけで誠意がなく読むに

耐えないが、ロックを実感しているはずのミュージック・ライフの訳がこの程度ではどうしようもない」(137−138頁)とのこと。

そして8月下旬には、25日にマイケル・グレイ著『ディラン、風を歌う』(三井徹訳、晶文社)が出た。日記には、前年72年の11月7日に、「今日から、ほんとうにやっと *Song and Dance Man* の翻訳にかかる。九月はじめ頃に晶文社から引受けてからやっとだ」と書いている。その後、73年2月17日に「晶文社の仕事にやっと復帰。晶文社には本当にすまない」と書いているのは、草思社の『ローリング・ストーンズ・ブック』を優先させてしまったからだった。内容は「ディランと民俗音楽の伝統」、ウィリアム・ブレイク、T・S・エリオットなどを視野に入れた「ディランと英文学の伝統」ほか、「言葉の諸相」など十章から成る。その原書については、「分析と実証を伴わないポップ評論の大勢が、この書の出現で変化するとおもしろい」(137頁)と『NMM』72年11月号に自分で紹介していた。書評紙の『日本読書新聞』、『週刊読書人』も取り上げ、89年に第10刷が出た。

8月には続いて30日にヘンリエッタ・ユーチェンコウ著『ウディ・ガスリー・ストーリー』(三井徹訳、ブロンズ社)が出た。このガスリー伝については、『NMM』11月号に北中正和が、「未亡人〔…〕の協力のもとに、ウディの未発表の原稿類を調べたり、ウディの周辺にいた人たちの話をきいたりして、簡潔にまとめられた伝記」で、「特に第二次大戦後の彼のくらしぶりについて、これまで知られていなかったことが記載されているのが興味深い」(145頁)と書いている。日記によると、翻訳を始めたのは4月27日で、その四日後の5月1日に「前のディラン作品論に比べれば、格段に楽な仕事だ」、二週間後の5月14日に「完了。[正味]約十一日」とある。

ロックの新しい方向—破れた米国の夢への葬送曲

その8月の『朝日新聞』15日夕刊の「文化」欄には、「東京芸大教授」畑中良輔の「ロックの新しい方向」という評論文が出て、その見出しが「自己主張から自己放棄へ—破れた米国の夢への葬送曲」だった。「最近出されたポール［・サイモン］のソロ・アルバム「ひとりごと」［…］を聴いて胸が痛んだ。ポールの心の傷の深さは予想した以上」であり、「アメリカン・ドリームが、彼の心の中で崩れ落ちてしまった」。そして、その中の「「アメリカの歌」［…］と題された歌の中から、かすかにきこえて来たものは何か」と問い、「そのサウンドの影に、バッハが『マタイ受難曲』で、最も重く使ったハスラー（一五六四－一六一二）によるコラールがききとれる。［…］この旋律はブラームスも自分の歌曲「教会中庭の墓地にて」で使い、葬送の時の讃美歌として今なお歌われる名コラールである。［…］ベルクが「バイオリン協奏曲」の中に鳴らしたバッハのコラールほど明確ではないにしても、砕かれたアメリカの夢への葬送を、ポールはレクイエムとして、バッハを借りながら歌ったのである」と指摘する。「フォークともジャズとも、またロックともポップとも呼びようのない新しい音楽が、こうして起こりつつある」と畑中は続け、「サンタナとマクラグリン」の「変容」に驚き、「この二人の帰依するヒンズー教の導師スリ・チンモイの言葉をとった」題名のLPに触れ、そのあとグラム・ロックにも触れ、「新しいロックは、今ひとつの哲学をひらこうとしている」と言う——「それは、アメリカの持つ矛盾、苦しみ、傷——そして現象的にはベトナム終戦と最も密接な関連があるはずだ」。

『NMM』誌は9〜11月号の巻頭で「内田裕也のアメリカ・イギリス取材」を連載したあと、12月号は「リズムの魅力を見なおそう」を特集しており、四編が並ぶ。

個人的には、その間に、『レコード芸術』（音楽之友社）10月号に「歌詞はあまりきちんと歌っちゃいけない」、『ウニヴェルシタス』（法政大学出版局）11月号に「音楽と言葉―やはり気になるロックの歌詞」を書いているほか、『讀賣新聞』10月31日朝刊に「ロック書のにぎわい」を書き、翻訳書が大半を占める十数点を挙げている。見出しには「感性をおぎなえるか」とある。

『ウニヴェルシタス』原稿については、「「現代の表現」とかいう特集をして、現代音楽もとりあげ、「カントリー、ロック、フォーク、ブルースといった音楽」についてそのもってる意味を書いてほしいとのこと。こんなところからも注文が来るようになった」と9月12日の日記にある。10月11日には編集者に直接会っていて、「ラドリオというかいう喫茶店に入る（書泉の裏）。［…］編集の木村氏に電話。来てもらう。［…］四十才位かと思える木村氏と五時半頃まで話。［…］大学の研究者でロックに関心をもっている人ということで注文してきたのだそうだ」と書いている。「ロック書のにぎわい」の担当者も「木村」氏で、「読売新聞の文化部から電話。日本で出てる（今年）、ロックなどの音楽書全体の評を書いてくれとのこと。その木村という人、おそらく四十才位なのだろうか［…］自分はクラシックの方でよくは知らないのですがとのこと。「軽音楽」の方の本だそうだ。こんな意識が読売の文化部。こっちで翻訳したのが四冊もあるのだけどと言ったら、何度か「ちょっと待って下さい」と言っては誰かと相談してた。結局は引受けることになった」と10月2日の日記にある。

ロック関係書は12月に二点出ており、一つは水上はるこ著『ロック・シーン—ロック界の人間模様』（新興楽譜出版社）で、福田一郎が『NMM』74年3月号の評で、「水上はる子は、若手のライターの中で、本当にロック好きといえる一人。中毒なんてナマやさしい状態ではないかもしれない。とにかく、熱病やみみたいなロックへの情熱が、彼女の最初の作品をつくり上げてしまったのだろうが、それがかえって、この本の魅力を薄めてしまったような気がしてならない」と言いつつ、「とくに評価したいのは、やみくものイギリス・ロック界志向のライターが多いのに反して、アメリカに向いている事実。アメリカという巨大な市場を抜きにして、イギリスのロック・グループもなにもありえないと判断できる態度は、いい」（152頁）と褒めている。

もう一点はジョージ・メリー著『反逆から様式へ—イギリス・ポップ芸術論』（三井徹訳、音楽之友社）で、74年2月号で太田克彦が、「10年ほど前から［…］ポップに関心を持ち続け、イギリスでのポップの登場から全盛期、そしてポップが死ぬべき運命にある現在まで、時代の分析による裏づけと、エピソードを交えて記録している」（149頁）とまとめてくれている。補足すると、70年に出た原書を71年12月号で、「ポップ音楽、ポップ・アート、ポップ・シアター、地下新聞、テレビなど、イギリスのポップ文化全般を歴史的に概観した」「この種の本としては初めてのもの」(99頁)と自分で紹介していた。そして、72年10月30日の日記に、「音楽之友の森田君から久しぶりに電話。[…]Edward Lee の *Music of the People* は出すことに決って、翻訳権を申請してるところとのこと。その訳を引き受けてくれまいかというもの。イギリスの大衆音楽史であるこの書物、まさか日本訳を出せるとは思ってなかった。友社の方から言い出すとは思いもよらなかった。この件、八月に彼と電話で話した時にきいていたが、本決まりとなった。Melly の *Revolt into Style* も検討中だが、それもやってくれるかとのこと」とある。結局、その日記中の二冊のうち、前者の方が後回しになり、刊行は74年になった。

73年には、ジャズ書として2月にバリー・マクレー著『現代ジャズの奔流』(相倉久人訳、音楽之友社)、6月に相倉久人著『ジャズからの出発』(音楽之友社)、9月にチャールズ・ミンガス著、ネル・キング編『ミンガス自伝―負け犬の下で』(稲葉紀雄訳、晶文社)の三点が出ており、ほかに、2月にピーター・ジョーンズ著『トム・ジョーンズのすべて』(武田直樹訳、二見書房)、3月に南川貞治著『ミュージカル』(朝日新聞社)、4月にフランス・ヴェルニヤ、ジャック・シャルパントロー共著『シャンソン』(横山一雄訳、白水社)が出た。

1974年

日本のフォークは、いま…

明けて74年の『NMM』1月号は、後で触れる「ソウル・ミュージック・ナウ」に焦点を当て、2月号は「日本人の土着のうた」を特集している。中村とうようによる「ぼくたちとは関係ない別世界の現象として目をそらす前に、そういった音楽・舞踊にもう少し注意深く目を注ぎ、耳を傾けること[…]が、必要ではないだろうか」(26頁)という趣旨説明のあと、その特集は13名へのアンケート「日本の音楽をこう思う」で始まり、「土着」、「固有の音楽」、「越後高田ごぜ物語」、「日本芸能史のかくされた一面」などを話題にしている。3月号は「ジャマイカのそよ風に遊んでみよう」と題して、「レガエ」を詳しく紹介しており、二年前の72年7月号に出ていた「レガエのこと、カリプソのことなど」（中村とうよう）を思い出させる。

4月号は、「創刊号を5年めにもう一度お届けします」と「創刊号・復刻版」を掲載している。続く5月号は「断固値下げを敢行します。総理！私達はじつに爽やかな心地でいます。新しい定価は220円です」（17頁）と謳って、薄くなっており、「アメリカン・ロックの3つのポイント」を特集して、三編が並ぶ。

6月号、7月号と特集がなく、8月号にも特集はないが、「日本のフォークは、いま…」という題のもとに二編が並んでおり、その一つ（小西良太郎）に、その時点での「日本のフォーク」をまとめた一節がある。「フォークは定着したのか?拡散したのか?という考えごとを、つい最近したものです。ガロ、かぐや姫、井上陽水…と、ヒットパレードにフォーク勢が並んだせいです。チェリッシュもそうだし、よしだたくろうなんか、ずっと前からそうだ。上条恒彦と六文銭ってのも当たったし、そういえば小坂明子はどうなる?ことしに入ってからなら、りりィも当たったぞ。海援隊もワッと来たし、なぎらけんいちも、カン蹴りゲームよりは、若秩父でドッと来ている。泉谷しげるも職人肌、客の楽しませ方では、相当なもんだ…」と並べ、「で、一体、これは何なのだ?定着なのか?拡散なのか?」と問う。「フォークだって〝はやり歌〟の一つだから、はやっているのはご同慶のいたりだが、それにしても、急にみんな、物わかりがよくなり過ぎたものだ。ニッコリ歌って「おはようございます」と来ちゃあ、ますますこんがらがる。昔、ああまで別もの扱いされたがった歌謡曲歌手と違うところは、せいぜい、自作自演であることぐらいだ。ラジオの深夜放送じゃゴチャゴチャいうが、テレビには出たがらない、そこのところが、歌謡曲とは違うのかな?」（25頁）とある。

9月号では、特集ではないものの、「もう一度ファンキーを考える——50年代のジャズ・ファンクとは何だったのか」（中村とうよう）に七頁ほどが割かれている。「ジャズのほうでは「死語になった」というのに、いまごろロックの分野でまたぞろ使われ出した」（36頁）とのこと。それを「前編」として、10月号には「後編」があり、副題の「60年代、70年代、そして未来のファンク」を引き続き中村とうようが語っている。11月号、12月号編集の時期には、日本での「ブルース・フェスティバル」開催の方に追われていたようで、11月増刊号として『ブルースのすべて』が発行されており、それについては後に述べる。

円形の場内に無数のマッチの光がちらちら揺れた

個人的には、74年には、文部省の短期在外研究で2月から3月にかけて渡米し、序でにロンドンなどにも寄ってきた。

その申請、選考、承認は年月を要し、勤務先の学内の会議で「第一議題が海外研究出張候補者の順位決めで、各人の名前、年令、研究題目等を刷ったものが配られる。［…］「アメリカ黒人の民俗音楽、大衆音楽、特にその歴史」が自分の研究題目。全学で更に順位が決められてから文部省へ。文部省で更に選考」と書いている日記の日付は71年11月16日だった。その一年半後の73年5月10日の日記に、「驚いたことに、短期在外研究申請が文部省で受け入れられた。もう一回申請すれば確実ときいていたのに、もう今年でパス。来年の二、三月に渡米ということになる」とある。

74年2月6日に羽田を発ち、ヴァンクーヴァで旧友に会ってからサン・フランシスコへ行き、11日に隔週刊紙『ローリング・ストーン』の編集者のベン・フォン＝トレス［注：中国系米人］を訪ねた――「人通りの少ないところの古めかしい木の扉のビルディングに Rolling Stone 事務局（4階）と Straight Arrow（2階）がある」。14日にUCLAのジョン・エドワズ記念財団事務所で「調べものをしかけたところへ二時半に電話あり。福岡の福田。ロスには十日に来ると言ってた。ディランの今日の夕がたのショウの切符が一枚あるとのこと。値段は$25. 今晩のなどは（二回公演のうちのあとの方）$100もするという。もちろんダフ屋からである。UCLAの構内の貼紙でもディランの切符ありというのがいくつかあった。地図で会場の the Forum を捜す。近いと思ったら、思いちがいで、競馬場のあるところだそうで空港の近く。こちらから返事の電話をすると言ってたが、向こうからまたかかってきて、今からもうタクシー呼んで出かけるとのこと。ジャック・エリオットも一緒だそうだ。岡林信康も一緒で彼は昨日行って［エリオットの仲介でディランに会って］感激してきたとか」と書いている。

タクシーを拾ったが、「帰宅する車で道路は混み、フリーウェイもぎっしり。のろのろでいらいら。結局一時間かかり、五時頃にやっと the Forum へ。［…］続々まだ入場しているところ。しかももうはじまってる。福田をさがすがわからない。［…］そのうちあきらめ、といっておめおめ帰れもせず、ダフ屋のところへ行く。しかし、ダフ屋というプロではなくて、余分に買ったものをなんとか処分しようとしているものと思えた。額面通りでいいというからそれを買う。$8.50.［…］買ったらすぐに彼は会場へ急いだ。自分が見たいため、早く売ってしまいたかったのだ。［…］一万八千人収容。空席があちこちにあり。The Band が演奏中。［…］ディランがアクースティック・ギターをかかえて出てくる。黒っぽいスーツ。その生ギターとハーモニカだけでうたう。これが15分位。それから the Band を伴奏にロック・ソングを。［…］アンコールのあたりから［…］場内が一体になってわいた［…］。揃って拍手したり。あちこちで思いがけなく揃ってマッチをつけて、円形の場内に無数のマッチの光がちらちら揺れたのは印象的だった」。

それから、ニュー・オーリンズ観光、ナッシュヴィルのグランド・オール・オプリ見物、インディアナ大学伝承音楽記録保存所での調査、オハイオ州ボウリング・グリーン州立大学ポピュラー文化研究所とポピュラー文化図書館を訪問、カナダのニューファンドランド記念大学にいる旧友を訪問、ニュー・ヨークで評論家ポール・ウィリアムズを訪問（その四ヶ月後、ポールは金沢来訪）、および水上はるこさんと評論家トービー・ゴールドスティーンを訪問（売り出し中のブルース・スプリングスティーンのポスターあり）、ロンドンの民謡協会本部訪問、評論家トーニー・ラッセルと渡英中の米国の研究者兼レコード制作者のケネス・ゴールドスティーンを訪問、ジョージ・メリーの事務所を訪問（当人は渡米中で残念）、研究者エドワド・リーを訪問、それからパリで旧友（日本人）訪問と出版社アルバン・ミシェール訪問、コペンハーゲンでメカニク・ミュージック・ミュージアムを訪問。

その後、6月17日からは、隔週刊誌『FM fan』で「詞と音楽と…」と題した連載を始め、その連載の少し前である6月4日の『北國新聞』朝刊には、「ディラン公演とカリズマ」を綴っている。一方、『ライト・ミュージック』（ヤマハ音楽振興会）8月号の「ビートルズ百科・資料篇」の一部として「評論・伝記・イラスト集」として英書三十一点の内容紹介、それに、『ユリイカ』（青土社）11月号に、「対抗文化世代の両性具有志向、あるいはロックのアンドロギュノス性」を書いている。9月14日の日記に、「あまり眠くて横になってたら、四時に『ユリイカ』から電話。[…] ロックにおける、あるいはもっと広くカウンター・カルチャにおけるホモ・セクシャリティについてとのこと。ホモ・セクシャリティ特集をやるのだそうで、オスカー・ワイルド、ジュネ、プルースト、ジド、演劇、映像といった項目でいろんな人が執筆するらしい」と記していた。

ほかに、ビクターが3月に出した日本盤のＬＰ *Bean Blossom/ Bill Monroe* に「人口１００のビーン・ブロッサムに７５００人が来た」と題した解説を書き、8月にはビクターが独自の編集で発売した十枚組ＬＰ『カーター・ファミリー全曲集』に「カーター・ファミリー小史」を書き、別に、数点の全集ＬＰの推薦文とコンサートの推薦文も書いている。

一方、12月11日には、大阪へビル・モンロウの公演に出かけており、「毎日ホールは昨年のちょうど今頃行ったフェアポート・コンヴェンションの公演会場と同じ。[…] ５５００円の席が招待者の席だった。前列から二列目。[…] ビル・モンロウ顔出すと、ああ八年ぶりだなあと少し感激。１９６６年秋以来だ。ステージがらんとした感じ。5人がこじんまりといるだけ。野外コンサート、あのビーン・ブロッサムの小屋の方がやはり似つかわしい。モンロウの司会は普通の早さの英語で、言うこともあまり変りなし。さっさと曲目言ってやっていくという形式。休憩しばらく。後半はリクエストを客に求めてはやっていくやり方で、少し客との交流あり、場内がわいてくる。［…］今回の呼び屋の対中氏にはじめて会う。［…］モンロウに今度出す改訂版にメッセジもらいたいと言［い］、［…］隣室のビル・モンロウに。うすぐらくしてある部屋に5人いる」。１９６６年にお会いしたと切り出して、ニール・ローゼンバーグの名を出したりするうち、「Richard Greene に会ったかとも彼はきいた。Norm Cohen に会ったと言ったら、ああと彼もしってる。ＣＭＦの Bill Ivey にも会った」とのこと。そんなやりとりのあと、「改訂して三月に出す」本のことを話し、「My book on bluegrass というつもりが思わず、my bluegrass book と言ってしまった」のが「彼の頭に残ったのか、それともそれとは関係なくか、実にきのきいた文句を書いてくれた。Bill Monroe & His Blue Grass Boys をちょうどもじったといったところで、"Best wishes. Toru Mitsui & His Blue Grass Book"」。そして、「これでいいかという言葉が最後。礼を言ってそれでおしまい。［モンロウは］他の人から声かけられてそっちに注意移る」。

上すべりなロック礼賛、反体制文化礼賛に反省の契機

74年にはビートルズ関係書が四点出ている。

最初は2月の庄司英樹著『ビートルズの復活』（二見書房）で、『ＮＭＭ』74年4月号での評（松平維秋）によると、「ビートルズの時代をさる男性週刊誌の「Journalist」として送ったらしいこの本の著者の動機」は、「ビートルズの虚像の部分と実像の部分」を書くことと「あとがきに有」り、「その方法は、彼等の歴史上の様々な言動とエピソードとを、時代の背景に照らしながら著者の考える〝虚〟と〝実〟とに分析すること」であり、「虚＝国家、レコード産業、マスコミ、日常性。実＝反体制、芸術、ドラッグ、前衛性」（156頁）と紹介している。10月にはその庄司英樹が訳したリチャード・ディレロ著『ビートルズ神話を剝ぐ』（音楽之友社）が出ており、その前の7月にはビートルズ研究会編『The Beatles ――永遠のビートルズ』（ホーチキ出版）が出た。ほかに香月利一編著

『ビートルズ事典』（立風書房）があり、75年1月号の評（浜野サトル）によると、「１０００葉におよぶという写真を初めとして、バイオ、レコード、映画、こぼれ話等々、ビートルズに関するこまかなデータがびっしりつめ込まれた〝決定版ビートルズ物知り帳〟とでもいうべき本」だが、「結局、わりきれなさだけが、残った」と言う――「ビートルズがもはや存在せず、しかもぼくたちが腐りはてたりんごの芯までも見てしまったという、ただそれだけのことが、すべてを、やはり、決定的に、色褪せたものにしているようだ」（87頁）。

そのビートルズを一部で論じたものとして、10月にエドワド・リー著『民衆の音楽―ベイオウルフからビートルズ』（三井徹訳、音楽之友社）が出ており、74年12月号の評者（北中正和）には、「ぼく自身、個人的に、イギリスの古い民謡とか、叙事詩に興味を持っていることもあって、第一部の〝イギリス民衆音楽の歴史〟のところも読みやすかったし、第二部の〝二十世紀のイギリス民衆音楽〟の部分も、ビートルズ以降のイギリスのロックやポップ・シーンの動きにどのように接続するように書かれているのかという方面の関心から読むことができた」とのことだが、「ひとくちでいえば、ノルマン人の征服以前から今日に至るまでの［…］イギリスの民衆音楽の歴史を歌詞や旋律の検討などをまじえながら研究的に論じた本」（84頁）とある。この拙訳の原書は67年に書き上げられ、70年に刊行されたもので、『ＮＭＭ』71年12月号で、「全体としては、いろいろな考えを提示し、読者を啓蒙するという段階にとどまっているのかもしれないが、とにかく、イギリス大衆音楽全般の本格的研究の第一歩となるものだと見てよい」（99頁）と自分が紹介していた。

74年の拙訳本としてはほかに、菅野彰子との共訳で『ローリング・ストーン・インタビュー集』（草思社）の「１」と「２」が7月と9月に分けて出た。サン・フランシスコの隔週刊ロック音楽・対抗文化紙『ローリング・ストーン』が67年から71年にかけて掲載したインタビューの精選集で、74年12月号の評者（浜野サトル）は、「この訳書が生れるまでに経過した数年の間には、たとえばジェファスン・エアプレインが、確実に精彩を失っていた。同じようにディランが、クラプトンが、それぞれ重要な変化を体験していた。数年というわずかな時の流れのなかで、いろいろなものが燃え尽きていったのだ」と指摘し、「そのような限定を考えれば、この訳書は、ひとつの時代の高まりを痕跡としてとどめる、一種のモニュメントのようなものなのかもしれない」と言いつつ、「しかし、にもかかわらず、この訳書を歓迎したいと、ぼくは考える。なぜなら、結局、問題はそのモニュメントをぼくたちがどんなふうに読み、そこから何を受けとるかにかかっているからだ」(60－61頁)と思いがけなく甘い。それより以前である『讀賣新聞』74年10月21日朝刊には、「ロック音楽家の虚像実像」という題の付いた中村とうようによる書評が出ており、「このいささか遅すぎた対談集の日本語版は、上すべりなロック礼賛(らいさん)、反体制文化礼賛に反省の契機を与え、あらためて新しい若者の音楽の姿を見つめ直すのに役立ってくれるだろう」とある。この二巻本を訳し始めたのは73年7月11日のことで、「やっと今夜からとりかかる。四月に入ったらやると言い、それがかなわず、六月と言っていたのに、それもだめになった」と日記に書いている。

ロック関連書としては、そのほかに、『ボブ・ディラン全詩集』と題して、ディランの歌詞とその訳詞を並列したもの(片桐ユズル・中山容共訳、晶文社)が3月に出たほか、渋谷陽一構成『レコード・ブック』(新興楽譜出版社)が9月に、リチャード・ブロデリック、エリス・ナッサワー共著『燃えあがるロックオペラ──「ジーザズ・クライスト・スーパースター」の創造』(南川貞治訳、音楽之友社)が11月に出た。ジャズ書は、平岡正明著『ジャズ・フィーリング』(アディン書房)が4月に出ている。

1975年

気合の入ってない音楽ではないレイド・バック

『NMM』75年1月号の特集「オーティス・レディング」についてはこの後のセクションで触れるとして、ほかに「ニューヨーク・ラテンを聴いてみよう」の題のもとにサルサを紹介する二編が用意されており、一つは

「75年のホットな話題…「サルサ」とは何か?・」(中村とうよう)で、もう一つは「アンケート=ぼくの好きなサルサのアルバム」。サルサ関連では、半年ほど後の8月号に「サルサを生み出したもの——ニューヨークみやげ話」(波田真・談)が掲載されている。新聞紙上では、『朝日新聞』75年8月20日夕刊に「サルサ上陸」が出て、「プエルトリコの熱気」の見出しが付き、「今秋、ニューヨークを中心に話題になっている〝サルサ〟のLPがレコード各社から次々に発売される。それに先だって、サルサを紹介する催しもあり、ロックやソウルが安定期にはいって盛りあがる話題の乏しかったポピュラー音楽界に活を入れそうな気配」とある。

2月号は、74年に出た「国内盤のアルバムの中から、評論家各氏それぞれにベスト・テンを選んでいただきました」(24頁)という「私の選んだ1974ベスト・アルバム」、それに、「映画でも、ツウとなれば主役よりも脇役にうるさかったりするようだが、音楽でも同じこと」(46頁)と言う中村とうようの前置きにしたがって、米英の「いまレコーディング・セッションで活躍している300人」の「スタジオ・ミュージシャン年鑑」を六名の執筆者が紹介している。

特集的記事なしの3月号に続く4月号には、「4人のビートルへのメッセージ」の題のもと、短めの四編が並び、「ハード・ロックの新しい動き」ということで「ジミ・ヘンの精神をうけつぐウォルシュ、トロワーたち」(小倉エージ)、「健在ぶりを示したツェッペリン」(大貫憲章)が続いたあと、「日本のロック、力作アルバムが次々に」(平田国二郎)があり、同じ執筆者による74年7月号の「日本のロックの注目盤を追って」を思い出させる。75年にはこの後、6月号に、これも同じ執筆者による「めんたんぴんを追って北陸から大阪へ」があり、数ヶ月後の11月号に「日本のロックについてこう思う」(中村とうよう)と「注目したい関西のロック・グループ」(小倉エージ)があり、中村とうようの締めの一言は、「われわれが生きて行くために、なぜロックが必要なのかを、いつでも考えていようではないか」(27頁)と勇ましい。さらに12月号に「日本のロックについて、ぼくはこう思う」ということで、「とうよう発言の誤解と矛盾をつく」(小倉エージ)、「英語のロックで海外進出をめざそう」

敏）が並ぶ。（折田育造）、「ぼくが見た現在の状況の一つの例」（平田国二郎）、「音の向こう側にある何物かが大切」（森園勝敏）が並ぶ。

「バッド・カンパニー」を特集した5月号に続く6月号には、「もう一度レイドバックを考える」（小倉エージ）があり、その「もう一度」の前には、75年1月号に「ロック・ミュージシャンのおかれている情況」と題した座談会記事（福田一郎、湯川れい子、折田育造、石坂敬一、中村とうよう）があって、副題が「〝リラックス〟と〝レイド・バック〟をめぐって」であった。中村とうようの「一流ロック・ミュージシャンたちがみんな30代になって、これからどんなふうになると思います？」（26頁）という発言が今読むと印象的であるその座談会で、「レイド・バック」が出てくるのは半ばすぎであり、中村が「ギンギンに緊張してるような音楽に対して、もっとゆとりのある音楽なんだろうけど、ぼくも、ユルミッ放しの、気合いの入ってない音楽とは別で、緊張感を表に出さないけど、やはり真剣にやってる音楽じゃないとレイド・バックとは感じないわけ」（27頁）と言っている。6月号の後を追って7月号には同じく小倉エージによる「レイド・バック・サウンドへの6年間の歩み」があり、10月号と11月号には、二回に分けて、べらんめえ口調が混じる「レイドバックの本場ジョージア州をたずねて」（福田一郎）が掲載されている。

個人的には、その6月末に『北國新聞』の執筆注文に、「ロックの美学」連載で応えており、6月24日から7月29日まで五回続けた。（翌76年にその連載を巻頭に据えた『ロックの美学』をブロンズ社から刊行し、75年3月に終了した『FM fan』の連載「詞と音楽と…」の約二十編などと組み合わせた。）一方、『ユリイカ』（青土社）8月号の「現代の吟遊詩人」特集で、「「歌」のよみがえり―ウディ・ガスリー、ディラン他」を書き、ビクター音楽産業が独自の編集で4月に発売したLP五枚組『永遠のモンロー・ブラザース全曲集』で「両世界大戦間の合衆国南東部―モンロウ・ブラザーズの時代背景」を解説した。

かなりひどいのがあるレコード歌詞対訳の問題

9月号には「レコードの対訳を考える」と題した特集があり、冒頭は座談会「歌詞・対訳に寄りかからないほうがいい」で、岡田英明、小倉エージ、松宮英子、三井徹、中村とうようが出席している。「きょうはみなさんにお話しいただきたいテーマというのは、レコードについてるいわゆる対訳の問題なんですけど、どうもかなりひどいのがあるというウワサを耳にしたりぼく自身も見ていて誤訳に気づいたりするんで、そんな問題をめぐって、フランクにお話しいただけたらと思うんです。対訳をなさっているほうの方もきょうは来ていただいてるわけですし［…］」（25頁）と中村とうようが切り出している。多様な発言があれこれ続くうちに、中村が「いま、詞のイメージの表現とか、ずいぶん高度な話に行っちゃったけども、実は、レコードの対訳の現状はまだまだもっと低い段階であって、初歩的な間違いってのが割と目につきますね」と振ると、岡田が「それでもまだ以前よりもマシになったんじゃないですか、前はほんとにひどいのがありましたよ」と言って例を出す。「ドアーズの「L・A・ウーマン」という曲。最初の行 Don't you love her madly が、「彼女の気違いじみているのを愛してるのかい」となっている」という実例を見せてもらった「［一同唖然。訳者は堂々と署名入りで、いまも若手評論家として活躍中のT氏である］」（27－28頁）といった展開もある。その座談会のあとに、「やはりひっかかる個所がかなり多い」（三井徹）が続く。「引受けた以上がんばってみよう」とあり、「対象にしたレコードのほとんどは当誌編集部が揃えてくれたもので、比較的新しいものを、なるべく多くの訳者を、といったことを規準にしている。ぼく自身は、対訳はかつて以前にうんざりしてから、ほとんど気をつけては見てきていなかった」（37頁）と前置きしている。

10月号には、「ビューティフルだったワールド・ロック・フェスティバル」報告があり、11月号には「ボブ・グルーエン最新写真集」などがあり、12月号には、「結局ブギウギって何だったか」特集のほかに、「パブ・ロック・ムーヴメントにみるブリティッシュ・ロックの現状」と題して二編が用意されている。前置き（中村）に「〝パブ・ロック〟というヘンな言葉を初めて耳にしたのは、そう前のことではない。最近しばしばあちこちでお目にかかるが、いっこうにどういうものなのか、わからない［…］どんなものなのか、できるだけ接近してみよう」（67頁）とある。

その75年の暮れ、12月10日の日記に、「中村とうよう氏に電話。*Mystery Train* の翻訳連載は三月号からとのこと」とある。アメリカの文化と歴史との文脈の中でロックを解釈した、グリール・マーカスのその画期的ロック評論書が75年に刊行され、翌76年に『NMM』誌で筆者が部分連載を開始したのだった。

同じ電話で、追って中村氏が、「来週、Leonard Cohen にインタヴューしてくれないかとのこと。予告なしにいきなりこの歌手やってきて、京都にしばらく滞在ということだそうだ。CBSソニーに連絡があったとのこと。［…］［帰国前に東京で］相倉氏、北中君などにインタヴューをと思ったけど、いずれも通訳が必要なので、必要のない当方にということらしい」と書いている。数日後に京都でレナド・コーエンとゆっくり話をし、おまけに、コーエンが宿泊している部屋で、夜中に、小倉エージ、CBS・ソニーの菅野のお二人を交えて、一本のギターを四人が代わる代わる手にして歌ったりした。（その会見原稿が活字になったのは『NMM』76年3月号だった。）

ロックが既成の文化に代るどんなものを生み出してきたのか説明しようとする

ロック関連書としては、75年には、まず1月にチャールズ・ベックマン著『アメリカン・ポップス』（浜野サトル訳、音楽之友社）が出ており、『NMM』75年4月号の評者（太田克彦）によると、「アメリカのポピュラー・ミュージックのはじまりから、ヒット・ソング時代を経てロックの時代にいたるまで、その歴史をパノラマ的に眺められる。ブルース、ジャズ（なぜかモダン・ジャズはない）、カントリー、フォークなどの各ジャンルについて、それぞれ文脈をたどりながら、ソツなくまとめてある。［…］全体にソツがなさすぎて、アカデミックではなく、かといってジャーナリスティックな興味もそれほどそそられないのが残念だ」(63頁)とのこと。同じ75年4月号には、2月に出たクリス・ウェルチ著『ジミ・ヘンドリックスの伝説』(菅野彰子訳、晶文社)の評(北中正和)も出ており、「ジミ・ヘンドリックスのステージにイギリスでのエクスペリエンスのデビュー当時から数多く接してきている著者が、関係者の証言や自己の体験や感想をまじえながら、明快にまとめあげたこの本は、マニュアルとして読むのにとても適している」(63頁)とある。ヘンドリックスについては、その後、カーティス・ナイト著『ジミ・ヘンドリックス—ロック・ギターの革命児』(岡田英明訳、スイング・ジャーナル社)も出て、75年11月の評(小倉エージ)は、著者は「ジミ・ヘンドリックスが、リトル・リチャード、アイズリー・ブラザーズのバックをやった後出会い、ジミがチャス・チャンドラーに誘われてイギリスに渡るまで行動を共にしていたシンガー。つまりエクスペリエンスを結成する以前からの知りあいで、彼が有名になるまでにどんな風であったか、また、彼が有名になってからの話が書かれている。[…]時にはホットすぎるともいえるけれどともかくジミがどんな人間であったかを知るには興味深い本のひとつ」(74頁)と評している。

6月には、吉田弘和著『三大ギタリストの研究』(新興楽譜出版社)が出たあと、下旬にはウィリアム・シェイファ著『ロックの意味』(三井徹訳、草思社)が出て、75年9月号の評者(北中正和)が、原書刊行が72年であるその翻訳本について、「ロックの過去と現在についての概略と未来の可能性についての考察を述べ、それと同時に、ライフスタイルにまでなったロックが既成の文化に代るどんなものを生み出してきたのか説明しようとする」とまとめてみせ、ミュージシャン本は「邦訳も少なくないが、ロック全体について、それがどのような文化と接触し、どのような文化を生み出しつつあるのかといったことを論じたものとなると、依然としてとても少ない」(70頁)と指摘している。

7月に出たアンソニー・スカデュト著『ミック・ジャガー』(小林宏明訳、晶文社)は、「講釈師、見てきたような嘘をつきスタイルで面白く書かれて」おり、「それが写実的で面白ければ面白いほど」この著者が「ウサン臭くなってくる」と75年10月号の評者（湯川れい子）がいみじくも評している（72頁）。そのあと10月には、今野政司・柏原卓共編『ロック・サウンド』（新興楽譜出版社）のほかに、ギター・プレイヤー編『ロック・ギタリスト―炸裂する音に賭ける獅子達』（山本安見訳、ヤマハ音楽振興会）が出ている。

10月にはもう一点、ポール・ウィリアムズ著『ニューヨーク・ブルース』（真崎義博訳、音楽之友社）も出ており、『NMM』誌12月号で評者（北中正和）が、「64年から69年にかけて、ロック、占星術、易経、SFなどについていろんな雑誌に発表したエッセイや、友だちへの手紙、書きかけの小説、断章、詩などをゴチャゴチャと集めたもので、書かれた時期は『アウトロウ・ブルース』と重なるところもあるが、内容は、はるかにパーソナルなものが多く、アメリカの社会や文化に大きな変化が訪れた60年代後半にアドレッセンスの時期をすごした、ロックやそれをとりまく様々な文化に関心を抱いている若者の意識と生活の記録の書というべきもの」（106頁）と要約してくれている。10月刊の別の一冊、相倉久人著『機械じかけの玉手箱―ロック時代の乱反射』（音楽之友社）も同じ評者（北中正和）が76年1月号で取りあげており、「ロックをはじめとするパーソナルなレベルでメディアとの接点なくしては表現がなりたたない、あるいはメディアと非常に密接な関係にある様々な文化について、メディアとのかかわりを通して論じたエッセイが集められたものである」とあり、「対象になっているのが、最近ようやく意識されるようになってきた、まだほとんどふれられていない領域の問題だけに、試論的な要素が濃いとはいえ、この本にまとめられた成果はいくら評価してもしすぎることはないだろう」（104－105頁）と評価している。

12月20日には本間長世・亀井俊介共編『アメリカの大衆文化』（研究社）が出て、76年3月号で評者（太田克彦）が、「アメリカの文化を1冊の本でこうも幅広くとらえた本は、いままでになかったのではないだろうか」と言っている。ただし、「それぞれの筆者は手を抜かずに書いているにもかかわらず、1冊読み終ってもトータルなアメリカが伝わってこない。おそらく筆者ひとりひとりの構想がバラバラで、その方向性が一定していないからだろう。［…］編集の方法にもう少し工夫があったらと残念に思う」（94頁）よし。内容は大衆演劇と映画、美術、ポピュラー・ソング、テレビ、雑誌、探偵小説、黒人運動とブラック・ミュージック、フォークロア、ポルノ、子どもの世界、コミックス、小説と映画で、「新しいポピュラー・ソング—ロック&ロール、フォークからロックへ」を三井徹が担当した。

75年に出たビートルズ書は七点で、1月に Lee Minoff 他共著『ザ・ビートルズ・イン・イエロー・サブマリン』(高山宏之訳、研究社)、飛んで6月にデレク・テイラー著『ビートルズも人間だった』(山本安見訳、青年書館)が出た。「またまた〝ビートルズ〟とタイトルのつけられた本が出た。それも「ビートルズも人間だった」だって。イカシテル、といいかけたところで、副題を見てガックリ、〝その苦悩と感動の回想録〟だって、商売お上手と『NMM』75年6月号で評者(小倉エージ)は言い、「じっくり読んでみて、なんとなくおかしいなと思いはじめた。僕の記憶にある強烈な文章が見つからず〔...〕それに覚えのない「伝説の4人に関する44条の新事実」に出くわしたりしたからであります」。そして、「原書を読み返してみて、あっと驚き、章の順序があっちこっちと入れ変り、そればかりか原書の幾か所が削除され、原書にない文もチラホラ見つけてしまった。そのコトワリ書きも見つからない。インチキ、といえるのではありませんか。タイトルが変えられ、表紙が変えられ、原書にないビートルズの写真がのっかってる。装幀も悪し」(63頁)と呆れている。そのあと、7月に立川直樹著『怪傑ビートルズの伝説』(新興楽譜出版社)と石坂敬一監修『The Beatles —ビートルズの歴史』(アロー出版社)、10月にロイ・カー、トニー・タイラー共著『ザ・ビートルズ』(吉村透訳、インターナショナル・タイムズ)、11月にジョージ・トレムレット著『だれも知らなかったポール・マッカートニー——ビートルズからウイングスへ』(山本安見訳、ヤマハ音楽振興会)、12月に『絵本ジョン・レノンセンス』(片岡義男訳、晶文社)が出た。

ジャズ書は続々と出ており、2月のオーティッツ・M・ウォールトン著『独断と偏見のジャズ史』(外山喜雄訳、スイング・ジャーナル社)に始まり、4月の悠雅彦著『モダン・ジャズ群像』(音楽之友社)とロス・ラッセル著『バードは生きている—チャーリー・パーカーの栄光と苦難』(池央耿訳、草思社)、5月の岩浪洋三著『ジャズ・ヴォーカルへの招待』（荒地出版社）、6月のウラジミール・シモスコ、バリー・テッパーマン共著『エリック・ドルフィー』（間章訳、晶文社）、7月のJ・C・トーマス著『コルトレーンの生涯』（武市好古訳、スイング・ジャーナル社）、8月のバリー・ウラノフ著『ジャズ—栄光の巨人たち』（野口久光訳、スイング・ジャーナル社）、12月のビル・コール著『マイルス』（諸岡敏行訳、晶文社）と続く。

シャンソン関係としては、4月にジャン・ノリ著『エディット・ピアフ—バラ色の人生』（田口孝吉訳、音楽之友社）、9月に塚本邦雄著『薔薇色のゴリラ—名作シャンソン百花譜』（人文書院）が出て、ミュージカル関係では、10月に柳生すみまろ編著『ミュージカル映画—フィルム・アート・シアター』（芳賀書店）が出た。その他として、4月に出た鈴木明著『リリー・マルレーンを聴いたことがありますか』（文藝春秋）、発行月不明の『愛のプレリュード—カーペンターズ詩集』（藤公之介訳、ルック社）があるほか、3月にウディ・ガスリーの自伝である『ギターをとって弦をはれ』（中村稔・吉田迪子共訳、晶文社）、6月にロジャー・ウィリアムズ著『ハンク・ウィリアムズ物語』（南川貞治訳、音楽之友社）、それに67年の三井徹著『ブルーグラス音楽』の改訂増補版（島田耕、永井英夫協力、ブロンズ社）が「草の根のアメリカ白人音楽」の副題を伴って3月に出た。

「躍動するブラック・ミュージック」

音楽におけるブラック・パワーの爆発

『NMM』誌は70年の10月に「躍動するブラック・ミュージック」と題した特集を組んでいる。「黒人音楽」を特集したのは、創刊年である69年の6月号の特集「ザ・ブルース」以来のことだった。

「ブラック・ミュージック——黒人の音楽がいまの世界をおおっている。ブルース、リズム・アンド・ブルース、そこから派生したロック、そして、ジャズ、それだけではない。ラテン・アメリカ・リズムも黒人音楽だ。さらに、黒人の故郷アフリカの音楽も脚光を浴びようとしている」というわけで、「このような音楽におけるブラック・パワーの爆発は何を意味するのか」と前置いて、まずは「さまざまな分野で活躍されている方々にアンケートをお願いし」(14頁)、その「黒人音楽をどう見るか」アンケート結果が並んだところで、中村自身による「音楽としてのブラック・パワー」が用意されており、「いわば、黒人音楽は下部構造、白人音楽は上部構造であって、黒人音楽が白人音楽の影響をうけてきたことも否定できないが、根本的にアメリカ音楽を支える基盤となってきたのは黒人音楽である」と強調し、その中でも「ブルースが発展のエネルギーの供給源であったように思われる」(19–20頁)ことを説明する。そのあとに、「ブラック・ミュージックの故郷」、「でてきた馬がまっくろけのけ」が続くが、頁をめくったら特集はそこまでだった。

それから五ヶ月経った71年3月号で、B・B・キングの来日に合わせて特集「B・B・キングとブルースの問題」が組まれ、座談会「ブルースにおける現代性と純粋性」を頭に据えており、翌4月号掲載のキング東京公演評(日暮泰文)には、「弾くべきところで弾かないのだから面白くない」とある。その4月号には三枚組LP『RCAブルースの古典』(BLUES 1920～40)の内容広告が出ており、監修者の一人、中村が「ニュー・ロックも、リズム&ブルースも、ジャズもウエスタンも、フォーク・ソングも、すべてブルースが基本」と呼びかけ、「一番のほんもの〝これぞブルースだ〟[…]これを持っているか、いないかが、本格派かどうかの決め手になるでしょう」とのこと。

一年少々経って、72年7月号に随想「ソウル・ミュージックに身を揺すられて」(宮原安春)が出たあと、翌8月号に「イギリスで出たブルーズ・シリーズ」(三井徹)が載った。「研究の面でも[…]イギリス人は熱心で、とうとう、イギリスの美術出版社［…］が、ブルーズ研究の第一人者ポール・オリヴァ監修のブルーズ・シリーズ（全十四冊）を、一昨年から今年にかけて刊行した」（80頁）と内容紹介している。一方、次の9月号から始まった「ロック研究セミナー」と題した連載の「第1部」は「ロック史を開いた4人の黒人アーティスト」で、9〜11月号でチャック・ベリー、12月号でボウ・ディドリー、73年1〜3月号でファッツ・ドミノ、5〜8月号でリトル・リチャードと続け、9月号を座談会「「4人の黒人アーティスト」のまとめ」で締めている。

73年には、2月号に「ジェイムス・ブラウン――ユニークな黒人音楽家」が出て、そのあと5月号が「ソウル・ミュージックとブラックの美学」を特集した。前置きに、「ソウル・ミュージックという言葉ほど、わからない言葉はない。ソウルとリズム&ブルースと、どう違うんだ…と、ソウル専門の桜井くんなどに聞いても、いっこうにハッキリした解答は得られず、結局、名前が変っただけで、中味は同じようなもの、ということになりそうだ」（44頁）とある。そして、この特集は、「ブラック・ファッションのセクソロジィ」、「黒人たちはブラック・シネマで堂々と居直ったけれど…」を並べたあと、「えんま帳／ソウル・ミュージックのニュー・パワー」と題して、代表的な5人と6グループについての、四人の「評論家によるズバリ診断」をまとめている。そしてもう一編、「ボーカル・グループを中心にソウル系の現状をさぐる」が続く。続く6月号からは、ジョン・ストーム・ロバーツ著の『ブラック・ミュージックの世界』の抄訳が始まった。「両大陸にまたがる黒人音楽の発展を総括的にとらえた初めての本」（124頁）だと訳者の中村とうようが述べている。

73年11月にはジャック・シフマン著『黒人ばかりのアポロ劇場』（武市好古訳、スイング・ジャーナル社）が出て、『NMM』74年1月号で中村とうようが取り上げ、「筆者が当事者であるだけに、記述は客観的とはいえない。むしろすべてが筆者の主観を通し、なつかしさや尊敬や友情などさまざまな思い入れをこめて語られている」（147頁）と紹介している。翌12月のフィル・ガーランド著『ソウルの秘密』（三橋一夫訳、音楽之友社）も、『NMM』誌74年2月号で中村が取り上げ、「黒人むけの大判のグラフ雑誌」である『エボニー』の「記者であり、ピアノもかなりの腕前らしい黒人女性」によるこの本、「正直言って、ことさら新しい発見のある本ではない」とのこと——「すでに同じ会社から訳書の出ているリロイ・ジョーンズやチャールズ・カイルの本のような高度な内容を求める人も、あるいは、ファンの立場からソウル・ミュージックに関するあれこれの情報を求める人も、失望を味わうのではないかと思う」(151頁)。

ソウルとは、今日のブルーズの謂いである

『NMM』誌は、明けて74年1月号が、目次には特集の文字はないものの「SOUL MUSIC NOW」と題した特集を組み、冒頭で中村とうようが、「このまえソウル・ミュージックの特集をやったのが73年の5月」であり、「ソウル・ミュージックにたいする世間のイメージには、大きな変化がみられるのではないだろうか」と問いかける。最初の見開き二頁は「つぎつぎに来日するソウル・アーティスト」で、三グループと四人の「ミニバイオ」、それに福田一郎と桜井ユタカによる「見どころ聞きどころ」が用意されている。そのあと、「なぜぼくはソウルが好きになったか」、「明るい未来を展望するニュー・ソウル」、「地味に活動する本格派ソウル歌手」、写真集、「あまりソウル、ソウルっていわれるとシラケるなあ…」が続く。最後のその一編(河村要助)は、「福生体育館を会場として」開かれた「第2回ソウル・エクストラヴァガンザと呼ばれるチャリティ・ショウ」の報告だった。

『讀賣新聞』夕刊に「黒人のソウル音楽」(三井徹)が出た73年12月12日は、その1月号が店頭に出る少し前のことだった。その拙稿は、「日本でも一般の人たちの口にのぼるようになってきたソウルとは、今日のブルーズの謂(い)いである」という一言で始まり、「黒人が〔…〕アメリカという西欧社会の中に移植されることによって余儀なくさせられてきたアフリカと西欧との弁証法的緊張関係からブルーズは生じてきた」と続き、見出しが示すように、「ソウル音楽」は「自己否定の否定としての新しいブルーズ」であることを説明する。その小文については、11月28日の日記に、「九時半に読売文化部の木村氏から電話。今度は「文化」欄に書いてくれとのこと。

ソウルが日本でもはやってきてるけど、そのへんをとのこと」とある。（それを展開させた、ブルーズについての拙著『黒人ブルースの現代』（音楽之友社）は77年8月に出て、2001年に22刷が出た。）

74年3月号では、「本場黒人音楽を直撃ルポ」という「徹底的に見て廻ったアメリカ・ブルース界の実状」が語られている。「諸橋保、長野文夫、長野和夫、門間雄光の4人の若者が、昨年後半の約半年間、アメリカ各地にブルースを探訪して廻った」とのことで、「門間くんを除いた3人が日暮泰文氏に語ったその経験談は、これまで英米のブルース専門誌に出たどのルポルタージュにも劣らない貴重な記録となっている」（57頁）とある。三ヶ月後の6月号には、見開き二頁の「ゴスペル・ソングに耳を傾けよう」がある。その6月には、吉田弘和編『ニュー・ソウル・ブック』（新興楽譜出版社）が出ており、74年8月号の中村とうよう評によると、「本文は三浦憲氏の《モータウンの歴史》なるものが延々と」あるが、「音楽の話というよりモータウン経営戦略物語という内容」とある。「次に40のソウル・アーティストの写真、略歴、レコード・リストが各2ページずつ費やして列挙されており、「早い話、レコード会社で作る宣伝用パンフに毛が生えた程度の本」（85頁）とのこと。

筆者は、74年6月に隔週刊誌『FM fan』で開始した連載「詞と音楽と…」の第8回に「夭折のブルーズ歌手――ロバート・ジョンスン」を書いたのを始め、第9回に「連帯を求めて孤立を恐れず――エルモア・ジェイムズ」、第12回に「希望と幻滅のブルーズ――ブラインド・ブレイク」、第13回と第14回に「B・B・キングの自信」を書いた。

ブルース 静かなブーム

新聞がブルーズ人気を話題にしたのは、『讀賣新聞』74年8月30日夕刊が最初のようで、「見直されるブルース」という見出しの記事が出ており、「アメリカの黒人音楽の中でたいへん地味な存在だったブルースが見直され、LPのシリーズとしてで始めた」とある。

そして、二つのシリーズの内容を紹介し、「最近ロック・ミュージシャン、とくにギタリストがブルースを採り上げていることから、日本の若者たちもこれまではかなり特殊と見られていたブルースに注目し始めて来たようだ」と結んでいる。その約一ヶ月後である74年10月7日の『朝日新聞』夕刊には、「ブルース 静かなブーム」と題した記事が、「かつては少数の愛好家の間でしか顧みられなかったブルースのレコードが、結構現れるようになっている」と言い、「レコード各社はそろってシリーズの企画を出し、十一月には初めてのブルース・フェスティバルが開かれるなど、ブルースをめぐる動きは活発化している」とある。そして、『讀賣新聞』が記事にしていたものに加えて、ほかの二つのシリーズも紹介し、「売れ行きも以前とは比較にならない」とある。『朝日新聞』のその記事は日本のブルース・バンドのことにも触れ、「これらの情勢を受けて、十一月下旬に「第一回ブルース・フェスティバル」が開催される」とも言っている。中村とうようの談話も添えたその記事が出た頃には、『NMM』74年10月号が「ついにやってくる本場のブルース・ミュージシャンたち」を載せ、11月号が「ブルース・フェスティバルの開催にあたって」と続け、「マガジンが主催」であり「招聘アーティストの選定も、キョードーはわれわれにまかせてくれた」(43頁)と事情説明をしている。

その11月には、「11月増刊号」として『ブルースのすべて』が刊行され、真ん中に位置する「ブルース人名事典」が計百二十七頁を占めている。その「事典」の前には、「ブルースに明日はあるか」と「ブルース界の現状を総点検する」の英訳文二編、長文の「モダン・ブルースの夜明け」、「目で見るブルースの歴史」、そして、これも長文の「ブルースの言葉を聞く」(三井徹)が続く。そのあとに「ブルース・フェスを成功させよう」、「シカゴのブルース・クラブ」、「ザ・ブルース」がある。「事典」のあとには、「ブルース用語辞典」、「ブルースに関する本」が並んだあと、「イラスト」と「文」から成る「13 BLUES GIANTS」が続く。その十三編の「文」の一つ「Charley Patton」には、筆者に依頼が来た。さらに、五人の日本人演奏者が語る座談会「日本のブルースを目ざして」が続いたあと、「ブルース・ギターの弾き方」、「ブルース・ハーモニカの吹き方」、「ミッドウェスト・ブルースの思い出」、「レコード・コレクション入門―レーベル別にみるブルース・レコード」、「MCAのブルース・レコード」、「日本盤ブルース・アルバム・リスト」と盛り沢山。

12月号には、九人が一言ずつ述べた「ブルース・フェスティバルに期待する」が見開き二頁で用意されているほか、「ロバート・ジョンスン」、それに「書評＝チャーターズの『ロバート・ジョンスン』」がある。その号が店頭に出ている74年11月26日の『讀賣新聞』夕刊が、「盲目の老ブルース歌手、エスティス」という見出しで、「日本で初めて開かれたブルース・フェスティバル」に出演したエステスを取り上げ、「淡々とギターを弾き語る」

スリーピィ・ジョン・エステス（右）とハミー・ニクスン（左）：『ニューミュージック・マガジン』1975年1月号掲載写真（撮影：柳沢信氏）©the estate of Yanagisawa Shin for the photographs

と短く報じている。『朝日新聞』は、11月29日夕刊で同フェスティバルの記事（青木啓）に「伝統の重みと力強さ」という見出しを付け、第一部の「盲目の老歌手スリーピー・ジョン・エスティスと、彼の旧友ハミー・ニクソンのコンビ」、第二部の「名ギタリストのロバート・ジュニア・ロックウッド、およびデイブ（ベース）とルイス（ギターと歌）のマイヤーズ兄弟にフレッド・ピロウ（ドラムス）から成る三人組ジ・エイシズ」に触れている。

少し面白いのは作曲家、諸井誠の、自分に引き寄せた感想で、翌年の『毎日新聞』75年3月12日夕刊に出た「第二回ブルース・フェスティバル」評で、「一、二回を通じて最も強く私の記憶に残ったのは、意外にも第一回の最初に登場した、いちばん素朴で、いちばん単調な、スリーピー・ジョン・エスティスだった」と言い、その一文の終わり近くで、「原型とはひどく単純なものだな……ブルースを聴きながら、私はグレゴリオ聖歌を想い、演奏を思い、エリザベス王朝のヴァージナル（古い鍵盤楽器）音楽を考えていた。それらには共通な何かがある。単純で、それゆえにこそ決定的な何かだ。人々はさまざまな複雑な迷路を通って、結局はまた単純素朴な原型に戻っていく」と記している。

大きく盛りあがったブルース・フェスティバル

その最初のフェスティバルを『ＮＭＭ』は75年1月号で報告しており、「大きく盛りあがったブルース・フェスティバル」の題で中村とうようが「ルポ」を書き、後藤一之が「スケッチ」をし、柳沢信と井出情児が写真を担当している。「蓋をあけてみると、当日券がびっくりするほど売れた」とのこと。そして、「数だけでなく質の点でも、実にいいお客さんたちだったと思う」（35頁）とある。空港への出迎えに始まって、リハーサルの様子の詳細などの報告が続き、最後に、「まだまだ書きたいこともあるが、もう紙数が尽きた。ぼく自身、感激でまだ胸がいっぱいだ。フェスの期間中気持のいいお天気つづきだったし、国電スト以外は、ついていた。みなさんほんとにありがとう」（47頁）とのこと。そのあとに特集「オーティス・レディング」が組まれており、「26年で燃え尽きた最高のソウル・シンガー」（桜井ユタカ）、「オーティスの悲劇、ソウル・ミュージックの世界」（鈴木啓志）、そして「アンケート〝私にとってのオーティス〟」が並ぶほかに、「ファッショナブル・ポインター・シスターズ―ナマな彼女たちの人間像」（白石かずこ）がある。

2月号は、「準備進む第2回ブルース・フェス」とのことで「シカゴ・ブルースの大物三人の参加が決定」したことが報告される（日暮泰文）。「感動と興奮を残し、大成功のうちに終了した第1回」に続いて、「来る3月には早くも第2回が開催」（40頁）とのこと。その第2回の報告も中村とうようで、4月号に「日本の土を踏んだジュニア、バディたち」を掲載のあと、5月号にも「湧きに湧いた第2回ブルース・フェス」の報告文である「ジュニア・ウェルズはやっぱりすごかった」（中村とうよう）が掲載されており、「第2回ブルース・フェスティバルの報告記、先月号で東京公演第2夜のところまでの様子をお伝えしたので、今月はそのつづき」（40頁）とある。

筆者は3月16日の京都公演に行っており、「岡崎の京都会館へ。それらしき格好の二〇才代の人たちが沢山いる。1時15分頃、入口で中村とうよう氏は来てないかときいたら、まだだという。二階のレストランへ行ったら、ちょうど、黒人二人を連れて、中村氏が食事を注文していたところだった。やあと声かけ、こっちの食事注文した席についてしばらく雑談。中村氏は黒人二人の食事を手に持って楽屋へ行く」など書いたあと、「2500円のS席券を買って入場。2時すぎてから5時半まで。［…］Johnny Shines は退屈だった。Buddy Guy, Junior Wells は wonderful」と短く記している。

中村による第二回の報告記のすぐ後には、「第3回フェスの顔ぶれほぼ固まる―いよいよ期待のオーティス・ラッシュ来日か」（日暮泰文）が続く。一方、「臨時増刊号『ブルースのすべて』でも予告したＭＣＡのブルース・シリーズがすでにスタートしている」（52頁）とのことで、「黒人音楽の豊かな伝統を掘り起こす―ＭＣＡから続々発売される注目作」（中村とうよう）が内容を詳しく紹介する。続いて『ＮＭＭ』6月号には、「ブルースの中の民俗的なものと商業的なもの―シャインズへの評価などをめぐって」と題した中村とうようと日暮泰文の対談が組まれており、「日暮くんはこないだの第2回ブルース・フェスティバルのジョニー・シャインズをあんまり買ってないということなんで、そのへんから話を聞かせてほしいんだけど」（54頁）と中村が切り出している。同じ6月号である『スイング・ジャーナル』に「特別寄稿 ブルース・レコード入門」（ピート・ウェルディング）が出ているが、同誌がブルーズを記事にしたのはそれきりだった。

三ヶ月後の『NMM』9月号では、これも中村とようが「幕をあけた第三回ブルース・フェス」を報告しているほか、「ミニ・レヴュー」欄で鈴木啓志が「コンサート」評を書いており、「第3回ブルース・フェスティバルも無事終り、ホッと一息、といいたいところだが、ぼくの耳に入ってくるのはジミー・ドーキンスとそのバンドの悪口ばかり。ぼくも、レヴューでも書く段になったら、彼らに対する憤懣でもぶちまけてやろうと勇んでいたのだがこう評判が悪いと、逆に弱きの味方というか、少し同情したくなってきた」（68頁）とある。

筆者は、その75年には、CBS・ソニーの注文を受け、「不滅のブルース・シリーズ」の歌詞を聴き取って書きとめる「ワーディング」、および歌詞対訳に従事し、6月のサン・ハウスのLPに始まり、11月のエルモア・ジェイムズのLPまで十三枚分を手がけている。そのうちのリロイ・カーとスクラッパー・ブラックウェルについては、解説文も担当した。

“日本のガキがさ、ニューロックの一夜漬けに飽きがきて正調クロンボ音楽に飛びついた”

翌年である76年7月に、74年11月発行の『ブルースのすべて』の亜流的な季刊『音楽全書』創刊号（海潮社）が出た。75年開催の「ブルース・フェスティバル」の第三回も終わった後に編集され、一冊全体が「総特集 ブルースの世界―その全貌と肉声」であった。本書が対象とする区切りの75年を越えてしまうものの、それを評した76年8月23日付『日本読書新聞』中の、小さな活字の「雑誌紹介」は、『ブルースのすべて』にも及んでいる。

その評は、「ブルーズという語にはカッタルイ響きがある。これは語自体の責任というよりも、「真ッ当な生への渇望とその挫折」をいとも容易にこの語へのレッテルとして貼りつける構造的〈手つき〉にこそ問題があるのだろう」で始まる。続けて、「本号」にも、「こうした「外交辞令」（やさしさ、と読め）が充満していて、それらがのさばっている分だけ厭な気分にさせてくれる。リロイ・ジョーンズが〈ブルース衝動〉と書いた時には、ブルーズはじつに鋭角的な群団でさえあったが、本号にみられるような配列（どこに求心していくのかがまるっきり曇り空のアウト・フォーカスのラインナップ）や二年ほど前の「ニューミュージックマガジン増刊・ブルースのすべて」が、「ブルースに明日はあるか」と自問し、これもまたスンナリと「ある。ブルース共同体が消滅したとしてもわれわれが〝やさしさ〟を持ちつづけるかぎり」と答えを抽き出したのに類型的な傾向は、「外交辞令」という秋波を送りあう狎れあいの関係にあると言わなければならない」と言う。

そして、相倉久人であることが透けて見えるこの無署名筆者は、「黒人音楽としてブルーズを論じるなら、図式的に言って民族音楽＝ブルーズから混血音楽＝ジャズへの端境期における、黒人大衆の、出身部族、人口流砂、世界観ｅｔｃを、「統計学的分類」の手つきでもいいから、射程に入れてからやって貰いたい。そのような論考がただの一篇とは泣かせるではないか。かくして本号の「総特集」はブルーズ・リバイバルの実相を完膚なきまでの鮮やかさで実証してみせてくれたのである」と結んでいる。

その「一篇」である長文の「ブルースと人種理論」（平岡正明）に、「過去四、五年における、日本の青少年のあいだでのブルース・ブーム」についての一言があった――「日本のガキがさ、ニューロックの一夜漬けに飽きがきて正調クロンボ音楽に飛びついたという風潮に対して、俺はひややかに、すこしいやな目つきで、わきの下から眺めているよ」（39頁）。

その76年の暮れに、74年11月の「第1回ブルース・フェスティバル」に筆頭出演したスリーピィ・ジョン・エステスがハミー・ニクスンと再来日した。『ＮＭＭ』76年11月号が、あのとき「大きな反響を呼んだメンフィス・ブルースの生き証人」が「再度来日」（25頁）と報じ、12月号は「われわれにナマのブルースの感動を初体験させてくれたあの」二人が「日本で引退公演をしたいという本人たちの意思で再びやってくる」（24頁）と報じている。計九回の公演のうち二回目が金沢公演で、筆者は12月14日に出かけ、終わったあと片町の小さな「狸茶屋」で一緒に食事をした。

あれこれ記したその日の日記に、「Hammie が67歳ぐらい、John は［…］76歳。よぼよぼのじいさん」と書いている。盲目のエステスをそう観察した三十六歳の筆者、つまり私めは、現在その七十六歳を越えてしまった。

70年代半ばという区切り

ロックの安定、画期的なロック書

先に引用した『ＮＭＭ』誌75年6月号の座談会「ロック・ミュージシャンのおかれている情況」で、「一流ミュージシャンたちがみんな30代になって、これからどんなふうになると思います？」と中村とうようが問いかけていた。その約三ヶ月後である『朝日新聞』の8月20日夕刊は、「サルサ上陸」を話題にするに際して、「ロックやソウルが安定期にはいって盛りあがる話題の乏しかったポピュラー音楽界」という視点を示していた。

その「安定」について、当時ロック・コンサートの有能な興行師として勇名を馳せていたサン・フランシスコのビル・グレアムは、音楽業界誌『ビルボード』の同年2月22日号で、少し違った文脈で触れており、自分が仕事を始めてからこの九年間、「ロックはひとつの世代全体にとっての芸術としての命綱である」という姿から「単なる娯楽」へと変わってしまってきていると言っていた。それは、ロックがビッグ・ビジネスになり、ロック・

アーティストの多くが大金持ちになっていったことでもあり、翌76年にセックス・ピストルズたちのパンク・ロックが爆発する要因のひとつとなった。

同じ75年の半ばには、先に挙げたグリール・マーカスの画期的なロック評論書 *Mystery Train* が出た。マーカスは刊行時に三十歳になったところであり、執筆は二十代の終わりである。後年振り返ると、その後この本に匹敵するようなロック評論書が出ることはなかった。そして、それが刊行された頃には、マーカスは四人の顧問編集者の一人として、編纂作業が始まっていた三巻本 *The Encyclopedia of Rock* に関わっていた。英国人の、マーカスと同い年のフィル・ハーディ、および一歳半下のデイヴ・ラングが編者で、多くは二十代終わりの若手から成る四十四名の執筆陣を擁したその情報豊かなロック百科は、翌76年の半ばに出た。後年振り返ってみれば、これまた画期的なロック書であったと言える。レコードの作り手は、アーティスト、作詞作曲者と並んでレコード会社の幹部、プロデューサーをはじめとした多様な職務関係者であるという認識に基づく包括的視点、それに執筆の水準でこれを凌ぐロック百科が出ることはなかった。

ニューミュージックの始まり

一方、70年代半ばの、洋楽ポピュラー影響下の日本国内の音楽動向を見ると、米英ポピュラー音楽イディオムを習得した若手アーティストたちが、主流である歌謡曲とは別の音楽世界を拡大させてきており、それに伴って、若い世代が、米英音楽の直接受容から徐々に転じて、その日本人アーティストたちを手本にし始めていた。

十九歳の荒井由実が出した最初のアルバム『ヒコーキ雲』が73年に評判になったあと、75年に、二十三歳の中島みゆきの『時代』が脚光を浴び、二十九歳の宇崎竜童が率いるダウン・タウン・ブギ・ウギ・バンドの〈港のヨーコ・ヨコハマ・ヨコスカ〉が大ヒットする一方、数年以前から活躍していた小室等、吉田拓郎、泉谷しげる、井上陽水が、従来のレコード制作に縛られないレコード会社、フォー・ライフを設立した。そして、その自作自演歌手たちの音楽を包括する「ニューミュージック」という、特定のスタイルを指すのではない呼称が広がり始めた。

それを横目で見ていた『ニューミュージック・マガジン』（NMM）の編集長中村とうようは、80年1月号から「ニュー」をはずし、『ミュージック・マガジン』という誌名変更に踏み切った。「いつの間にか世間では、ぼくの考えていたのと全然違う意味に〝ニューミュージック〟という語を使う慣例がすっかり定着してしまい」と、明らかに迷惑に思いつつ、積極的な変更の理由づけを「後記」（226頁）で説明している。

その同じ80年に、「ニューミュージック」のアーティストたちのシングルの売り上げが、国内全シングルの売り上げの五割を超え始める。そして、84年には、アルバムの売り上げも歌謡曲を凌ぐようになり、数年後に「ニューミュージック」という呼称は消え始める。歌謡曲とは音楽イディオムが異なるだけでなく、歌唱、作詞作曲、編曲、伴奏などの分業体制とは別の、自給自足の音楽である「ニューミュージック」は、もう「ニュー」を標榜しなくてもよくなったのだ。それと並行して、継続世代が国内アーティストを手本にする傾向はますます強まった。

その発端が70年代半ばであったと見ていいだろう。

あとがき

この本は、日本人が敗戦直後から三十年間、米国の音楽を中心に、西洋圏と中南米圏のポピュラー音楽をいかに熱心に受け容れてきたかを追った。

その作業では、回顧言説はなるべく避け、主要な関連雑誌と新聞の記事を頼りにして、それぞれの時点で、人々がどういう思いでその種の音楽に接していたかを蘇らせることに努めている。その際に、どの記事に注目し、どの部分を拾うかに筆者の視点を反映させた。引用記事に評言を添えると、紙数は大幅に増加してしまう。図版の挿入も、紙数を配慮して数を限定せざるを得なかった。その図版のいくつかを提供して下さった方々には心より感謝申し上げる。そのお名前は当該頁に明記させて頂いた。一方、引用記事の中には、今日の観点からして不適切と思える表現があるものの、第一次資料であることを重視し、そのまま引用していることをお断りしておきたい。

数々の記事でお名前を挙げた方々は、この人もあの人もと、多くは鬼籍に入っておられる。そのことが執筆中、常に念頭についてまわった。ご冥福をお祈りしたい。

書名中の「洋楽ポピュラー」は、洋楽のクラシックではなく洋楽のポピュラーを指す一方で、日本のポピュラーではないことを示している。かつては、そして人によっては、或る程度いまでも、「ポピュラー」と言えば本書で指している洋楽ポピュラーのことであり、「洋楽」は被せられなかった。しかし、少し自分に引き寄せて言えば、一九九〇年に日本ポピュラー音楽学会が、設立に際して、演歌、流行歌、歌謡曲、ニューミュージックなどの呼称が指す音楽を日本のポピュラー音楽として一括して捉えることを促した。一九八一年に発足していた国際ポピュラー音楽学会の日本支部に端を発するその学会を立ち上げるに際して、popular music をそのまま「ポピュラー音楽」として取り込み、「大衆音楽」といった限定的になりがちな呼称を避けたのだった。「ポピュラー音楽」は、境界線は曖昧ながらも、芸術音楽および民俗音楽とは異なる大きな流れを指している。

最後になったが、四年前に執筆をすすめてくださった島原裕司氏、並びに、刊行にご尽力くださったＮＴＴ出版の水木康文氏に厚くお礼申し上げる。

三井　徹

二〇一八年三月

索引

＊本書の引用文中の外国人名、および外国曲名の片仮名表記は、執筆者次第による異同が少なくない。それを索引に反映させるのは煩雑であると判断し、見出しには著者自身の表記を用いる。ただし、引用文中の表記および慣用表記とは明確に異なる場合は、見出しのあとにその違いを矢印で示しておく。

ア行

カ行

サ行

タ行

ナ行

ハ行

マ行

ヤ行

ラ行

ワ行

著者紹介

三井 徹（みつい とおる）

1940年3月31日生れ。音楽研究者（金沢大学名誉教授）。1990年設立の日本ポピュラー音楽学会の初代会長。1993年からは国際ポピュラー音楽学会（The International Association for the Study of Popular Music）の会長も務め、任期末の1997年に、20数ヶ国からの研究者が集う定例大会を金沢で開催。

1960年代初頭からの研究論文50編余。最新論文：“Thomas D'Urfey”, in *The Cambridge Companion to the Singer-Songwriter*, edited by Katherine and Justin A. Williams（Cambridge University Press, 2016）.

1960年代半ばからの著書・編書・訳書50冊余。最新刊行書：編著 *Made in Japan: Studies in Popular Music*（New York: Routledge, 2014）.

主著書：『カントリー音楽の歴史』（音楽之友社、1971年）、『ロックの美学』（ブロンズ社、1976年）、『黒人ブルースの現代』（音楽之友社、1977年）、『マイケル・ジャクソン現象』（新潮社、1985年）、『ユー・アー・マイ・サンシャイン物語：アメリカ南部の音楽と政治』（筑摩書房、1989年）、『ジーンズ物語：「アメリカ発世界文化」の生成』（講談社、1990年）、『新着洋書紹介：ポピュラー音楽文献5000冊』（ミュージック・マガジン、2003年）。

主編書：*Karaoke Around the World: Global Technology, Local Singing*, co-edited with S. Hosokawa（London: Routledge, 1998）、『ポピュラー音楽関係図書目録：流行歌、ジャズ、ロック、Ｊポップの百年』（日外アソシエーツ、2009年）。

主訳書：M・グレイ著『ディラン、風を歌う』（晶文社、1973年）、E・リー著『民衆の音楽：ベイオウルフからビートルズまで』（音楽之友社、1974年）、G・マーカス著『ミステリー・トレイン：ロック音楽に見るアメリカ像』（改訂版、第三文明社、1989年）、編訳『ポピュラー音楽の研究』（音楽之友社、1990年）、編訳『ポピュラー・ミュージック・スタディズ：人社学際の最前線』（音楽之友社、2005年）、P・グラルニック著『エルヴィス伝：復活後の軌跡 1958–1977年』（みすず書房、2007年）、P・ハーディ、D・ラング共編『ロック・エンサイクロペディア 1950s–1970s』（完訳版、みすず書房、2009年）。

戦後洋楽ポピュラー史 1945–1975
資料が語る受容熱

2018年6月6日　初版第1刷発行
2023年3月31日　初版第3刷発行

著　者　三　井　　徹
発行者　東　　明　彦
発行所　ＮＴＴ出版株式会社

〒108-0023　東京都港区芝浦3-4-1　グランパークタワー
営業担当　TEL 03（6809）4891　FAX 03（6809）4101
編集担当　TEL 03（6809）3276　https://www.nttpub.co.jp

装幀　松田行正
印刷・製本　株式会社暁印刷

Printed in Japan
ISBN 978-4-7571-7050-6　C0073
定価はカバーに表示してあります。
乱丁・落丁の場合はお取り替えいたします。